DIGITALE FOTOGRAFIE

DIE PROFITECHNIKEN

TOM ANG

DIGITALE FOTOGRAFIE

DIE PROFITECHNIKEN

DK

DORLING KINDERSLEY
London, New York,
Melbourne, München und Delhi

Projektbetreuung Nicky Munro
Gestaltung Sarah-Anne Arnold
Leitung Gestaltung Gillian Andrews, Susan St Louis
Redaktionsassistenz Diana Vowles, Bob Bridle, Richard Gilbert
Designassistenz Angela Won-Yin Mak, Dean Morris, Sharon Spencer
Bildrecherche Charlotte Seymour
Künstlerische Bildbearbeitung Adam Brackenbury
Herstellung Vania Cuñha
Herstellungsleitung Linda Dare
Cheflektorat Stephanie Farrow
Chefbildlektorat Lee Griffiths

Für die deutsche Ausgabe:
Programmleitung Monika Schlitzer
Projektbetreuung Andrea Göppner
Herstellungsleitung Dorothee Whittaker
Herstellung Gerd Wiechcinski

Bibliografische Information Der Deutschen Bibliothek
Die Deutsche Bibliothek verzeichnet diese Publikation in der Deutschen Nationalbibliografie; detaillierte bibliografische Daten sind im Internet über http://dnb.ddb.de abrufbar.

Titel der englischen Originalausgabe:
Digital Photography Masterclass

Übersetzung Susanne Ochs
Redaktion Dr. Willfried Baatz
Satz Roman, Bold & Black, Köln

ISBN 978-3-8310-1412-5

Reproduced by Alta Image Ltd, London
Printed and bound in Singapore by Star Standard

Besuchen Sie uns im Internet
www.dk.com

Inhalt

Die digitale Dunkelkammer

Kurs 10 | Perfektionierung des Fotos

Kurs 11 | Bildmanipulation

Kurs 12 | Bildmanipulation für Profis

Professionelles Fotografieren

Kurs 13 | Reisefotografie

Kurs 14 | Porträtfotografie

Einleitung

Eine gewisse Zeit lang ging es in der Fotografie zu wie auf einer Baustelle. Umgeben von den Überbleibseln einst großer Hersteller, die nicht mit den neuen digitalen Entwicklungen Schritt halten konnten, blickten wir auf die Ruinen altbewährter Methoden und fragten uns, was wohl aus ihnen werden würde, jetzt da sie ihren alten Glanz verloren hatten. Zwischen verfallenen und brachliegenden Arealen schossen jedoch neue Strukturen empor – mit überraschenden Umrissen und ungewohnten Formen. Die neue Technologie entwickelte sich so schnell, dass wir sie wie im Zeitraffer beobachten konnten.

Heute ist der Umbruch in der Fotografie abgeschlossen. Während die Digitaltechnik einst als der Feind der Fotografie betrachtet wurde, gilt sie heute als ihr größter Trumpf; die Wirren des Wandels dienten als Sprungbrett für ein ungeheures Wachstum und eine Entwicklung, die in der Geschichte der Fotografie einzigartig ist.

Wenn Sie gerade erst in die Fotografie einsteigen, sind Sie direkt an dieser bahnbrechenden kulturellen, gesellschaftlichen und visuellen Revolution beteiligt. Und dieses Buch wurde für Sie geschrieben. Es richtet sich an all jene Leser, die die kreativen Vorteile der Fotografie zu schätzen wissen, den fotografischen Prozess einfach nur genießen wollen oder dem Reiz der Fotografie bereits ganz und gar erlegen sind. Auch für Fotografen, die schon erste Erfahrungen mit der Bildbearbeitung gesammelt haben, ist dieses Buch bestimmt. Der gemeinsame Nenner ist dabei der Wunsch, sich fotografisch weiterzuentwickeln.

Dieses Buch geht auf viele verschiedene Arten an die Methoden der digitalen Fotografie heran. Die Themen werden in Form von detaillierten Kursen präsentiert; am Ende eines solchen Workshops wird dem Leser eine Aufgabe gestellt, die er in seinem eigenen Tempo lösen kann. Dann wird beschrieben, wie diese Aufgabe von ausgewählten internationalen Fotografen interpretiert und umgesetzt wurde. Die Bilder dieser Fotografen wurden ausgewählt und kritisch analysiert, damit Sie erfahren, was andere Fotografen als schwierig oder machbar empfunden haben.

Einer der Höhepunkte dieses Buchs sind die Gespräche mit jungen, aufstrebenden Fotografen, die, wie Sie, einmal ehrgeizige Amateure waren und ihre Kunst, ihre Kreativität und ihr Talent weiterentwickelt haben. Die Gedanken, Beweggründe und Erfahrungen dieser jungen Talente bieten mehr wertvolle Tipps und Erkenntnisse als jahrelange eigene Experimente. Betrachten Sie die Bilder und lesen Sie die Texte in diesem Kapitel immer wieder, denn sie können Sie zu vielen neuen Ideen inspirieren.

Und darin besteht mein Hauptziel: Wenn dieses Buch mit den darin enthaltenen Bildern Sie motiviert, mit Ihrer Kamera die Welt zu erkunden, dann hat es seinen Zweck erfüllt.

Moderne Kameras sind einfach zu bedienen. Der Benutzer muss im Grunde nur auf zwei Knöpfe drücken und alles geschieht wie von selbst. Die in den folgenden Kursen behandelten Themen sind Ihnen vielleicht vertraut, aber wie ein Musiker, der sein Leben lang Tonleitern übt, muss auch der Fotograf seine Fähigkeiten immer wieder trainieren, damit jeder Handgriff sitzt.

BEHERRSCHUNG DER KAMERA

Kurs 1

Wichtige Funktionen der Kamera

Ein Maßstab für Ihren fotografischen Fortschritt ist Ihr Umgang mit den Kameraeinstellungen. Zunächst wirken sie vielleicht lästig, aber mit zunehmender Sicherheit bei der Bedienung verwandeln sie sich in ein wertvolles Werkzeug. Dabei ist die Verschlusszeiteneinstellung jene Funktion, deren Bezug zur Fotografie am deutlichsten ist.

Kurs 1 Übersicht

Dossier

Der Verschluss der Kamera läuft unabhängig von der Einstellung immer mit derselben Geschwindigkeit ab, ganz gleich ob es sich um eine lange Belichtungszeit von einer Sekunde oder eine kurze Verschlusszeit von z. B. 1/1000 s handelt.

Verschlusseinstellungen

Die Verschlusseinstellung bewirkt viel mehr als nur die Dauer der Belichtung. In der Vergangenheit wurden meist kurze Verschlusszeiten ausgewählt, um eine gute Bildschärfe zu erhalten. Sobald diese Voraussetzung erfüllt war, wurde zur korrekten Belichtung die entsprechende Blende eingeregelt. Heute gelten dank Kameras und Objektiven mit Bildstabilisator ganz neue Regeln.

Belichtungszeiten | Schärfe und Unschärfe

Der Verschluss dient primär der Einstellung der Belichtungszeit. Solange der Verschluss geöffnet bleibt, erzeugt das gesamte in die Kamera einfallende Licht die Abbildung. Aufgezeichnet wird nicht nur dieses Licht, sondern auch seine räumliche Beziehung zum Sensor, der alle Positionsänderungen des Motivs oder der Kamera selbst registriert, wie geringfügig sie auch sein mögen. Der Sensor zeichnet also sowohl die Lichtintensität als auch Bewegungen auf.

»Gehen Sie flexibel mit der Faustregel um, dass Sie unbedingt eine kurze Belichtungszeit brauchen, um scharfe Bilder aufzunehmen.«

Bei kurzer Verschlusszeit können Bewegungen keine großen Entfernungen auf dem Sensor zurücklegen. Daher sind Bewegungsunschärfen weniger deutlich sichtbar; das Bild wirkt scharf. Wenn der Verschluss länger geöffnet bleibt, können sowohl Objekt- als auch Kamerabewegungen erkennbare Unschärfen erzeugen. Wenn eine Unschärfe nur etwa ein Zehntel eines Millimeters ausmacht, nimmt das Auge die Abbildung aus einer Entfernung von etwa 20 cm als unscharf wahr.

Kurze Belichtungszeiten | längere Belichtungen

Die Einregelung der kürzesten Verschlusszeit scheint zwar ein probates Mittel, um eine optimale Bildschärfe zu gewährleisten, aber sie kann negative Auswirkungen auf Ihr Foto haben: Eine kurze Verschlusszeit erfordert möglicherweise eine große Blende oder einen hohen ISO-Wert, manchmal auch beides.

Diese ausgleichenden Einstellungen können die Bildschärfe beeinträchtigen: Aufgrund der großen Blende wird die Schärfentiefe verringert, sodass eine präzisere Scharfeinstellung erforderlich ist und auch die Bildqualität möglicherweise reduziert wird. Eine hohe ISO-Einstellung kann zu erhöhtem Rauschen führen, was wiederum die Detailschärfe verringert und auch die Qualität der Farben negativ beeinflusst.

Gehen Sie also flexibel mit der Faustregel um, dass Sie unbedingt eine kurze Belichtungszeit brauchen, um scharfe Bilder aufzunehmen. Wählen Sie eine längere Verschlusszeit und nutzen Sie die Unschärfe kreativ oder akzeptieren Sie leichte Bewegungsunschärfen.

BLITZ + 1/125 S

BLITZ + 1/60 S

1/5 S

0,6 S

5 S

2,5 S

1/10 S

3 S

1/2,5 S

1 2 3
4 5 6
7 8 9
Leucht**pult**

Belichtungseffekte

Bei **1–3** wurde der Blitz mit unterschiedlichen Belichtungszeiten kombiniert, um die Bewegungen einer Tänzerin einzufangen. Die Bilder **4–6** zeigen unterschiedliche Bewegungen bei verschiedenen Belichtungszeiten – die längeren Verschlusszeiten führten zu stärkeren Wischspuren, aber der genaue Effekt hängt von anderen Bewegungen ab. Bei **7–9** wurden die Aktionen des Feuerschluckers eingefangen; bei unvorhersehbaren Motiven probiert man am besten verschiedene Belichtungszeiten aus.

Tanzshow

Bei Aufnahmen von Bewegungen arbeitet man mit kürzeren Belichtungszeiten. Wenn der Höhepunkt der Spannung eingefangen werden soll, kann jedoch auch eine relativ lange Verschlusszeit eingesetzt werden.

Schärfentiefe

Schärfentiefe bei Nahaufnahmen
Die geringe Schärfentiefe bei Nahaufnahmen wird häufig als schwieriges technisches Problem betrachtet. Wenn Sie jedoch das Unvermeidliche als Folge physikalischer Gesetzmäßigkeiten akzeptieren, können Sie die geringe Schärfentiefe nutzen, um die Aufmerksamkeit des Betrachters genau auf die gewünschte Bildpartie zu lenken.

Der Begriff »Schärfentiefe« klingt zunächst nicht sonderlich aufregend. In Wahrheit geht es jedoch um viel mehr als nur um den Bereich innerhalb eines Fotos, in dem ein Motiv scharf erscheint. Die Schärfentiefe entscheidet über die Raumwirkung einer Aufnahme – den dreidimensionalen Eindruck.

Schärfe | und Raum

Mit unseren Augen sehen wir normalerweise kaum fünf Prozent der Welt um uns deutlich. Die Szenerie erscheint uns jedoch trotzdem insgesamt scharf, weil unsere Augen bei der Wanderung von Detail zu Detail fortwährend nachfokussieren und die Szene abtasten, um zu einem scharfen Gesamtbild zu gelangen.

Vor der digitalen Ära war kaum ein Bereich eines Fotos wirklich scharf. Die einflussreiche fotografische Bewegung f/64 (gegründet 1932) war ein Verfechter großer Schärfentiefe, die beim Fotografieren von weit entfernten Objekten am leichtesten erreicht werden konnte.

Diese Bedingungen änderten sich mit dem Aufkommen der Digitalfotografie. Durch den Einsatz kleiner Sensoren und die dadurch erforderlichen kurzbrennweitigen Objektive dehnte sich die Schärfentiefe plötzlich merklich aus. Alles erschien scharf, was zwar zunächst begrüßt wurde, dann jedoch schnell negative Reaktionen hervorrief: Alle Bilder sahen gleich aus, und die Hervorhebung des Hauptmotivs fiel schwer.

Das Auge | des Betrachters

Die wichtigsten Hilfsmittel zur Steuerung der Schärfentiefe sind Blende, Brennweite und Aufnahmeabstand. Die Schärfentiefe ist bei kleineren Blenden, kürzeren Brennweiten und kleinerem Abbildungsmaßstab (mit einem größeren Abstand zwischen Kamera und Motiv) größer. Zur Verringerung der Schärfentiefe muss eine größere Blende oder eine längere Brennweite ausgewählt oder der Aufnahmeabstand reduziert werden.

Viel wichtiger als diese Steuerungsmöglichkeiten ist jedoch der Eindruck des Betrachters und seine kritische Beurteilung des Bildes. Die Wahrnehmung der Schärfentiefe wird auch von der Größe des Papierbilds beeinflusst: Je kleiner das Bild, desto größer die scheinbare Schärfentiefe.

Qualität | der Unschärfen

In Anbetracht der Unschärfe großer Bereiche eines Fotos kommt es eher auf die Qualität dieser Unschärfe an. Erst Ende des 20. Jahrhunderts lernten die Benutzer von einfachen Kompaktkameras mit billigen Objektiven den unansehnlichen Effekt ungleichmäßiger Unschärfen mit abrupten Übergängen und unruhigen Helligkeitsverläufen kennen. Die Qualität der Unschärfe wird »Bokeh« genannt und ist heute für viele ein fast ebenso wichtiges Qualitätsmerkmal wie die Schärfe.

Die Dreidimensionalität Ihres Fotos, also die Raumwirkung, hängt stark davon ab, wie Sie die Schärfentiefe steuern. Für eine geringe Schärfentiefe brauchen Sie größere Sensoren, und gleichmäßige Übergänge erreichen Sie mit hochwertigen Objektiven.

GROSSER BILDWINKEL

NAHAUFNAHME

TELEAUFNAHME

KLEINE BLENDE

MITTLERE BLENDE

GROSSE BLENDE

1 2 3
4 5 6
Leucht**pult**

Schärfentiefe und Entfernung
Die Bilder **1** und **2** zeigen, wie die Schärfentiefe bei einer Verringerung des Aufnahmeabstands schnell abnimmt: Bei **1** ist sie groß, aber bei **2** reicht sie gerade noch aus, damit der gesamte Kopf scharf erscheint. Die Teleaufnahme **3** weist trotz Blende **8** eine geringe Schärfentiefe auf. Im Gegensatz dazu ändert sich die Schärfentiefe bei Nahaufnahmen wie den Blumenbildern **4, 5, 6** trotz unterschiedlicher Blenden kaum.

Geringe Schärfentiefe bei Teleaufnahmen
Eine große Blende (Bl. 2,8) führt in Kombination mit einer Brennweite von 200 mm und einem großen Sensor zu einer geringen Schärfentiefe und gleichmäßigen Unschärfen.

AUSSERMITTIG UND SCHARF

UNSCHARFER HINTERGRUND

Bildanalyse

Die Entdeckung eines Motivs in der Natur, an dem bereits viele achtlos vorübergegangen sind, ist ein Glücksfall für den ambitionierten Fotografen. Denken Sie daran, keine Spuren zu hinterlassen, damit der nächste Besucher die Szene genauso genießen kann wie Sie.

Verschluss | Einstellungen

Die Verschlusszeiteneinstellung war für dieses Fotos entscheidend. Die richtige Belichtungszeit sorgte nicht nur für eine milchig-verwischte Abbildung des Wassers, sondern beeinflusste auch andere Faktoren, wie die Schärfentiefe. Bei dieser Belichtungszeit von 1/8 s musste ein Stativ verwendet werden, zumal der kleine Bildwinkel eine mittlere Brennweite von 130 mm erforderte. Da die Szene überwiegend aus dunklen und grünen Tönen bestand, musste die Belichtung um -1 Stufe korrigiert werden, um eine Überbelichtung des Wassers zu vermeiden. Außerdem war eine große Schärfentiefe nötig, um alle Pflanzen in unterschiedlichen Entfernungen und auch das Wasser scharf abzubilden. Die erforderliche kleine Blende (Bl. 22) musste in Anbetracht des schwachen Lichts durch eine Erhöhung der Empfindlichkeit der Kamera auf ISO 400 ausgeglichen werden. (Das Bildrauschen ist aufgrund der vielfältigen Strukturen des Fotos kaum sichtbar.) Und schließlich spielte auch der Zeitpunkt eine wichtige Rolle, denn die wechselnde Fließgeschwindigkeit des Wassers führte zu vielen unterschiedlichen Kaskaden.

Im Detail

Die Hauptschwierigkeit bei Nahaufnahmen von Wasserfällen liegt in den Umgebungsbedingungen und nicht in der Aufnahme selbst. Sie müssen sich vor Nässe schützen und darauf achten, dass Sie nicht ausrutschen und vor allem keine Äste oder Blätter abbrechen, die scheinbar »im Weg« sind. Am besten fotografiert man im RAW-Format, um später genügend Spielraum für Farbanpassungen zu haben, denn die Lichtreflexe können im Vergleich zu den Schatten erstaunlich hell sein.

Wasserspritzer in der Sonne
Es stellte sich heraus, dass manchmal mehr Wasser den Fels herabstürzte, sodass die Kaskade kräftiger wirkte. Das Wasser musste mit den veränderlichen Lichtverhältnissen koordiniert werden, da sich Wolken vor die Sonne schoben.

Fließgeschwindigkeit
Das fließende Wasser in diesem Teil der Aufnahme wird gleichbleibend unabhängig vom Zeitpunkt der Aufnahme aufgezeichnet. Es lohnt sich jedoch, auf Sonne zu warten, die die Wassertröpfchen zum Funkeln bringt.

Fließende Unschärfe
Aufgrund des relativ gleichmäßigen Wasserstrahls sollte man das Foto vergrößert auf dem Kameramonitor prüfen, um festzustellen, ob die Verschlusseinstellungen zur gewünschten Wirkung führen.

Größe und Kontrast
Hier dominieren kühle Grau- und Grüntöne; die Pflanzen im Gegenlicht bilden den Farbschwerpunkt. Mit der Belichtung muss eine helle Wiedergabe der Vegetation ereicht werden, damit die Farben zur Geltung kommen.

Relativer Effekt des Bildrauschens
Ein starkes Rauschen wäre auf diesem Foto eines Pfaus mit seinen vielen feinen Details kaum wahrnehmbar. Bei der Aufnahme des pastellfarbenen Himmels würde sichtbares Rauschen die Bildwirkung verringern.

FEINE DETAILS

GLEICHMÄSSIGE FARBTÖNE

Qualitätseinstellungen

Fotografen, die mit herkömmlichen Filmen groß geworden sind, wissen, dass empfindlichere Filme auch ein gröberes Korn zur Folge haben. Dieser Körnigkeit entspricht in der Digitalfotografie das Rauschen, das jedoch ein weitaus komplizierteres Phänomen ist.

Rauschen | Probleme und Vorteile

Die Ursachen des Rauschens sind zwar unterschiedlich – Wärme, die Art des elektrischen Signals, die Vorgänge im Sensor selbst –, aber das Ergebnis bleibt immer gleich: unregelmäßige, zufällige Flecken oder Farbwolken ohne Bezug zu spezifischen Details des Fotos. Da das Rauschen zu Detailverlusten führt, wird es sogar meist als Fehler betrachtet, der vermieden oder reduziert werden muss. Also sind Digitalfotografen stets bestrebt, das Rauschen zu unterdrücken, wie auch ihre Vorgänger versuchten, die Körnigkeit durch den Einsatz von möglichst geringempfindlichen Filmen und die Entwicklung der Fotos in speziellen Lösungen so weit als möglich zu vermeiden.

Der schnelle Anstieg des Rauschens bei zunehmender Empfindlichkeit liegt in der Natur des elektrischen Signals begründet. Eine höhere Empfindlichkeitseinstellung bedeutet eine Verstärkung des Bildsignals – es wird »lauter«. Bei diesem Prozess verstärken wir jedoch auch die bereits vorhandenen Störsignale (das Rauschen). Das Rauschen geht zwar dank ausgeklügelter Algorithmen insgesamt immer mehr zurück, aber allgemein gilt noch immer, dass es mit zunehmender ISO-Einstellung und Pixelzahl und abnehmender Sensorgröße immer stärker wird.

Dokumentarfoto
Auf dem farbigen Original kam das blutige Fleisch zu stark zur Geltung und lenkte von dem freundlichen Metzger ab. In Schwarzweiß und mit etwas hinzugefügtem Rauschen sieht das blutrünstige Farbfoto wie ein Dokumentarfoto aus alten Zeiten aus, das auf hochempfindlichen Film aufgenommen wurde.

Rauschen ist jedoch nicht unbedingt etwas Schlechtes; es kann etwa einer ansonsten zu monotonen Bildpartie Struktur verleihen. Am besten experimentiert man mit unterschiedlichen ISO-Einstellungen, um die Charakteristiken und Wirkungen des Rauschens der Kamera kennenzulernen. Wenn Sie Störungen künstlich hinzufügen möchten, erzielen Sie die besten Ergebnisse mit Spezialsoftware wie DxO Optics, die den Korneffekt von Filmen simuliert (s. S. 176–177).

Details | und Auflösung

Die Auflösung ist das Maß für die Menge der Details, die getrennt voneinander aufgezeichnet werden können. Die Einstellung einer hohen Auflösung ist jedoch kein Garant für eine gute Auflösung auf dem Foto, also für ein hochwertiges, gut durchgezeichnetes Bild, sondern bedeutet nur, dass das Bild eine große Anzahl von Pixeln enthält. Bei Kameraobjektiven mit geringer Qualität führt die Aufzeichnung von mehr Pixeln nicht unbedingt zu einer schärferen Abbildung. Die Gewohnheit, die maximale Dateigröße »hohe Auflösung« zu nennen, ist daher etwas irreführend. Außerdem sollte man bedenken, dass die Auflösung oder Pixelzahl häufig als Synonym für Qualität gebraucht wird, aber nicht unbedingt gleichbedeutend ist.

Bei der Einstellung der Auflösung des Fotos treffen Sie eine Entscheidung, bei der es um mehr als nur die Dateigröße geht. Bei einer Datei mit hoher Auflösung müssen viel mehr Daten verarbeitet werden als bei einer geringeren Auflösung, sodass die Betriebsgeschwindigkeit durch die längere Verarbeitungsdauer des Fotos sinkt – und natürlich passen weniger Bilder mit hoher Auflösung auf Ihre Speicherkarte. Wenn Sie eine Kamera mit 10 Megapixeln oder mehr verwenden, sollten Sie die zweithöchste Einstellung der Auflösung ausprobieren und mit der höchsten vergleichen. Vielleicht stellen Sie fest, dass auch die kleinere Datei perfekt für Ihre Zwecke geeignet ist.

Komprimierung | und Qualität

Ein Gleichgewicht zwischen dem hohen Speicherplatzbedarf großer Dateien und dem Wunsch nach guter Qualität kann durch die Komprimierung der Dateien, d.h. die Verringerung des erforderlichen Speicherplatzes, erreicht werden. Mit dem JPEG-Format lassen sich Dateien ohne sichtbaren Qualitätsverlust auf bis zu ein Zehntel ihrer ursprünglichen Größe reduzieren, ja sogar noch stärker, wenn man einen sichtbaren Verlust in Kauf nimmt. JPEG ist jedoch ein »verlustbehaftetes« Format, d.h., die infolge der JPEG-Komprimierung verlorengegangenen Daten lassen sich nicht wiederherstellen. Fast alle Digitalkameras können Dateien im JPEG-Format speichern, und bei manchen lässt sich auch der Komprimierungs- oder Qualitätsgrad festlegen: Falls möglich stellen Sie die höchste Qualität (oder die niedrigste Komprimierung) ein.

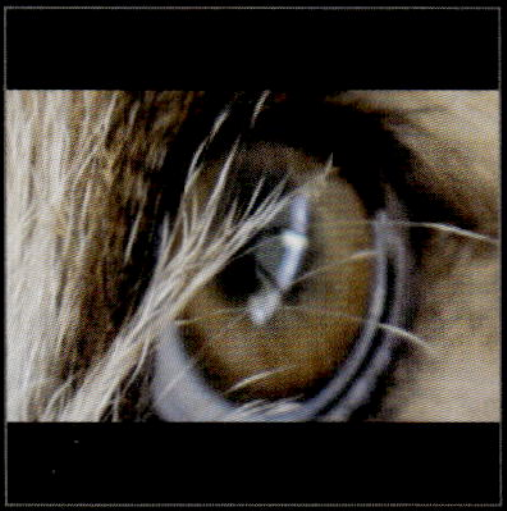

556 KB

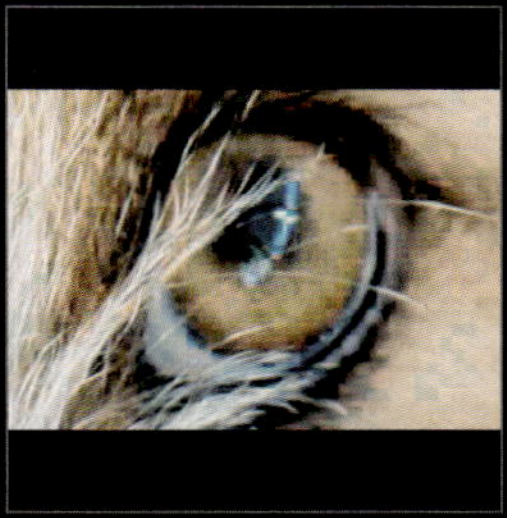

16 KB

Feine Details
Motive mit sehr feinen Details und großflächigen gedämpften Farben nimmt man am besten mit der größten verfügbaren Qualitätseinstellung auf. Dadurch werden sowohl die Strukturen des Fells als auch die feinen Farbabstufungen in den unscharfen Bereichen wiedergegeben.

Farbeinstellungen

Früher kümmerten sich ganze Heerscharen von Farblaboranten – eine ganz eigene Branche – um alle Belange des Farbfotografen. Heute entscheiden Sie selbst über die Farben Ihrer Fotos, allerdings innerhalb der Grenzen Ihrer Ausrüstung, Ihrer Geduld und Ihrer Erfahrung.

Zugewiesene Profile
Bei einem solchen Foto, dessen Ausdruckskraft hauptsächlich auf Farben und Konturen beruht, kann die Sättigung fast nach Belieben angepasst werden. Geringe Farbigkeit führt zu einem gefärbten Schwarzweißfoto, während eine starke Sättigung die Blautöne des Abendhimmels sichtbar macht.

Farben | Strategien

Ein gutes Verständnis für das Verhältnis zwischen Ihrer Wahrnehmung und der fotografischen Aufzeichnung können Sie entwickeln, wenn Sie sich Ihre Kamera als einen zweiten Beobachter vorstellen, der neben Ihnen steht und scheinbar das Gleiche sieht wie Sie selbst. Diese zweite Sichtweise bringt jedoch auch neue Werte und andere Wahrnehmungen mit sich. Lernen Sie also am besten die Stärken und Schwächen Ihrer Kamera als Beobachtungsinstrument kennen. Ein präziser Weißabgleich, der in etwa zur korrekten Belichtung führt, ist der wichtigste Schritt. Ein korrekter Weißabgleich stellt den größten Spielraum für Farbanpassungen sicher, ebenso wie eine richtige Belichtung die größte Flexibilität bei der Anpassung der Helligkeit des Fotos bietet.

Einstellungen | Farbraum

Die Digitalfotografie erfordert eine besondere Farbtreue, denn wir können die Bilder auf unserem LCD-Bildschirm sofort mit der fotografierten Szene vergleichen. Um die Farben des LCD-Displays auf Papier ausdrucken zu können, benötigen wir ein präzise verwaltetes System, das bei der Herstellung des Sensors beginnt und bei der benutzten Druckertinte und dem Papier endet. Außerdem müssen wir während des gesamten Prozesses einen richtig kalibrierten Computerbildschirm und ICC-Profile verwenden.

Die Mehrzahl der Kameras ist standardmäßig auf sRGB eingestellt. Es ist ein relativ kleiner Farbraum, der leicht auf Bildschirmen reproduziert werden kann und daher gut für Bilder geeignet ist, die im Web genutzt und in durchschnittlicher Qualität ausgedruckt werden sollen. Die Verwendung des größten nutzbaren Farbraums unterstützt das System jedoch dabei, die maximale Farbpalette zu erzeugen. Der beliebteste der großen Farbräume ist Adobe RGB (1998), obwohl manche Fotografen auch Wide Gamut RGB bevorzugen. Immer mehr Kameras bieten Adobe RGB (1998) als Arbeitsfarbraum. Der Farbraum wird normalerweise in den Farbeinstellungen des Kameramenüs eingestellt.

ZU STARKE SÄTTIGUNG

WIE AUFGENOMMEN

Aufgeschobene | Entscheidungen

So hervorragend die LCD-Bildschirme auf der Rückseite der Kameras auch sein mögen – die Farbqualität eines Fotos lässt sich mit ihnen nicht optimal beurteilen. Die sicherste und effizienteste Methode ist die Betrachtung auf einem hochwertigen Bildschirm oder Laptop in einem Innenraum ohne störendes direktes Sonnenlicht. Also ist es ein Vorteil, wenn man die Entscheidungen über Farbraum, Profil, Sättigung und Weißabgleich erst nach dem Fotografieren treffen muss.

Nehmen Sie dazu die Bilder am besten im RAW-Format auf (s. S. 184–185), falls Ihre Kamera diese Möglichkeit bietet und Sie die Softwareanwendung zur späteren Bearbeitung der Dateien besitzen. Im RAW-Format wird das Bild noch nicht aufbereitet, um die Farben vollständig wiederzugeben. Erst wenn Sie das Bild mit einem RAW-Konverter öffnen, wenden Sie die Einstellungen für Farbraumprofil, Weißabgleich und Farbsättigung an.

Reiz der Farben
Bei diesem Bild ist man versucht, die Farben zu verstärken, um den Regenbogen bestmöglich zur Geltung zu bringen. Die Einstellung einer zu hohen Sättigung intensiviert jedoch auch die Farben des Himmels und der Autos. Es muss also ein Gleichgewicht zwischen diesen Bildelementen gefunden werden.

Zugewiesene Profile
Diese Bildserie zeigt die unterschiedliche Interpretation desselben Fotos je nach Profil. ProPhoto RGB bietet die kräftigsten Farben, die jedoch nicht alle ausgedruckt werden können. Adobe RGB (1998) liefert eine große Palette von Farben, die auch zum größten Teil reproduziert werden können. SRGB- und Monitorprofile haben einen eingeschränkten Gamut und geben einen guten Hinweis auf das Aussehen des Fotos, wenn es mit unterschiedlichen Geräten reproduziert wird.

PROPHOTO RGB

ADOBE RGB (1998)

SRGB

LCD-BILDSCHIRM

Bildschärfe

Vielleicht sind Sie überrascht, dass die Bildschärfe im Zusammenhang mit den Funktionen und Einstellungen der Kamera behandelt wird. Die Schärfe wird zwar auch im digitalen Zeitalter von der Leistungsfähigkeit des Objektivs beeinflusst, hängt aber hauptsächlich von den Kameraeinstellungen ab.

Selektive Schärfe
Der scharf abgebildete Junge beim Sammeln von Reisstroh bildet einen Kontrast zum unscharfen Hintergrund. Trotz der Unschärfe eines Großteils des Fotos ist die präzise Scharfeinstellung auf eine bestimmte Stelle ausschlaggebend für die Qualität des Bildes. Zu viel Schärfe wäre außerdem von Nachteil, denn die Aufmerksamkeit des Betrachters würde dadurch vom Gesicht des Jungen abgelenkt.

SCHÄRFE AUF DAS GESICHT

ZWEITER BILDSCHWERPUNKT

AKZEPTABLE UNSCHÄRFE

Unschärfe | Ursache und Wirkung

Man kann die Tatsache nicht ignorieren, dass ein Foto mit jedem Schritt des fotografischen Prozesses durch den Verlust von Details tendenziell unschärfer wird. Von geringwertigen Objektiven, ungenauer Scharfeinstellung bis hin zu Sensoren, deren lichtempfindliche Zellen nicht perfekt für die Aufzeichnung der Details ausgerichtet waren – all diese Faktoren wirken zusammen, um Unschärfe zu erzeugen.

Das Objektiv übt einen entscheidenden Einfluss auf die Schärfe aus: Wir brauchen eine Optik, die eine detaillierte, helle Abbildung erzeugt. Dieses Objektiv müssen wir nun so präzise wie möglich scharfstellen und dafür sorgen, dass sich Kamera und Motiv im Moment der Auslösung so wenig wie möglich bewegen.

Kamerainternes | Schärfen

Wichtig ist noch eine weitere Kameraeinstellung: Wenn Sie die Bilder im JPEG-Format aufzeichnen, wird die Kamera die Fotos wahrscheinlich schärfen. Dies ist eine Standardeinstellung, denn die Fotos sehen normalerweise aufgrund der Tendenz des Systems

zur Unschärfe ohne diese Schärfung etwas weich aus, selbst wenn sie tatsächlich völlig scharf waren. Die Hersteller schärfen die Fotos lieber großzügig in der Kamera, als Reklamationen ihrer Kunden aufgrund scheinbarer Fokussierfehler der Kamera zu riskieren.

Auf den ersten Blick scheint diese Maßnahme vernünftig, aber sie kann später zu erheblichen Problemen bei der Bearbeitung führen. Die Schärfung in der Kamera hebt die Kanten auf dem Foto hervor, sodass z. B. der Kontrast der Trennlinie zwischen einem Grashalm und einer Sandfläche erhöht wird.

In der Kamera wird dieser Effekt allgemein und ohne Unterscheidung angewendet. Er wird weder an die verschiedene Details innerhalb des Fotos noch an das Motiv angepasst. So werden etwa auch die Hautunreinheiten auf dem Gesicht eines Menschen geschärft, obwohl der Betrachter sie gar nicht so genau sehen möchte.

Eine weitere unerwünschte Folge der Schärfung ist die Verstärkung des Bildrauschens. Schlimmer noch: Eine übermäßige Schärfung kann sich paradoxerweise negativ auf die Details des Fotos auswirken. Und der Versuch, ein überschärftes Foto wieder weichzuzeichnen, führt zu einem noch größeren Verlust von Details sowie zu unnatürlich glatten Kanten.

Schärfung | zum Schluss

Die Betrachtungsgröße und -art des Fotos ist bis zuletzt meist ungewiss. Zwar scheint es offensichtlich, dass größere Bilder stärker geschärft werden müssen, aber man darf nicht vergessen, dass dann auch Schärfungsartefakte besser erkennbar sind, wie überbetonte Kanten und Halos. Ein Bild, das nur am Bildschirm betrachtet werden soll, muss weniger stark geschärft werden als ein für den Ausdruck bestimmtes Foto, aber auch dies hängt von der Betrachtungsgröße ab.

Um auf Nummer sicher zu gehen, verschieben Sie die Scharfzeichnung am besten ganz bis zum Schluss. Das bedeutet, dass Sie bei einer Speicherung in JPEG die kamerainterne Schärfung auf ein Minimum reduzieren sollten oder durch das Speichern in RAW völlig abschalten (s. S. 186–187).

Wenn Sie die Schärfung nicht der Kamera überlassen wollen, sondern sie manuell durchführen, können Sie die Stärke der Scharfzeichnung außerdem an die Art der Details auf dem Foto anpassen. So lassen sich Artefakte bei Weitem am besten reduzieren (s. S. 180–181).

SCHÄRFE AUF DAS GRAS

WEITWINKEL

GRÖSSTER BILDWINKEL

Variable Schärfe
Zur Verlagerung des Bildschwerpunkts von den Gräsern auf die Möwe, die neugierig herangeflogen kam, wurde ein größerer Bildwinkel ausgewählt. Die resultierende Schärfentiefe war größer, aber scharf abgebildet werden mussten jetzt nicht mehr nur die Details der Gräser, sondern auch die gleichmäßigen Konturen der Möwe.

Dossier

Zur Beurteilung der Scharfzeichnung sollten Sie das Bild immer bei 100 % betrachten. Für Ausdrucke schärfen Sie das Bild so lange nach, bis die Artefakte gerade sichtbar werden. Für die Betrachtung am Bildschirm sollten Sie die Scharfzeichnung erhöhen, bis die Artefakte sichtbar sind, und dann wieder etwas reduzieren.

Bildanalyse

Die schier unbegrenzte Anzahl von Einstellungen moderner Kameras scheint überwältigend. Viele Fotografen schreckt diese Auswahl ab, sodass sie die Möglichkeiten nie vollständig ausloten. Die Standardeinstellungen reichen zwar für die meisten Situationen aus, aber zur bestmöglichen Ausnutzung der Leistungsmerkmale Ihrer Kamera sollten Sie auch mit anderen Einstellungen umgehen können.

Workflow | Einstellungen

Korrekte Einstellungen waren für diese Aufnahme sehr wichtig. Sie sollten den Zugriff auf alle Kamerafunktionen und gleichzeitig einen reibungslosen Workflow ermöglichen. Hier mussten also zur Wiedergabe der feinen Details die höchste verfügbare Auflösung und eine kleine Blende zur Gewährleistung einer großen Schärfentiefe genutzt werden können. Am besten vermeidet man die einfachen Standardeinstellungen, denn sie deaktivieren eventuell Optionen wie Farbraum oder die Auswahl des Weißabgleichs. Hier wurde der Farbraum auf Adobe RGB (1998) eingestellt. Allerdings ist auch sRGB für die meisten Situationen geeignet. Aufgrund der Bedienungsfreundlichkeit und zur Reduzierung des Speicherbedarfs vor Ort wurde das Foto im JPEG-Format gespeichert. Außerdem musste der Blitz abgeschaltet und die »intelligente« ISO-Steuerung ausgewählt werden, um die Empfindlichkeit auf die Lichtverhältnisse abzustimmen.

Im Detail

Die eigentliche Aufnahme, die in Neuseeland entstand, beruht ausschließlich auf der grundlegenden Einrichtung der Kamera. Nach Auswahl des Farbraums Adobe RGB (1998) wurde das Bild in höchster Auflösung im JPEG-Format gespeichert, weil die Größe vor Ort auf ein Minimum reduziert werden musste. Das fast 5000 Pixel breite Bild enthält jedoch genügend Daten, damit die Zeichnung in den Schatten und die feinen Details des Gebälks wiedergegeben werden konnten.

Aufzeichnung der Details
Vertikal oder horizontal verlaufende Details bewältigt die Kamera problemlos. Schräg angeordnete Einzelheiten sind eine Herausforderung. Stellen Sie in solchen Fällen immer die höchste zur Verfügung stehende Auflösung ein.

Schärfentiefe

Hier wurde für die Schärfentiefe die kleinste Blende eingestellt. Da ich aus der Hand fotografierte, musste ich die Empfindlichkeit erhöhen, um eine kleine Blende mit einer kurzen Belichtungszeit kombinieren zu können.

Wiederherstellung heller Bereiche

Die optimale Wiederherstellung der hellen Bildpartien erreichen Sie im RAW-Format, damit Sie den Dynamikumfang der Aufnahme maximal erhöhen können.

Wiedergabe der Schatten

Die Wiedergabe der Zeichnung in den dunklen Bereichen der Reflexionen erforderte eine Steigerung des Kontrasts und der Farbsättigung, damit sich die dunklere Farbe des Himmels in den Schatten spiegelte.

Aufgabe: **Lichter der Großstadt**

Die Beleuchtung bei Nacht stellt die Benutzer analoger Kameras vor große Herausforderungen. Die Belichtung ist schwierig, und das Ergebnis kann erst nach der Entwicklung des Films beurteilt werden. Bei Digitalkameras sieht man das Foto nicht nur sofort auf dem Bildschirm, sondern in der Nacht herrschen auch die besten Bedingungen für die Betrachtung: Nur im Dunkeln lässt das LCD wirklich zuverlässige Rückschlüsse auf das Ergebnis zu.

ISO 3200, Brennweite: 27 mm, 1/40 s bei Bl. 3,2

Vorgaben

Suchen Sie nach vielen farbigen Lichtquellen, wie Straßenlaternen, Geschäften, Restaurants, Büros usw. Am Aufnahmeort sollten Sie sich ohne Risiko bewegen können, um sich voll auf das Fotografieren der Beleuchtung zu konzentrieren.

Zur Erinnerung

- Durch die Einstellung verschiedener Empfindlichkeiten können Sie die Effekte von Rauschen und Belichtung vergleichen.
- Unterschiedliche Weißabgleichseinstellungen ändern die Farbbalance.
- Stellen Sie die Szene aus unterschiedlichen Blickwinkeln dar.
- Durch unterschiedliche Belichtungen der Szene bei gleicher Bildgestaltung lernen Sie die Auswirkungen der Belichtung auf die Tonwerte kennen.
- Der Kontrast zwischen Schärfe und Unschärfe verstärkt den Eindruck von Geschwindigkeit.

ISO 1600, Brennweite: 62 mm, 1/10 s bei Bl. 2,8

Fotografische Vorbilder

Brassaï (1899–1984)
Der in Ungarn geborene Fotograf ist berühmt für seine revolutionären und tiefsinnigen Fotos von Paris bei Nacht. Seine virtuosen Aufnahmen bei schwachem Licht auf relativ geringempfindlichem Film dienen immer wieder als Inspiration.

Weegee (1899–1968)
Weegee scheute nicht gerade vor Eigenlob zurück, aber seine Arbeiten sind ebenso gut, wie er behauptete. Die Ausdruckskraft und Unmittelbarkeit seiner mit Blitzlicht gemachten Nachtaufnahmen und seine Darstellungen von Mordopfern in New York sind bis heute unerreicht.

Rut Blees, Luxemburg (geb. 1967)
Die Fotografin gehört zu den führenden Vertreterinnen der Fotografie der Stadtlandschaft als Spiegel des menschlichen Lebens. Ihre Nachtaufnahmen reichen von spirituellen Darstellungen bis hin zu düsteren Schreckensvisionen.

ISO 3200, Brennweite: 46 mm, 1/5 s bei Bl. 2,8

ISO 160, Brennweite: 105 mm, 1/2 s bei Bl. 6,7

ISO 320, Brennweite: 24 mm, 1/8 s bei Bl. 9, Blitz

ISO 400, Brennweite: 50 mm, 1/30 s bei Bl. 5,6

ISO 320, Brennweite: 22 mm, 2 s bei Bl. 19

ISO 800, Brennweite: 11 mm, 1/4 s bei Bl. 6,3

ISO 800, Brennweite: 6,3 mm, 1/8 s bei Bl. 2,8

1 2 3
4 5 6
7 8 9

Leucht**pult**

Top**tipps**

1 Zwielicht | Farben am Abend
Eine der reizvollsten Tageszeiten zum Fotografieren ist die Dämmerung. Bis zum Einbruch der Nacht sind die Farben besonders intensiv. Ihre Fotos werden diesem visuellen Erlebnis jedoch vielleicht nicht gerecht.

2 Farbe | Kontrast
Abends werden Lichtkontraste durch die erhöhte Empfindlichkeit unserer Augen verstärkt. Hier bilden die Farben des Himmels den Hintergrund für die Lichtquellen im Vordergrund.

3 Komposition | Blickführung
Eine sorgfältige Komposition ist im Dunkeln ebenso wichtig wie bei Tag, denn oft reicht die Beleuchtung als Bildschwerpunkt nicht aus. Hier wird der Blick von einer ansprechenden Diagonale durch das Bild geführt.

4 Nachtsicht | Farbsättigung
Wenn sich die Augen an die Dunkelheit gewöhnt haben, kann man die Farben meist nicht mehr gut erkennen. Auf einem Digitalfoto werden die Farbtöne jedoch intensiv wiedergegeben. Diese Straßenlaternen sehen auf dem Bild orange aus; für das Auge sind sie gelblich weiß.

5 6 Perspektive | Änderungen
Wenn, wie bei Bild 5 und 6, Oberflächendetails in der Dunkelheit verloren gehen, kann man mithilfe der relativen Größe der Lichtquellen und der Farbkontraste einen Eindruck von Räumlichkeit und Entfernung vermitteln.

7 Strukturen | subtile Effekte
Selbst bei Nacht gibt es Strukturen und sowohl subtile als auch dramatische Schatteneffekte, aber sie sind seltener sichtbar als bei Tag, weil sich die Oberflächen in der Nähe von starken Lichtquellen befinden müssen.

8 9 Belichtung | Unschärfe
Lange Belichtungszeiten können auch zur Aufzeichnung von Bewegungsunschärfen genutzt werden. Experimentieren Sie bei unterschiedlich schnell fahrenden Autos mit verschiedenen Belichtungszeiten.

▶ Ergebnisse

Lichtspuren

Adrienne Babin

»Da ich mich auf der einen Straßenseite aufstellen musste, war es schwierig, bei dieser Aufnahme die gewünschte Symmetrie zu erreichen.«

Canon EOS 5D, ISO 100, Brennweite: 70 mm, 10 s bei Bl. 22

Kritik

Die hier gezeigten Bilder machen deutlich, dass sich die Interaktion zwischen bebauter Umgebung und Beleuchtung als Fotomotiv geradezu aufdrängt. Viele Bilder mit Lichtquellen bei Nacht wirken ansprechend, aber die hier vorgestellten Fotos zeichnen sich durch eine klare Strategie bei der Arbeit mit der Beleuchtung aus. Von den Lichtspuren bewegter Objekte über Farbblöcke vor dunklem Hintergrund – die Lichtquellen werden als Gestaltungsmittel genutzt. Und natürlich können Sie auch Lichtspiele fotografieren, die ein eigenständiges faszinierendes Motiv bilden.

Lichtspuren

Die Kombination aus bewegten Lichtquellen, langer Belichtung und dunklem Hintergrund macht Lichtspuren zu einem schwer zu kalkulierenden Motiv. Dies wird bei den Bildern von Adrienne Babin deutlich. Bei einigen Fotos wurde zu viel Licht eingefangen, während sich die Lichtspur bei anderen nicht an der richtigen Stelle befindet. Auf dem Hauptbild entstand durch einen vorbeifahrenden Bus eine Linie, die ansprechend hoch auf dem Bild angeordnet ist.

Lichtblöcke

Durch die Darstellung der farbigen Lichtquellen vor einem völlig schwarzen Himmel hat Chris Hopkins die Farben auf Kosten des Kontextes betont. So entstand eine Abstraktion aus farbigen Pinselstrichen.

Lichtdekor

Beim Besuch eines Lichtspektakels an der Chinesischen Mauer musste Kathrin Long mit vielen Menschen und dem schwachen Licht fertig werden. Als die Fotografin über die Köpfe der Menschen hinwegfotografierte, verschwanden sie zwar aus dem Bild, aber auch das Gefühl für die Veranstaltung ging verloren. Die Ergebnisse sind jedoch farbenfroh, und die leichte Unschärfe ist relativ unproblematisch.

Lichtblöcke

Chris Hopkins

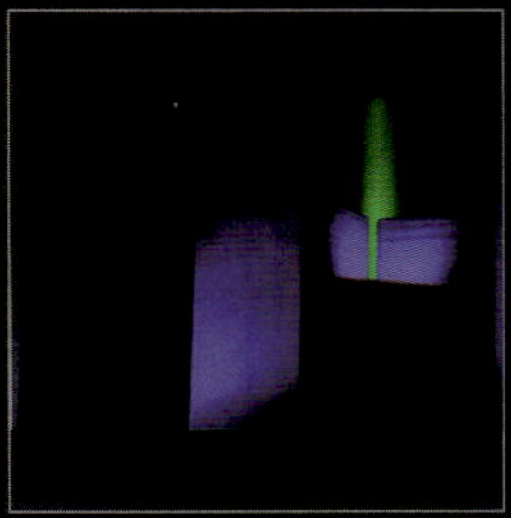

»Ohne Stativ musste ich die Kamera aufgrund des schwachen Lichts auf der einen Seite an einer Wand und auf der anderen mit der Hand abstützen.«

▲ Canon EOS 5D, ISO 640, Brennweite: 63 mm, 1/15 s bei Bl. 5,6

Lichtdekor

Kathrin Long

▲ Nikon D50, Brennweite: 35mm, Bl. 4,8

»Das Problem lag darin, die Kamera in der Menge ruhig zu halten. Das ist mir nicht sehr gut gelungen, denn das Bild wirkt unscharf.«

Kurs 2

Belichtungssteuerung

Eine der Erfolgsgeschichten der modernen Fotografie ist die nahezu perfekte Belichtungssteuerung. Die Belichtungsautomatik einer Kamera misst heute nicht nur die Gesamtmenge des Lichts in einer Szene, sondern auch die hellen und dunklen Bereiche, und sie berücksichtigt auch die Farben. Einige Systeme erkennen sogar Gesichter und passen die Einstellungen entsprechend an.

Kurs 2 Übersicht

Dossier

Belichtungssteuerungssysteme sind auf mittleres Grau geeicht und ermitteln aus der Gesamthelligkeit der Szene einen Wert etwa in der Mitte zwischen der hellsten und dunkelsten Bildpartie. Dies entspricht der Tendenz des menschlichen Auges, die Mitteltöne als die wichtigsten Tonwerte eines Fotos zu ermitteln.

Belichtung und **Mitteltöne**

Automatische Belichtungssysteme wählen eine Zeit-/Blendenkombination, bei der die Mitteltöne mithilfe des auf den Sensor treffenden Lichts auch auf dem Foto als Mitteltöne wiedergegeben werden. Das System lässt sich auch durch Befehle beeinflussen, indem z. B. die Verschlusszeit automatisch und die Blende manuell eingestellt wird. Bei modernen Kameras verändert sich die Belichtung auch durch die Wahl verschiedener Sensorempfindlichkeiten.

Belichtungssysteme | Auswahl der Methode

Automatische Belichtungssysteme funktionieren seit der Einführung von elektronischen Steuerungen in Kameras auf dreierlei Arten: Zeitautomatik, Blendenautomatik und Programmautomatik. Aber auch die Beeinflussung mithilfe von ISO-Werten wird immer beliebter.

In der Zeitautomatik wählen Sie die gewünschte Blende aus und die Kamera die entsprechende Verschlusszeit. Die korrekte Einstellung hängt nicht nur vom Blendenwert, sondern auch von der jeweiligen Empfindlichkeit und der Belichtungsmessung ab, die meist unmittelbar vor der Auslösung und der Verschlussöffnung stattfindet.

» Bei modernen Kameras ändert sich die Belichtung durch die Wahl verschiedener Empfindlichkeiten. «

Die Zeitautomatik ist die Betriebsart zur Steuerung der Schärfentiefe, z. B. bei Landschaftsaufnahmen mit möglichst durchgehender Schärfe oder Porträts mit verschwommenem Hintergrund. Ein weiteres Einsatzgebiet dieses Modus ist die Erstellung von Belichtungsreihen mit gleichbleibender Blende als Vorbereitung für die Zusammenfügung von Bildern, denn unterschiedliche Schärfentiefen sollten vermieden werden (s. S. 228–229).

Mit der Blendenautomatik legen Sie die Verschlusszeit fest und die Elektronik die Blende. Dieser Modus ist hilfreich, wenn kürzeste Verschlusszeiten gefragt sind.

In beiden Betriebsarten ist die automatische Belichtungskorrektur hilfreich. Sie möchten z. B. in der Blendenautomatik 1/2000 s einstellen, aber das Licht reicht für Ihr 1:4-Objektiv nicht aus; die manuelle Einstellung von 1/1000 s genügt vielleicht immer noch nicht. Die automatische Belichtungskorrektur löst dieses Problem.

Progammmodus | Automatik

In der Programmautomatik werden sowohl Verschlusszeit als auch Blende automatisch eingestellt. Viele Kameras tendieren zu kürzeren Belichtungszeiten, um die Folgen von Verwacklungen zu mildern.

Eine weiteres Leistungsmerkmal ist die Erhöhung der Sensorempfindlichkeit bei schwachem Licht, um Belichtungszeiten zu vermeiden, die für Freihandaufnahmen zu lang sind.

+2 STUFEN

NORMALE BELICHTUNG

–1 STUFE

NORMALE BELICHTUNG

–0,5 STUFE

–1 STUFE

+1 STUFE

NORMALE BELICHTUNG

–1 STUFE

1 2 3
4 5 6
7 8 9

Leucht**pult**

Einstellungen

Je nach Beleuchtungssituation sind eventuell Belichtungskorrekturen notwendig, aber die Regeln dafür sind hochkompliziert, selbst wenn die Lichtverhältnisse, wie bei den Bildern oben, scheinbar gleich bleiben. Die Überbelichtung, **1**, ist besser geeignet als die Belichtung in **2** und **3**, um die hellen, luftigen Gräser zum Vorschein zu bringen. In **4** ist die normale Belichtung akzeptabel, aber die Unterbelichtung in **5** und **6** wirkt besser. Die normale Belichtung in **8** ist besser als die Über- bzw. Unterbelichtung in **7** und **9**.

Belichtungsausgleich

Die sonnenbeschienene weiße Wand wird vom Belichtungsmesser als sehr hell interpretiert, sodass die Bilder meist zu dunkel aussehen. Sie könnten auch bereits bei der Aufnahme überbelichten, aber sicherer ist die Korrektur bei der Nachbearbeitung.

Unterbelichtung

Unterbelichtung wird vielfach als Fehler betrachtet, aber eigentlich ist sie die wahrscheinlich effizienteste und sicherlich die einfachste Methode, um die Wirkung Ihrer Bilder zu verbessern. Ebenso wie eine korrekte Belichtung gibt es natürlich auch eine korrekte Unterbelichtung.

Dossier

Bilder, die überwiegend Tonwerte im mittleren Bereich und ansonsten dunklere Töne aufweisen, werden »low key« genannt. Für ein gelungenes Low-Key-Foto braucht man nichts weiter als eine gerichtete, aber nicht unbedingt intensive Lichtquelle zur Ausleuchtung des Hauptmotivs.

Belichtung | Parameter

Die Belichtung beurteilen wir anhand von objektiven und subjektiven Kriterien, d. h. zum Teil auf wissenschaftlicher Basis, zum Teil nach mehrheitlicher Meinung. Zu Beginn des 20. Jahrhunderts wurden die Teilnehmer einer Studie – Studenten einer Universität – gebeten, ihre Meinung zu einigen mit unterschiedlicher Belichtung aufgenommenen Bildern zu äußern.

Die Mehrheit der Teilnehmer bevorzugten die Bilder, die weder zu hell noch zu dunkel waren. Wenn die dunklen/hellen Bereiche insgesamt überwiegend in der Mitte zwischen der dunkelsten Partie des Fotos (nicht schwarz, eher tiefdunkelgrau) und dem hellsten Bereich (nicht reinweiß) lagen, dann wurde die Aufnahme meist als korrekt belichtet eingestuft.

Tonwertumfang | Mitteltöne

Die Einschätzung der korrekten Belichtung ist natürlich weitgehend eine Frage des persönlichen Geschmacks. Trotz dieses Spielraums sollte die Belichtung innerhalb der für den Betrachter akzeptablen Grenzen liegen.

Die höchst subjektive Umfrage an der Universität ähnelt sogar einer technischen Methode der Ermittlung der korrekten Belichtung. Wir wissen, dass es sowohl bei Filmen als auch bei Sensoren einen Helligkeitsbereich gibt, in dem Tonwertunterschiede korrekt aufgezeichnet werden – die Mitteltöne. Bei korrekter Belichtung liegen die Mitteltöne der Szene also auch im Mitteltonbereich des Films oder Sensors.

Wenn Sie die Belichtung der Kamera überlassen, zeichnet der Sensor die Tonwerte in der Szene in der Regel

Beleuchtung der Passage

Aufgrund des schwachen Lichts in dieser Passage würde eine normale Belichtung zu einer zu hellen Wiedergabe des Motivs führen. Zwar würde dies die Szene wohl deutlich sichtbarer darstellen, aber eine Unterbelichtung sorgt dafür, dass der Kontrast zwischen Lichtinseln und dunklen Schatten nicht verloren geht.

HELLE LICHTQUELLEN

SICHTBARE DETAILS

DUNKLE SCHATTEN

wirklichkeitsgetreu auf. So können sie so viel vom vorhandenen Tonwertumfang wie möglich wiedergeben. Wenn Sie jedoch z. B. zu stark belichten, zeichnet Ihr Sensor Schatten und Mitteltöne heller auf als notwendig, aber da Sie im Gegenzug helle Bereiche nicht heller aufzeichnen können, verschwenden Sie die Aufzeichnungskapazitäten Ihres Sensors. Falls Sie zu schwach belichten, erscheinen die hellen Bereiche vielleicht dunkler, sodass die Mitteltöne und Schatten ebenfalls dunkler wiedergegeben werden.

Unterbelichtung | kräftigere Farben

Überwiegend dunkle, dichte Schatten, die aus einer starken Unterbelichtung resultieren, werden vom Betrachter meist eher akzeptiert als zu helle Mitteltöne als Resultat einer Überbelichtung. Der Vorteil der Unterbelichtung liegt in der Möglichkeit, Lichtreflexe dunkler wiederzugeben: Bei schwächerer Belichtung kommen die Farben besser zur Wirkung. Gleichzeitig erscheinen die Farben in den Mitteltönen kräftiger und intensiver.

Probieren Sie bei Motiven mit vielen hellen und dunklen Tönen Unterbelichtungen aus. Erstellen Sie eine Belichtungsreihe, falls die Zeit ausreicht, aber lassen Sie die Überbelichtung aus und belichten Sie stattdessen normal und um eine halbe und eine Stufe schwächer – wählen Sie aus diesen Aufnahmen die beste aus.

Speisesaal
Der spartanisch eingerichtete Speisesaal eines Klosters in Bhutan wurde nur von dem im Bild sichtbaren Fenster ausgeleuchtet. Bei normaler Belichtung (kleines Bild) war das Foto zu hell und konnte die Atmosphäre des Raums nicht vermitteln. Das dunklere Bild (oben), das technisch gesehen unterbelichtet ist, zeigt die Szene so, wie sie mit dem menschlichen Auge wahrgenommen wurde.

Bildanalyse

Die Beherrschung der Belichtungssteuerung mag in Anbetracht der Belichtungsautomatik moderner Kameras als unnötiger Aufwand erscheinen. Je besser Sie jedoch damit umgehen können, desto schneller werden Sie bemerken, dass die Belichtungssteuerung ein effizientes und kreatives Werkzeug ist.

Abschwächung | Sonnenlicht

Es ist verlockend, einer modernen Kamera alle Entscheidungen in puncto Belichtung zu überlassen. Wenn Sie sich jedoch immer nur auf die Kamera verlassen, dann verpassen Sie einen Arbeitsschritt, aus dem Sie viel lernen können: die Prüfung der mit unterschiedlichen Belichtungen aufgenommenen Ergebnisse während des Fotografierens. Da Sie sich über Filmverschwendung keine Sorgen mehr machen müssen, sollten Sie ein Foto bei normaler Belichtung aufnehmen und dann eines um eine Stufe stärker und ein weiteres um eine Stufe schwächer belichten. Viele Kameras haben eine automatische Bracketing-Funktion, die Sie für diese drei Aufnahmen nutzen können. Bei großen Helligkeitsunterschieden, wie hier, führt eine stärkere Unterbelichtung zu kräftigeren Farben und einer Betonung der abrupten Übergänge zwischen Lichtern und Schatten. Durch die Unterbelichtung wird ein Motiv allgemein auf das Wesentliche reduziert – auf die reinen Konturen der Bildelemente und ihre Beziehung zueinander –, während gleichzeitig alle farbigen Bereiche aufgrund der fehlenden Zeichnung in den Schatten zum Bildschwerpunkt werden.

Im Detail

Wegen des dunkelgrünen Hintergrunds und der tiefen Schatten tendiert die Belichtungsautomatik bei dieser Szene zur Überbelichtung, damit so viele Details wie möglich als Mitteltöne wiedergegeben werden. Eine stärkere Belichtung würde jedoch die Hautfarben, die bereits sehr hell vom Sonnenlicht ausgeleuchtet werden, in helle Bereiche ohne Zeichnung verwandeln. Damit der Hautton korrekt belichtet wird, muss der Rest der Aufnahme stark unterbelichtet werden.

Klare Konturen
Da die Belichtung stärker auf die hellen Bereiche abgestimmt ist, kommen die Umrisse der Hand und des Ärmels aufgrund der dunkeln Schatten noch stärker als sonst zum Vorschein.

Streiflicht
Das schräg von der Seite auf die Wand treffende Licht würde bei strukturierten Flächen selbst kleinste Reliefs zum Vorschein bringen, aber hier blieb dank der Belichtung eine räumliche Qualität erhalten, die an Jade erinnert.

Bildwichtige Tonwerte
Der visuelle Anker der Aufnahme ist diese winzige Bildpartie. Die feinen Hautfarben müssen bewahrt bleiben, koste es, was es wolle. Nur selten gibt es einen triftigen Grund für eine falsche Wiedergabe der Hautfarben.

Farbkontrast
Vielleicht würde man sich mehr Farben als nur diese Grün- und Gelbtöne wünschen, aber weitere Farben würden von der förmlichen Pose ablenken und den Eindruck zerstören, dass die Zeit stillsteht.

Überbelichtung

Natürlich gibt es für die Überbelichtung bestimmte technische Definitionen, aber sie hat auch eine ganz einfache praktische Bedeutung. Wenn die korrekte Belichtung zum gewünschten Bild führt, dann erhalten Sie durch eine Überbelichtung eine hellere Version des Fotos.

Dossier
Eine schwache Farbsättigung ist eng mit einer Überbelichtung verbunden, weil die Sättigung mit zunehmender Helligkeit sinkt. Daraus folgt, dass die Farben immer mehr zu Weiß tendieren, je stärker belichtet wird. Daher führt der Versuch, Lichtreflexe wiederherzustellen, allenfalls zu Grautönen.

Brillantes Weiß | und mittleres Grau

Die richtige Belichtung muss im Zusammenhang mit dem gewünschten Foto gesehen werden, sodass wir uns immer daran erinnern sollten, dass die Belichtung sowohl eine technische als auch eine subjektive Dimension hat. Eine technisch korrekte Belichtung sorgt dafür, dass die durchschnittliche Helligkeit einer Szene auf dem Bild als mittleres Grau wiedergegeben wird. Manchmal haben wir jedoch bei technisch korrekt belichteten Bildern das Gefühl, dass eine etwas schwächere Belichtung ein besseres Ergebnis hervorgebracht hätte. Hier kommt jetzt die subjektive Dimension ins Spiel, denn der Belichtungsmesser der Kamera hat wahrscheinlich fehlerlos gearbeitet – er konnte einfach Ihre kreativen Gedanken nicht lesen.

In gleicher Weise bewirkt eine technisch korrekte Belichtung bei manchen Motiven – wie Sandstränden, Schneeszenen oder weißen Brautkleidern – eine zu dunkle Wiedergabe. Die weißen Töne müssen eigentlich brillant aussehen; die dunkelsten Grautöne sollen als Mitteltöne oder etwas dunkler wiedergegeben werden, und sicherlich wollen wir keine dunklen Schatten.

Beleuchtung am Strand
Bei normaler Belichtungsmessung wird der Strand als mittleres Grau wiedergegeben, während eine Mehrfeldmessung zu einem etwas helleren Ergebnis führt. Dies reicht jedoch immer noch nicht aus: Die Szene muss um eine weitere Blendenstufe stärker belichtet werden, damit die Helligkeit des Strands an einem wolkigen Tag realitätsgetreu dargestellt wird. Eine zu starke Belichtung schwächt allerdings die Intensität der Farben.

NORMALE BELICHTUNG

+1,5 STUFE

Unterschiedliche Belichtungen

Das Bild links hat bei vielen unterschiedlichen Belichtungen eine gute Wirkung und verträgt selbst eine starke Überbelichtung. Beachten Sie vor allem, dass eine Erhöhung der Belichtung die Berge in der Ferne besser zum Vorschein bringt und den Himmel aufhellt, ohne die kleine, aber bildbeherrschende Silhouette im Vordergrund zu beeinträchtigen.

+2,5 STUFEN

+1 STUFE

NORMALE BELICHTUNG

Stärkere Belichtung

Bei den Aufnahmen der Serie oben führt die stärkere Belichtung zu einer Aufhellung der Schatten. Ein Vorteil ist, dass die Mitteltöne heller erscheinen, aber bei zu starker Belichtung besteht die Gefahr von ausgefressenen Lichtern.

Mehrfeldmessung | Belichtungskorrektur

Da viele Motive am besten mit einer »falschen« Belichtung zur Geltung kommen, wurden Belichtungssysteme entwickelt, die eine Szene zur Ermittlung der angemessenen Werte analysieren. Wir wissen z. B., dass fast jeder Bereich einer verschneiten Landschaft gleich hell ist. Während die normale Messung zu einer zu niedrigen Einstellung und damit zu einer grauen Abbildung des Schnees führen würde, wird die Belichtung bei der Mehrfeldmessung um mindestens eine Stufe erhöht.

Das Problem bei der Mehrfeldmessung ist jedoch der mangelnde kreative Spielraum. Da diese Systeme dem Geschmack von Tausenden von Benutzern gerecht werden sollen, legen die Hersteller keinen Wert auf kreative Lösungen, sondern konzentrieren sich auf die Vermeidung von inakzeptablen Bildern. Insbesondere sollen diese Systeme die Gefahr einer zu starken Überbelichtung beseitigen, weil sich weiße Lichtreflexe nur schwer anpassen lassen, um ein wirklichkeitsgetreues Bild zu produzieren. Deshalb besteht immer noch Bedarf an Belichtungskorrekturfunktionen. Korrigieren Sie die Belichtung bewusst, wenn sich die Gelegenheit bietet, und prüfen Sie die Ergebnisse auf einem Computerbildschirm, nicht auf dem LCD-Monitor der Kamera. Sie werden angenehm überrascht über die Wirkungen selbst kleinster Korrekturen sein.

Bracketing | RAW-Format

Wenn Sie mit einem hellen Endergebnis arbeiten, stehen Ihnen zwei Strategien zur Verfügung, um Ihre Flexibilität zu erhöhen. Erstens können Sie die Tendenz der Belichtungsreihe beeinflussen, d. h., Sie korrigieren die Belichtung und erstellen dann die Belichtungsreihe, denn Sie brauchen unterschiedlich starke Überbelichtungen. Stellen Sie also z. B. zuerst eine Korrektur um +1/2 Stufe ein und erstellen Sie dann eine Belichtungsreihe mit jeweils um eine halbe Stufe abweichenden Belichtungen. So erhalten Sie eine normale Belichtung und eine Überbelichtung um eine halbe und um eine Stufe. Außerdem steht Ihnen im RAW-Format ein noch größerer Belichtungsspielraum zur Verfügung als im JPEG-Format (s. S. 184–185).

Belichtungsmessung

Belichtungsmessgeräte haben sich von einfachen einzelnen Messzellen, mit denen eine Szene zur Ermittlung der Werte allgemein angemessen wurde, zu eigenständigen, komplexen Geräten mit zum Teil über tausend Sensoren entwickelt.

Dossier

Da die Bilder direkt nach der Aufnahme geprüft werden können, scheinen Handbelichtungsmesser heute überflüssig. Das Gerät erlebt jedoch gerade ein Comeback, da die Fotografen den Vorteil der präzisen Belichtung ihrer Bilder wiederentdecken: Viel weniger Zeit muss für die spätere Korrektur aufgewendet werden.

Belichtungsmessung | Muster

Im Umgang mit Belichtungsmessern kann man zwei verschiedene Strategien verfolgen. Bei den Methoden mit der größten Automatisierung halten Sie die Kamera in Richtung des Motivs und lassen das System entscheiden, welche Bildpartien angemessen werden sollen. Das ist die Mehrfeld- oder Matrixmessung. Diese effizienten Messsysteme unterteilen die Szene in verschiedene Bereiche, messen jeden Bereich einzeln an und ermitteln daraus die korrekte Belichtung. Sie sind sehr beliebt, denn sie liefern den höchsten Prozentsatz an guten Belichtungen.

Bei der zweiten Strategie entscheiden Sie selbst, welche Partie zur Belichtungsmessung vorrangig herangezogen werden soll.

Interpretation der Helligkeit
Welches die für diese Szene korrekte Belichtung ist, hängt einzig und allein von Ihrer Interpretation ab. Das hellere Bild weist eine Fülle von feinen Farben in den Mitteltönen auf, die auf dem dunkleren Foto verloren gehen. Das dunklere Bild gewinnt dagegen durch die Kontraste zwischen den Farben der Lichtquellen und dem intensiven Farbton des Himmels.

Bei der mittenbetonten Messung liegt der Messschwerpunkt auf einem mittleren Kreissegment, was eine besonders schnelle Messung ermöglicht.

Bei der Spotmessung wird ein noch kleinerer zentraler Bereich – etwa 5–10 % der Abbildung – selektiv angemessen. Die Methode eignet sich am besten für besonders große Helligkeitsunterschiede, z. B. ein helles Objekt in dunkler Umgebung. Sie müssen die Kamera jedoch sehr sorgfältig ausrichten.

Belichtungsmessung | Richtwerte

Beim Umgang mit Belichtungsmessern ist jedoch immer Vorsicht geboten: Betrachten Sie die Messergebnisse nur als Richtwerte. Belichtungsmesser, die nicht auf dem Prinzip der Mehrfeldmessung beruhen, ermitteln ausgehend vom angemessenen Bereich – der Mitte bzw. einer größeren Fläche – einen Durchschnittswert auf der Grundlage von Mittelgrau. Wenn Sie bewusst einen dunkleren Mittelton erreichen wollen, z. B. auf Fotos mit dunkler Haut, sollten Sie leicht unterbelichten. Falls Sie einen helleren Effekt anstreben, beispielsweise bei Aufnahmen von Wasser, entscheiden Sie sich für eine leichte Überbelichtung.

Belichtungsmesser | Zubehör

Die Graukarte dient bei der Belichtungsmessung als Referenzmotiv. Legen Sie die Karte in das gleiche Licht wie Ihr Motiv und messen Sie sie an; so werden bei der Belichtung Objekte ignoriert, deren Werte nicht dem Mittelgrau entsprechen.

Wenn Sie eine Lichtmessung durchführen und beispielsweise messen möchten, wie viel Licht auf das Motiv trifft, können Sie eine Diffusorkalotte (Streufilter) vor das Objektiv setzen und mit der Kamera die Lichtquelle anmessen.

–2 STUFEN

BELICHTUNG AUF DIE WIESE

NORMALE BELICHTUNG

NORMALE BELICHTUNG

BELICHTUNG AUF DEN HIMMEL

+1 STUFE

1 2 3
4 5 6
Leucht**pult**

Belichtungssituationen
Bei Bild **1** wurde die Belichtung korrigiert, um die Zeichnung in den hellen Bereichen besser wiederzugeben als bei normaler Belichtung in **4**. Die Belichtung auf einen großflächigen Vordergrund in **2** führt zu einer Überbelichtung des Himmels, während der Vordergrund in **5** aufgrund der Belichtung auf den Himmel als Silhouette erscheint. Eine normale Belichtung auf die Blätter in **3** ist zu dunkel, wird durch eine Verstärkung der Mitteltöne in **6** aber korrigiert.

Halbsilhouette
Für dieses Motiv ist eine Integralmessung am besten geeignet, die zu einer fast weißen Abbildung des Wassers führt. Der Reiher darf jedoch nicht zu stark unterbelichtet werden, damit der braune Glanz auf seinem Rücken nicht verloren geht.

Bildanalyse

Das Potenzial der Überbelichtung wird nur selten voll ausgeschöpft. Kaum ein Fotograf zieht sie als fotografische Technik in Betracht, sodass ihr besonderer Beitrag zur Kunst der Fotografie weitgehend unerkannt bleibt. Verblichene Farben wurden schon immer eher mit Alter und Verfall assoziiert. Fotos voller Licht zeichnen sich jedoch durch eine wunderbar durchscheinende Feinheit aus, die in der visuellen Kunst einzigartig ist.

High Key | Farbe

Wenn wir die Belichtung mithilfe der Anordnung der Mitteltöne auf der Reproduktionsskala des Sensors ausdrücken, dann ist die Überbelichtung die Einstellung, bei der die Mitteltöne in der Nähe der Lichter liegen. Dies versetzt die dunklen Werte an die Stelle der Mitteltöne oder darüber, sodass keine schwarzen oder dunklen Töne vorhanden sind. Die hellsten Bereiche sind in diesem Fall natürlich reinweiß und ohne Zeichnung.

Wenn wir die Belichtung noch weiter erhöhen, erhalten wir ein High-Key-Foto. Schwarz gibt es nicht, und das gesamte Bild wirkt hell. Dies hat bemerkenswerte Auswirkungen auf die Schatten: Die Zeichnung in den dunklen Bereich tritt hervor, als wäre diese Partie voll ausgeleuchtet. Technisch können Sie eine Überbelichtung durch eine Verlängerung der Belichtungszeit oder eine größere Blende oder beides erreichen.

Im Detail

Diese High-Key-Aufnahme einer Szene am Murawai Beach, Neuseeland, verwandelt eine ansonsten recht banale Ansicht in eine lichtdurchflutete Abstraktion voller interessanter Konturen und feiner Tonwerte. Bildelemente, die mit bloßem Auge einfach wie schwarze Silhouetten aussahen, geben ihre verborgenen Farben preis. Auch die räumlichen Beziehungen zwischen den Menschen kommen jetzt klar zum Vorschein, und die verschwommenen Schatten erhalten plötzlich eine geisterhafte Qualität.

Bokeh
Die Qualität der Unschärfe oder das »Bokeh« wird auf einem High-Key-Foto am deutlichsten erkennbar, da sich die Konturen der Ränder viel besser vom hellen Hintergrund abheben. Hier ist die Unschärfe nicht sehr gleichmäßig – ein Hinweis auf eine komplexe Zoomobjektivkonstruktion.

Zeichnung in den Schatten
In der tatsächlichen Szene erscheinen die meisten Schwimmer als Silhouetten vor dem hellen Sommerhimmel und den Spiegelungen im Wasser. Auf der High-Key-Aufnahme erscheinen Farben und Formen, die man bei diesem extrem hellen Umgebungslicht nicht sehen könnte.

Struktur in hellen Bereichen
Im Wasser, das ursprünglich blaugrau wirkte, spiegeln sich nun die feinen Farben des Himmels. Die Farben in den Schatten werden sonst oft von den Mitteltönen überlagert und treten erst dann zutage, wenn die Mitteltöne weiß erscheinen.

Aufgabe: **Stillleben**

Stillleben, traditionell ein bevorzugtes Sujet in der Fotografie, sind heute nicht mehr so beliebt, da Digitalfotografen die neuen Möglichkeiten lieber zur Erforschung der Welt um sie herum nutzen. Dennoch ist das Fotografieren von Stillleben zu Hause eine großartige kreative Übung, besonders wenn das Wetter draußen nicht sehr einladend ist. Experimentieren Sie mit Tageslicht, Leselampen oder professionelleren Beleuchtungsgeräten. Ihr Stillleben kann aus einigen sorgfältig angeordneten Fundobjekten oder einem ausgeklügelt arrangierten Aufbau bestehen.

ISO 100, Brennweite: 60 mm, 1/250 s bei Bl. 16

Vorgaben

Arrangieren Sie ein Stillleben und verwenden Sie dazu so viele Lichtquellen, wie Sie wollen. Experimentieren Sie mit allen Elementen der Komposition, mit den Objekten selbst und mit dem Vorder- und Hintergrund, bis Sie das beste Bild gefunden haben. Führen Sie das Licht sehr sorgfältig, sodass später keine Nachbearbeitung von Tonwerten, Farben oder Bildelementen notwendig ist. Probieren Sie verschiedene Belichtungseinstellungen aus.

ISO 500, Brennweite: 70 mm, 1/30 s bei Bl. 16

Zur Erinnerung

- Stellen Sie die höchste Auflösung an Ihrer Kamera ein.
- Fotografieren Sie nach Möglichkeit im RAW-Format.
- Eine flache Beleuchtung ist meist am einfachsten zu handhaben, aber wählen Sie zum Motiv passende Lichtquellen und experimentieren Sie mit dem Aufbau.
- Verwenden Sie ein Stativ, um eine gute Bildschärfe sicherzustellen.
- Mit kleinen Blenden erreichen Sie eine maximale Schärfentiefe.

Fotografische Vorbilder

Beatrice Helg (geb. 1956)
Mit einer Kombination aus Fundobjekten und grafischen Elementen kreiert Helg raffinierte Kompositionen. Ihre Aufnahmen mit feinen Farbmodulationen, subtiler Beleuchtung und weichen Spiegelungen sind einzigartige Kunstwerke.

Mari Mahr (geb. 1941)
Mit Montage- und Collagetechniken sowie durch die Kombination von Objekten und Hintergründen schafft Mahr ein einzigartiges Werk, das Gedanken an vergangenes Exil und verlorene Identität heraufbeschwört. Sie fotografiert in Farbe und Schwarzweiß.

Josef Sudek (1896–1976)
Sudek schuf in seinem winzigen Gartenhäuschen in Prag in der Tschechischen Republik mit seiner Großbildkamera ein umfangreiches Werk. Seine Stillleben sind von einem intensiven poetischen Ansatz geprägt und erreichen durch ihre kunstvolle Einfachheit eine bemerkenswerte Allgemeingültigkeit.

ISO 500, Brennweite: 60 mm, 1/8 s bei Bl. 16

ISO 100, Brennweite: 60 mm, 8 s bei Bl. 16

ISO 100, Brennweite: 60 mm, 8 s bei Bl. 18

ISO 100, Brennweite: 60 mm, 4 s bei Bl. 11

Brennweite: 7,2 mm, 1/8 s bei Bl. 2

ISO 500, Brennweite: 60 mm, 1/25 s bei Bl. 16

ISO 100, Brennweite: 70 mm, 1/8 s bei Bl. 8

1 2 3
4 5 6
7 8 9
Leucht**pult**

Top**tipps**

1 Standardbeleuchtung | zügiges Arbeiten
Ein einfacher Hintergrund und eine flache Beleuchtung eignen sich ideal, um alle Objekte, Oberflächenstrukturen und Details zum Vorschein zu bringen.

2 3 Schwarzer Karton | Farben und Konturen
Mit schwarzem Hintergrund können Sie Farben intensivieren und Konturen heller Gegenstände herausarbeiten. Hier liegen die Objekte auf einer Glasplatte. In 3 wurde das Glas auf weiße Pappe gelegt; in 4 setzt sich der schwarze Hintergrundkarton nahtlos unter dem Glas fort.

4 Geringe Schärfentiefe | Kombination von Elementen
Durch geringe Schärfentiefe können Sie die Aufmerksamkeit auf die Schärfeebene lenken. So kombinieren Sie die verschiedenen Elemente, ohne vom Hauptmotiv abzulenken.

5 Abstraktion | andere Blickwinkel
Ein ungewöhnlicher Blickwinkel erregt das Interesse des Betrachters und trägt zur Abstraktion des Motivs bei. Bei einer Bildreihe kann eine solche Aufnahme im Vergleich zu anderen Ansichten einen Tempowechsel darstellen.

6 Atmosphäre | stimmungsvoller Ansatz
Die weichen Strukturen des Stoffs und die Unterbelichtung führen mit dem weichen Licht zu einer stimmungsvollen Aufnahme.

7 8 Belichtung | Schatten
Eine stärkere Belichtung bringt die Zeichnung in den Schatten zum Vorschein, führt aber zu einer zu hellen Wiedergabe von spiegelnden Flächen. Eine schwächere Belichtung macht die Farben sichtbar.

9 Intimität und Wärme | weiches Licht
Kerzen allein reichen zur Ausleuchtung einer Szene nicht aus, beschwören jedoch bei einem Stillleben sofort ein Gefühl von Wärme und Intimität herauf.

▶ Ergebnisse

Spiegelungen

Erling Steen

»Beim Fotografieren von Weingläsern vor einem Hintergrund aus schwarzem Karton stellte ich fest, dass diese Fotos gar nicht so anders waren als meine Gemälde.«

▲ Nikon D70s, ISO 1600, Brennweite: 70 mm, Bl. 4,5

Kritik

Für manche Fotografen liegt der Reiz der Stilllebenfotografie in der völligen Kontrolle über die Aufnahme. Es gibt jedoch auch noch genügend Spielraum für ungeplante Effekte. Ein weiterer Vorteil dieses Spezialgebiets ist die Notwendigkeit, die Kamera an einem Stativ zu befestigen; so können Sie um Ihr Motiv herumgehen und das Spiel von Licht und Schatten in aller Ruhe erforschen. Achten Sie darauf, dass alle hier gezeigten Bilder mit einer relativ langen Brennweite aufgenommen wurden, um eine übertrieben große Abbildung der kameranahen Objekte zu vermeiden.

Spiegelungen

Beim »Herumspielen« mit der Kamera stellte Erling Steen fest, dass die Abbildungen aufgrund der Komprimierung der Tonwerte und grafischen Elemente auf dem LCD-Bildschirm ähnlich stark vereinfacht wurden wie ein Gemälde. Daran erkennt man, wie wichtig es ist, mit offenen Augen durch die Welt zu gehen: Diese kleinen Entdeckungen sind nicht offensichtlich, aber wenn Sie aufmerksam beobachten, werden Sie schnell mit neuen Erkenntnissen belohnt.

Hot Shoes

Um ihre Leidenschaft für Schuhe zum Ausdruck zu bringen, entschied sich Tara McMullen für eine kontrastreiche Schwarzweißaufnahme. So kommen der Glanz des Leders und die reizvollen Kurven der Schuhe zur Geltung. Die gezielt verschwommen abgebildete Holzmaserung wirkt als perfektes Gegengewicht zu den scharf dargestellten Schuhen.

Granatapfel und Zitrone

Sandro und Patrizia haben sich bei diesem Bild für eine warme Farbgebung entschieden, sodass die Farbpalette an die eines Diafilms erinnert. In kontrollierter Umgebung ist die Erstellung eines HDR-Fotos wahrscheinlich nicht notwendig, aber es verhindert Probleme mit dem Kontrast und ermöglicht eine freie Festlegung der Farbbalance.

Hot Shoes

Tara McMullen

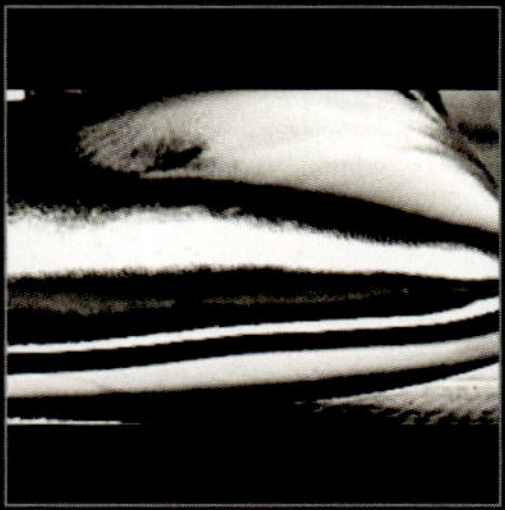

»Diese heißen Ausgehschuhe sind nicht unbedingt ein Fetisch in sexueller Hinsicht, sondern eher ein Objekt der Begierde, das in der Schuhsammlung einer Frau keinesfalls fehlen darf.«

▲ Nikon D80, ISO 100, Brennweite: 70 mm, 0,6 s bei Bl. 4,5

Granatapfel und Zitrone

Sandro e Patrizia

»Es wurden drei Dateien mit verschiedenen Belichtungen erstellt, um dann mithilfe der Photomatix-Anwendung das HDR-Bild zu kreieren.«

▲ Canon 350D, ISO 400, Brennweite: 300 mm, 1/60 s bei Bl. 5,6

Kurs 3 Tonalität und Kontrast

Die Tonalität beschreibt, wie die Helligkeitsunterschiede einer Szene als Helligkeitsunterschiede (auf dem Bildschirm) oder unterschiedliche Farbdichten (auf dem Ausdruck) dargestellt werden. Sie hängt sowohl vom lokalen Kontrast zwischen angrenzenden Bereichen als auch vom Gesamtkontrast zwischen den hellsten und dunkelsten Bildpartien ab.

Kurs 3 Übersicht

Dossier

Bei der analogen Fotografie wurde die Art, wie ein Film auf das Licht reagierte und es aufzeichnete, mithilfe der charakteristischen Kurve beschrieben. Ähnlich dazu beschreiben Tonwertkurven die Art und Weise, wie ein Digitalfoto in einer Digitalkamera verarbeitet wird, um die Tonwerte des Motivs wiederzugeben.

Erhöhung des Kontrasts

Mit jeder Verbesserung der Wiedergabe der Mitteltöne musste auch der Aufzeichnungsbereich des Systems erweitert werden. Daher können Digitalkameras heute sowohl extrem kontrastreiche Bilder als auch Fotos mit begrenztem Tonwertumfang aufnehmen, die an Aquarelle erinnern.

Tonwertumfang | und seine Steuerung

Die Tonalität Ihrer Fotos hängt von vielen Variablen ab. Vom Kontrast der Szene (Umgebungskontrast) und den Kontrasteigenschaften des Sensors bis hin zu den bildverarbeitenden Einstellungen und den Charakteristiken des Computerbildschirms oder Druckers – die Tonwertcharakteristik einer Aufnahme wird von einer Fülle von Faktoren beeinflusst. Eine kleine Änderung zu Beginn kann später im Prozess große Schwankungen bewirken.

Jeder Arbeitsschritt fügt seine eigene Tonwertkurve zu den Eingabedaten hinzu, bevor diese Daten ausgegeben oder weiterverarbeitet werden. Dabei findet bei jedem Schritt im Grunde ein Tone-mapping (Dynamikkompression) statt, bei dem z. B. ein in einem bestimmten Prozess verarbeiteter Bereich heller bis dunklerer Mitteltöne platzsparend komprimiert wird. In einem späteren Schritt müssen diese Tonwerte wieder dekomprimiert werden.

»Jeder Arbeitsschritt fügt seine eigene Tonwertkurve zu den Eingabedaten hinzu, bevor diese Daten ausgegeben oder weiterverarbeitet werden.«

Daher lässt sich die Tonalität auf viele verschiedene Arten steuern, beginnend mit der Beleuchtung der Szene: Vielleicht arbeiten Sie bei Sonnenschein oder Nebel, oder Sie benutzen Aufhellblitz oder Reflexflächen. Auch die Belichtungseinstellungen und

Anpassungen der Aufnahme beeinflussen die Tonwertcharakteristik. Die Belichtungseinstellungen wirken sich auf die Bilddaten aus, Änderungen des Tonwertumfangs am Bildschirm haben jedoch keinen direkten Einfluss darauf. Wenn Ihr Monitor jedoch nicht korrekt kalibriert ist (s. S. 342–343), sind Sie eventuell versucht, das Bild zur Verbesserung zu bearbeiten. Dies kann jedoch ein Foto verderben.

Aufnahme in RAW | maximale Auswahlmöglichkeiten

Die Kamerahersteller kennen die Vorliebe für kontrastreiche, gesättigte Bilder, aber sie wissen auch, dass die Aufzeichnung solcher Fotos zulasten des Spielraums bei der Bildbearbeitung geht. Ihr Schwerpunkt bei einfachen Kameras liegt daher auf kontrastreichen Fotos und bei Kameras für Profis. So entsteht eventuell der Eindruck, dass Einsteigerkameras »bessere« Bilder liefern als teurere Modelle. Die Methode, die den größten Spielraum für die Änderung der Tonwertcharakteristik bietet, ist die Aufzeichnung im RAW-Format (s. S. 184–187).

HOHER KONTRAST

DURCHSCHNITTSKONTRAST

DURCHSCHNITTSKONTRAST

GERINGER KONTRAST

GERINGER KONTRAST

GERINGER KONTRAST

DURCHSCHNITTSKONTRAST

HOHER KONTRAST

DURCHSCHNITTSKONTRAST

Leuchtpult

Änderungen des Kontrasts

In **1** ist der Motivkontrast aufgrund des Sonnenlichts und der dunklen Schatten sehr hoch, in **2** und **3** jedoch im Gegensatz zum ersten Eindruck nicht, da die Schatten nicht durchgezeichnet sein müssen. Bild **4–6** weisen einen geringen Kontrast auf, und der Helligkeitsumfang ist klein– selbst in **5**. Trotz des hohen Umgebungskontrasts in **7–9** hängt der Kontrast des Fotos davon ab, wie viel von den hellen Bereichen wiederhergestellt und wie viel von der Zeichnung in den Schatten aufgehellt werden muss.

Kontrast der Blätter

Manche Bilder vertragen einen großen Tonwertumfang – wie abstrakte Aufnahmen der Natur (links). Bei anderen Fotos, die z. B. Hautfarben enthalten, dürfen Tonwertumfang und Kontrast in der Regel nicht so hoch sein.

Dynamikumfang

Das Geschick der Digitalfotografen im Umgang mit dem Dynamikumfang – dem Helligkeitsbereich einer Szene – hat sich erheblich verbessert. Im Gegensatz zu herkömmlichen Filmen mit ihren unveränderlichen Charakteristiken können digitale Aufnahmen im Handumdrehen an den Helligkeitsbereich einer beliebigen Szene angepasst werden.

Trügerische Schatten
Bei diesen beiden Fotos, die im Abstand von wenigen Minuten an einem sonnigen Tag entstanden, scheint der Dynamikumfang unterschiedlich zu sein, ist aber tatsächlich identisch. Das Bild mit mehr dunklen Bereichen hat scheinbar einen geringen Helligkeitsumfang, weil die hellen Partien nur einen kleinen Teil des Fotos ausmachen.

Luminanz | hoher und geringer Kontrast

Unsere Wahrnehmung von Strukturen und Formen hängt von der Fähigkeit ab, die Tonwerte voneinander zu unterscheiden, die sie definieren. Die aufgezeichnete Szene entspricht im Grunde einer Karte der Tonwertverteilung – hier hell, dort dunkel, wobei die Grenzen zwischen den Helligkeitswerten auf dem Bild die physischen Ränder und Konturen der Formen in der Szene repräsentieren.

Die Luminanz ist das Maß für den Helligkeitseindruck und bezeichnet die Helligkeitskomponente einer Farbe: Formen, Strukturen und Details lassen sich auch in Schwarzweiß unterscheiden. Jede Szene weist einen bestimmten Helligkeitsumfang zwischen den hellsten und dunkelsten Partien auf. Je höher dieser Hell-Dunkel-Kontrast des Motivs ist, desto größer muss auch der Dynamikumfang des Sensors sein. Eine Szene mit großem bzw. kleinem Helligkeitsumfang wird außerdem als kontrastreich bzw. kontrastarm beschrieben.

Unsere Fähigkeit, Helligkeitsunterschiede wahrzunehmen, schwankt je nach Gesamthelligkeit. Feine Helligkeitsabstufungen, die bei guter Beleuchtung klar zutage treten, sind bei schwachem Licht kaum noch auszumachen. So wirken Szenen mit tagsüber durchschnittlichem oder kleinem Helligkeitsumfang bei Nacht eventuell kontrastreich.

Wie sich der Helligkeitsumfang einer Szene auf dem Bild niederschlägt, hängt vom Motiv und der Art des gewünschten Fotos ab. Wenn Sie z. B. ein Motiv mit scheinbar großem Hell-Dunkel-Kontrast mit einem Weitwinkelobjektiv fotografieren, werden alle hellen und dunklen Bildelemente aufgrund des großen Bildwinkels relativ klein abgebildet,

ANMESSUNG DER TIEFEN

ANMESSUNG DER LICHTER

ANMESSUNG DER MITTELTÖNE

sodass der Sensor ähnlich reagiert wie bei einer Szene mit einem durchschnittlichen Helligkeitsumfang.

Belichtung | Spielraum

»Falsche« Belichtungen eines Motivs mit großem Helligkeitsumfang können auch zu guten Ergebnissen führen. Eine Überbelichtung bringt die Zeichnung in den Schatten zum Vorschein, während eine Unterbelichtung gesättigte Farben vor schwarzem Hintergrund liefert. Allerdings gilt dies nur unter Vorbehalt: Im Allgemeinen akzeptiert ein Betrachter große schwarze Bereiche eher als helle Partien ohne Zeichnung und Farben.

Bei kleinem Helligkeitsumfang wie an bewölkten Tagen oder in Innenräumen ohne Fensterlicht ist das Gegenteil der Fall: Hier sollten Sie präzise belichten, weil die Szene größtenteils in mittleren Helligkeitswerten wiedergegeben werden muss. Eine Überbelichtung führt zu einem blassen Bild mit schwachen Farben, eine Unterbelichtung zu kontrastlosen, dunklen Fotos.

Die unterschiedlichen Belichtungen, die gute Ergebnisse liefern, nennt man den »Belichtungsspielraum«. Falls Sie bereits Erfahrungen mit Farb- oder Schwarzweißnegativfilm gesammelt haben, dann müssen Sie beachten, dass heute umgekehrte Regeln gelten. Da die Digitalfotografie, ähnlich wie die Fotografie auf Farbdiafilm, ein Positivverfahren ist, erstreckt sich der Belichtungsspielraum weit mehr in die Unterbelichtung als in die Überbelichtung.

Belichtungsmessung | Mitteltöne

Achten Sie wegen des größeren Spielraums bei Unterbelichtung auf eine korrekte Belichtung der bildwichtigsten Tonwerte, meist die Mitteltöne oder helleren Mitteltöne wie helle Haut, um eine zu helle Wiedergabe der hellen, farbigen Bereiche mit Details zu vermeiden. Sie könnten nicht mehr realistisch wiederhergestellt werden.

Helligkeit und Kontrast

Das Motiv auf dem Bild oben ist aufgrund des von den weißen Flügeln reflektierten Lichts vor dunklem Wasser sehr kontrastreich und muss um drei Stufen schwächer belichtet werden. In der Mitte führt der schwarze Vogel vor dem vom Wasser reflektierten Licht zu einem zu hohen Dynamikumfang für die Kamera. Im unteren Bild scheint die Aufzeichnung der schwarzen Flügel vor dem Himmel vielleicht schwierig, aber das Motiv bleibt innerhalb des machbaren Bereichs. Auf dem großen Bild sind die Helligkeitsunterschiede zwischen den dunklen Federn und den glänzend hellen Bereichen sehr groß, aber die Lichter müssen nicht unbedingt gut durchgezeichnet sein.

Reflexflächen und **Aufhelllicht**

Manche Fotografen arbeiten ausschließlich mit natürlichem Licht und lehnen zusätzliche Geräte strikt ab. Falls der Beleuchtungskontrast des vorhandenen Lichts für Ihren Geschmack jedoch zu hoch ist, können Sie die Schatten auf kameranahen Objekten mit Reflexflächen oder anderen Lichtquellen aufhellen.

Schatten | und Reflexflächen

Große Helligkeit wird für das fotografische System – d. h. nicht nur für den Sensor, sondern auch für den Fotografen – zum Problem, wenn das Licht ungleichmäßig verteilt ist. Helles Licht an sich oder eine Kombination aus hellen und dunklen Bereichen in einer Szene per se bringen noch keine Schwierigkeiten mit sich. Kompliziert wird es erst dann, wenn sowohl die hellen Partien als auch die Schatten gut durchgezeichnet sein sollen.

Zwar lässt sich starkes Licht nicht direkt beeinflussen – außer man wartet so lange, bis sich eine Wolke hilfsbereit vor die Sonne schiebt –, aber die Schatten kann man verändern. Die kostengünstigste Lösung ist die Aufhellung der Schatten durch reflektiertes Sonnenlicht mithilfe von beliebigen hellen Gegenständen, angefangen von einer Zeitung bis hin zu einem weißen Hut. Eine Alternative sind Reflexflächen für fotografische Zwecke: Sie lassen sich praktisch zusammenrollen und sind sehr leicht, haben aber auseinandergefaltet einen Durchmesser von bis zu einem Meter.

Aufhelllicht von oben
Das Aluminiumblech reflektiert das Licht einer über dem Motiv angebrachten Reflexfläche auf die Hände der Kinder, die das Muster einstanzen. Um eine Vielfalt von Lichtquellen nutzen zu können, lohnt sich die Suche nach Objekten, die die Schatten in einer Szene mit reflektiertem Licht aufhellen können.

KEINE REFLEXFLÄCHE

GLÄNZENDE REFLEXFLÄCHE

SOFT-REFLEKTOR

NAHER SOFT-REFLEKTOR

Aufhellung
Diese Bildserie macht deutlich, wie die von einer einzelnen Lampe gelieferte Beleuchtung mithilfe einer einfachen Reflexfläche – mit glänzender Oberfläche oder einfach nur aus Papier – verbessert werden kann. Beim Hauptbild wurde ein roter Karton nah an die Pflanze gehalten, um die Schattenseite maximal aufzuhellen.

Reflexflächen | und Lichtqualität

Denken Sie daran, dass auch eine Reflexfläche eine Lichtquelle ist und je nach ihrem Abstand zum Motiv, ihren Oberflächeneigenschaften und ihrer Farbe für unterschiedliche Lichtqualitäten sorgt.

Zur Verstärkung des aufhellenden Effekts können Sie den Abstand zwischen Reflexfläche und Motiv verringern. Ein Reflektor mit farbiger Oberfläche bringt Farbe ins Spiel, während ein dunklerer vielleicht sogar Licht absorbiert. Einen schwarzen Karton nennen Studiofotografen »Lichtschlucker«, weil er zur Absorption von Streulicht eingesetzt wird und so den Beleuchtungskontrast erhöht. Außerdem muss man die Oberflächenbeschaffenheit bedenken: Ein glänzender Reflektor liefert ein härteres, gerichteteres Licht als Papier mit matter Struktur. Reflexflächen mit metallischer Beschichtung in Gold oder Silber sind im Fotofachhandel erhältlich; goldfarbene Reflektoren kommen bevorzugt bei Porträts zum Einsatz.

Im Vergleich zu Blitzlicht oder anderen künstlichen Beleuchtungsquellen liefern Reflexflächen ein sehr weiches Licht, das die Qualität der Aufnahme häufig verbessert. Ihre Reichweite ist jedoch begrenzt, und wenn Sie den Reflektor nicht so abstützen können, dass er unbeweglich an der gewünschten Stelle fixiert ist, dann kommen Sie kaum ohne einen Assistenten aus, der den Reflektor hält.

Blitz | zur Aufhellung

Obwohl das eingebaute Blitzgerät der Kamera nur schwerlich als Hauptlicht genutzt werden kann, ist es doch ideal zur Aufhellung geeignet. Das Blitzlicht muss nicht unbedingt stark sein, um die Schatten aufzuhellen. Stellen Sie das Gerät um zwei oder mehr Stufen schwächer ein und lösen Sie es auch bei hellem Umgebungslicht aus. Ein bei Porträts nützlicher Nebeneffekt ist die Spiegelung des Blitzlichts in den Augen – es sind die Spitzlichter, die auf Porträts für Lebendigkeit sorgen. Ohne diese Lichtreflexe verliert ein Porträt im wahrsten Sinn des Wortes seinen Glanz.

Bildanalyse

Eines der Geheimnisse guter Bilder ist die Visualisierung des Fotos vor der eigentlichen Aufnahme. Sie müssen sich die Auswirkungen verschiedener Belichtungen vor Ihrem geistigen Auge vorstellen. So können Sie das potenzielle Ergebnis weitaus besser einschätzen als die Belichtungsautomatik Ihrer Kamera.

Hohe | Dynamik

Lichtbedingungen mit extremen Helligkeitsunterschieden (hoher Beleuchtungskontrast) stellen den Fotografen vor die größten Herausforderungen. Auch die Belichtungsautomatik hat mit solchen Situationen zu kämpfen. Eine Einstellung, bei der die Mitteltöne korrekt belichtet werden, gibt die Lichtreflexe zu hell und die Schatten zu dunkel wieder. Sie können jedoch auch auf Werkzeuge wie die Gradationskurven (s. S. 164) oder kompliziertere Verfahren wie HDR (s. S. 226–227) zurückgreifen. Mit diesen Methoden wird versucht, den Helligkeitsumfang der Szene so zu komprimieren, dass er vom Sensor oder von der Bildbearbeitungssoftware bewältigt werden kann. Allerdings profitieren nicht alle Szenen mit großen Helligkeitsunterschieden von einer solchen Behandlung, denn der Kontrast zwischen fast grafischen schwarzen und weißen Linien im direkten Sonnenlicht und den gleichmäßigeren Tönen im Schatten macht einen Teil des Reizes einer solchen Aufnahme aus. Die Belichtung wirkt zwar in diesen Fällen auf den ersten Blick schwierig, aber Sie müssen einfach nur die wichtigsten Tonwerte anmessen (hier das Blatt im Sonnenlicht) und den Rest sich selbst überlassen.

Im Detail

Die Fähigkeit eines modernen Sensors, einen großen Teil des Dynamikumfangs dieser Szene einzufangen, ist bemerkenswert, aber Sie müssen ihn so gut wie möglich dabei unterstützen. Verwenden Sie eine Kamera mit einem großen Sensor oder stellen Sie eine niedrige Pixelzahl ein, falls Ihre Kamera mit einem kleinen Sensor ausgestattet ist. Erstellen Sie bei Bedarf eine Belichtungsreihe. Speichern Sie das Bild außerdem nach Möglichkeit im RAW-Format.

Ausgefressene Lichter
Wegen der extremen Überbelichtung haben die sonnenbeschienen Bereiche keine Zeichnung. Diese verlorenen Details können nicht wiederhergestellt werden, aber vielleicht möchten Sie auch gar nichts ändern.

Bewahrung der Mitteltöne
Vielleicht sind Sie versucht, Funktionen zur Tonwertkomprimierung wie »Schatten/Lichter« oder die HDR-Methode anzuwenden. Dadurch würde jedoch die glänzende Feinheit der Mitteltöne verloren gehen.

Farbintensität
Die intensive Farbe des Blattes im Gegenlicht ist der Bildschwerpunkt und muss korrekt belichtet werden. Eine Unterbelichtung der Schatten, wie hier, führt oft zu einer verbesserten Farbwiedergabe.

Dunkelfeldbeleuchtung
Die Lebendigkeit der Aufnahme resultiert aus der Wasserkaskade auf den Pflanzen. Die Sonne stand zwar nicht im richtigen Winkel für einen Regenbogen, aber in den Wassertröpfchen spiegelte sich das Licht.

Aufgabe: **Hoher Dynamikumfang**

Auf den dick mit Silber beschichteten Filmen der Vergangenheit konnten Tonwerte – von dunklen Schatten bis zu hellem Sonnenlicht – auf großformatigen Landschaftsaufnahmen mit einer breiten Palette von feinen Mitteltönen wiedergegeben werden. Als die Kleinbildfilme in Mode kamen, mussten sich die Fotografen an einen kleineren Belichtungsspielraum gewöhnen, ebenso wie in der Digitalfotografie.

ISO 100, Brennweite: 20 mm, 1/250 s bei Bl. 7,1

Vorgaben

Fotografieren Sie eine Szene mit hohem Dynamikumfang und experimentieren Sie mit dem Phänomen, dass entweder die hellen Bereiche zu weiß oder die Schatten zu dunkel wiedergegeben werden. Ordnen Sie schwarze oder weiße Bereiche so an, dass sich die Mitteltöne leuchtend davon abheben.

Zur Erinnerung

- Mithilfe von Belichtungskorrekturen können Sie Belichtungsreihen über viele Blendenstufen erstellen.
- Beziehen Sie großflächige Bereiche aus Tonwerten und Farben in die Komposition ein.
- Eine leichte Unterbelichtung erhöht die Farbsättigung in den Mitteltönen.
- Der Detailkontrast sinkt mit mehr Abstand zwischen Kamera und Motiv.
- Gegenlichtaufnahmen können eine dramatische Wirkung erzielen, aber Streulicht sollte entweder vermieden oder kreativ genutzt werden.

ISO 100, Brennweite: 135 mm, 1/250 s bei Bl. 8

Fotografische Vorbilder

Ernst Haas (1921–1986)
Ernst Haas, der Meister der Farbfotografie auf Diafilm, suchte seine Lieblingsschauplätze immer wieder auf, um auf richtiges Licht zu warten.

Franco Fontana (geb. 1933)
Die Fähigkeit Fontanas, die Landschaften seines Heimatlandes Italien in ausdrucksstarken Kompositionen darzustellen, ist auf seinen perfekten Umgang mit Diafilmen und auf eine geschickte Belichtungssteuerung zurückzuführen.

Olivier (geb. 1958) & Danielle Föllmi (geb. 1953)
Diese Fotografen verkörpern den modernen kosmopolitischen Fotografentyp mit einem Gefühl für reizvolle Lichtverhältnisse und einem echten Interesse an ihren Modellen.

Fay Godwin (1931–2005)
Die Bilder der britischen Fotografin weisen aufgrund der ausgeklügelten Dunkelkammertechniken und der feinen Komposition einen unübertroffenen Tonwertumfang auf.

ISO 100, Brennweite: 200 mm, 1/250 s bei Bl. 5,6

ISO 100, 130-mm-Objektiv, 1/320 s bei Bl. 4

ISO 200, Brennweite: 12 mm, 1/125 s bei Bl. 11

ISO 100, Brennweite: 20 mm, 1/250 s bei Bl. 7,1

ISO 100, Brennweite: 85 mm, 1/250 s bei Bl. 7,1

ISO 100, Brennweite: 20 mm, 1/125 s bei Bl. 8

ISO 100, Brennweite: 200 mm, 1/400 s bei Bl. 4

1 2 3
4 5 6
7 8 9

Leucht**pult**

Top**tipps**

1 Seitenlicht | Strategien
Szenen mit großem Helligkeitsumfang können am besten bewältigt werden, wenn die Sonne seitlich am Himmel steht. Hier führten die vom Sonnenlicht ausgeleuchteten Gebetsfahnen den Blick in die Ferne.

2 3 Gegenlicht | Brillanz
Wenn Sie direkt gegenüber der Sonne stehen und Streulicht in Kauf nehmen, bekommen Sie ein Gefühl für die Brillanz des Lichts. In 3 verdeckt eine Fahne die Sonne so weit, dass Blendenreflexe vermieden wurden.

4 5 Gesichter | gute Beleuchtung
Bei Menschen sollten Sie für eine gute Beleuchtung des Gesichts sorgen. In 4 ist eine der Silhouetten aufgrund des Rauchs weniger deutlich erkennbar, während die Brille in 5 für einen hellen Bereich auf dem Gesicht sorgt.

6 Überbelichtung | leere Bereiche
Leere, überbelichtete Bereiche auf einem Foto können mit Vordergrunddetails überdeckt werden. Hier überlagert die kameranahe rote Flagge große Teile des Himmels.

7 Gegenlicht | Betonung der Farben
Wenn die Sonne gegenüber der Kamera am Himmel steht, können Sie auch nach Gegenlichtsituationen mit hell ausgeleuchteten Objekten vor dunklem Hintergrund Ausschau halten.

8 Unterbelichtung | helle Bereiche
Die direkteste Methode der Steuerung der Helligkeit ist die bewusste Unterbelichtung, sodass die Schatten schwarz zulaufen, die Farben in den hellen Bereichen jedoch bewahrt bleiben.

9 Gleißendes Licht | Suche nach Details
Selbst bei starker Helligkeit oder großem Motivkontrast findet man noch Details oder Objekte für eine Nahaufnahme, bei denen die Beleuchtung nicht zum Problem wird.

▶ Ergebnisse

Sommersonne

Florence Fairweather

»An diesem wunderbar sonnigen Tag versuchte ich, den fröhlichen, lebhaften Charakter der Frau, die gerade einen Luftsprung macht, auf meinem Foto einzufangen.«

▲ Canon EX-Z700, Brennweite: 6,2 mm, Bl. 4,3

Kritik

Als Vorteil der Digitalfotografie wird immer wieder die größere Beweglichkeit genannt: Kleine Kameras sorgen für größeren Komfort, denn Sie müssen keine schweren Geräte mehr herumschleppen. Die minimalen Kosten verschaffen Ihnen die Freiheit, unbegrenzt Fotos zu machen. Und dank moderner Sensoren können Sie auch in Situationen zur Kamera greifen, in denen die Benutzer von analogen Kameras kapituliert hätten. Beim Fotografieren bei hellem Gegenlicht sollten Sie eine Belichtungsreihe erstellen. Die Unterschiede können um eine oder mehrere Stufen von Belichtung zu Belichtung abweichen.

Sommersonne

Florence Fairweather verwendete einen Gelbfilter für ihre Aufnahme der Frau auf der Sommerwiese. Dadurch wirkt das Foto wie ein verblasstes, altes Farbfoto. Die Vermeidung von Streulicht und die gute Zeichnung in den Schatten weist das Bild jedoch als modern aus, das von komplexen Technologien zur Aufzeichnung großer Helligkeitsumfänge profitiert.

Element: Luft

Dieses Bild soll durch die Kombination der Silhouette, des Seidenschals und der Sonne das Element Luft zum Ausdruck bringen. Indigo hat für eine gerade noch ausreichende Zeichnung in den Schatten gesorgt, aber der durchscheinende Schal könnte heller sein, um die Aufmerksamkeit stärker auf sich zu ziehen. Der Ausschnitt hätte durch eine Reduzierung der vom Himmel eingenommenen Fläche auf der linken Seite etwas verbessert werden können.

Shinjuku Gyoen

Dieses sensible, in einem Park in Tokio aufgenommene Bild mit geringer Schärfentiefe lässt den Betrachter über die Blickrichtung der fotografierten Personen im Unklaren. Die Belichtung bringt die hellsten Partien gut zur Geltung, aber der linke Teil der Aufnahme ist eventuell zu dunkel.

Indigo

»Die durchscheinende Qualität des Tuches vor der Sonne bringt meine Einstellung zu Licht und damit zur Luft zum Ausdruck.«

▲ Nikon D40, 35–70 mm, Brennweite: 35 mm, 1/250 s bei Bl. 11,0

Shinjuku Gyoen

Tim Keweritsch

»Ich beobachtete diese beiden auf der Bank sitzenden Frauen längere Zeit: Niemand sprach. Es war ein Moment der Stille in dieser hektischen Stadt.«

▲ Canon EOS 30D, ISO 100, Brennweite: 105 mm, 1/200 s bei Bl. 4,0

Kurs 4

Das optimale Bild

Die Digitalfotografie wird zwar heute von der breiten Masse als Medium genutzt, aber sie hat auch eine eigene Elite hervorgebracht. Filme, egal wie teuer, konnte sich jeder leisten, Profis wie Amateure, aber die besten und damit teuersten Sensoren werden meist nur von Profis gekauft. Alle anderen Fotografen müssen sich mit möglichst hochwertigen Objektiven begnügen.

Kurs 4 Übersicht

Dossier

Die Schärfe hängt von der Auflösung und vom Mikrokontrast ab. Trotz Verwendung eines hochauflösenden Objektivs sind Details eventuell nur schwer erkennbar, wenn die Optik einen geringen Kontrast hat. Ein Objektiv mit geringerer Auflösung, aber hohem Kontrast erzeugt also manchmal ein scheinbar schärferes Bild.

Objektiveigenschaften

Die Leistungsfähigkeit der Optik einer Kamera wird durch elektronische, mechanische und optische Faktoren bestimmt. Ein modernes Objektiv hängt in erstaunlichem Maße von der Elektronik ab. Die Schärfeleistung sollte durch eine angemessen leichtgängige und reibungslose Fokussier- und Zoombewegung ergänzt werden.

Perfekte Optik | Detailschärfe

Im Gegensatz zu den Kameraobjektiven der Vergangenheit mit ihren robusten Tuben und unbeweglichen Glaslinsen sind moderne Optiken weitaus flexibler. Die Linsen passen sich beim Zoomen an die Scharfeinstellung an, und Objektive mit Bildstabilisator gleichen geringste Verwacklungen aus. Bei der Objektivkonstruktion werden feine Details, hoher Kontrast, gute Farbtreue und ein Minimum an Farbfehlern angestrebt.

Eine gute Bildqualität ist allerdings nicht nur eine Sache der Schärfe und der Farbwiedergabe. Je größer der Bildwinkel, desto stärker tendiert ein Objektiv zur

» Eine spannende Entwicklung ist die vermehrte Nachbearbeitung zur Korrektur von Objektivfehlern. «

Abdunkelung der Bildränder, der sogenannten »natürlichen« Vignettierung. Dieser Randlichtabfall lässt sich manchmal kreativ nutzen, um eine geschlossenere Komposition zu erreichen, aber in technischer Hinsicht ist er unerwünscht. In diesem Zusammenhang muss auch das häufigere Problem der »künstlichen« Vignettierung genannt werden, ein Abbildungsfehler, der sich ähnlich äußert wie der natürliche Randlichtabfall, aber besonders bei langen Brennweiten oder langbrennweitigen

Zoomeinstellungen auftritt. Die Abschattung resultiert aus einer Beschneidung des Strahlengangs durch die Fassungsränder der Optik.

Abbildungsfehler | Bildbearbeitung

Ein weiteres Kriterium für die Qualität eines Objektivs ist die Verzeichnung, d. h. die gekrümmte Wiedergabe von geraden Linien einer Szene. Dies liegt daran, dass das Objektiv nicht alle Bildelemente maßstabsgetreu abbildet. Wenn der Abbildungsmaßstab z. B. in der Mitte des Objektivs etwas größer ist als zu den Rändern hin, entsteht eine Verzeichnung.

Eine spannende Entwicklung ist die vermehrte Nachbearbeitung zur Korrektur von Abbildungsfehlern. Objektive können also ohne eine vollständige Korrektion von Aberrationen konstruiert werden, weil eine Fehlerbehebung auch nach der Aufnahme noch möglich ist. Stattdessen konzentrieren sich die Hersteller auf Objektive mit möglichst hohem Auflösungsvermögen, da eine geringe Auflösung später nicht mehr verbessert werden kann.

GRÖSSTE ÖFFNUNG

NAHAUFNAHME

VERZEICHNUNG

FARBKORREKTUR

NATÜRLICHE VIGNETTIERUNG

STREULICHT

BOKEH

SCHÄRFE

KÜNSTLICHE VIGNETTIERUNG

1 2 3
4 5 6
7 8 9
Leuchtpult

Qualitätsparameter

Für eine geringe Schärfentiefe, **1**, ist eine gute Leistung bei voller Öffnung erforderlich. Die Qualität bei Nahaufnahmen, **2**, ist ein Trumpf von Kompaktkameras, aber die Verzeichnung, **3**, ist ein Schwachpunkt. Bei langen Brennweiten, **4**, können Farbsäume zum Problem werden. Eine Abdunkelung der Bildecken, **5**, tritt häufig bei Weitwinkelobjektiven auf. Zoomobjektive haben mit Streulicht, **6**, und künstlicher Vignettierung, **9**, zu kämpfen. Für gutes Bokeh, **7**, und optimale Schärfe, **8**, braucht man die besten Objektive.

Höchste Ansprüche

Ihr Objektiv muss höchsten Ansprüchen genügen: von der präzisen Detail- und Farbwiedergabe, der Bewältigung von ungünstigen Lichtverhältnissen bis hin zu einer guten Abbildungsleistung bei allen Blenden, einer gleichmäßigen Bildfeldausleuchtung und einer verzeichnungsfreien Abbildung.

Methoden der Scharfeinstellung

Frühe Versuche, die Fokussierung des Kameraobjektivs in Anlehnung an die Funktionsweise des menschlichen Auges zu automatisieren, schlugen fehl. Erst mit der Erfindung neuer Methoden der Entfernungseinstellung wurde der Autofokus zu einem ausgereiften technischen Werkzeug.

Präzision bei Nahaufnahmen
Bei kleinen, sich sehr schnell bewegenden Objekten, wie dieser Libelle, ist die Nutzung des Autofokus die bequemste Lösung, zwingt den Fotografen aber zu einer Anordnung des Motivs in der Bildmitte. Die daraus resultierende Komposition lässt eventuell zu wünschen übrig (unten). Wenn die Libelle stillsitzt, können Sie das Bild neu gestalten (mittleres Foto unten und Hauptbild), aber für Libellen im Flug eignen sich mittige Kompositionen besser.

MITTIG

AUSSERMITTIG

IN BEWEGUNG

Autofokus | Schärfe- und Auslösepriorität

Moderne Autofokussysteme sind auch in der Dämmerung funktionsfähig, führen die Schärfe etwa beim Fotografieren eines Rennwagens automatisch nach und wählen eigenständig aus, welcher Bereich der Szene scharf erscheinen soll. Manche Systeme erkennen Gesichter und stellen vorzugsweise auf das Gesicht scharf. Andere erkennen, wenn sich ein Objekt vor einem Hintergrund bewegt, gehen davon aus, dass dies das Hauptmotiv ist und speichern die Messwerte.

Zur maximalen Nutzung dieser Systeme müssen Kamera und Objektiv jedoch in der Regel korrekt eingestellt werden. Von den vier vorhandenen Betriebsarten ist die Schärfepriorität (One-shot) am verbreitetsten: Drückt man den Auslöser oder AF-Knopf halb herunter, stellt die Kamera scharf und löst erst dann aus, wenn die Scharfeinstellung erfolgt ist. Diese Methode eignet sich am besten für relativ statische Motive. Eng verwandt mit dieser Methode ist die Auslösepriorität (Servo) zur ständigen Nachfokussierung bei bewegten Objekten: Die Scharfeinstellung wird kontinuierlich überwacht und angepasst, und der Verschluss kann jederzeit ausgelöst werden, unabhängig davon,

ob auf das Motiv scharfgestellt wurde oder nicht. In diesem Modus ist der Mehrpunkt-Autofokus von unschätzbarem Wert, da auch außermittige Motive verfolgt werden können.

Noch mehr Präzision
Trotz der großen Entfernung der Gänse war wegen des verwendeten 400-mm-Objektivs eine präzise Scharfeinstellung unabdingbar. Allerdings sind die Gänse sehr klein und bewegen sich sehr schnell. Der beste Ansatz ist hier die manuelle Scharfeinstellung.

Manuelle Betriebsarten | Präzision und Vorfokussierung

Die manuelle Scharfeinstellung sollte nicht als veraltet abgetan werden. Wenn Sie genügend Zeit für eine sorgfältige Fokussierung haben, bietet sie sich an, und auch bei Nahaufnahmen ist sie immer noch die präziseste Methode.

Bei der Vorfokussierung stellen Sie das Objekt auf eine bestimmte Entfernung ein. Sobald Ihr Motiv in diesen Bereich eintrifft, können Sie auslösen. Dies ist zwar im Grunde eine manuelle Betriebsart, aber manche Objektive können eine voreingestellte Position auch speichern.

Optimale Leistung | Ausrüstung und Strategie

Ein Meilenstein in der Geschichte der Fotografie war die Erfindung eines Autofokussystems in den 1980er-Jahren, das ein Objektiv schneller präzise fokussieren konnte als ein Fotograf. Obwohl sich die Leistungsfähigkeit seither wesentlich verbessert hat, sind die Systeme immer noch nicht perfekt. Optimale Ergebnisse erreichen Sie mit Objektiven mit bester Abbildungsqualität und hoher Lichtstärke und beim Fotografieren von gut durchgezeichneten, kontrastreichen Motiven. Vermeiden sollten Sie kräftige, regelmäßige Muster oder Objekte mit extrem großem Helligkeitsumfang. Bei nahezu allen Zoomobjektiven stellt man am besten zuerst die gewünschte Brennweite ein und fokussiert dann, da sich die Scharfeinstellung beim Zoomen ändern kann.

SCHNELLE BEWEGUNGEN

SCHWACHES LICHT

KONTRASTREICHER HINTERGRUND

Häufige Probleme
Die Fokussierung auf sich schnell bewegende Objekte (oben), bei schwachem Licht (Mitte) und bei kontrastreichen Hintergründen (unten) fällt schwer. Hier stellt man die Schärfe am besten manuell ein.

Objektbewegungen
Objekte, die sich schnell und unvorhersehbar bewegen, wie z.B. fließendes Wasser, können den Autofokus vor Probleme stellen.

Zoom und **Perspektive**

Für die Bildqualität gibt es nicht nur technische Kriterien, wie Auflösung oder Farbwiedergabe. Der Meisterfotograf Alfred Eisenstaedt formulierte es einmal so: »Das Wichtige ist nicht die Kamera, sondern das Auge.«

Entfernung | und Verzerrung

Wenn Sie z. B. mit einem Zoom einen Menschen auf der Ferne heranholen, überwinden Sie dadurch den Abstand zwischen Kamera und Motiv. Damit der Betrachter eine visuelle Verbindung zu Ihrem Motiv aufbauen kann, sollten Sie selbst im Moment der Auslösung mit der fotografierten Person in Beziehung getreten sein.

Weitwinkelaufnahmen aus geringer Entfernung können unnatürlich verzerrt wirken. Dieses Phänomen tritt umso deutlicher zutage, je näher Sie sich am Motiv befinden. Vielleicht müssen Sie etwas zurücktreten oder einen besseren Blickwinkel suchen – oder vielleicht auch auf eine leichte Ober- oder Untersicht ausweichen.

Lange Brennweiten | Qualitätsverlust

Ein großer Aufnahmeabstand zieht allerdings technische Nachteile nach sich. Auf Fotos aus großer bis mittlerer Entfernung an einem dunstigen oder regnerischen Tag sind weitaus weniger Details zu sehen als bei Nahaufnahmen: Die Partikel in der Luft verringern Kontrast und Schärfe. Viele Reisefotos von Menschen und ihren Aktivitäten verlieren an Ausdruckskraft, weil sie aus »sicherer« Entfernung mit einem Zoom bei langer Brennweite aufgenommen wurden. Die Bilder weisen einen Mangel an Schärfe und Kontrast auf, weil sich staubige Luft zwischen Objektiv und Motiv befand.

Standortwechsel oder Brennweitenänderung
Bei eingeschränkter Bewegungsfreiheit aufgrund von natürlichen oder baulichen Hindernissen leisten Zoomobjektive gute Dienste. Von einem einzigen Standpunkt aus können Sie eine Vielzahl von Bildwinkeln festhalten; allerdings bleibt die eigentliche Perspektive immer gleich.

WEITWINKEL

TELE

NORMAL

Weitwinkelansicht

Auf engstem Raum greift man nur allzu schnell auf Weitwinkelobjektive zurück, aber dafür bezahlt man einen hohen Preis: Gleichmäßige, z. B. runde Konturen an den Bildrändern werden rautenförmig verzerrt abgebildet.

Bei der Auswahl von längeren Brennweiten zur Vergrößerung der Abbildung wird zudem jegliche Erschütterung der Kamera verstärkt. Moderne Bildstabilisatoren mildern zwar effizient die schlimmsten Auswirkungen dieser Verwacklungen, aber je weniger Sie sich auf eine Stabilisierung verlassen müssen, desto größer ist die Aussicht auf scharfe Bilder.

Der beste Abstand |

geringere Entfernung

Mit wachsender Erfahrung werden Sie feststellen, dass es je nach Ihrem ganz persönlichen fotografischen Stil für jedes Motiv den richtigen Aufnahmeabstand gibt. Einige Objekte wirken zwar tatsächlich aus der Ferne am besten, aber in den meisten Situationen ist der optimale Abstand geringer, als man denkt. Greifen Sie nicht aus reiner Faulheit auf den Zoom zurück – wenn Sie Ihre Fotos verbessern wollen, müssen Sie Ihre Komfortzone verlassen.

Ausschnittwahl

Zoomobjektive sind sehr nützlich, wenn man Umrahmungen wie diesen Torbogen in Bergamo, Italien, in die Komposition einbinden möchte. Dazu sollten Sie zunächst nach einer Position suchen, bei der der Torbogen und die Kathedrale zueinander in Beziehung treten, und dann mit dem Zoom die optimale Größe festlegen.

ZU NAH

FALSCHE UMRAHMUNG

ZU WEIT ENTFERNT

Bildanalyse

Eine der Vorzüge der Fotografie ist ihre Fähigkeit, eine schier grenzenlose Anzahl von Details einzufangen. Da Fotografien vieles ans Licht bringen, was unserer Aufmerksamkeit entgangen ist, führen sie uns immer wieder vor Augen, wie wenig wir eigentlich bewusst wahrnehmen.

Szenen | auf der Straße

Die Art und Weise, wie ein Bild später interpretiert wird, entscheidet sich oft schon im Moment der Aufnahme. Diese Straßenszene in Kalkutta, Indien, könnte als einfaches Urlaubsfoto, als Kommentar zur Bevölkerungsexplosion oder zur zunehmenden Verstädterung ausgelegt werden. Für die Qualität des Fotos war es wesentlich, dass alle Bildelemente genau im richtigen Moment zusammenfielen. Ein hoher Kamerastandpunkt spielte dabei eine große Rolle: Der Schnappschuss entstand auf einer Brücke; auch das weiche Abendlicht und die große Menschenmenge, die sich zu dieser Tageszeit durch die Straße wälzte, trugen zur Ausdrucksstärke der Aufnahme bei. Das Teleobjektiv drängt die Perspektive zusammen und scheint den Abstand zwischen Menschen und Autos noch stärker zu verringern. Gleichzeitig waren bei dieser Aufnahme eine kurze Verschlusszeit und wegen des schwachen Lichts auch eine große Blende und eine hohe Empfindlichkeit erforderlich. In dieser Situation kam das hochwertige Objektiv mit Bildstabilisator zum Zug, das scharfe Bilder erzeugte.

Im Detail

Ein Foto mit vielen Details muss scharf sein, wenn es eine gute Wirkung erzielen soll. Diese Aufnahme entstand bei größter Blende, f/2,8, aber die hohe Qualität des Objektivs (Canon 70–200 mm f/2,8L IS) stellte sicher, dass die Details realistisch wiedergeben wurden. Dank des Bildstabilisators konnte trotz einer Verschlusszeit von 1/200 s, die gerade noch kurz genug für eine gute Bildschärfe bei einer Brennweite von 200 mm ist, eine scharfe Abbildung erzielt werden.

Fluchtlinien
Wie durch Fluchtlinien macht sich die Perspektive auch durch die scheinbare Verringerung des Abstands zwischen Objekten bemerkbar, die in gleicher Entfernung zueinander angeordnet sind, z. B. Bäume und parkende Autos.

Menschenmenge in Bewegung
Die Struktur des Fotos ergibt sich aus den sich wiederholenden Formen; die Menge wird von den Begrenzungen der Straße in Bahnen gelenkt. Ein gelbes Auto in der Mitte der Szene fungiert als Bildschwerpunkt.

Luftperspektive
Der Staub und die Feuchtigkeit in der Luft tragen zum Eindruck von Räumlichkeit und Perspektive bei. Entfernte Objekte erscheinen undeutlicher und kontrastärmer als Gegenstände im Vordergrund.

Fülle von Details
Die Bildwirkung wurde durch diese Kabel verstärkt, die das Licht in Richtung der Kamera reflektieren. Durch ihren höheren Kontrast sehen sie schärfer aus, als sie sind, und ihre Linien führen den Blick in das Bild.

75 mm

135 mm

200 mm

105 mm

Vorteile des Zoom
Mit einem einzigen Zoomobjektiv können Sie ohne Objektivwechsel sowohl Weitwinkelansichten als auch Teleaufnahmen machen. Selbst beim Fotografieren von bewegten Szenen oder in komplexen, ereignisreichen Situationen entgeht Ihnen nichts.

Zoom oder **Festbrennweite**

Festbrennweitige Objektive sind heute nicht mehr sehr gefragt, denn der Markt wird von Zoomobjektiven beherrscht. Wenn jedoch die Bildqualität ausschlaggebend ist, sind die Festbrennweiten im Vorteil.

Zoomobjektive | digitale Vorteile

Der große Vorteil der Festbrennweiten ist ihre kompromisslose Qualität. Die Konstrukteure können sich sowohl bei der mechanischen als auch bei der optischen Konstruktion nur auf eine einzige Brennweite konzentrieren. Die Objektive bieten eine größere Anfangsöffnung (d. h. eine hohe Lichtstärke), sind relativ kompakt und liefern dank einer sehr erfolgreichen Reduzierung von Streulicht besonders kontrastreiche Bilder.

Festbrennweiten spielen in der Geschichte der analogen Fotografie eine zentrale Rolle. Im digitalen Zeitalter wird jedoch ein Phänomen, das bei Wechselobjektiven für filmbasierte Kameras kaum Beachtung fand, nun als großer Nachteil empfunden: Staub. Bei jedem Objektivwechsel kann Staub in die Kamera eindringen.

Ein Zoom zeichnet sich dadurch aus, dass es mehrere Brennweiten vereint. Ein einziges 28–500-mm-Superzoom ersetzt eine ganze Tasche voller Festbrennweiten. So können Sie rasch auf schnelle Veränderungen der Szene reagieren, denn der Objektivwechsel erübrigt sich. Auch das Staubproblem ist dadurch gelöst. Oder etwa nicht?

Viele Fotografen haben festgestellt, dass Staub auch ohne Objektivwechsel in die Kamera eindringt. Dies ist auf den Zoombetrieb zurückzuführen: Die Vor- und Zurückbewegung der Linsen im Objektivtubus wirkt vor allem bei Schiebezooms wie ein Kolben, der die Luft bei jeder Betätigung ansaugt und wieder ausstößt.

Trotzdem liefern moderne Zooms hervorragende Bilder, die oft ebenso gut, wenn nicht sogar besser sind als die mit Festbrennweiten aufgenommenen Fotos.

Nahperspektive
Die Perspektive von Kameras mit kleinen Zoomobjektiven entspricht in etwa der des menschlichen Auges. Die Komposition wird also erleichtert, da eine Szene so wiedergegeben wird, wie wir sie sehen.

Festbrennweite | geringe Schärfentiefe

Trotz ihrer Begrenzungen erleben Festbrennweiten heute so etwas wie ein Comeback. Wie beim Film wird auch in der Fotografie eine geringe Schärfentiefe als kreatives Gestaltungsmittel gepriesen, was unweigerlich zu Enttäuschungen führt, denn die kleinen Sensoren von Digitalkameras bewirken zwangsläufig eine Erhöhung der Schärfentiefe.

Die Lösung besteht darin, eine dSLR mit einer lichtstarken Festbrennweite zu kombinieren und bei voller Öffnung zu fotografieren. Bei einem Sensor im APS-Format liefert ein 50-mm-Objektiv mit einer Anfangsöffnung von 1,4 ein Ergebnis, das eine Offenbarung für alle Digitalfotografen ohne Erfahrung mit geringer Schärfentiefe ist.

Die weitaus höhere Lichtstärke von festbrennweitigen Objektiven hat außerdem große Vorteile bei Aufnahmen ohne Blitz bei schwachem Licht. Auch der Autofokus arbeitet oft viel schneller.

FINE ART PRINT

PORTRÄT

ULTRA-WEITWINKEL

STILLLEBEN

REISEFOTO

VISUELLES NOTIZBUCH

1 2 3
4 5 6
Leucht**pult**

Zoom oder Festbrennweite?

Die Auswahl des Objektivs hängt sowohl von der gewünschten Qualität als auch vom Motiv ab. Für Fine Art Prints, **1**, eignen sich beide Objektivtypen, bei Porträts, **2**, ist eventuell eine Festbrennweite zu bevorzugen. Bei extremen Weitwinkelaufnahmen, **3**, ebenso so für kommerzielle Stilllebenfotos, **4**, leisten festbrennweitige Objektive bessere Dienste. Benutzerfreundlichkeit und geringes Gewicht sind auf Reisen, **5**, ausschlaggebend, was für ein Zoom spricht; auch für visuelle Notizbücher, **6**, ist eine Optik mit variabler Brennweite besser geeignet.

Angst vor Staub

An einem stürmischen, staubigen oder verregneten Tag ist niemand erpicht auf einen Objektivwechsel. Ein Zoomobjektiv deckt viele verschiedene Situationen ab, von der Weitwinkelansicht einer Menschenmenge auf einer Besichtigungstour bis hin zu Teleaufnahmen von der Sehenswürdigkeit, die die Touristen gerade bestaunen.

Blende und **Arbeitsabstand**

Wie viele andere Präzisionswerkzeuge auch bringt die Kameraoptik bei bestimmten Objektiveinstellungen bessere Abbildungsleistung als bei anderen Einstellungen. Wenn Sie mit den spezifischen Stärken und Schwächen Ihres Objektivs vertraut sind, können Sie Ihre Kamera bestmöglich nutzen.

Beziehungen zwischen unterschiedlichen Entfernungen
Die Unschärfe der kameranahen Blumen ist vor allem auf die geringe Schärfentiefe und teilweise auch auf einen Abfall der Abbildungsleistung zurückzuführen. Eine überragende Bildqualität kann zu einer Reduzierung der scheinbaren Schärfentiefe führen, weil Details durchgehend scharf abgebildet werden.

ENTFERNTE DETAILS

SCHÄRFE IM MITTELGRUND

UNSCHÄRFE

Blende | und Aberrationen

Die Kameraoptik erzeugt nur genau auf der optischen Achse, d. h. in der Bildmitte, eine perfekte Abbildung. Bei näherer Betrachtung werden Sie feststellen, dass jedes Bild zu den Rändern hin immer mehr Mängel aufweist. Diese Fehler sind auf optische Aberrationen zurückzuführen, d. h. auf die Art und Weise, wie das Licht gebrochen wird und mit dem Glas interagiert; es geht also um physikalische Phänomene. Bei der Objektivkonstruktion wird versucht, diese Fehler so weit wie möglich zu eliminieren. Ohne diese Korrektion zeigen Ihre Bilder vielleicht deutliche Farbsäume, da unterschiedliche Wellenlängen des Lichts aufgrund der chromatischen Aberration in verschiedenen Brennpunkten gebündelt werden. Außerdem kann die Abbildung von ebenen Flächen schalenförmig erscheinen, sodass einige Bereiche scharf und andere unscharf abgebildet werden – die sogenannte Bildfeldwölbung. Andere Fehler sind kometenförmige Lichtreflexe (Koma) und ein Lichtabfall hin zu den Bildecken (Vignettierung).

Ein großes Problem ist der Astigmatismus: Er führt dazu, dass Details, die durch die Bildmitte verlaufen, scharf abgebildet werden, nicht jedoch Elemente, die kreisförmig um die Mitte herum angeordnet sind. Die Speichen eines Rades können also z. B. scharf erscheinen, aber nicht der Reifen – und umgekehrt.

Viele dieser Probleme lassen sich durch Abblenden vermeiden: Durch die kleinere Öffnung liegt das einfallende Licht näher an der optischen Achse, sodass Aberrationen reduziert werden. Bei den kleinsten Blenden treten jedoch Beugungseffekte auf, die zu einem Verlust an sichtbarer

Schärfe führen. Ab einem bestimmten Punkt wird die Abbildungsleistung durch ein Abblenden nicht mehr erhöht, sondern verringert. Für jedes Objektiv gibt es also eine optimale Blende.

Blende | ideale Einstellung

Infolge der beschriebenen Aberrationen und der Beugungseffekte lohnt sich die Suche nach der optimalen Einstellung der jeweiligen Optik. Bei Zoomobjektiven liegt sie oft drei oder vier Blendenstufen über der maximalen Öffnung. Bei Festbrennweiten führt häufig die Reduzierung der vollen Öffnung um zwei oder drei – manchmal auch nur um eine – Blendenstufen zur besten Abbildungsleistung.

Zur Einschätzung Ihres eigenen Objektivs sollten Sie Ihre Kamera auf eine stabile Unterlage stellen, die Belichtung auf Zeitautomatik einstellen und dann bei allen Zoomeinstellungen jeweils ein Bild bei allen Blendeneinstellungen machen. Prüfen Sie die Fotos bei starker Vergrößerung, um die optimale Blende zu ermitteln, d. h. die Einstellung, die zum besten Ergebnis in puncto Schärfe, Kontrast und gleichmäßiger Bildfeldausleuchtung führt.

Denken Sie daran, dass Verzerrungen von geraden Linien von der Blendeneinstellung nicht beeinflusst werden, obwohl sich die Art der Verzerrung mit der Zoomeinstellung ändert. Wegen dieser Schwankung entstehen bei Einstellungen um die Mitte des Zoombereichs in der Regel die wenigsten Verzerrungen.

Entfernung | scharfe Bilder

Ein weiteres Kriterium, dass Sie bei der Suche nach der besten Bildqualität berücksichtigen sollten, ist der Abstand zwischen Optik und Motiv. Viele Zooms erzeugen bei kurzen Entfernungen viel schärfere Abbildungen als bei großen Abständen. Auch hier schafft eine Versuchsreihe von Aufnahmen mit unterschiedlichen Zoomeinstellungen und Abständen Klarheit. Sie müssen Ihr Objektiv zwar nicht immer bei optimaler Blende oder Entfernung verwenden, aber durch das Wissen um die Einstellungen, die zur besten Bildqualität führen, gewinnen Sie mehr Sicherheit bei der fotografischen Arbeit.

Tiefe bei Weitwinkelaufnahmen
Spiegelungen führen zu Problemen mit der Schärfentiefe, die in solchen Situationen besonders groß sein muss. Hier empfiehlt sich die Verwendung einer Kamera mit kleinem Sensor und die Einregelung der kleinsten Arbeitsblende.

Subjektive Kriterien
Die Anforderungen an die Schärfentiefe schwanken je nach Komposition. Wenn kameranahe Objekte einen Gegenstand in größerer Entfernung umrahmen, muss die Schärfentiefe in der Regel begrenzt sein, während allgemeine Ansichten meist eine größere Schärfentiefe erfordern.

VOLLE ÖFFNUNG

KLEINSTE BLENDE

MITTLERE BLENDE

Bildanalyse

Benutzer von kompakten Digitalkameras und modernen Objektiven mit sehr hoher Abbildungsleistung müssen vor Nahaufnahmen keineswegs zurückschrecken. Ein Zoom bietet meist sogar eine sehr kurze Naheinstellgrenze, und viele Objektive liefern im Makromodus ihre besten Ergebnisse.

Makro | Nahaufnahme

Aufnahmen von einem Tautropfen, der zitternd am Staubfaden einer Blume hängt, erforderten früher einen erheblichen technischen Aufwand und verlangten vom Fotografen ein großes Geschick. Seit dem Aufkommen der Digitalkameras hat sich das geändert. Wesentlich für Nahaufnahmen ist die Fähigkeit der Optik, bei geringer Einstellentfernung eine gute Bildschärfe zu liefern. Aufgrund der Verwendung von Linsengruppen, die bei der Scharfstellung gegeneinander verschoben werden – den sogenannten »Floating Elements« – hat die hier gezeigte Teleaufnahme eine gute Schärfe und gleichmäßige Farben. Eine weitere Schlüsseltechnologie, die die Makrofotografie vereinacht hat, ist die Reduzierung des Rauschens. Die feine Detailwiedergabe, die Gleichmäßigkeit der Tonwertabstufungen und die Farbtreue eines modernern Digitalfotos ist mindestens ebenso gut wie bei einem auf Film aufgenommenen Bild. Erstaunlicherweise wird diese Qualität auch von digitalen Kompakten mit Pixelzahlen von 6 MP und mehr erreicht. Wenn Ihre Kamera außerdem mit einem Bildstabilisator ausgestattet ist, umso besser. So können Sie eine niedrigere ISO-Einstellung wählen.

Im Detail

Bei diesem Foto wird die für Nahaufnahmen typische begrenzte Schärfentiefe als Vorteil genutzt. Durch die Auswahl einer relativ langen Brennweite von 180 mm und bei Blende 8 ist der Schärferaum nur wenige Millimeter groß, sodass nur der Tropfen und einige Staubfäden scharf erscheinen. Der Rest des Fotos ist unscharf. Damit eine solche Aufnahme gelingt, müssen Sie sicherstellen, dass im Hintergrund keine Lichtreflexe oder dunklen Schatten zu sehen sind, die die Aufmerksamkeit von dem Tropfen ablenken würden.

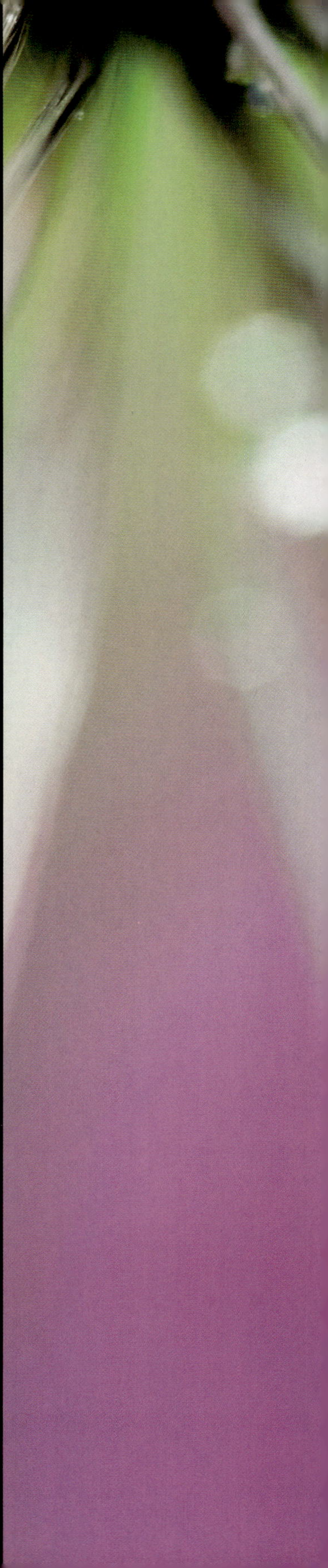

Neutrale High-Key-Aufnahme
Der Eindruck von Zerbrechlichkeit dieses Motivs ergibt sich zum Teil aus der neutralen, hellen Abbildung der Staubfäden: Wenn die hellen Bereiche neutral erscheinen, kann in den Bildpartien mit etwas mehr Dichte ein Hauch Farbe zutage treten.

Bild im Bild
Der Wassertropfen fungiert als Linse, sodass man darin ein auf dem Kopf stehendes Bild der Szene erkennt. Um diesen Effekt zu erzielen, müssen Sie so lange auf den Tropfen scharfstellen, bis das darin sichtbare Bild scharf erscheint.

Farbtreue
In der Wirklichkeit war der Hintergrund tiefviolett, was auf dem Computermonitor intensiv und mit weichem Verlauf dargestellt wurde. Die Violetttöne lagen jedoch fast schon außerhalb des Gamut des Druckers, sodass der Ausdruck etwas an Farbkraft verlor.

Aufgabe:
Natur in der Stadt

Da der Mensch immer mehr Raum für sich beansprucht, sind in Zukunft Pflanzen und Tiere im Vorteil, die sich an das Leben in den Städten angepasst haben. Überall im städtischen Umfeld kann man Anzeichen dafür entdecken, dass sich die Natur ihren Lebensraum zurückerobert. Wenn Tiere und Pflanzen ins Bild gerückt werden, wirken ansonsten leblose und sterile Aufnahmen von Großstadtszenen lebendiger und interessanter.

Brennweite: 14 mm, 1/60 s bei Bl. 4

Vorgaben

Suchen Sie nach Situationen, in denen die Natur städtischen Strukturen gegenübergestellt werden kann, und nehmen Sie diese Szenen mit höchstmöglicher Qualität auf. Sie können Gesamtansichten aufnehmen oder auch Nahaufnahmen machen und den Schwerpunkt auf Details legen.

Zur Erinnerung

- Fangen Sie die Bewegungen mithilfe einer hohen Empfindlichkeitseinstellung ein.
- Fotografieren Sie nach Möglichkeit im RAW-Format.
- Nutzen Sie eine für Ihr Motiv geeignete Beleuchtung.
- Falls Sie kein Stativ einsetzen können, sollten Sie nach einer anderen stabilen Kamerastütze suchen, um ein scharfes Ergebnis sicherzustellen.
- Nutzen Sie den gesamten verfügbaren Brennweitenbereich und probieren Sie bei jeder Perspektive unterschiedliche Zoomeinstellungen aus.

ISO 250, Brennweite: 117 mm, 1/320 s bei Bl. 9

Fotografische Vorbilder

Andy Rouse (1897–1966)
Die Fotos des britischen Fotografen von Wildtieren in städtischer Umgebung – viele davon entstanden bei komplexem Aufbau und sorgfältiger Beleuchtung – setzten neue Maßstäbe in der Naturfotografie.

Britta Jaschinski (geb. 1965)
Die berührenden Arbeiten der deutschen Fotografin, die sich auf Bilder von Tieren in Zoos und Gehegen konzentriert, haben unsere Einstellung zu Tieren in Gefangenschaft grundlegend verändert. Die Fotos bringen uns dazu, Respekt für die Tiere zu entwickeln und ihre ruhige Würde wahrzunehmen, was oft mit einem unbehaglichen Gefühl einhergeht.

Paul Raphaelson (geb. 1968)
Der in New York lebende Fotograf hat sich auf Stadtlandschaften spezialisiert. Seine jüngsten Projekte zeigen zugewucherte Ecken in Manhattan und Brooklyn und spüren der Fähigkeit der Natur nach, sich brachliegende Areale zurückzuerobern.

Brennweite: 7,2 mm, 1/800 s bei Bl. 4

Brennweite: 7,2 mm 1/100 s bei Bl. 11

Brennweite: 7,2 mm, 1/500 s bei Bl. 8

SO 500, Brennweite: 400 mm, 1/250 s bei Bl. 5,6

ISO 500, Brennweite: 400 mm, 1/250 s bei Bl. 4

SO 100, Brennweite: 28 mm, 1/320 s bei Bl. 9

ISO 100, Brennweite: 28 mm, 1/320 s bei Bl. 9

1 2 3
4 5 6
7 8 9

Leucht**pult**

Top**tipps**

1 Details | geringe Schärfentiefe
Durch die Darstellung eines fragilen Teils der Natur inmitten der von Menschenhand geschaffenen Umgebung kann oft eine wirkungsvollere Aussage gemacht werden als mit einer dramatischen Komposition.

2 3 Weitwinkel | Hauptmotiv
Rücken Sie ein kameranahes Objekt mit einer Weitwinkeleinstellung in den Vordergrund, sodass der Hintergrund zu schrumpfen scheint. So erzielt man unabhängig von der Schärfentiefe eine gute Bildwirkung.

4 Gegensätze | Sehenswürdigkeiten
Tiere und Pflanzen können einen interessanten Kontrast zu berühmten Sehenswürdigkeiten bilden. Hier wartete ich, bis sich der Kormoran in die richtige Position vor der Brücke im Hafen von Sydney bewegte.

5 Nahaufnahmen | Teleeinstellungen
Viele in der Stadt heimische Tiere sind relativ zahm, sodass mit einer langen Brennweite und etwas Vorsicht gute Nahaufnahmen von kleinen Tieren möglich werden.

6 Konturen | Größenverhältnisse
Tiere kann man natürlich auch in freier Wildbahn aufnehmen, aber die Gegenüberstellung etwa von diesem Fuchs und einem Autorad ist eine ungewöhnliche Ansicht.

7 8 Strukturen | kontrastierende Formen
Der Gegensatz zwischen den Formen der Natur und der mechanischen Regelmäßigkeit technischer Objekte bietet eine schier endlose Palette von Motiven.

9 Verfall | Erneuerung
Wenn von Menschenhand geschaffene Objekte verrotten, so ist dies häufig ein faszinierender Anblick: Dem Thema des Verfalls von technischen oder architektonischen Objekten in der Stadt und der unvermeidlichen Rückkehr der Natur in brachliegende Bereiche kann man ganze Projekte widmen.

▶ Ergebnisse

Baum in der Stadt

Nikolaus Christian Madzar

»Den Baum konnte man auf den ersten Blick gar nicht richtig sehen. Ich bemerkte ihn beim Ausprobieren von verschiedenen Entfernungseinstellungen und war überrascht, was ich im Sucher sah.«

▲ Canon EOS 400D, ISO 100, Brennweite: 200 mm, 1/15 s bei Bl. 4

Kritik

Bei Naturaufnahmen oder Bildern von natürlichen Objekten in städtischer Umgebung liegt der Schlüssel für gute Fotos in der aufmerksamen Beobachtung von Details. Winzige Änderungen der Scharfeinstellung, der Position, des Zeitpunkts oder der Einstellungen sind für die Bildwirkung wichtig. Es mag wenig überraschen, dass die gelungensten der hier gezeigten Bilder auf das Wesentliche reduziert sind und Licht und Dunkel, Farbe und Schwarz gegenüberstellten sowie eine begrenzte Farbpalette aufweisen.

Baum in der Stadt

Bei diesem Bild des Stuttgarter Hauptbahnhofs hatte Nikolaus Madzar zunächst nur die Gesamtszene im Blick, aber durch die Scharfstellung des Objektivs auf den Vordergrund kamen die Silhouette des Baums und die unscharfen Lichter auf eine Art und Weise zum Vorschein, wie sie mit bloßem Auge kaum wahrnehmbar gewesen wären. Mithilfe der vollen Öffnung, langer Brennweite und niedriger ISO-Einstellung konnten die unscharfen Lichtquellen regelmäßig wiedergegeben werden, während die niedrige Empfindlichkeit zu verschwommenen, gleichmäßigen Farben führte.

Zerbrechlichkeit der Natur

Die Einstellung einer Über- oder Unterbelichtung (wie hier) kann eine nicht sonderlich ansprechende Szene in ein fotografisch stimmiges Motiv verwandeln. Beim Fotografieren von Lichtquellen lohnt sich die Erstellung von Belichtungsreihen, um die Nachbearbeitung am Computer zu reduzieren.

Star im Supermarkt

Um diesen Star im Supermarkt zu entdecken, brauchte der Fotograf einen wachen Blick. Nur mit viel Geduld konnte der Vogel in einer Position festgehalten werden, in der seine Konturen deutlich zum Vorschein kamen.

Zerbrechlichkeit der Natur

Milo Baumgartner

»Ich bemerkte die Bäume, die sich als Silhouette vor den gelben Lichtquellen zeigten, und war vom Gegensatz zwischen ihrer Fragilität und der rauen Rinde fasziniert.«

▲ Canon EOS 20D, ISO 800, Brennweite: 85 mm, 1/80 s bei Bl. 5,6

Star im Supermarkt

Nicolas Bonnet

▲ Canon EOS 5D, ISO 100, Brennweite: 70 mm, 1/160 s bei Bl. 4,5

»Meist nehme ich meine Kamera nicht zum Einkaufen mit, aber an diesem Tag hatte ich sie dabei und war froh, sie dort griffbereit zu haben.«

Kurs 5 Die idealen Farben

Die Benutzer von Filmen müssen die Farbcharakteristiken und -beschränkungen ihrer Materialien kennen und ausgleichen. Durch die automatisierten Herstellungs- und Entwicklungsprozesse dieser Technologie werden jedoch zuverlässig gleichbleibende Ergebnisse sichergestellt. In der Digitalfotografie liegt die Farbsteuerung fast ausschließlich in der Hand des Fotografen.

Kurs 5 Übersicht

Dossier

Die digitalen Farben, die aus einer Reihe von Zahlen bestehen, können auf unterschiedliche Arten organisiert, interpretiert und visualisiert werden, je nach den rechnerischen und praktischen Anforderungen. RGB-, CMYK- und Lab-Farben sind zwar vergleichbar, aber nicht exakt identisch.

Farbwahrnehmung

In unserer alltäglichen Umgebung sind Farben nicht nur allgegenwärtig, sondern dank der hohen Empfindlichkeiten und der niedrigen Betriebskosten von Digitalkameras lässt sich auch fast jede Situation aufzeichnen, solange noch etwas Licht vorhanden ist.

Farbräume | Zahlensysteme

Die Arbeit mit Farben ist heute eine so wunderbare Beschäftigung, weil viele Arten der Aufzeichnung und Wiedergabe von Farben kombiniert werden können. Einige Systeme sind aber von Natur aus inkompatibel – wenn Farben etwa mithilfe von gefiltertem Licht wiedergegeben werden, so ist dies etwas völlig anderes als das Ausdrucken von Farben mithilfe von Tinte. Die digitale Welt hat jedoch ein System hervorgebracht, in dem Informationen zwischen allen Aufzeichnungs- und Wiedergabegeräten ausgetauscht werden können.

» Aufgrund des technischen Fortschritts werden zukünftige Fotografengenerationen kein Problem mehr mit dem Farbmanagement haben. «

Das menschliche Auge ist die natürliche Referenz für die Beurteilung der Farbwiedergabe, und die für das Auge sichtbare Farbpalette definiert den Farbraum, der einen Vergleich der Farbräume aller anderen Systeme ermöglicht, d. h. den sogenannten »Profile Connection Space«.

Digitale Farben bestehen nur aus Zahlenfolgen. Bevor diese als Farben gesehen werden können, müssen sie interpretiert werden, und diese Interpretation lässt sich steuern: Die Zahlen werden je nach dem verwendeten Farbraum in unterschiedliche Farben übertragen (s. S. 20). Während der Farbdiafilm eines bestimmten Herstellers die Farben immer gleich wiedergibt, ist die Farbwiedergabe in der Digitalfotografie nicht absolut.

Farbe | disziplinierte Arbeiten

Als wir uns voller Freude von dem lästigen Übel verabschiedeten, Filme zur Entwicklung ins Labor zu geben, mussten wir die Steuerung der Farbtreue selbst in die Hand nehmen. Auf diese revolutionäre Veränderung waren jedoch nur wenige vorbereitet.

Aufgrund des technischen Fortschritts werden zukünftige Fotografengenerationen kein Problem mehr mit dem Farbmanagement haben. Damit die Farben jedoch heute schon einem hohen Anspruch gerecht werden, müssen wir einen recht beschwerlichen Weg beschreiten: Wir müssen Software zur zuverlässigen Farbsteuerung installieren, unseren Monitor kalibrieren, damit er die Farben entsprechend dem Standard der Branche darstellt (s. S. 342–343), und mit Farbprofilen arbeiten.

Der richtige Umgang mit Farbprofilen gehört jedoch heute zum Herstellungsprozess eines für eine Website oder eines zum Ausdrucken bestimmten Fotos, und auch Routineprüfungen des Bildschirms werden schon bald eine Selbstverständlichkeit für Sie sein.

BEWÖLKT

ABENDSONNE

MITTAGSSONNE

AUF INNENRAUM ABGESTIMMT

NICHT ABGESTIMMT

TEILWEISE ABGESTIMMT

SPIEGELUNGEN DER SONNE

TEILWEISE BEWÖLKTER HIMMEL

BEWÖLKTER HIMMEL

1 2 3
4 5 6
7 8 9
Leuchtpult

Die Farben des Lichts

In Bild **1–3** variieren die Farben der Gräser je nach den Beleuchtungsbedingungen und dem Einfallswinkel des Lichts von bläulich bis kräftig gelb. In Bild **4–6** erzeugen die unterschiedlichen Lichtquellen zur Beleuchtung des Innenraums je nach Weißabgleich verschiedene Stimmungen. In Bild **7–9** ändern sich die Farben des Wassers schnell, je nachdem, ob der Himmel blau ist oder ob sich Wolken vor die Sonne schieben.

Rausch der Farben

In dieser Szene sieht man alle Farben des Regenbogens, von Gelb und Rot bis hin zu Grüntönen und sogar einen Hauch Blau. Einige Beleuchtungsarten bringen mehr Farben zum Vorschein als andere – die Farbwiedergabe lässt sich an die gewünschte Stimmung des Fotos anpassen.

Weißabgleich

Die Voraussetzung für eine natürliche Farbwiedergabe ist ein präziser Weißabgleich, d.h. der Ausgleich oder die Beseitigung von Farbstichen der Lichtquellen, damit die Beleuchtung in etwa der nominalen Farbtemperatur am Mittag an einem leicht bewölkten Tag in mittleren Breiten entspricht.

Ausgewogene Farben
Bei Mischlicht mit vielen unterschiedlichen Farbtönen, von bläulich bis rötlich Weiß, kann keine einzelne Weißabgleichseinstellung als richtig oder optimal empfohlen werden. Nach einigen Experimenten stellt sich heraus, dass eine Einstellung, die neutrale Töne wirklich neutral wiedergibt, oft zu einer zu starken Blaufärbung auf dem Foto führt, weil die blauen Leuchten in der Überzahl sind. Der persönliche Geschmack sollte hier den Ausschlag geben.

WIE AUFGENOMMEN

TEILKORREKTUR

ÜBERMÄSSIGE KORREKTUR

Automatik | kontra manuelle Einstellung

Den automatischen Weißabgleich gab es schon lange vor dem Aufkommen der Digitalfotografie: Er ist so wichtig, dass die Natur dafür einen komplizierten Mechanismus für unsere Augen entwickelt hat. Doch erst durch den allgegenwärtigen Einsatz von künstlichem Licht und eine Fülle von Erfahrungen mit der Farbfotografie sind wir uns dessen bewusst geworden, dass unsere Augen ständig einen Weißabgleich durchführen, damit wir Farben so präzise wie möglich sehen können.

Hersteller von Digitalkameras haben zum automatischen Weißabgleich ein System entwickelt, das dem menschlichen Auge ähnelt: Rote, grüne und blaue Signale werden auf allgemeine Farbdominanten geprüft, die in allen Bereichen der Szene vorhanden sind. Diese Farbdominante wird je nach der jeweiligen Farbe und ihrer Intensität in unterschiedlichem Maße beseitigt. Damit bei Objekten mit einer starken Farbdominanten, wie z. B. Herbstlaub oder weitflächige Bereiche mit Meer, kein falscher Weißabgleich durchgeführt wird, berücksichtigen viele Systeme bei der Analyse auch die hellen Bereiche und Schatten, um die betreffende Farbe nicht zu stark zu reduzieren.

Allerdings liefern die modernen Algorithmen zwar sehr gute Ergebnisse, aber mit dem automatischen Weißabgleich verhält es sich wie mit der automatischen Belichtung – eine manuelle Steuerung ist präziser, wenn auch etwas aufwendiger.

Farbton | Wirklichkeitstreue

Die meisten Digitalkameras bieten Voreinstellungen für bestimmte Beleuchtungsbedingungen wie Kunstlicht, Leuchtstoffröhren, Wolken, Blitz oder Schatten, die häufig bessere Ergebnisse liefern als der automatische Weißabgleich (siehe die Bilder des Leuchtpults rechts).

Eine weitere Option ist die Durchführung eines benutzerdefinierten Weißabgleichs für jede neue Beleuchtungssituation. Bei diesem Verfahren wird zur Kalibrierung der Kamera ein Objekt mit gleichbleibend neutralen Farben wie etwa ein weißes Blatt Papier oder eine Graukarte aufgenommen (verwenden Sie bei schwachem Licht ein weißes Objekt und eine graue Karte bei normalem bis hellem Licht). Auf diese Weise stellen Sie die Kamera so ein, dass sie das Motiv neutral und ohne Farbstich wiedergibt.

Das Bild der Karte ist nun die von Ihnen definierte Voreinstellung und ein Garant für präzise Farben, solange die Beleuchtung gleich bleibt.

Allerdings gibt es auch in diesem Fall eine Einschränkung: Die Farben werden nur dann präzise wiedergegeben, wenn die richtigen Wellenlängen des Lichts vorhanden sind. Damit Sie z. B. Blau sehen können, muss die Beleuchtung Anteile blauer Wellenlängen haben. Wenn Sie also ein blaues Objekt mit – gelbrotem – Kunstlicht, das keinen Blauanteil aufweist, beleuchten, erscheint der Gegenstand unabhängig von der Weißabgleichseinstellung fast schwarz.

AUTOMATIK

EINSTELLUNG AUF BLITZ

KUNSTLICHT

Weißabgleichseinstellungen
In den meisten Situationen funktioniert der automatische Weißabgleich gut. Eine bewusste Anpassung an das leicht bläuliche Blitzlicht führt zu sehr warmen Farben, während eine Abstimmung auf Kunstlicht einen Blaustich erzeugt.

AUTOMATIK

KUNSTLICHT

BENUTZERDEFINIERT

LEUCHTSTOFFRÖHRE

TAGESLICHT

WOLKEN

1 2 3
4 5 6
Leucht**pult**

Weißabgleichseinstellungen
Bei der automatischen Einstellung in **1** wirken die Gesamtfarben ansprechend warm, sind aber nicht farbtreu. Die Aufnahme mit der Kunstlicht-Einstellung in **2** zeigt neutrale, aber vielleicht etwas zu kalte Farben. Die benutzerdefinierte Einstellung in **3** liefert das beste Ergebnis, während die Anpassung an Leuchtstoffröhren, Tageslicht und Wolken, in **4**, **5**, **6**, zu einer verfälschten Farbwiedergabe führt.

Schlüsselfarben

Eine präzise digitale Farbwiedergabe wird von vielen Faktoren und nur in geringem Maß von den ausgewählten Einstellungen beeinflusst. Nicht nur die Charakteristiken des Sensors spielen dabei eine Rolle, sondern auch die Objektiveigenschaften, die Datenverarbeitung und die Beleuchtungsbedingungen.

Gedächtnisfarben | Bezugspunkte

Wichtig ist vor allem die richtige Wiedergabe einer Schlüssel- oder Gedächtnisfarbe, an die sich jeder gut erinnern kann, wie z. B. das Blau des Himmels, die Hautfarbe oder die Orange- und Gelbtöne von Zitrusfrüchten. Wenn diese Farben stimmen, werden wahrscheinlich auch alle anderen Farbtöne angemessen dargestellt. Bei Filmen wurde so lange mit unterschiedlichen Kombinationen von Farbstoffen experimentiert, bis eine weitgehend präzise Farbwiedergabe erreicht war.

In der Digitalfotografie verleihen die Farbfilter über den Sensoren – etwa Rot, Grün und Blau – dem Bild ihre jeweils eigene Charakteristik. Vielleicht lassen die Grünfilter z. B. etwas mehr Gelb durch, als ideal wäre. Dies kann aber bei der Bildbearbeitung ausgeglichen werden, und an dieser Stelle entscheiden die Hersteller nach subjektiven Kriterien, welche Farben bevorzugt und welche abgeschwächt werden sollen, und zwar immer in Bezug auf bestimmte Gedächtnisfarben. Natürlich wählen unterschiedliche Hersteller auch unterschiedliche Farben als Referenz aus. Je weiter sich die Digitalfotografie jedoch entwickelt, desto weniger fallen diese Unterschiede ins Gewicht.

Hautfarben als Bezugspunkt
Ohne Hinweis auf die Originalfarbe der Kleider würde der Betrachter des Fotos so gut wie jede Farbe akzeptieren; die Grün- und Pinktöne (unten und unten Mitte) waren in Wirklichkeit noch brillanter. Die Farbe der sonnengebräunten Haut (ganz unten) dient jedoch als Bezugspunkt und schlüssiger Hinweis darauf, dass auch die Farben des Kleides korrekt sein müssen.

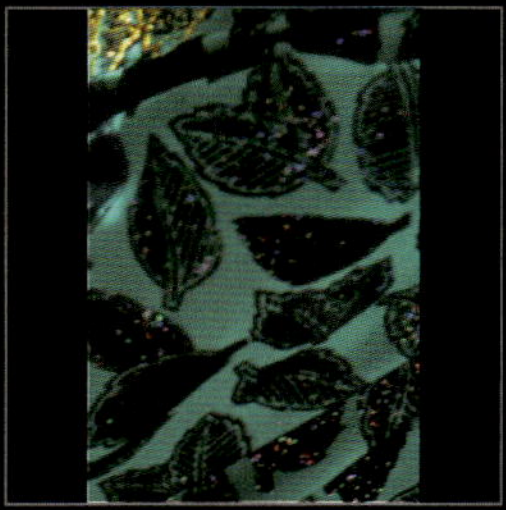

DUNKLE GRÜNTÖNE

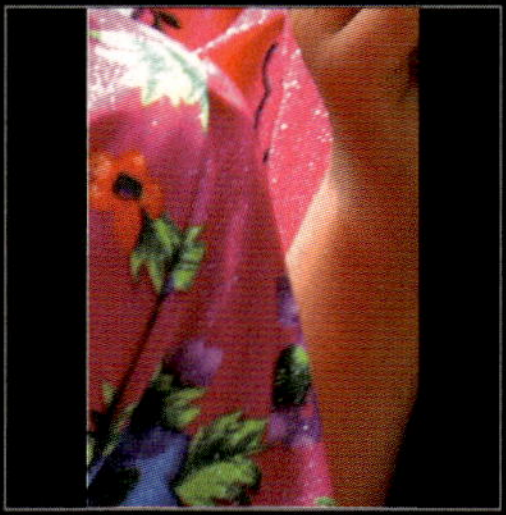

INTENSIVES PINK

DUNKLE HAUTTÖNE

Mediterrane Farben
Die Farben dieser Orangen und des blauen Himmels müssen zwar richtig wiedergegeben werden, aber die Sättigung kann auf jeden Fall noch variiert werden.

CANON

OLYMPUS

PANASONIC

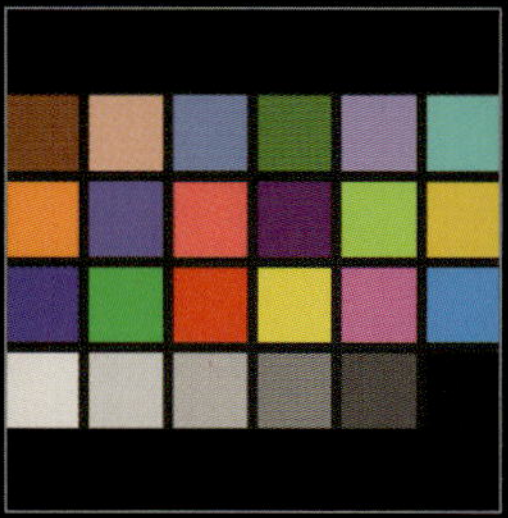

NIKON

Farbpaletten der Kamerasysteme
Auf den ersten Blick scheinen sich die mit den Kameras vier unterschiedlicher Hersteller aufgenommenen Normfarbtafeln stark zu ähneln. Vergleichen Sie jedoch den Braunton oben links auf der Tafel. Bei Olympus ist er am dunkelsten, bei Panasonic am hellsten. Das Schwarz, unten rechts, ist bei Panasonic grau und fast schwarz bei den anderen.

Hautfarben | präziser Bezugspunkt

Die wichtigste aller Referenzfarben ist die Hautfarbe. Vielleicht wundern Sie sich darüber, denn die Hauttöne variieren von dunklem Braun bis hin zu Blassrosa. Die Farbe selbst bleibt jedoch erstaunlich konstant.

In der Videotechnik gibt es sogar ein Messgerät mit einer »Hautton-Linie«, das Vektorskop: Wenn Sie die Hautfarbe an dieser Linie ausrichten, ist eine präzise Farbwiedergabe garantiert. Auch in der Fotografie könnten wir ein solches Gerät gebrauchen. Allerdings steht uns noch eine andere, sehr präzise Bewertungsmethode zur Verfügung: unser Urteilsvermögen.

Farbwiedergabe | persönlicher Geschmack

Die Benutzer analoger Kameras diskutieren immer wieder gern darüber, welcher Farbfilm wohl der beste sei. Viele mögen die Brillanz von Fujichrome Velvia; andere fühlen sich mit den feinen Farben von Kodachrome wohler. Auch Digitalkameras reproduzieren Farben auf ihre eigene Weise: Manche liefern gesättigte, andere gedämpftere Farben. Auch die Objektive üben einen Einfluss aus. Einige erzeugen fast neutrale Abbildungen, während andere zu einem leichten Gelb- oder Rotstich tendieren. Wenn Sie bei fast jedem Foto den Drang haben, die Farben anzupassen, dann stimmt Ihre Farbwahrnehmung wahrscheinlich nicht mit der Ihres Kameraherstellers überein.

Profile | RAW-Aufnahmen

Die Abweichungen der Kameras bei der Farbwiedergabe fallen jedoch meist viel weniger ins Gewicht als die Variationen aufgrund verschiedener Beleuchtungssituationen. Unter Studiobedingungen bei gleichbleibendem Licht kann man ein Kameraprofil erstellen, um die Farbaufzeichnung zu verwalten. Wenn Sie Ihre Bilder im RAW-Format aufnehmen, verbessert sich dadurch Ihre Flexibilität (s. S. 186–189).

GERINGE SÄTTIGUNG

HOHE SÄTTIGUNG

GEMISCHTE SÄTTIGUNG

Sättigungsgrad
Der Sättigungsgrad sollte im Idealfall dem Motiv entsprechen oder zumindest an die Szene angepasst sein. Blasse Töne (ganz oben) sollten auch blass bleiben, während intensive Farben (oben Mitte) gesättigt sein dürfen. Bei korrektem Sättigungsgrad (oben) wird eine Szene mit gemischter Sättigung ausgewogen wiedergegeben.

Farbräume
Die Auswahl des Farbraums spielt bei Fotos wie diesem, das in Katmandu, Nepal, aufgenommen wurde, eine große Rolle, denn die Farben sind nicht nur lebhaft, sondern auch stark gesättigt.

Gesättigte Farben

Von lebhaften oder gesättigten Farben fühlen wir uns automatisch angezogen. Wir assoziieren sie mit Sonnenlicht, Wärme und Lebendigkeit, aber auch mit Gemüse, Obst und blühenden Pflanzen – z. B. mit reifen Orangen oder roten Rosen.

Sättigung | und Realität

Eine der aufregendsten Erfahrungen eines Fotografen, der die digitale Farbe für sich entdeckt, ist die Möglichkeit, die Sättigung der Farben zu erhöhen und damit eindrucksvolle Ergebnisse zu erzielen. Wie der Begriff schon andeutet, ist bei der Erhöhung der Sättigung Vorsicht geboten – tun Sie nicht zu viel des Guten.

Bei starker Sättigung sehen alle Bilder relativ ähnlich aus, und die Welt wirkt seltsam langweilig. Dies hatte die Tendenz zur Folge, auch noch den Kontrast der Fotos zu erhöhen, damit der Anschein von Brillanz erhalten bleibt. Leider haben sowohl die Film- als auch die Kamerahersteller dieser Entwicklung Vorschub geleistet, da ein Foto mit einer der realen Szene entsprechenden Farbsättigung die Aufmerksamkeit weit weniger auf sich zieht als ein Bild mit stark gesättigten Farben. Wir verzeihen diese Abweichung von der Realität, solange die Aufnahme nur grell und bunt genug wirkt.

Nicht alle Motive profitieren von einer hohen Sättigung. Ein klassischer Fehler ist z. B. die Übersättigung von Aufnahmen von Hochzeiten in Weiß: Ein solches Foto muss

eine lichte, luftige Stimmung vermitteln und in hellen Tönen gehalten sein. Dazu eignen sich eine leichte Überbelichtung, ein etwas geringerer Kontrast und eine moderate Farbsättigung. Auch minimalistisch gestaltete Innenräume brauchen keine hohe Farbsättigung, da intensive Farben hier eher störend wirken würden.

Überwachung | Grenzen

Für die Vermeidung übermäßiger Sättigung spricht außerdem, dass die Farben zwar auf dem LCD-Bildschirm der Kamera oder auf einem Computermonitor dargestellt, aber nicht in derselben Weise ausgedruckt werden können. Der Gamut oder Farbumfang eines Druckers ist nicht nur kleiner als der eines Monitors, sondern die Unterschiede variieren auch je nach Ausdruck, Papier und Druckertinte, sodass in Abhängigkeit von den ausgewählten Materialien und Einstellungen Farben verloren gehen können.

Da eine übermäßige Sättigung außerdem zu Posterisierung oder ungleichmäßigen Farbübergängen führen kann, strebt man am besten einen eher wirklichkeitsgetreuen Sättigungsgrad an.

Überwachen kann man die Risiken einer zu starken Sättigung, wenn man nach Farben Ausschau hält, die außerhalb des darstellbaren Bereichs liegen. Bei Software wie Photoshop lassen sich Gamut-Warnungen anzeigen; dabei sind die Stellen des Fotos, deren Farben nicht korrekt vom Ausgabegerät reproduziert werden können, farbig gekennzeichnet (s. S. 170). Eine weitere Möglichkeit ist ein Softproof der Aufnahme, d. h. eine Kontrolle am Bildschirm: Die Farben werden auf Ihrem Monitor so dargestellt, wie sie auch ausgegeben würden. Um diese Methode zuverlässig anzuwenden, muss Ihr Monitor kalibriert und profiliert und der Ausgabefarbraum korrekt zugewiesen werden (s. S. 348–349).

Farben in den Schatten
Farben auf Low-Key-Aufnahmen – mit überwiegend dunklen Farben – sehen durch den Kontrast mit farblosen Bereichen meist intensiver aus, als sie in Wirklichkeit sind. Vielleicht möchten Sie in diesem Fall die Sättigung noch weiter erhöhen: Dies ist bei der Glasscheibe mit Gravur (oben links) vielleicht gerade noch akzeptabel, nicht jedoch bei der Aufnahme des Mädchens (oben rechts).

COLORMATCH RGB

ADOBE RGB

sRGB

sRGB

ADOBE RGB

PROPHOTO RGB

1 2 3
4 5 6
Leuchtpult

Zuweisung von Farbprofilen
Den Flaggen wurden folgende Profile zugewiesen: **1** Colormatch RGB, ein Monitor-optimierter Farbraum. Bei **2** wurde Adobe RGB eingesetzt, ein Farbraum mit großem Farbumfang, und bei **3** sRGB, ein kleiner Farbraum. Bei den Bildern des Mädchens wurde sRGB, **4**, Adobe RGB, **5**, und ProPhoto RGB, **6**, eingestellt. Hier sieht man, wie gesättigte Farben je nach dem ausgewählten Farbraum aussehen würden; bei schwächeren Farben wären die Unterschiede nicht so offensichtlich.

Bildanalyse

Aufgrund der objektiven Messbarkeit von Farben ist die Idee der idealen Farbe nicht ganz abwegig. Was objektiv perfekt ist, sieht deswegen allerdings noch lange nicht perfekt aus. Bestimmte Variablen lassen sich nicht steuern, beispielsweise die Farbe der Raumbeleuchtung oder der Wände, ganz zu schweigen von den persönlichen Vorlieben. Das beste Kriterium für die Beurteilung von Farben ist letzten Endes das geschulte Auge des Fotografen.

Farbe | subjektive Beurteilung

Wenn Sie das Licht aufmerksam und kritisch beobachten, lernen Sie, bewusster mit Farben umzugehen. Ein kritischer Konsument von Lebensmitteln akzeptiert nicht einfach, was ihm verkauft oder serviert wird. Er prüft Geschmack und Frische der Speisen und entscheidet erst dann. Anstatt also nur einen kurzen Blick auf die Farben zu werfen – was dem Verzehren von Speisen ohne geschmackliche Bewertung gleichkäme –, sollten Sie jede Farbe eines Fotos auf ihre ausgewogene Beziehung, auf Wirklichkeitstreue und Natürlichkeit prüfen. Betrachten Sie das Bild insgesamt – sind einige Partien bläulich, andere rötlich? Wurden die Schatten neutralschwarz oder eher grünlich oder bräunlich wiedergegeben? Dieses Porträt eines kleinen Mädchens aus Hawaii ist zwar entzückend, aber objektiv gesehen stimmt die Farbbalance nicht. Das Bild wirkt zu warm, und die grünen Reflexionen der Gräser führen zu einer etwas flauen Wiedergabe der Hauttöne.

Im Detail

Die Beurteilung der idealen Farben für dieses Foto ist in technischer Hinsicht schwierig, weil keine neutralen Töne vorhanden sind. Die Jasminblüten sehen zwar weiß aus, aber das ist auf die Überbelichtung zurückzuführen; eigentlich sind sie hellgelb. Außerdem sind die Zähne des Mädchens zwar weiß, aber sie reflektieren die rote Farbe der Lippen – hätten Sie die Zähne zum Weißabgleich benutzt, würde daraus ein allgemeiner Blaustich resultieren. In dieser Situation verlässt man sich am besten auf das eigene Urteilsvermögen, um die Hautfarben so realistisch wie möglich abzubilden.

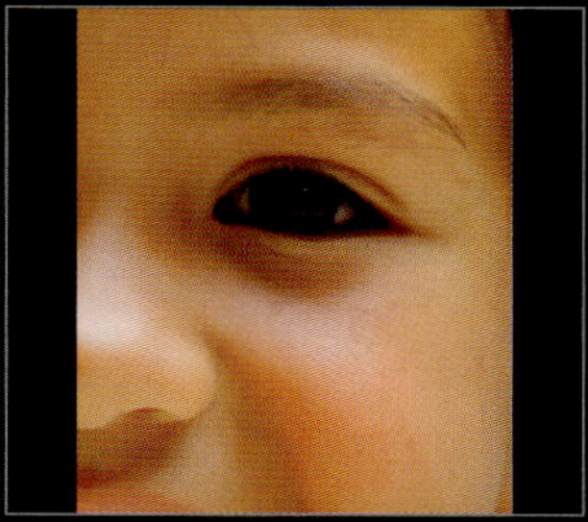

Hautfarben

Um eine ansprechende Wiedergabe der Hauttöne zu erreichen, wurde die höchste Auflösung und geringste Empfindlichkeit eingestellt; der Rest wurde der Kamera überlassen, da die Hersteller größten Wert auf die naturgetreue Darstellung von Hautfarben legen.

Helle Bereiche

Lichtreflexe auf glänzenden Oberflächen können oft zur Abstimmung der Farbbalance herangezogen werden – das war hier allerdings nicht möglich, denn die hellen Bildpartien wurden von der Überbelichtung der blassgelben Blüten verursacht.

Zeichnung in den Schatten

Hier ist der Verlust von Details in den Schatten kein Problem, weil sie nicht tiefschwarz sind. Die Haare des Mädchens sind dunkelbraun und damit nicht neutral genug, um als sicherer Bezugspunkt für die Abstimmung der Farbbalance zu dienen.

Aufgabe:
Straßen der Stadt

Aufnahmen von den Straßen mit vielen Passanten, die kommen und gehen, sind recht problematisch. Die größte Herausforderung besteht darin, etwas Ordnung in das Chaos zu bringen. Einer der nützlichsten Tricks, wie Sie Ihrer Komposition Struktur verleihen können, ist die Nutzung von kräftigen Farben wie Orange oder Rot zu Betonung der wichtigsten Bildelemente und von gedämpfteren Farben im Hintergrund, wie z. B. Grau.

ISO 1600, Brennweite: 100 mm, 1/100 s bei Bl. 7

Vorgaben

Versuchen Sie, einen geschäftigen Bereich der Stadt mit vielen Menschen auf einem ausgewogenen, ansprechend gestalteten Bild darzustellen. Dazu eignen sich Gesamtaufnahmen oder auch Detailstudien. Nutzen Sie bei der Komposition Farben und Konturen.

Zur Erinnerung

- Fotografieren Sie mit großem Bildwinkel aus mittleren Entfernungen, um die Gesamtatmosphäre der Szene einzufangen.
- Mit einer langen Brennweite wird der Raum aus größerer Entfernung zusammengedrängt.
- Muster und Linien tragen zur Strukturierung der Komposition bei.
- Fotografieren Sie Personen oder Gegenstände aus nächster Nähe mit einem Weitwinkelobjektiv, um sie in ihren Kontext einzubetten.
- Sie müssen nicht alles zeigen, um eine Botschaft zu vermitteln.

ISO 100, Brennweite: 27 mm, 1/30 s bei Bl. 6

Fotografische Vorbilder

André Kertész (1894–1985)
Der Meisterfotograf ging virtuos mit seiner Leica um und gilt fast schon als Erfinder der »Street Photography«.

Joel Meyerowitz (geb. 1938)
Dieser amerikanische Meisterfotograf nimmt sowohl sorgfältig gestaltete großformatige Farbfotos als auch Schnappschüssen von Straßenszenen auf; er schuf eine wunderbare Bildserie von Blumen in der Stadt, und seine Arbeiten sind nach wie vor sehr fantasievoll.

Constantine Manos (geb. 1934)
Der griechische Fotograf arbeitet seit vielen Jahren erfolgreich als Dokumentarfotograf. Seine jüngsten Arbeiten in Farbe machen jedoch sein wahres Talent als scharfer Beobachter des Lebens deutlich, der perfekte Farbkompositionen schafft.

Sherman Ong (geb. 1971)
Dieser in Singapur geborene Fotograf sieht das Leben in der Stadt immer wieder mit neuen Augen und unstillbarer Neugierde.

ISO 100, Brennweite: 20 mm, 1/125 s bei Bl. 16

ISO 100, Brennweite: 28 mm, 1/30 s bei Bl. 11

ISO 160, Brennweite: 26 mm, 1/125 s bei Bl. 4

ISO 100, Brennweite: 18 mm, 1/30 s bei Bl. 18

ISO 100, Brennweite: 12,7 mm, 1/60 s bei Bl. 2

ISO 100, Brennweite: 6,3 mm, 1/125 s bei Bl. 5

ISO 1600, Brennweite: 135 mm, 1/125 s bei Bl. 5,6

Toptipps

1 Komposition | kräftige Linien
Nutzen Sie Gestaltungsmittel wie die Linien dieser Mauer und die kontrastierenden Linien der Gebäude. Bei dieser Teleaufnahme verleihen sie dem Farbchaos und der Menschenmenge eine Struktur.

2 3 Muster | und Rhythmus
Von Zeit zu Zeit bilden sich im Chaos zufälliger Bewegungen Muster, die sich allerdings sofort wieder auflösen. Durch ihre flüchtige Natur sind sie aussagefähige, faszinierende Motive. Die Suche nach solchen rhythmischen Mustern zahlt sich immer aus.

4 5 Bewegung | und Farbe
Die Bilder müssen nicht unbedingt gestochen scharf sein: Die Kombination von Bewegungsunschärfen mit scharfen Bildpartien eignet sich hervorragend zur fotografischen Darstellung von stetigem Wandel.

6 Überblick | Strukturierung
Aus der Obersicht können die visuellen Elemente wie diese roten Farbkleckse organisiert werden, weil zwischen Partien, die sich aus anderer Perspektive überlappen würden, Platz für eine Struktur bleibt.

7 Parallele Linien | Definition des Raums
Das deutlichste Anzeichen für die Räumlichkeit von Gebäuden sind Fluchtlinien. In einem Bereich mit überwiegend regelmäßig angeordneten Strukturen müssen Sie darauf achten, dass diese nicht dominant werden.

8 Bildausschnitt | Suche nach Struktur
Strukturen findet man häufig an Orten, an denen man sie am wenigsten erwartet. Hier sorgen die Punkte auf dem Fenster für Struktur am leeren Himmel und tragen dazu bei, das Chaos aus Menschen und Farben zu ordnen.

9 Teleaufnahme | Ausschnitte
Mit langer Brennweite können Sie aus der Entfernung kleine Dramen verfolgen. Stellen Sie die größte Blende ein, damit Sie mit einer kurzen Verschlusszeit arbeiten können.

▶ Ergebnisse

Schatten am Hafen

Jeffrey Shay

»Ich wollte einen Kaffee in dieser Einkaufspassage trinken, wo man von einer Galerie aus den Haupteingang überblicken konnte. Bei Sonnenuntergang beobachtete ich das Kommen und Gehen der Menschen.«

▲ Nikon D70, ISO 200, Brennweite: 18 mm, 1/250 s bei Bl. 8,0

Kritik

Das Geheimnis der »Street Photography« ist laut Robert Doisneau »laufen, laufen und nochmals laufen«. Das heißt jedoch nicht, dass Sie ständig in Bewegung bleiben müssen; vielmehr sollten Sie von einem Aussichtspunkt zum nächsten wechseln, verschiedene Viertel der Stadt erkunden und dort auf die Kombination von Licht und Ereignissen warten, die Ihrem fotografischen Geschmack entspricht. Verzichten Sie auf Reihenaufnahmen – warten Sie stattdessen den perfekten Moment ab. Lässt er sich nicht festhalten, bietet sich hinter der nächsten Ecke sicher schon eine neue Gelegenheit.

Schatten am Hafen

Während einer Kaffeepause auf einem Spaziergang durch Manhattan ruhte sich Jeffrey Shay keineswegs aus, sondern ließ die Szene nicht aus den Augen. Da er abwartete, bis sich das Chaos vorübergehend auflöste und in eine Struktur verwandelte, die wir als Ordnung wahrnehmen, konnte er auf diesem Foto eine ausgewogene Komposition mit ansprechendem Lichteffekten und Farben vereinen.

Kind in Schanghai

Hier erkundete Tim Keweritsch eines der älteren Gebiete im Zentrum von Schanghai und nutzte dabei die »großartigen Lichtverhältnisse«. Sein Foto macht eine Aussage über das schnelle Wachstum dieser Stadt, das die Menschen oft hinter sich zurücklässt. Ausschlaggebend für die Qualität der Aufnahme ist der Kontrast zwischen den monotonen Farben des Straßenverkehrs und dem roten Mäntelchen des Kindes.

Buddhistisches Kloster

Der Rhythmus der sich wiederholenden Bildelemente bringt Ordnung in das Foto. Für den Fotografen vermittelt die statische Komposition etwas von der Ordnung und dem Frieden dieses Ortes: So wird ein scheinbarer Kompositionsfehler zum Bedeutungsträger.

»Der Anblick des Kindes inmitten dieser hektischen Großstadt stand für mich im Gegensatz zu all dem, was man normalerweise von Schanghai sieht.«

▲ Canon EOS 30D, ISO 400, Brennweite: 92 mm, 1/200 s bei Bl. 4,0

Buddhistisches Kloster

Bogdan Grosu

▲ Canon EOS 350D, ISO 200, Brennweite: 106 mm, 1/400 s bei Bl. 10,0

»Die Pilger mit ihrem ruhigem Schritt strahlen eine einzigartige innere Kraft aus, die nur schwer mit der Kamera eingefangen werden kann.«

Auch bei der Fotografie für Fortgeschrittene geht es um Grundlagen, die jedoch in alle Richtungen ausgelotet werden müssen. In den folgenden Kursen schärfen wir unser Auge für die Komposition, die Wirkung der Farben und den richtigen Augenblick. Und wir verbessern unser Gefühl für das Licht, denn eine entgangene Gelegenheit ist meist das Ergebnis schlechter Vorbereitung.

PERFEKTIONIERUNG IHRER FERTIGKEITEN

Kurs 6 Beherrschung der Komposition

Die Bildgestaltung hängt vor allem vom Kamerastandpunkt ab, denn das Aussehen einer Szenerie lässt sich durch einen einfachen Standortwechsel verändern. Diesen wunderbaren Effekt der Steuerung der Perspektive wollen wir in diesem Kurs erforschen. Zunächst beschäftigen wir uns jedoch mit den Grundlagen der Komposition – mit Format und Proportion.

Kurs 6 Übersicht

Dossier

Zwar wird heute fast jedes Foto als Rechteck präsentiert, aber das muss nicht so sein. Runde oder ovale Begrenzungen eignen sich z. B. für Gesichts- und Ganzkörperporträts, manchmal sogar für Landschaftsaufnahmen. Die Rautenform passt häufig zu Aufnahmen von Gebäuden und Innenräumen. Manche Motive profitieren sogar von unregelmäßigen Formen.

Format und Proportion

Die Proportionen eines Fotos lassen sich auf zwei unterschiedliche Arten beeinflussen. Zunächst können wir das Format – das Seitenverhältnis – verändern: vom quadratischen Format über das Hoch- und Querformat bis hin zum Panorama. Auch die inneren Proportionen der Komposition können mithilfe des jeweils gewählten Ausschnitts gesteuert werden.

Format | und Ausgewogenheit

Zwar ist die Begrenzung von Fotos durch rechtwinklige Ränder unterschiedlicher Länge ein gewohnter Anblick, aber das Seitenverhältnis dieser Ränder zueinander ist nicht selbstverständlich – das Format bildet die Grundlage der Komposition.

> »Das Format bildet die Grundlage der Komposition.«

Durch seine Symmetrie vermittelt das quadratische Format einen Eindruck von neutraler Stabilität, aber viele Motive wirken darin fehl am Platz, weil ein Quadrat den Blick automatisch auf die Bildmitte lenkt und damit zu einer unausgewogenen Komposition führt. Rechteckige Bilder mit Seitenverhältnissen von 1:1,33 bis 1:1,5 sind besonders beliebt, gleichzeitig aber auch sehr vorhersehbar. Auch Formate wie 16:9 oder 16:7 finden immer mehr Anhänger; sie erzielen bei Gesamtansichten eine gute Wirkung, eignen sich jedoch weniger für Porträts.

In der Vergangenheit wurde das Format durch die Auswahl von Kamera und Film festgelegt, aber heute können wir völlig frei entscheiden. Um diese neue Freiheit bestmöglich auszuschöpfen, sollten Sie sich den endgültigen Bildausschnitt bereits beim Blick durch den Sucher Ihrer Kamera vor Ihrem geistigen Auge vorstellen.

Proportionen | Bildwirkung
Eine weitere Grundlage der Komposition ist die Steuerung der internen Aspekte des Formats durch die Anordnung der bildwichtigen Elemente. Das Hauptmotiv teilt den zur Verfügung stehenden Raum ein. Mit den Proportionen der resultierenden Flächen wird eine bestimmte visuelle Wirkung erzielt, die von perfekter Ausgewogenheit über ein dynamisches Gleichgewicht bis hin zu einem wackligen Ungleichgewicht reichen kann.

Bewegung | Blickführung
Durch die Anordnung der bildwichtigen Elemente kann in einem Foto auch der Eindruck von Bewegung vermittelt werden. Eine Reihe von Säulen, die vom Vorder- bis zum Hintergrund reicht, führt den Blick des Betrachters in das Bild hinein. Eine Wendeltreppe von unten lenkt das Auge auf die Bildmitte.

Mithilfe der Blickführung können wir auf einem Foto den Effekt von Bewegung simulieren: Das Auge des Betrachters »wandert« durch das Bild. Am besten funktioniert dieses wirkungsvolle Gestaltungsmittel bei größeren Prints.

4:3

16:6

16:9

3:2

4:3

4:3

16:6

16:9

3:2

1 2 3
4 5 6
7 8 9
Leuchtpult

Seitenverhältnisse
1, 5 Das Seitenverhältnis 4:3, das dem Format eines Fernsehbildschirms entspricht, ist aufgrund seiner Vertrautheit und vielseitigen Verwendbarkeit besonders beliebt. **2, 8** Das Panoramaformat kommt besonders bei Landschaftsaufnahmen zum Einsatz. **3, 7** Dieses Hochformat-Panorama ist ungewöhnlich, eignet sich jedoch gut für bestimmte Motive. **4, 9** Das normale Seitenverhältnis von 3:2 hat sich im Laufe der Zeit als das vielseitigste erwiesen.

Proportionale Darstellung
Für eine detailreiche Komposition, wie bei dieser Straßenszene in Florenz, eignet sich am besten das klassische rechteckige Format. So kann die Spannung der widersprüchlichen Hinweise auf Größen und Entfernungen in den unterschiedlichen Bildebenen effizient genutzt werden.

Dossier
Viele Digitalkameras blenden ein Gitternetz im Sucher ein, das die Bildfläche gemäß dem goldenen Schnitt unterteilt. Als Gestaltungsübung kann das nützlich sein, aber es wirkt schnell störend. Einige Modelle sind auch mit einer eingebauten Wasserwaage ausgestattet, damit Sie wissen, ob die Kamera gerade ausgerichtet ist.

Gleichgewicht und Ungleichgewicht

Die wesentlichen Proportionen eines Fotos werden zwar offensichtlich durch das Seitenverhältnis bestimmt, aber die Bildränder interagieren auch dynamisch mit den Proportionen der Bildelemente innerhalb der Aufnahme, die wiederum von der Anordnung des Hauptmotivs abhängen.

Bildraum | bildwichtige Elemente

Die Proportionen einer Komposition werden durch die Anordnung der wichtigsten Bildelemente gesteuert. Diese Elemente unterteilen die Aufnahme und definieren den Raum, der die untergeordneten Bereiche bildet. Stellen Sie sich z. B. eine Landschaft vor: Wir sehen Hügel, Täler und den Himmel darüber. Wenn wir im Vordergrund eine Person anordnen, so wird sie zum Bildschwerpunkt und der Raum um sie herum ist ihr untergeordnet. Wir nehmen die Hügel und Täler nicht mehr als Hauptmotiv wahr und akzeptieren daher die Aufteilung des Fotos in Bereiche vor, hinter und seitlich der Person.

Das Foto wird damit in unterschiedlich große Zonen im Verhältnis zum Gesamtbild unterteilt. Das Bild ähnelt einer Landkarte, deren Merkmale dem Betrachter bestimmte allgemeine Informationen übermitteln.

Proportionen | und Theorie

Bei mittiger Anordnung des Hauptmotivs unterteilen wir das Bild grob in zwei Hälften. Diese Symmetrie vermittelt Stabilität und Regelmäßigkeit. Wenn das Motiv auf der

Goldener Schnitt und Bilddrittel
Es gibt einen feinen, aber wichtigen Unterschied zwischen der Unterteilung eines Fotos in Bilddrittel (oben) und der Aufteilung nach dem goldenen Schnitt (rechts). Bei der Bilddrittelung ist das Gleichgewicht ein wenig unruhiger und dynamischer. Beim goldenen Schnitt ist das Hauptmotiv etwas mittiger positioniert, und das Ergebnis wirkt stabiler und ausgewogener.

Spontane Ausschnittwahl
Dieses Motiv liegt im Goldenen Schnitt. Die Spirale beginnt beim Auge, wandert um das Ohr und dann die Kinnlinie entlang. Wenn Sie diese Proportionen verinnerlichen, können Sie die mittige Anordnung der Augen vermeiden.

rechten oder linken vertikalen Drittelungslinie positioniert ist, so führt dies zu einem ungleichmäßig aufgeteilten Bildraum, der aus Abschnitten zu je einem Drittel/zwei Dritteln besteht. Das resultierende Ungleichgewicht vermittelt Spannung und potenzielle Bewegung.

Daraus leiten wir die viel zitierte Regel der Bilddrittelung ab, bei der das Hauptmotiv an einem der Schnittpunkte der Geraden angeordnet ist, die das Bild vertikal und horizontal in Drittel teilen (siehe Schaubild ganz links). Wird das Motiv ein wenig mehr in die Mitte gerückt, liegt es im Goldenen Schnitt: Das Verhältnis der kürzeren zur längeren Teilstrecke entspricht dem Verhältnis der längeren Teilstrecke zum Ganzen, d. h. etwa 1,62:1 oder 60:40 (siehe Schaubild links). Diese schon seit der griechischen Antike angewendete Regel dient als Grundlage für die Proportionen des Standard-Kleinbildformats.

Wenn wir das Motiv ganz an den Bildrand rücken, wird die Instabilität der Proportionen sofort deutlich. Diese Spannung zerstört die Bildwirkung entweder oder zieht den Blick des Betrachters dynamisch in das Bild.

DRITTEL

MITTE

AUSSCHNITTÄNDERUNG

Steuerung der Proportionen
Bei Aufnahmen von Sonnenuntergängen gibt es viele Herangehensweisen. Beim Bild ganz oben liegt der Schwerpunkt auf dem Himmel, aber die Felsen am Ufer sind bedeutungslos. Beim mittleren Foto verläuft der Horizont durch die Bildmitte, was ein stabiles Gleichgewicht hervorruft. Auf dem Bild unten wurde der Himmel nah herangezoomt, sodass seine Strukturen sichtbar werden; die Formen der Landschaft sind nur angedeutet.

Ungleichgewicht
Durch die Anordnung der von einer Tür umrahmten Soldaten am Bildrand scheinen die Männer fast aus dem Bild herausgedrängt zu werden. Ihre geringe Größe und die Entfernung werden so betont.

Formen innerhalb des **Fotos**

Die Formen eines Fotos ergeben sich nicht nur aus seinem Format, sondern auch aus den Konturen in der Bildebene. Nicht zuletzt wegen der vertrauten Umrisse des menschlichen Gesichts ist die Porträtfotografie so beliebt: Die innere Struktur eines solchen Fotos entwickelt sich fast von selbst. Bei anderen Motiven ist jedoch etwas mehr Aufwand erforderlich.

Geschwungene Brüstung
Eine komplexe Kombination aus runden Konturen und sich wiederholenden Stufen fesselt den Blick und lenkt die Aufmerksamkeit automatisch auf die Person in der Bildmitte.

Innere Formen | Umgang mit Konturen

Bei Aufnahmen von anderen Motiven als dem menschlichen Gesicht oder Körper müssen Sie vielleicht um den Gegenstand herumgehen und die verschiedenen Merkmale aus unterschiedlichen Perspektiven betrachten, um dynamisch wirkende Konturen zu finden.

Vielleicht dauert es auch eine Weile, bis lebende Objekte eine erkennbare Form bilden, wie z. B. Vögel am Himmel, die sich irgendwann im Flug zu einem Dreieck formieren. Bei der Suche nach einer wirkungsvollen Komposition geht es um die Darstellung einer visuell überzeugenden Form innerhalb des Fotos. Dies erfordert eine sorgfältige Ausschnittwahl: Je besser Sie den Ausschnitt bereits bei der Aufnahme wählen, desto weniger müssen Sie das Bild später beschneiden und anpassen. Meist erzielen einfache, auf das Wesentliche reduzierte Formen und Umrisse – Quadrate, Rauten, Kreise – die beste Wirkung.

Eine weitere Vorgehensweise zum Herausarbeiten von Konturen ist die Nutzung von Umrahmungen innerhalb des Fotos, z. B. mithilfe einer Tür oder den Zweigen eines Baums. Diese Umrahmung bietet einen Bezugspunkt für weniger klar umrissene Objekte. Zwischen den Linien dieses Rahmens innerhalb des Fotos und den geraden Bildrändern kann außerdem ein dynamisches Wechselspiel entstehen, das die Bildwirkung wiederum verstärkt.

Vignetten | Bildbearbeitung

Durch das Hinzufügen von Vignetten zur Abdunkelung der Bildecken lässt sich der Bildinhalt auch später bei der Nachbearbeitung noch in eine bestimmte Form bringen. Der Blick des Betrachters wird von den dunkleren Bereichen an den Rändern in die Bildmitte geführt. Bei den meisten Zoomobjektiven tritt bei voller Öffnung eine leichte Vignettierung auf. Nutzen Sie diesen Bildfehler bei Ausschnitten mit unruhigen Randbereichen. Die

Rechtwinkliger Aufbau
Dieses Bild ist aus vielen rechtwinkligen Formen aufgebaut, die einen Kontrast zu den geschwungenen Linien und den Farben der Stoffe bilden.

Abdunkelung der Bildecken ist außerdem eine gängige Dunkelkammermethode, die durchaus auch digital mit Bildbearbeitungsprogrammen angewendet werden kann.

Praxis | Location-Fotografie

Im Studio können Sie Bildelemente nach Belieben anordnen, aber vor Ort lässt sich die Theorie wegen der vielen Störfaktoren oft nur schwer in die Praxis umsetzen – und auch die räumlichen Beziehungen verändern sich je nach Kamerastandpunkt.

Betrachten Sie die Szene mit halb geschlossenen Augen: Das Motiv verschwimmt und wird auf das Wesentliche reduziert, sodass die allgemeinen Umrisse zutage treten. Es mag paradox klingen, aber je unschärfer Sie sehen, desto schneller entdecken Sie eine gute Komposition.

Ein weiteres Hilfsmittel für die Bildgestaltung ist die Verwendung eines kleinen Rahmens, wie z. B. eines leeren Kleinbild-Diarähmchens, der zur Beurteilung der Konturen des Motivs vor die Szene gehalten wird. Für eine Weitwinkelansicht halten Sie den Rahmen näher an die Augen und für eine Teleaufnahme weiter weg. Da diese Methode die Details verschwinden lässt, erkennen Sie die groben Umrisse der Objekte besser.

RUND

AUF EINER ACHSE

DREIECKIG

In Form gebrachte Konturen
Die runde Form auf dem Foto oben vermittelt Aktivität und symmetrische Dynamik. Das mittlere Bild ist um eine zentrale Achse angeordnet, die den Blick führt. Die dreieckigen Konturen auf dem Foto unten bilden kräftige Diagonalen, die sich dynamisch durch das Bild bewegen.

Begrenzungsrahmen
Die Rahmen der farbigen Fenster halten das Chaos von Farben, Strukturen und Kontrasten der einzelnen Glasscheiben in Grenzen.

Bildanalyse

Die Regeln der Komposition, die manchmal unumstößlich erscheinen, garantieren nicht unbedingt ein gutes Foto. Stattdessen sollten sie wie ein Kochrezept betrachtet werden: Wenn Sie gute Zutaten verwenden, steigen Ihre Chancen auf ein zufriedenstellendes Ergebnis.

Dynamik | Diagonalen

Bei diesem in Katmandu, Nepal, aufgenommenen Foto ist das Erfolgsrezept der Komposition die Diagonale, die in einer kräftigen Linie von links unten nach rechts oben verläuft und von einer Reihe von interessanten Bildelementen gesäumt ist. Die Silhouette des Hundes ist zwar genau mittig angeordnet (entgegen der »Regel«, dass die Anordnung des Hauptmotivs in der Mitte zu vermeiden ist), wirkt aber trotzdem nicht bildbeherrschend, weil andere interessante Details die Aufmerksamkeit auf sich ziehen, wie z. B. die Silhouette des Mannes, der rote Farbklecks und der kleine Vogel auf der Treppenstufe. Auch in der Farbverteilung finden wir das Thema der Diagonalen wieder. Die vom wolkenlosen Himmel beleuchteten bläulich weißen Wände bilden ein Dreieck, das eine Bildhälfte ausfüllt. In der anderen Hälfte liegen die Treppen, ein weiteres Farbdreieck, das diesmal aus warmen dunklen Farbtönen besteht. Der hell ausgeleuchtete Bereich definiert die Diagonale und führt den Blick nach oben. Er weist eine Fülle von ansprechenden Details, wie die Reliefs, und feine Tonwert- und Farbabstufungen auf.

Im Detail

Dies ist ein gutes Beispiel für ein scheinbar unterbelichtetes Fotos, das aber in Wahrheit richtig belichtet ist. Die hellen Bereiche sind gut genug durchgezeichnet, damit die Konturen der Reliefs auf der weißen Wand zum Vorschein kommen, und auch die Details in den Schatten sind gerade noch sichtbar. Die korrekte Wiedergabe des einzigen Mitteltons (rote Farbe) verrät, dass die perfekte Belichtung auf den Mittelton gleichzeitig die korrekten Werte für alle anderen Töne geliefert hat.

Blickführung durch Bewegung
Der Blick fällt auf einem Foto immer sofort auf Menschen. Durch die Anordnung des Mannes in einer Bildecke und seine Bewegung in die »richtige« Richtung bleibt das Auge des Betrachters nicht in diesem Bereich haften.

Figur in der Bildmitte
Manche Dinge lassen sich nicht steuern. Es war purer Zufall, dass sich dieser Hund im Moment des Auslösens von seiner besten Seite zeigte. Auf anderen Versionen dieser Aufnahme sieht man den Hund nur von hinten.

Architektonische Details
Die Wand hat eine ruhige, unaufdringliche Reliefstruktur. Dieses architektonische Detail bildet einen perfekten Hintergrund, der zwar interessant ist, aber dennoch nicht vom Hauptmotiv ablenkt.

Kleiner Vogel
Dieser winzige Spatz sorgt für Lebendigkeit im Bild. Auch der Vogel ist dem Zufall zu verdanken und fiel erst lange nach der eigentlichen Aufnahme auf. Er hat außerdem eine perfekte Position eingenommen.

Andeutung von Bewegung

Obwohl die Fotografie per se ein statisches Medium ist, kann einem Foto eine innere Dynamik verliehen werden. Mithilfe von visuellen Anhaltspunkten wird die Aufmerksamkeit in den Bildraum gezogen, sodass das Auge durch das Bild wandern kann, anstatt am Hauptmotiv haften zu bleiben.

Blattparade
Die immer kleiner werdenden Blätter führen den Blick auf verschlungenen Wegen in die Tiefe des Fotos. Bei dieser Aufnahme ist es wesentlich, dass das Auge am Ende dieser »Reise« durch das Bild auf den kontrastierenden kräftigen Linien der Bäume zur Ruhe kommen kann.

Größe | und Raum

Der Eindruck von Räumlichkeit und Bewegung auf einem Foto ist eng mit der Perspektive verknüpft, d. h. mit der Art der Darstellung eines dreidimensionalen Raums. Diese wiederum hängt von den Betrachtungsbedingungen und insbesondere von der Beziehung zwischen der Größe des Fotos und dem Betrachtungsabstand ab.

Wenn das Foto als Papierbild betrachtet werden soll, können wir diese Beziehung in gewisser Weise kontrollieren, indem wir das Foto in einer bestimmten Größe ausdrucken. Bis etwa zur Größe einer Buchseite hält man das Bild meist in der Hand, während größere Formate an der Wand hängen und aus geringem Abstand angesehen werden.

Perspektive | und Abstand

Zur richtigen Wiedergabe der Perspektive sollten kleine Papierbilder, die mit normalen Brennweiten aufgenommen wurden, aus geringerem Abstand und größere Ausdrucke aus mehr Entfernung betrachtet werden. Bei Papierbildern in vergleichbarer Größe sollten Weitwinkelansichten aus geringerem Abstand als Aufnahmen mit Normalbrennweiten betrachtet werden. Bei Weitwinkelaufnahmen sollten Sie so nah herangehen, dass Sie das Bild fast mit der Nasenspitze berühren; zur korrekten Wahrnehmung der Perspektive auf Teleaufnahmen ist dagegen ein größerer Abstand nötig.

Da wir jedoch heute Bilder in jeder Größe ansehen können, von Abbildungen in der Größe einer Briefmarke bis hin zu großformatigen Prints, finden diese Faustregeln zum Betrachtungsabstand kaum Beachtung. Außerdem wählen manche Fotografen bewusst die »falsche« Perspektive, um den Eindruck von Bewegung zu verstärken.

Windungen
Aus größerer Entfernung betrachtet, hat diese kurvige Straße keinerlei Fluchtlinien, die einen Raumeindruck vermitteln würden. Stattdessen führt die Straße den Blick von unten nach oben durch das Bild. Dieser Effekt funktioniert bei größeren Prints weitaus besser als bei kleinen Bildern, bei denen die Gesamtszene auf einen Blick erfasst werden kann.

Vervielfachte Fluchtlinien
Kurze Fluchtlinien sehen selbst auf einem Weitwinkelfoto nicht sonderlich dramatisch aus, aber hier wurde der Effekt durch die Vervielfachung der Linien im Spiegel verstärkt. Weitere visuelle Anhaltspunkte wie Dunkelheit, die in der Ferne in Helligkeit übergeht, tragen zur Betonung des Eindrucks von Tiefe und Raum bei.

Raumaufteilung
Auf dem Bild unten zieht der leere Vordergrund den Blick des Betrachters in die Szene hinein. Die Schatten scheinen aus dem Bild herauszutreten und erzeugen dadurch Spannung. Auf dem nächsten Foto nimmt die Bewegungsrichtung der Flugzeuge das Auge mit auf eine Reise durch das Bild. Unten ergänzt der Betrachter die Lücken in der Lichtspirale unbewusst zu einer durchgehenden Linie.

LEERER VORDERGRUND

SEITLICHE BEWEGUNG

SPIRALE

Fluchtlinien | offensichtlich oder subtil

Was die Perspektive angeht, so haben es die Fotografen im Vergleich zu den Malern leicht, denn die Kamera gibt Fluchtlinien, die in einem einzelnen Punkt am Horizont zusammenlaufen, auf Knopfdruck wieder. Mithilfe dieses einfachen Gestaltungsmittels erhält der Betrachter Informationen über Entfernung und Räumlichkeit; außerdem sorgen diese Linien für dynamische Bewegung auf einem Foto.

Fluchtlinien sind zwar seit Langem bekannt, aber neu daran ist die Tendenz, die Linien immer steiler und dramatischer abzubilden, damit sie dem Betrachter mit ihrer starken Dynamik das Gefühl vermitteln, in das Bild hineingesogen zu werden.

Um ein Foto interessant zu gestalten, sollten Sie mit unterschiedlichen Varianten von Fluchtlinien arbeiten. Sich wiederholende Muster, die von Blättern oder Säulen in ähnlicher Größe erzeugt werden, können zur Andeutung von Fluchtlinien genutzt werden, ohne dass der Betrachter die bewusste Blickführung sofort bemerkt.

Das Auge des Betrachters | Proportion und Winkel

Bewegung kann auch angedeutet werden, indem man den Betrachter dazu bringt, mit den Augen über das Bild zu wandern. Die Proportionen scheinen sich zu verändern, wenn der Blick von einer Ecke zur anderen schweift, und die Komposition wirkt dynamischer. Eine Straße, die sich in Kurven durch eine Landschaft windet, oder eine Lichtspirale vor einem einfachen Hintergrund führen den Blick des Betrachters durch das Foto.

Bei manchen Motiven entsteht der Eindruck der Bewegung auf einem Bild durch unser Wissen über das Abgebildete – z. B. bei fahrenden Autos oder Flugzeugen am Himmel. Daraus ergibt sich eine weitere Einflussmöglichkeit: der Winkel, in dem die Bewegung durch das Bild verläuft. Nach einhelliger Meinung vermittelt eine diagonal nach oben gerichtete Bewegung mehr Dynamik als eine nach unten verlaufende oder horizontale Bewegung.

Die **Arbeit** mit **Bildebenen**

Bei der Übertragung des dreidimensionalen Raums auf den flachen Kamerasensor wird die Tiefe einer Szenerie in Bildebenen umgesetzt. Räumlichkeit wird als Trennung von Bildebenen beschrieben, und visuelle Spannung entsteht durch die Ausnutzung von mehrdeutigen Positionen und Anordnungen einzelner Bildelemente in diesen Ebenen.

Dossier

Die LCD-Bildschirme von Digitalkameras geben mehr Freiheit bei der Auswahl der Perspektive, denn die Kamera muss nicht mehr unbedingt in Augenhöhe gehalten werden. Außerdem bietet der immer größere Brennweitenbereich moderner Objektive mehr Spielraum für Experimente mit dem Bildraum als jemals zuvor.

Linien | Grundvokabular

Die visuellen Komponenten eines Fotos können auf vielerlei Arten beschrieben werden, z.B. mit der digitalen Bilddatei selbst, in der Informationen über Farbe und Helligkeit enthalten sind, Informationen über Entfernungen jedoch völlig fehlen.

Wir können ein Bild auch nach der Bedeutung der unterschiedlichen Elemente analysieren. Was jedoch der kritischen Analyse dient, muss für die Fotografie nicht unbedingt von praktischem Nutzen sein. Wir wissen, dass das menschliche Auge und Gehirn besonders stark auf gerade und insbesondere vertikale und horizontale Linien reagiert. Daher finden wir diejenigen Bilder am gelungensten und am leichtesten zu entschlüsseln, die aus kräftigen Linien bestehen. Linien definieren den darin enthaltenen Raum, und von den Umrissen und Positionen dieser Räume im Verhältnis zueinander leiten wir das Konzept der Bildebenen ab. Analysieren Sie einmal die Szene nach ihren Bildebenen: Was befindet sich Vordergrund, welcher Punkt definiert einen entfernten Hintergrund, was umrahmt ein entfernt liegendes Motiv?

Tiefenwirkung
Diese Serie zeigt Methoden, wie sich das Areal um den Torre del Mangia in Siena darstellen lässt. Auf dem Bild oben wird mit Fluchtlinien, auf dem mittleren Foto mit einem Rahmenmotiv gearbeitet. Die unterschiedlichen Größen auf der Aufnahme unten betonen die Entfernungen. Auf dem Hauptbild werden Fluchtlinien mit einer Umrahmung kombiniert.

FLUCHTLINIEN

RAHMENMOTIV

GEGENSÄTZLICHE GRÖSSEN

Umrahmung mit Tonwerten
Der Eindruck von Räumlichkeit entsteht bei dieser Aufnahme durch die Interaktion zwischen den verschiedenen Ebenen, die durch Tonwerte und ihre Berührungslinien definiert werden. Die dunklen, meist gleichmäßigen Töne umgeben die Lichtinsel um den jungen Mönch. Gleichzeitig rücken die dunklen Töne eher in den Hintergrund, während die hellen und kräftigen Farben aus dem Bild herauszutreten scheinen, sodass ein harmonisches und gleichzeitig dynamisches Gleichgewicht entsteht.

Ebene Fläche | Definition

Wir sind so sehr daran gewöhnt, ein Foto räumlich wahrzunehmen, dass es uns Mühe macht, ein Bild als eine Art zweidimensionaler Landkarte zu sehen: Es besteht aus verschiedenen Regionen, die durch Linien begrenzt sind. Aus der Richtung der Linien leiten wir etwa ab, dass der eingegrenzte Raum eine mit zunehmender Entfernung immer kleiner werdende Mauer sein muss. Außerdem können wir aus der Größe oder dem Abbildungsmaßstab eines Objekts und der Art und Weise, wie die Linien unterbrochen werden, schließen, dass ein Gegenstand einen anderen überlappt und daher näher ist.

Prüfen Sie Ihre eigenen Bilder, um zu analysieren, wie sie aufgebaut sind und ob sie eine Raumwirkung vermitteln.

Sobald Sie selbstbewusst mit den Bildebenen umgehen, können Sie die Betrachter Ihrer Fotos auch optisch täuschen, indem Sie visuelle Hinweise so nutzen, dass die Anordnung der Bildelemente falsch gedeutet wird oder Verwirrung stiftet.

SCHAUFENSTER

GESPIEGELTE BLÄTTER

DECKE IM CAFE

WAND IM CAFE

ÜBERLAPPUNG

OFFENES FENSTER

1 2 3
4 5 6
Leucht**pult**

Spiegelbilder
Die Konturen in den Bildern **1**, **2**, **3** sind widersprüchlich und führen zu einem mehrdeutigen Tiefeneindruck. In Bild **4** zwingen die Spiegelungen entfernte Bildelemente in den Vordergrund, während die Fluchtlinien den Blick in die Ferne führen. In Bild **5** wird die Raumwirkung durch die Überlappung von sehr weit entfernten und sehr nahen Objekten übertrieben. In Bild **6** steht ein Fenster ganz offen und das andere nur halb, sodass die Szene dahinter verzerrt erscheint.

Bildanalyse

Eine der effizientesten Methoden im Umgang mit besonders komplexen Szenen ist die Trennung der unterschiedlichen Elemente mithilfe von Bildebenen. So nutzen Sie das visuelle Grundvokabular aus Linien, Umrahmungen und Leerflächen zur Strukturierung des Raums.

Umgebung | Beobachtung

Natürlich können Sie die Position von Menschen, Fahrzeugen oder Gebäuden nicht verändern, um eine ansprechende Komposition zu schaffen. Die Organisation der Bildstruktur ist eine sowohl aktive als auch passive Tätigkeit: Sie schauen durch den Sucher, während sich das Leben vor der Linse selbst organisiert. Wenn Sie allerdings nicht wissen, wonach Sie suchen, verpassen Sie schnell den entscheidenden Augenblick. Durch die bewusste Nutzung von Bildebenen lässt sich dieser Moment vorhersehen, denn Sie erkennen schneller, wann sich die Elemente einer Szene zu einer Komposition verbinden.

Um Objekte sinnvoll miteinander zu verknüpfen, müssen Sie sich das Grundvokabular der Linien und Flächen aneignen. Dieser Prozess ist so ähnlich wie das Erlernen einer Sprache: Sie kennen zunächst nur einige Wörter, ohne die Feinheiten zu verstehen. Manchmal reichen diese Grundkenntnisse jedoch für ein tieferes Verständnis aus. Ebenso verhält es sich in der Fotografie: Sie drücken auf den Auslöser, sobald Sie einen Sinn in der Szene erkennen.

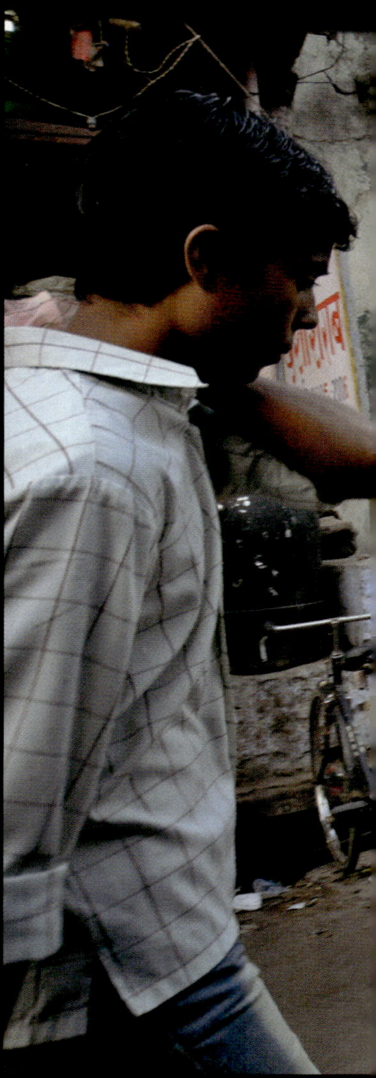

Im Detail

Dieses Bild wurde aus einem Tuk-Tuk aufgenommen. Die geraden Linien des Fahrzeugs unterteilen das Bild und definieren den kameranahen Raum. Die Gegenüberstellung dieser Linien mit den Menschen in größerer Entfernung führt zu einem dynamischen Kontrast einer räumlichen Beziehung. So wird ein Eindruck von Tiefe, Bewegung und Räumlichkeit erzeugt. Der Blickkontakt mit dem Mädchen und seiner Mutter unterstützt dies zusätzlich.

Umrahmungen
Der statische Eindruck der Elemente in der Bildmitte wird verstärkt, weil sie mehrfach eingerahmt sind: von den kräftigen vertikalen Linien, dem Fenster und dem hinteren Teil des Tuk-Tuk.

Blickkontakt
Auch wenn die Augen nur einen kleinen Bereich des Fotos einnehmen, so fällt der Blickkontakt sofort auf und spielt eine große Rolle für die Bildwirkung, denn er baut eine emotionale Brücke zu den Fotografierten auf.

Person zur Blickführung
Dieser von links in Richtung der Bildmitte gehende Mann beeinflusst die Dynamik der Aufnahme. Er definiert den kameranahen Raum und führt den Blick des Betrachters in das Foto hinein.

Bildschwerpunkt
Der Blickfang liegt auf dem Punkt, der über das Gleichgewicht des Fotos entscheidet. Innerhalb der Umrahmung durch das Gestänge des Tuk-Tuk wurde die Mutter dynamisch in das Bild integriert.

Position und Perspektive

Die Festlegung von Brennweite, Aufnahmeabstand und Blickwinkel sind eng miteinander verknüpft. Wenn Sie eine dieser Entscheidungen zur Verbesserung einer Komposition ändern, müssen Sie normalerweise auch die anderen beiden anpassen, um das Foto zu perfektionieren.

Zoomen | und Änderung des Aufnahmeabstands

Unerfahrene Fotografen machen häufig den Fehler, die Anpassung der Brennweite am Zoomobjektiv mit einer Veränderung der Perspektive gleichzusetzen. Stellt man jedoch eine kürzere Brennweite ein, sieht man einfach nur mehr von der Szene bzw. weniger, wenn die Brennweite länger ist. Da sich der Abbildungsmaßstab mit der Brennweite ändert, entsteht der Eindruck einer anderen Perspektive. Bei gleichbleibendem Kamerastandpunkt hat sich ihre Beziehung zur Umgebung jedoch überhaupt nicht verändert – auch die Perspektive bleibt also gleich.

Zur Anpassung der Perspektive müssen Sie Ihre Position im Verhältnis zum Motiv und nicht die Brennweite ändern. Wenn Sie näher herangehen, vergrößern Sie gleichzeitig auch die Entfernung zu bestimmten Bereichen der Szene: Diese relativen Abstandsänderungen sind untrügliche Anzeichen für eine gut durchdachte Komposition.

Parallaxe | Augenhöhe

Wenn Sie den Abstand zwischen Kamera und Motiv verändern, verursachen Sie auch eine scheinbare Änderung der Beziehung zwischen den Objekten der Szene, das sogenannte Phänomen der Parallaxe. Um die Gegenstände also scheinbar zu versetzen, sollten Sie nichts weiter verändern außer Ihrer eigenen Position. Bei hohen

Farbe auf Stein
Die Menschen vor der weißen Marmortreppe des Taj Mahal wurden auf unterschiedliche Weise aufgenommen. Bei Gruppenporträts ebenso wie bei Nahaufnahmen trägt die Nutzung der Perspektive zur Verdeutlichung der Beziehung zwischen Menschen ihrer Umgebung bei.

GRÖSSERE ENTFERNUNG

MITTLERE ENTFERNUNG

AUFNAHME AUS UNTERSICHT

Makro
Der natürlichste Ansatz einer Aufnahme dieser kriechenden Gottesanbeterin wäre das Festhalten ihrer riesigen Augen aus großer Nähe. Dann würden jedoch die Schatten auf den Brettern verloren gehen. Eine fast parallele Ausrichtung der Kamera ermöglicht die optimale Nutzung dieser Schatten und reduziert die Fluchtlinien der Spalten zwischen den Dielen. Ein weiterer Vorteil besteht darin, dass bei parallel zum Motiv gehaltener Kamera nur eine geringe Schärfentiefe zur Abbildung der Bildelemente nötig ist.

Sauberer Hintergrund
Diesen Tubaspieler hätte man aus nächster Nähe normalerweise in Augenhöhe aufgenommen. Nicht nur der Musiker selbst hätte dies jedoch als störend empfunden, sondern auch alle anderen Mitglieder der Kapelle wären ins Bild gerückt worden. Als ich mich auf den Boden kniete, wurde meine Anwesenheit akzeptiert und zudem erhielt ich sofort einen besseren Hintergrund.

Objekten wie Bäumen oder Gebäuden müssen Sie außerdem vielleicht nach oben schauen, damit die Spitze sichtbar ist. Wenn Sie dagegen ein kleines Objekt in Bodennähe fotografieren, wie z. B. eine Blume, müssen Sie vielleicht direkt nach unten blicken. Dadurch erhalten Sie zwei weitere Steuerungsmöglichkeiten: Der Blick nach unten führt zu einer Erweiterung des Vordergrunds, während ein Motiv beim Blick nach oben isoliert vor dem Himmel dargestellt werden kann.

Für Experimente mit ungewöhnlichen Blickwinkeln sollten Sie eine Digitalkamera mit Klappbildschirm verwenden. Sogar manche SLRs sind mit einem solchen Monitor ausgestattet. Auch bei Überkopf- und Bodenaufnahmen können Sie das Bild auf diese Weise problemlos auf dem Display prüfen. Halten Sie die Kamera ruhig oder schalten Sie nach Möglichkeit den Bildstabilisator ein, um verwacklungsbedingte Unschärfen zu vermeiden.

FAST GERADE

MINIMALER VORDERGRUND

VERLUST DES VORDERGRUNDS

ASYMMETRISCH VON UNTEN

SYMMETRISCH VON UNTEN

DIAGONAL VON UNTEN

1 2 3
4 5 6
Leuchtpult

Froschperspektive
Hier wurde die großartige achteckige Kuppel über der Vierung der Kathedrale von Ely fotografiert. Auf Bild **1** sieht man zwar auch das filigrane Chorgitter, aber Bild **2** vermittelt den Eindruck von Räumlichkeit besser. Auf der Weitwinkelansicht wird ein Großteil des Innenraums ins Bild gerückt, aber die stürzenden Linien in **3** und **4** wirken störend. Die Aufnahme direkt von unten, **5**, bringt die starke Symmetrie zur Geltung, aber eine Drehung um 45°, **6**, fügt eine dynamische Diagonale hinzu.

Gestaltung mit Farben

Farbe definiert man häufig als eine beschreibbare Oberflächeneigenschaft von Gegenständen, die z. B. einen Apfel als intensiv rot oder eine Tür als blau kennzeichnet. Farben sind jedoch noch weitaus komplexer, denn sie werden z. B. je nach der benachbarten Farbe immer anders erlebt und beeinflussen unsere Wahrnehmung von Räumlichkeit.

Kompositionsschemata
Verschiedene Farbzusammenstellungen führten bei einem Ausflug an einem regnerischen Tag zu unterschiedlichen Bildwirkungen. Das erste Foto unten wird von neutralen Farben dominiert, das mittlere von dunklen Kontrastfarben. Die Aufnahme ganz unten ist farbenfroh, weist jedoch zu viel Leerfläche am Himmel auf. Auf dem Hauptbild wurden Farbkontrast und lebendige Komposition am besten miteinander verbunden.

Farben | Beziehungen

In der Natur und meist auch in einer künstlichen Umgebung nehmen wir Farben nie isoliert voneinander wahr. Dies scheint zwar völlig selbstverständlich, hat aber interessante Folgen: Wir erleben eine Farbe – bzw. eine Fläche, die Träger dieser Farbe ist – nur in Beziehung zu anderen Farben innerhalb unseres Gesichtsfelds.

Emotion | und Dimension

In diesem Kapitel gehen wir recht intuitiv mit Farben um und verfolgen einen von zwei allgemeinen Ansätzen. Entweder setzen wir kräftige Komplementär- oder Primärfarben ein – z. B. das Rot von Geranien neben grünem Blattwerk oder das Gelb von Narzissen vor blauem Himmel. Diese lebendigen, vibrierenden Kompositionen scheinen förmlich den Betrachter anzuspringen.

Alternativ können wir auch mit benachbarten, ähnlichen Farben arbeiten, wie den Blau- und Grüntönen des Meeres oder den Gelb- und Brauntönen verwelkter Blätter.

NEUTRALE FARBEN

DUNKLE KONTRASTE

REGENBOGENFARBEN

Diese Farben harmonieren gut miteinander, sodass eine visuelle Spannung vermieden wird.

Außerdem können wir das Phänomen ausnutzen, dass Farben einem flachen Foto eine dreidimensionale Dimension verleihen. Rot- und Orangetöne gelten als warme Farben. Da unsere Augen empfindlicher auf sie reagieren, scheinen sie nach vorn zu drängen und aus dem Foto herauszutreten. Im Gegensatz dazu sind Grün- und Blautöne kalt und rücken eher in den Hintergrund. Kräftige, gesättigte Farben springen sofort ins Auge, während dunklere Töne in die Aufnahme sinken. Zusammen formen diese beiden entgegengesetzten Kräfte das Foto und schaffen ein Bild aus auffälligen und weniger auffälligen Farben, die dem Foto Gestalt verleihen.

Wenn Sie die Farben Ihrer Fotos zum Leben erwecken, erhalten Ihre Arbeiten eine ganz neue Dimension. Gestalten Sie Ihr Foto rein nach den Kriterien der Farbe. Wenn Sie die Farben selbst wie ein Motiv behandeln und die Bedeutung der Objekte auf dem Foto der Farbgestaltung unterordnen, können Sie Ihren Blick für die Farben schärfen.

Farbe | Assoziationen

Farben erweitern auch den Spielraum für Interpretationen – durch die Bedeutung, die der Betrachter mit ihnen assoziiert.

Diese Bedeutung schwankt je nach Kultur und Gesellschaft. Rot ist z. B. in manchen Ländern ein Symbol für Hitze und Gefahr, wird jedoch woanders mit Glück assoziiert. Weiß steht im Westen für Reinheit und Unschuld, während es in östlichen Gesellschaften Tod und Trauer symbolisiert.

Die Kombination von Farbassoziationen mit den tatsächlichen Gegenständen – die Abbildung von roten Blumen, um z. B. Blut anzudeuten – kann als ausdrucksstarkes Gestaltungsmittel genutzt werden.

Monochrome Kontraste
Obwohl es auf diesem Bild fast nur einen einzigen Farbton– Rot – in allen Schattierungen gibt, wirkt das Foto aufgrund der großen Helligkeitsunterschiede, z. B. zwischen dem roten Stoff in der Sonne und dem Rot im dunklen Schatten, lebendig und dynamisch. Die Kontraste der Formen und Strukturen zwischen dem Eisengitter und der Frau beleben die Komposition noch zusätzlich.

Farbkontraste
Viele kräftige Farben fesseln zwar automatisch unseren Blick, aber in der Fotografie führt eine solche Farbenvielfalt eventuell zu einer Reizüberflutung und wirkt chaotisch. Wenn Sie dagegen die kräftige Farbe einer Fläche gedämpfteren Farben gegenüberstellen oder mit einer Kontrastfarbe kombinieren, werden beide Farben psychologisch verstärkt. Es ist eine nützliche Übung, nach Szenen mit nur zwei Hauptfarben zu suchen. Das Rostrot des Gasometers wird durch das Blau des Himmels und des Geländers verstärkt. Ebenso wirkt der rote Rettungsring vor dem blassen Hintergrund noch intensiver.

Bildanalyse

Die nachhaltigste Kontrolle, die Sie als Fotograf über Ihr Bild ausüben können, hat nichts mit den Kameraeinstellungen, der Qualität oder den Leistungsmerkmalen Ihres Objektivs oder der Zoomeinstellung zu tun. Das wichtigste Instrument in Ihrem Arsenal ist kostenlos und überall zu finden: Das Fundament jeder Aufnahme ist die Auswahl des Blickwinkels.

Struktur | und Position

Die Fähigkeit, mehr als nur die unmittelbare Situation oder den direkt sichtbaren Raum wahrzunehmen, ist die Voraussetzung zur Beherrschung der Fotografie. Daher scheinen Fotografen, die auf der Suche nach Bildern sind, oft unsichtbar. Sie sind nicht im Hier und Jetzt, sondern blicken bereits in die Zukunft. Sicher haben schon Tausende von Passanten diese hintereinander geparkten Taxis gesehen, aber erst ein Fotograf bemerkte, dass sie von oben wie aufeinandergestapelte, sich wiederholende Elemente und Farben wirkten. Ich bemerkte schnell, dass von meinem Standort aus die Bewegung fehlte – etwa ein Fußgänger auf dem Bürgersteig. Mit dem gewählten Ausschnitt muss man in solchen Fällen auf den richtigen Moment warten. Das dauert vielleicht eine Weile, aber es lohnt sich – insbesondere, wenn die Farben der sich wiederholenden Pflastersteine und die Umrisse der Taxis so gut zusammenpassen wie hier.

Im Detail

Die Palette der Farbtöne auf diesem Foto ist trotz der großen Farbwirkung erstaunlich begrenzt. Abgesehen von einem blauen Kissen auf der hinteren Ablage des letzten Taxis liegen alle Farbtöne zwischen Rot und Gelb. Um ein Bild zu erzeugen, das vom Original fast nicht zu unterscheiden ist, sind nur 20 Farbtöne nötig; wenn die Kissen im ersten Taxi mit ins Bild gerückt werden, braucht man 46 Farben. Unsere positive Reaktion auf das Bild ist größtenteils auf unsere intuitive Vorliebe für warme Farben zurückzuführen. Ein Bild mit nur 20 bläulichen Farben würde z. B. vergleichsweise blass und eintönig wirken.

Rhythmische Wiederholung
Die Wiederholung der Muster aus hellgelben Karosserien und dunklen Autoscheiben verstärkt den Effekt jedes einzelnen Elements, und dank der Abwechslung und Vielfalt verliert der Betrachter nicht das Interesse.

Flüchtiges Bildelement
Geduld zahlt sich aus, denn der vorüberfahrende Radfahrer erweckt die Szene zum Leben. Das Gesicht liegt zum Glück im Schatten, sodass der Mann nicht zu erkennen ist und das Foto ohne Probleme über eine Bildagentur verkauft werden könnte.

Kräftige Linie
Kräftige Linien sind immer nützlich für die Komposition, denn sie unterteilen das Bild in unterschiedliche Bereiche. Diese fast durchgehende Linie ist fast schon zu auffällig. Zum Glück tragen die in Abständen erzeugten Schatten zum Eindruck von Tiefe bei.

Aufgabe: **Komposition vor Ort**

Auf der Suche nach der perfekten Komposition vor Ort kann sich alles, was Sie zu Hause über den Schauplatz gelesen haben, in ein verwirrendes Chaos verwandeln, denn jetzt müssen Sie plötzlich Ihre Ideen im dreidimensionalen Raum umsetzen, und mit jedem Schritt verändert sich der Blickwinkel. Mit etwas Erfahrung und einem geschulten Auge erkennen Sie aber die wichtigen Merkmale schnell.

ISO 100, Brennweite: 24 mm, 1/200 s bei Bl. 7,1

Vorgaben

Nehmen wir einmal an, dass Sie im Auftrag einer Fotofachzeitschrift oder Website einen Artikel über die Methoden der Bildgestaltung illustrieren und dazu eine berühmte Sehenswürdigkeit als Hauptmotiv auswählen sollen. Nutzen Sie jeden in diesem Buch beschriebenen Tipp, um den vertrauten Anblick auf ungewöhnliche Weise zu interpretieren.

Zur Erinnerung

- Probieren Sie alle erreichbaren Kamerastandpunkte aus.
- Halten Sie die Kamera in unterschiedlichen Winkeln – beschränken Sie sich nicht nur auf das Hoch- oder Querformat.
- Bleiben Sie eine Weile bei einer einzigen Zoomeinstellung, da Sie so gezwungen sind, für eine andere Komposition Ihren Standort zu ändern.
- Verändern Sie die Belichtung – bei guter Beleuchtung werden dadurch unterschiedliche Bereiche der Szene betont.

ISO 200, Brennweite: 28 mm, 1/250 s bei Bl. 10

Fotografische Vorbilder

Alexander Rodtschenko (1891–1956)
Der russische Konstruktivist Rodtschenko lehrte uns, alltägliche Dinge aus ganz neuen Perspektiven zu sehen, und beeinflusste mit seinen Kompositionen Filmregisseure und Maler.

Jay Maisel (geb. 1931)
Dieser amerikanische Fotograf ist für seine Nutzung der Farben bei vorhandenem Licht berühmt und gilt als Vertreter der ultra-realistischen Hochglanz-Unternehmensfotografie. Die besten Beispiele seiner Arbeit lehren uns anschaulich, wie man selbstsicher, wenn auch nicht immer subtil an die Komposition herangeht.

Michael Kenna (geb. 1953)
Als einer der wenigen Fotografen, deren Arbeiten einen sofort erkennbaren Stil aufweisen, schafft Kenna spartanische, fast schon minimalistische, aber stimmungsvolle und immer aussagekräftige Bilder. Er arbeitet ausschließlich in Schwarzweiß, und die Mehrzahl seiner Fotos sind quadratisch.

ISO 100, Brennweite: 59 mm, 1/125 s bei Bl. 16

ISO 100, Brennweite: 12 mm, 1/125 s bei Bl. 9

ISO 100, Brennweite: 170 mm, 1/320 s bei Bl. 7,1

ISO 100, Brennweite: 12 mm, 1/160 s bei Bl. 10

ISO 100, Brennweite: 16 mm, 1/125 s bei Bl. 10

ISO 100, Brennweite: 100 mm, 1/320 s bei Bl. 8

ISO 100, Brennweite: 13 mm, 1/200 s bei Bl. 11

1 2 3
4 5 6
7 8 9

Leucht**pult**

Top**tipps**

1 Planung | Teleansicht
Sobald Sie Ihr Motiv gefunden haben, können Sie über die Bildgestaltung nachdenken. Aufnahmen mit einem schrägen Winkel oder aus größerer Entfernung erweisen sich vielleicht als interessanter als eine Nahaufnahme.

2 Weitwinkel | Symmetrie
Extreme Weitwinkelaufnahmen aus mittlerer Entfernung oder aus der Nähe sind meist bei symmetrischen Kompositionen am wirkungsvollsten, da der Raum ausgewogen aufgeteilt ist.

3 Lange Brennweiten | abstrakte Ansichten
Lange Brennweiten lenken die Aufmerksamkeit auf kleine Bereiche der Szene und abstrahieren dadurch Muster. Achten Sie darauf, dass leere Bereiche nicht zu viel Platz einnehmen.

4 Stürzende Linien | Effekte
Die stürzenden Linien, die aus nächster Nähe beim Blick nach oben resultieren, können eine Konstruktion noch höher und imposanter erscheinen lassen.

5 6 Schatten | klare Konturen
Klar umrissene Schatten sind von unschätzbarem Wert, um eine ausgewogene Komposition zu erreichen und um leere Bereiche zu füllen. Ihr Effekt kann mithilfe der Bearbeitung einzelner Tonwerte verstärkt werden.

7 8 Kontext | und Perspektive
Bei Verwendung eines Weitwinkelobjektivs bilden die Objekte im Vordergrund ein Rahmenmotiv, das den Blick zum Objekt in der Ferne führt. Längere Brennweiten drängen den Raum zusammen.

9 Extreme Ansichten | verzerrte Größen
Bei extremer Weitwinkelansicht lässt sich die Beziehung zwischen Größen und Entfernungen noch weiter verzerren; hier wurde die Größe der Gegenstände im Vordergrund übertrieben.

▶ Ergebnisse

Selfridges

Gaston Laurent

»Die alte Kirche mit ihren spitzen Winkeln bildete einen deutlichen Gegensatz zu den gleichmäßig geschwungenen Linien des modernen Gebäudes.«

▲ Nikon D2X, ISO 100, Brennweite: 65 mm, 1/500 s

Kritik

Man sieht schnell, welcher Fotograf die weitesten Wege in Kauf genommen hat, denn deren Kompositionen sind meist am interessantesten. Sie können Ihre Location-Aufnahmen verbessern und den Zeitaufwand verringern, indem Sie sich vorstellen, wie eine bestimmte Szene aus einem anderen Blickwinkel aussehen würde. Bei den hier gezeigten Bildern haben die Fotografen ihr Motiv aktiv erforscht und unterschiedliche Standpunkte und Zoomeinstellungen ausprobiert. Außerdem warteten Sie so lange wie möglich auf die richtige Beleuchtung.

Selfridges

Gaston Laurent nahm das Bild des Gebäudes von Selfridges in Birmingham am frühen Morgen auf. »Die auf Hochglanz polierten Metallscheiben hoben sich perfekt vom tiefblauen Himmel ab«. Mit einer mittleren Teleeinstellung stellte er Alt und Neu gegenüber und bildete beides scharf ab. Unscharfe Bereiche der Kirche oder des neuen Gebäudes hätten nur abgelenkt.

Qutb Minar in Delhi

Amy Bell musste sich mit einem sehr schwierigen Motiv auseinandersetzen: Ohne den Torbogen sieht der Turm wie eine Nadel aus, und ohne den Turm wirkt der Torbogen leer. Um beide Elemente ins Bild zu rücken, benötigt man jedoch ein Weitwinkelobjektiv und muss von unten nach oben fotografieren. Die Stabilität der Aufnahme kann verbessert werden, wenn die Kamera horizontal ausgerichtet wird.

Leeds Castle

Das Problem bei dieser Aufnahme von David Summers waren die vielen Touristen. Der Fotograf wählte einen großen Aufnahmeabstand, bei dem die Proportionen, der See und das Schilf zur Geltung kamen. Dafür musste er allerdings in Kauf nehmen, dass das Hauptmotiv isoliert aus größerer Entfernung dargestellt wurde.

Qutb Minar in Delhi

Amy Bell

»Die beiden Bauwerke allein hatten weniger Ausdrucksstärke als beide zusammen; ich konzentrierte mich also auf ihre Kombination.«

▲ Konica Minolta DiMAGE A2, ISO 100, Brennweite: 7,2 mm bei Bl. 9,0

Leeds Castle

David Summers

▲ Canon EOS 20D, ISO 100, Brennweite: 24 mm, 1/60 s bei Bl. 10,0

»Vom anderen Seeufer aus sind die Menschen nur noch so groß wie Punkte, und das Schloss kann in all seiner Pracht bewundert werden.«

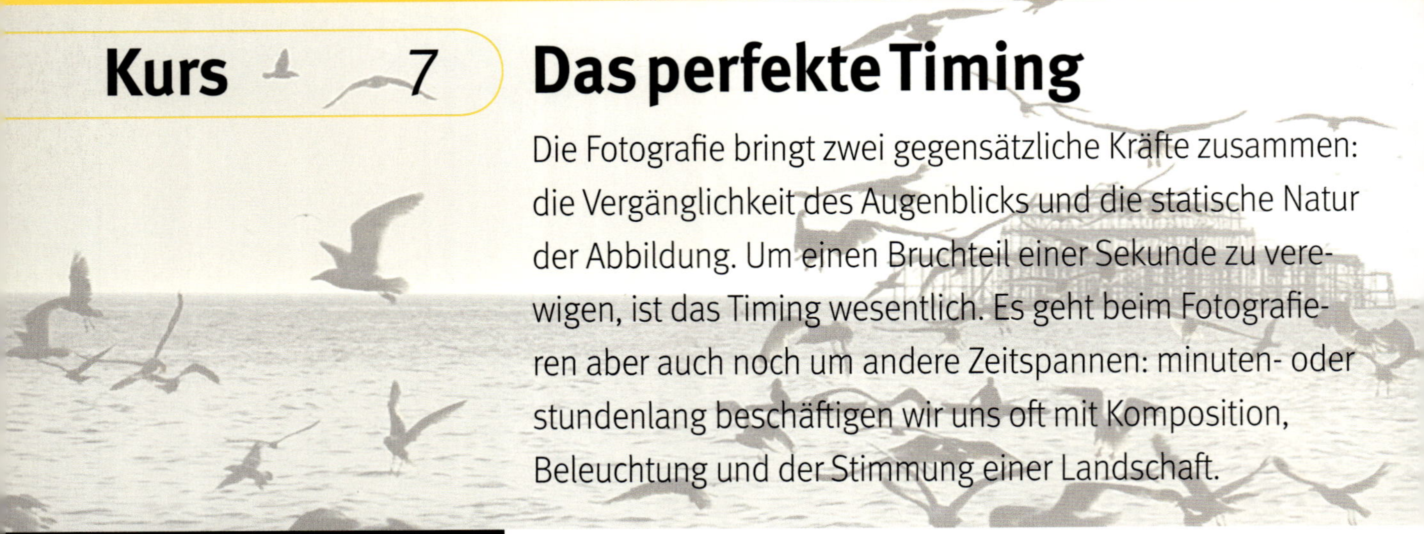

Kurs 7

Das perfekte Timing

Die Fotografie bringt zwei gegensätzliche Kräfte zusammen: die Vergänglichkeit des Augenblicks und die statische Natur der Abbildung. Um einen Bruchteil einer Sekunde zu verewigen, ist das Timing wesentlich. Es geht beim Fotografieren aber auch noch um andere Zeitspannen: minuten- oder stundenlang beschäftigen wir uns oft mit Komposition, Beleuchtung und der Stimmung einer Landschaft.

Kurs 7 Übersicht

Dossier

Damit Ihre Kamera optimal reagiert, sollten Sie sie unterwegs nie ganz abschalten, sondern im Energiesparmodus ruhen lassen. Nehmen Sie den Objektivdeckel ab und schalten Sie Blitz, Autofokus und Belichtungsautomatik aus. Mit einer kleinen Dateigröße können Sie die Bildfolgezeit bei Serienaufnahmen optimieren.

Einfangen des Augenblicks

Änderungen verlaufen in der Regel zyklisch. Ein Porträtmodell ist z. B. angespannt: Wir helfen ihm dabei, sich zu entspannen, und arbeiten dann so lange, bis die Anspannung wieder steigt. Wenn ein See in trübes Licht gehüllt ist, warten wir, bis die Sonne durch die Wolken bricht und für ein Funkeln auf dem Wasser sorgt.

Vorausschauende Planung | sorgfältige Prüfung

Die Fotografie verlangt uns einen sorgfältigen und subtilen Umgang mit der Zeit ab. Wir müssen z. B. in Bruchteilen einer Sekunde auf den Angriff eines Geparden reagieren, denn die Szene könnte zwei Sekunden später wieder vorbei sein. Auf diesen Moment haben wir vielleicht schon seit Wochen gewartet. Und möglicherweise hat die Vorbereitung auf die Reise in den natürlichen Lebensraum des Tiers sogar Monate gedauert.

» Wir müssen in Bruchteilen einer Sekunde auf den Angriff eines Geparden reagieren. «

Zu einer guten Vorbereitung gehört das sorgfältige Überprüfen der Fotoausrüstung. Ist die Kamera angeschaltet, sodass wir bei Druck auf den Auslöser ein Bild aufnehmen können? Fokussiert sie schnell genug? Sind die Belichtungseinstellungen korrekt? Diese Fragen machen deutlich, dass die Vorbereitung die Grundvoraussetzung für ein gutes Timing ist. Nie vergesse ich den Moment, als wir nach einer anstrengenden eintägigen Wandertour oben auf einem Felsen ankamen und plötzlich nur einen Steinwurf entfernt vor einer Nashornkuh und ihrem Jungen standen. Wir hatten extremes Glück, denn andere hatten drei Wochen lang ohne Erfolg auf der Lauer gelegen. Und genau in diesem Moment wurde mir gewusst, dass ich das falsche Objektiv vor die Kamera geschraubt hatte.

Vorbereitung | Planung

Zur Vorbereitung gehören auch Kenntnisse der jeweiligen Bedingungen. Die Wanderführer wussten, dass wir auf ebener Fläche keine Chance hatten, nahe an ein Nashorn heranzukommen; wir mussten es überraschen, indem wir über die Felsen kletterten. Das wusste ich jedoch nicht und war nicht gut vorbereitet. Wenn Sie das Wetter verstehen, wissen Sie, ob Sie sich auf lange Wartezeiten gefasst machen müssen oder ob Sie besser auf eine Aufnahme ohne direktes Sonnenlicht ausweichen. Sie sollten auch den Punkt am Horizont kennen, wo die Sonne auf- bzw. untergeht.

Auch über Ihre Ausrüstung sollten Sie Bescheid wissen. Wenn Ihre Kamera eine lange Auslöseverzögerung hat, verpassen Sie wahrscheinlich den entscheidenden Moment. Abhilfe schafft zwar die Abschaltung alle Automatikfunktionen wie Autofokus, aber die Reduzierung dieser Auslöseverzögerung ist allgemein technisch schwierig: nur die allerteuersten Modelle reagieren sofort. Bei allen anderen Kameras müssen Sie bereits einen Augenblick vor dem entscheidenden Augenblick auf den Auslöser drücken.

STETIGE VERÄNDERUNG 1

STETIGE VERÄNDERUNG 2

STETIGE VERÄNDERUNG 3

PRÄZISES TIMING 1

PRÄZISES TIMING 2

PRÄZISES TIMING 3

ZUFÄLLIGE VERÄNDERUNGEN 1

ZUFÄLLIGE VERÄNDERUNGEN 2

ZUFÄLLIGE VERÄNDERUNGEN 3

1 2 3
4 5 6
7 8 9
Leuchtpult

Komposition und Geschwindigkeit

1–3 Wenn die Sonne durch ein Zimmer wandert, ergeben sich unterschiedliche Bilder, die jeweils andere Kompositionen erfordern. **4–6** Aufnahmen von einer Flugschau verlangen der Kamera und dem Fotografen schnelle Reaktionen ab. **7–9** Vögel können ansonsten leere Flächen füllen, aber Sie müssen sich intuitiv an die zufälligen Veränderungen anpassen und am besten manuell scharfstellen.

Augenblick im Schnee

Das Foto wäre ohne die Kinder eine Standardansicht dieses Bauwerks gewesen, wurde aber durch ein wenig Action belebt. Im Idealfall wäre auch das Gesicht des vorderen Jungen im Licht gewesen, aber noch wichtiger war die Ausleuchtung der roten Mütze.

Bildanalyse

Fotografen nehmen für das Privileg der Arbeit bei schwachem Licht oft viel in Kauf: Sie stehen früh auf und arbeiten bis spät am Abend. Bei schwachem Licht ist sorgfältige Arbeit gefragt. Diese Bemühungen werden jedoch reich mit satten Farben, langen Schatten und weichen Tonwertabstufungen belohnt.

Timing | Beleuchtungsänderungen

Nicht nur die schnelle Reaktion auf die rasche Änderung einer Szene gilt als Herausforderung, sondern auch die Arbeit in einer Situation, die sich fast unmerklich verändert. Wenn der Tag anbricht oder wenn die Sonne am Abend untergeht, ändert sich die Farbbalance durch das Licht am Himmel und auf dem Vordergrund ständig. Wenn Sie das veränderliche Gleichgewicht zwischen dem Abendhimmel und den Lichtquellen im Vordergrund beobachten, passen sich Ihre Augen ebenso schnell an Farbänderungen und das schwächer werdende Licht an, wie sich die Lichtqualität ändert. Scheinbar passiert nicht viel, obwohl sich die Szene in Wahrheit ständig wandelt. Die Gefahr besteht darin, zu spät auf den Auslöser zu drücken, weil man die Veränderung nicht rechtzeitig bemerkt. Entweder löst man also die Kamera in regelmäßigen Abständen aus oder man dreht sich in die Gegenrichtung und wieder zurück, um die Szene neutral zu beurteilen. Sie werden überrascht sein, wie anders die Szene dann aussieht. Machen Sie die Aufnahme, auch wenn Sie im Zweifel sind – wahrscheinlich wirken die Farben, die Sie sehen, weniger intensiv als die Farben auf dem Foto.

Im Detail

Wenn man die Faszination dieser Aufnahme auf einen einzigen Faktor reduzieren wollte, dann wäre es die Vielfalt der Farbtöne am Himmel. Dies war keine reine Glückssache. In der anderen Richtung sah der Himmel nicht so interessant aus, aber die Architektur hatte mehr zu bieten. Also musste ein Blickwinkel gefunden werden, der den Himmel und die Architektur zur Geltung brachte. Nur die dreieckige Konstruktion und die Gebäude hinter der Palme hätten nicht ins Bild gehört.

Intensives Blau
Ebenso wie ein Abendhimmel, der von einem mit Kunstlicht beleuchteten Raum aus fotografiert wird, zu blau aussehen kann, macht ein Weißabgleich, der auf die Laternen eingestellt ist, den Himmel zu dunkel.

Silhouette
Da auf den Himmel belichtet wurde, erscheint die Palme schwarz. Man hätte die Palme auch mit Blitzlicht ausleuchten können, aber mir gefällt der Gegensatz zwischen der Kontur der Palme und der Stahlkonstruktion.

Hellste Bildpartie
Dieser Bereich ist für die Belichtung maßgebend – er muss hell wiedergegeben werden. Wäre der Himmel dunkler, hätte stärker belichtet werden müssen, was zu einer Überbelichtung auf dem Metall geführt hätte.

Farbe in hellen Bereichen
Auf guten Dämmerungsaufnahmen sind die hellen Bereiche farbig. Hier war die Sonne hinter einem Wolkenschleier verschwunden, was in Kombination mit der Luftverschmutzung zu einem gelblichen Leuchten führte.

Tageszeit

Bei der Arbeit im Freien müssen Fotografen ständig auf das Sonnenlicht und seine Intensität, die Länge und Richtung der Schatten und damit auf den Sonnenstand achten. Auch Kontrast und Farbtemperatur hängen vom Sonnenlicht ab.

Schatten | und Licht

Je mehr Sie »on location« fotografieren, desto besser lernen Sie die Beziehung zwischen der Tageszeit, der Lichtqualität und den Schatten kennen. Das hat zur Folge, dass Sie die fotografischen Gelegenheiten besser nutzen können, denn Sie wissen, zu welcher Tageszeit das Licht Ihren Vorstellungen am besten entspricht. Auch wenn Sie nicht zur gewünschten Tageszeit arbeiten können, hilft Ihnen das Verständnis für die gegebenen Bedingungen, Ihre Methoden an die Umstände anzupassen.

Die Schatten sind bekanntermaßen morgens und abends am längsten und mittags am kürzesten. Weniger offensichtlich ist die Veränderung des Helligkeitsumfangs (Beleuchtungskontrast) der Szene im Laufe des Tages, sowohl in Bezug auf die Gesamtbeleuchtung als auch auf die Helligkeit von Details. Diese Schwankungen ergeben sich aus den Veränderungen der Schatten.

Wenn die Schatten lang sind, ist der Helligkeitsumfang im Vordergrund gering. Sonnenlicht fällt schräg von der Seite auf die meisten Gegenstände, das Licht ist relativ schwach und die Strukturen liegen im Schatten. Sind die Schatten kürzer, vergrößert sich die ausgeleuchtete Fläche und damit ebenso ihre Helligkeit. Die Schatten werden jedoch nicht im gleichen Maße heller, sodass die Helligkeitsun-

Die Suche nach Farben
Aufgrund der unterschiedlichen Farbtemperaturen der einzelnen Lichtquellen – das Blau des Himmels und der Gelbstich von Kunstlicht – fällt hier die Farbtreue dem Farbkontrast zum Opfer. Auf diesem Foto würde der Himmel bei übermäßiger Korrektur der weißen Bereiche zu blau und die weißen Partien bei korrekter Wiedergabe des Himmels zu rötlich wirken. Bei diesem Prozess ist Grün der Verlierer, denn es verliert einen Teil seiner Brillanz.

HIMMEL

KUNSTLICHT

SCHATTEN

terschiede und entsprechend auch die Kontraste steigen.

Gleichzeitig nimmt die Helligkeit des Lichts am Himmel sehr schnell zu, je höher die Sonne steht, und zwar weitaus schneller als die Helligkeit am Boden. Dadurch wird der Helligkeitsumfang einer Szene in einem Maße erhöht, dass der Kamerasensor die Zeichnung in den Lichtern und Schatten nur noch schwer gleichzeitig aufzeichnen kann. Aus diesem Grunde ist das Fotografieren um die Mittagszeit an den meisten Orten schwierig (s. S. 48–49, 226–227).

Farbe | atmosphärische Streuung

Durch die unterschiedlichen Positionen der Sonne am Himmel entstehen vielfältige Variationen der Farben des Tageslichts. Das Phänomen, das diesen Veränderungen zugrunde liegt, nennt man »Rayleigh-Streuung«. Dieser Begriff beschreibt, wie kurze blaue Wellenlängen stärker durch die Luftmoleküle gestreut werden als die langen roten und gelben Wellenlängen.

Um die Mittagszeit erscheint das Licht auch deshalb weiß, weil alle Farben bei großer Helligkeit fast weiß aussehen; der Himmel wirkt blau, weil die Moleküle in der Luft mehr blaues Licht streuen als rotes. Wenn die Sonne jedoch tief am Himmel steht, scheint sie aufgrund der atmosphärischen Streuung weniger hell und auch rötlicher, denn der Blauanteil wird aus den Sonnenstrahlen herausgefiltert, sodass Rot und Gelb am Himmel auch in direkter Umgebung der Sonne dominieren. Salzpartikel in der Luft tragen außerdem zur Orangefärbung von Sonnenuntergängen am Meer bei.

Diese Änderungen der Farbe des Lichts lassen sich mit dem Weißabgleich ausgleichen, sodass Weiß neutral und Blau intensiver wiedergegeben wird.

MORGEN

MITTEN AM NACHMITTAG

ABEND

MORGENDÄMMERUNG

NACHMITTAG

SONNENUNTERGANG

1 2 3 4 5 6 Leuchtpult

Tägliche Schwankungen
Der Charakter eines Porträts oder einer Landschaftsaufnahme kann sich im Laufe eines einzigen Tages deutlich ändern. In **1–3** fällt die Pappel am Rande eines Weinbergs je nach Sonnenstand mehr oder weniger ins Auge. In **4–6** kommen die Konturen einer Ulme je nach Tageszeit mit unterschiedlicher Deutlichkeit zur Geltung.

NACHMITTAG

MITTEN AM NACHMITTAG

HEITER BIS WOLKIG

ABENDHIMMEL

NACH EINEM REGENSCHAUER

HOHE WOLKEN

1 2 3 4 5 6 Leuchtpult

Streuung des Sonnenlichts
Die Rayleigh-Streuung lässt den Himmel in einiger Entfernung von der Sonne blau erscheinen; näher an der Sonne sieht das Licht jedoch zunehmend gelb/rot aus. Wenn die Sonne hoch am Himmel steht, **1–3**, wirkt das Licht kalt. Die tiefer am Horizont stehende Sonne, **4–6**, erzeugt intensivere Gelb-/Rottöne.

Geduldsprobe

Eine der größten Herausforderungen in der Fotografie ist die Fähigkeit, sich in Geduld zu üben: Man muss einerseits untätig abwarten und andererseits hoch konzentriert sein. In vielen Genres, von der Landschafts- und Dokumentarfotografie bis hin zur Naturfotografie, kann man so gut vorbereitet sein, wie man will – letzten Endes muss man oft lange auf eine gute Gelegenheit warten.

Kaimauer
Hier stand der Kontrast zwischen dem kräftigen Muster der Streben der Kaimauer und den weichen, feinen Farbtönen des Wassers im Mittelpunkt des Interesses. Für kurze Zeit fiel genügend Sonnenlicht auf ein rotes Steinhaus oberhalb der Mauer, sodass die Spiegelungen im Wasser eine pastellfarbene Schattierung bekamen. In diesem Moment mussten die langsamen Veränderungen des Lichts mit den schnellen Bewegungen der Wellen am Strand koordiniert werden.

ALLGEMEINE ANSICHT

WARTEN AUF DEN ZEITPUNKT

GUTES TIMING

Potenzial | Vorstellung vor dem geistigen Auge

Ein Fotograf, der auf der Jagd nach Bildern ständig von einem Ort zum anderen hetzt, wird viele Wege umsonst machen. Eine fotografische Exkursion betrachtet man daher am besten als Reise von einem Ort zum nächsten.

Sie werden sich nicht auf zufällige Schnappschüsse verlassen können – obwohl natürlich auch Glückstreffer möglich sind. Meist müssen Sie abwarten, bis sich eine alltägliche Ansicht in ein faszinierendes Motiv verwandelt.

Das Potenzial einer Szene – das in der Entstehung begriffene Bild – müssen Sie jedoch erst einmal bemerken. Zum Beispiel fehlt eventuell auf einem Foto einer Großstadt noch eine Person, die eine Straße entlanggeht; ein dramatischer Sonnenuntergang über der Steppe wird vielleicht erst dann zu einem faszinierenden Blickfang, wenn ein Elefant auf der Bildfläche erscheint.

WOLKENBILDUNG

VERDUNKELUNG

DUNKELSTER HIMMEL

AUFKLAREN

Hier ist die Vorstellungskraft des Fotografen gefragt – er muss das Bild bereits »sehen«, bevor es entsteht. Denken Sie daran, wie Sie die Straße beim Autofahren vorausschauend beurteilen, um für alle Ereignisse gerüstet zu sein; wäre das nicht der Fall, ist ein Unfall vorprogrammiert. Auch in der Fotografie ist vorausschauendes Denken gefragt – Allgemeinwissen, Kenntnisse der Verhaltenweisen von Tieren, die Sie fotografieren möchten, Informationen über den Sonnenstand. Mit etwas Erfahrung spüren Sie intuitiv, wann sich ein Bild vor Ihnen entwickelt.

Vorbereitung | und Wachsamkeit

Vielleicht dauert es nur zehn Sekunden, bis jemand die Straße entlangkommt und auf dem Foto einen Eindruck von den Größenverhältnissen und von Bewegung möglich macht. Oder Sie warten Stunden, bis ein Tier am Horizont erscheint. Das geschieht leider oft ohne Vorwarnung und ist im Bruchteil einer Sekunde schon wieder vorbei.

Warten Sie also bei angeschalteter Kamera und berühren Sie ab und zu den Auslöser, damit das Gerät nicht in den Energiesparmodus geht. Fokussieren Sie nach Möglichkeit manuell auf den Punkt vor, an dem Sie die Action erwarten. Stellen Sie auch die Belichtung ein und passen Sie sie kontinuierlich an. Verwenden Sie ein Stativ, falls griffbereit. Nutzen Sie die Serienbildfunktion der Kamera, damit Sie bei Bedarf in kurzer Zeit viele Bilder aufnehmen können – die schnellste Bildfolge erfordert eventuell eine kleinere Bildgröße als die maximale.

Wenn Sie nicht gerade mehrere Stunden warten müssen, dann sollten Sie sich nicht hinsetzen, denn je entspannter Sie sind, desto unkonzentrierter werden Sie. Nichts ist frustrierender, als nach stundenlangem Warten ein Bild zu verpassen.

Beleuchtungsunterschiede

Die Wechselhaftigkeit der Wetterbedingungen bringt eine kontinuierliche Änderung der Beleuchtung mit sich, insbesondere in gemäßigten Breiten. Ein Ansatz beim Umgang mit dieser Variable besteht darin, einen Standpunkt zu wählen und dann auf die perfekten Lichtverhältnisse zu warten – wie bei der Bildserie oben. Viele Landschaftsfotografien arbeiten nach diesem Prinzip.

Bildanalyse

Erfolgreiche Action-Fotos erfordern eine sorgfältige Vorbereitung, von der Recherche bis zur Auswahl des Kamerastandpunkts und dem Aufbau der Ausrüstung. Moderne Technologien wie die Schärfennachführung, Autofokus und Serienaufnahmen sind ebenfalls eine große Erleichterung.

Entscheidender | Moment

Diese Bilder entstanden bei den Feierlichkeiten am kirgisischen Unabhängigkeitstag. Da die Darbietungen direkt vor der Loge des Präsidenten stattfanden, war der beste Aufnahmestandpunkt relativ leicht zu ermitteln. Beim Aufbau der Ausrüstung musste auf eine schnelle Reaktionsfähigkeit geachtet werden. An der Kamera wurde die Serienbildfunktion mit maximaler Bildfolgezeit und der AF-Modus »Servo« (zur Fokussierung auf einen Punkt knapp vor dem Motiv) eingestellt, damit das Objekt im Moment der Auslösung in die Schärfeebene gelangen würde. Da die Beleuchtung konstant blieb, konnte die Belichtung manuell auf die kürzeste Verschlusszeit eingestellt werden, um eine ausreichende Schärfentiefe zu erhalten. Am schwierigsten war die Auslösung kurz vor dem Höhepunkt der Spannung. Bei einer dSLR können Sie das Bild im Moment der Auslösung nicht sehen, d. h., man hat die Gelegenheit verpasst, wenn die Szene auf dem Monitor sichtbar ist. Der Versuch, den entscheidenden Moment durch ständigen Druck auf den Auslöser einzufangen, ist jedoch meist zum Scheitern verurteilt.

Im Detail

Die kürzeste Verschlusszeit ist bei dieser Art von Action-Aufnahme nicht unbedingt erforderlich, weil die Bewegung in einem Winkel zur Kamera verläuft. Wichtig ist eine möglichst schnelle Reaktion der Kamera und eine korrekte Belichtung. Dann kommt es nur noch auf das richtige Timing an. Sie schießen wahrscheinlich mehrmals knapp am Ziel vorbei, bevor Sie einen Treffer landen. Prüfen Sie Ihre Bilder niemals mitten im Trubel des Geschehens.

Hufe in der Luft
Die Aufnahme dieses Pferdes in vollem Galopp gelang erst nach vielen erfolglosen Versuchen. Selbst bei einer Verschlusszeit von 1/500 s werden die Hufe aufgrund der Schnelligkeit der Bewegung etwas unscharf abgebildet.

Aufgabe: **Haustierporträt**

Trotz des großen technologischen Fortschritts stellt ein Haustierporträt den Fotografen auch heute noch vor eine große Herausforderung. Wenige Tiere werden bereitwillig für die Kamera posieren, und es besteht ein feiner Unterschied zwischen einer Charakterstudie und einem Allerweltsfoto. Die scharfe Abbildung eines nervösen Tiers aus geringem Abstand stellt die Geduld des Fotografen und des Modells auf eine harte Probe.

Vorgaben

Wählen Sie für ein Tierporträt nach Möglichkeit ein lebhaftes Tier mit einem ausdrucksstarken Gesicht. Versuchen Sie, mehr als einen Gesichtsausdruck oder eine Geste einzufangen, und auch Komposition und Beleuchtung sollten eine ansprechende Wirkung erzielen.

Zur Erinnerung
- Stellen Sie maximal die Normalbrennweite ein (entspricht 50 mm), um recht nah an das Tier herangehen zu können.
- Stellen Sie die größte Blende ein, um den Hintergrund unscharf abzubilden.
- Schalten Sie Autofokus und Belichtungsautomatik ab, damit die Kamera bei Druck auf den Auslöser schneller reagiert.
- Gehen Sie nicht zu nah an das Gesicht des Tiers heran – dadurch werden die Züge eventuell verzerrt, da die kameranahen Partien unverhältnismäßig groß wiedergegeben werden.

Fotografische Vorbilder

Yann Arthus-Bertrand (geb. 1946)
Der französische Fotograf ist ein Hundeliebhaber, was man an seinen gut beobachteten Hundeporträts erkennen kann.

Jane Bown (geb. 1925)
Die britische Porträtfotografin, die mit ihren Arbeiten für die Zeitung »Observer« berühmt wurde, ist fast ebenso bekannt für die sanften Studien ihrer eigenen und anderer Katzen, denen sie begegnet ist. Sie sind sowohl Dokument als auch visueller Essay.

William Wegman (geb. 1943)
Fast der gesamte Ruhm des Fotografen ist auf Fotos seiner eigenen Weimeraner-Hunde gegründet, die er häufig in Verkleidung zeigt.

Hans Silvester (geb. 1938)
Als Katzenliebhaber hat Silvester fast sein ganzes Leben auf den Spuren von Streunern und Straßenkatzen zugebracht. Seine Abbildungen in Postergröße gehören zu den meistverkauften Katzenfotos.

ISO 400, Brennweite: 55 mm, 1/320 s bei Bl. 5,6

ISO 200, Brennweite: 48 mm, 1/85 s bei Bl. 4

ISO 400, Brennweite: 7 mm, 1/8 s bei Bl. 4, Blitz

ISO 400, Brennweite: 7,2 mm, 1/8 s bei Bl. 2

ISO 200, Brennweite: 7,2 mm, 1/20 s bei Bl. 7,2

ISO 400, Brennweite: 7,2 m, 1/20 s bei Bl. 8, Blitz

ISO 400, Brennweite: 7,2 mm, 1/20 s bei Bl. 8, Blitz

ISO 200, Brennweite: 7,2 mm, 1/8 s bei Bl. 2

ISO 200, Brennweite: 48 mm, 1/85 s bei Bl. 4

Top**tipps**

1 Lange Brennweite | ausreichender Aufnahmeabstand
Zu Beginn verfolgt das Tier das Geschehen vielleicht mit großer Neugier: Fotografieren Sie mit einer langen Brennweite aus größerer Entfernung, um es an die Kamera zu gewöhnen.

2 3 Experimente | ungewöhnliche Blickwinkel
Ungewöhnlichen Ansichten mögen als einzige und wichtigste Charakterstudie von Tieren nicht geeignet sein. Machen Sie aber trotzdem Bilder von den Eigenarten des Tiers.

4 Spielzeug | Pro und Kontra
Wenn Sie einem Tier ein Spielzeug geben, bleibt es zwar an Ort und Stelle, aber wirkt durch die schnellen Bewegungen hektisch und kann nicht von seiner besten Seite gezeigt werden.

5 6 Augen | Spitzlichter
Die Spitzlichter in den Augen wecken die Aufmerksamkeit des Betrachters. Bei zu großem Aufnahmeabstand, 5, sind diese Glanzlichter aber nicht sichtbar.

7 Blitz | Auswahlmöglichkeiten
Beim Fotografieren mit Blitz in Innenräumen sollten Sie direktes Blitzlicht, wie hier, vermeiden, denn die Beleuchtung ist unnatürlich und die Schatten zu hart. Arbeiten Sie nach Möglichkeit mit indirektem Blitz.

8 Raumbeleuchtung | Weißabgleich
In einem Innenraum reicht vielleicht die Raumbeleuchtung in Kombination mit einer hohen Empfindlichkeitseinstellung aus – sorgen Sie jedoch für den korrekten Weißabgleich, um Farbstiche wie auf diesem Bild zu vermeiden.

9 Gesichtsausdruck | magischer Moment
Besonders lohnend ist es, einen aussagefähigen Gesichtsausdruck Ihres Haustiers festzuhalten. Trotzdem muss das Bild, wie immer, sorgfältig gestaltet sein.

▶ Ergebnisse

Neugieriger Hund

Sandro e Patrizia

»Der Originalhintergrund wurde mit dem Hintergrund-Radiergummi entfernt und durch das Foto des Sees ersetzt.«

▲ Canon EOS 350D, ISO 400, Brennweite: 48 mm, 1/200 s bei Bl. 9,0

Kritik

Die Möglichkeit, Schnappschüsse von Tieren zu machen, ist ein großer Triumph der Technik; denn die Kameras müssen schnell auslösen und fokussieren können. Auf diesen Seiten sehen Sie eine Reihe von Möglichkeiten, vom Porträt eines Hasen über die Fotomontage mit dem Hund bis hin zum Bild des fotogensten aller Haustiere, der Katze, eingefangen in einem Moment, in dem die Raubtiernatur dieses Tiers zum Vorschein kam. Ebenso wie bei Menschenbildern muss ein Tierporträt weder dem Motiv schmeicheln noch ausschließlich die positiven charakterlichen Aspekte darstellen.

Neugieriger Hund

Dieser Schnappschuss, bei dem der Hund nur einen Bruchteil einer Sekunde um die Ecke schaute, entstand auf dem Balkon des Hundebesitzers (oben rechts). Die Fotografen entfernten das Gebäude im Hintergrund mit dem Hintergrund-Radiergummi und fügten stattdessen den See ein (oben links). Es wurde zwar der Kontrast des Originals erhöht, aber das scheint gar nicht nötig. Die leichte Verschiebung der Perspektive macht dieses Bild so ungewöhnlich.

Schildpattkatze

Dennis Low wurde um 5.30 Uhr von seiner Katze geweckt, die ihm voller Stolz ihre Beute, eine Maus, präsentieren wollte. Geistesgegenwärtig griff er zu Kamera, Blitzgerät und Fernauslöser und folgte der Katze in ihr Versteck. Für das wunderbar scharfe, gut ausgeleuchtete Porträt verwendete er indirektes Blitzlicht, das vom eingebauten Blitzgerät der Kamera ausgelöst wurde.

Ideales Modell

Ein zahmes Tier ist manchmal fast schon zu kooperativ, sodass es an Posen und Gesichtsausdrücken mangelt. Victoria Fevre hat hier die richtige Entscheidung getroffen, die Fotos in Schwarzweiß zu konvertieren, denn so wird nicht nur die Farbe eliminiert, sondern auch der Kontrast gesteuert.

Schildpattkatze

Dennis Low

▲ Olympus E-1, ISO 100, Brennweite: 135 mm, 1/80 s bei Bl. 5,6

»Ich fotografierte im RAW-Format, um bei der Nachbearbeitung Spielraum zu haben, und machte viele Aufnahmen, bis ich das gewünschte Bild im Kasten hatte.«

Ideales Modell

Victoria Fevre

▲ Canon 5D, ISO 100, Brennweite: 85 mm, 1/60 s bei Bl. 4

»Schwarzweiß eignete sich meiner Meinung nach hier am besten, denn das grüne Gras bildete einen zu starken Kontrast zum weißen Fell.«

Kurs 8

Die Arbeit bei vorhandenem Licht

War früher selbst im hellen Sonnenlicht eine Belichtungszeit von mehreren Minuten nötig, so brauchen wir heute sogar bei Mondschein nur noch Bruchteile von Sekunden. Gleichzeitig können heute dank Sensorleistung, Datenverarbeitung in der Kamera und Nachbearbeitung selbst große Helligkeitsunterschiede bewältigt werden.

Kurs 8 Übersicht

Dossier

Die Sensorempfindlichkeit hängt von verschiedenen Faktoren ab. Wenn wir das Signal des Sensors verstärken, wird die Empfindlichkeit, aber auch das Rauschen verstärkt. Moderne Sensoren versuchen, das Rauschen bereits vor der Verstärkung des Signals zu reduzieren. Das hat Sensoren mit ISO-Werten von bis zu 25 600 hervorgebracht.

Schwaches Licht

Das Fotografieren bei wenig Licht wird durch die Differenz zwischen der Wahrnehmung des menschlichen Auges und dem, was der Sensor erfasst, erschwert. Bei guter Beleuchtung verhalten sich Auge und Sensor zwar gar nicht so unterschiedlich, aber in der Dunkelheit stellt sich das Auge auf das schwache Licht ein und nimmt die Farben anders wahr.

Sehvermögen | die Farben der Dunkelheit

Das menschliche Auge passt sich wunderbar an schwächer werdendes Licht an. Die lichtempfindliche Schicht des Auges könnte man als zwei Sensortypen übereinander beschreiben – Sensoren für gute Beleuchtung, die unterschiedliche Farben erfassen, und Sensoren für schwaches Licht, die zwar Konturen, aber kaum noch Farben sehen, sodass sich die Qualität unserer Wahrnehmung je nach dem eingesetzten Sensortyp verändert. Normalerweise bemerken wir das gar nicht, denn für uns ist es ganz natürlich, dass wir Farben bei schwachem Licht nicht mehr sehen können. Die Fotografie zeigt uns jedoch, dass diese Annahme falsch ist. Farben sind nämlich eigentlich in der Dunkelheit genauso intensiv und lebhaft wie im Hellen – die Farben selbst verändern sich nicht. Um bei schwachem Licht Farben zu registrieren, müssen wir einfach nur genügend Licht für eine ausreichende Belichtung sammeln – und genau das bewirkt eine lange Verschlusszeit oder hohe ISO-Zahl. Das Ergebnis erstaunt uns immer wieder: Plötzlich erweist sich eine Szene, die farblos und dunkel erschien, als farbenfroh und lebhaft.

»Farben sind eigentlich in der Dunkelheit genauso intensiv und lebhaft wie im Hellen.«

Minimales Rauschen |

lichtstarke Objektive

Die Fotografie »sieht« also nicht nur bei Nacht, sie erfasst auch Farben und Tonwerte, die mit bloßem Auge nicht zu sehen wären.

Und damit nicht genug. Während man bei hochempfindlichen Filmen Körnigkeit, eine schlechte Wiedergabe von Farben und Tonwerten und unangenehm hohe Kontraste in Kauf nehmen musste, sind moderne Sensoren – insbesondere große CMOS-Typen – selbst bei hohen ISO-Zahlen wie ISO 1600 bemerkenswert rauscharm. Die neusten Kameras bieten bis zu 25 600 ISO bei einem akzeptablen Maß an Rauschen. Außerdem kann man dank der zunehmenden Verwendung von Bildstabilisatoren auch bei relativ langen Verschlusszeiten aus der Hand fotografieren.

Die Anschaffung eines festbrennweitigen Objektivs mit hoher Lichtstärke, wie z. B. 50 mm 1:1,4, für Ihre dSLR zahlt sich aus: Die Anfangsöffnung ist zwei ganze Blenden größer als bei den lichtstärksten erhältlichen Zooms. So können Sie bei schwachem Licht immer besser ohne Elektronenblitz auskommen.

ISO 800

ISO 3200

ISO 3200

ISO 200

ISO 200

ISO 400

ISO 1600

ISO 400

ISO 3200

1 2 3
4 5 6
7 8 9
Leuchtpult

ISO-Werte
Hier, **1**, wurde ein etwas niedrigerer ISO-Wert eingestellt, um die Qualität zu bewahren. Bei **2, 3** wurde die höchste verfügbare ISO-Zahl ausgewählt, um die Bewegungen einzufangen. Bei **4, 5** reichte eine mittlere Empfindlichkeit aus, da die Kamera auf dem Tisch stand. Bei **6** genügte ISO 400, weil wir die Szene um zwei Stufen unterbelichten wollen. Bei **7** und **9** war wegen der Bewegungen eine hohe ISO-Zahl nötig, während die Qualität bei **8** durch eine mittlere Einstellung gewahrt wurde.

Nachtleben
Beleuchtungsbedingungen, bei denen früher ein Stativ sowie eine hohe Lichtstärke unverzichtbar gewesen wären, können heute mit einfachen Kompaktkameras beherrscht werden. Ein Bildstabilisator bringt noch bessere Ergebnisse.

Bildanalyse

Das Diwali- oder Lichterfest in Indien ist ein unwiderstehliches Fotomotiv. Die Kerzen, die von Männern, Frauen und Kindern auf Tabletts hereingetragen werden, scheinen fast in der Dunkelheit zu schweben. Die Dämmerung war jedoch schon fast vorüber, sodass hohe Empfindlichkeit und Lichtstärke benötigt wurden, um überhaupt etwas von dieser sehr dunklen Szene wiederzugeben.

Empfindlichkeit | Pro und Kontra

Die Chips älterer Digitalkameras mit ihren kleinen Sensoren waren so vollgepackt mit Elektronik, dass das Rauschen – die »Hintergrundgeräusche« elektrischer Signale – nicht vermieden werden konnte. Die Erhöhung der Empfindlichkeit ähnelt der Zunahme der Lautstärke eines Radios mit schlecht eingestelltem Sender – ein Lied wird zwar wiedergegeben, aber auch das Knattern im Hintergrund nimmt zu. Für die neusten Digitalkameras ist das Rauschen allerdings kein so großes Problem mehr. Manche Fotografen fühlen sich durch das Rauschen an das Korn von Filmen erinnert, obwohl moderne Digitalkameras schwaches Licht viel besser bewältigen als jeder Film. Die besten Ergebnisse erreichen Sie im RAW-Format – mit modernen Softwareprogrammen kann das Rauschen noch vor der Bearbeitung des RAW-Formats beseitigt werden, was selbst unter schwierigsten Bedingungen zu klaren Bildern führt. Bei überwiegend dunklen Szenen sollten Sie daran denken, die Belichtung um eine halbe bis eine Stufe zu verringern.

Im Detail

Das Mädchen, das ein Tablett mit Kerzen hereintrug, drehte sich kurz nach hinten. Ohne diese regungslose Pause wäre das Bild gar nicht möglich gewesen, denn Belichtungszeiten von 1/15 s bis 1/30 s waren zu lang, um die Bewegungen einzufrieren. Die Empfindlichkeit lag bei 1600 ISO, und das Zoomobjektiv war auf 70 mm und die größte Blende (2,8) eingestellt. Das resultierende Bildrauschen auf dem Gesicht des Mädchens musste mit einer Spezialsoftware reduziert werden.

Beseitigung des Rauschens
Hier sieht man, wie wichtig die Beseitigung des Rauschens in Bereichen mit gleichmäßigen Farben und besonders in den Mitteltönen ist. Diesen Preis müssen Sie für eine hohe Empfindlichkeit zahlen.

Unscharfe Lichter
Die Kerzen werden dank des guten Bokeh des Objektivs als gleichmäßig verschwommene Lichter dargestellt. Die Reduzierung des Rauschens führt gleichzeitig zu einer noch regelmäßigeren Wiedergabe.

Spitzlichter in den Augen
Die wichtigsten Lichtreflexe auf dieser Aufnahme sind die Spitzlichter in den Augen des Mädchens. Die Augen mussten unbedingt scharf und ohne Bewegungsunschärfe abgebildet werden.

Flackernde Kerzen
Da die Belichtung auf die Strukturen in den Schatten abgestimmt war, ging die Zeichnung in den hellen, überbelichteten Bereichen verloren. In Anbetracht der Dunkelheit der Szene ist dies jedoch hier akzeptabel.

Hartes, grelles Licht

Grell, gleißend, blendend – die Adjektive, die helles Licht beschreiben, wirken recht bedrohlich. In der Tat war die Beziehung zwischen Fotografie und dieser Art von Licht lange Zeit problematisch. Wir lieben zwar helles Licht, aber die erfolgreiche Arbeit innerhalb der von der Technik auferlegten Grenzen verlangt dem Fotografen großes Geschick und viel Sorgfalt ab.

Vom Licht geblendet
Das Licht in Gebirgsregionen wie hier in Katmandu, Nepal, kann so gleißend hell sein, dass die Farben nur auf einem Foto realitätsnah zum Vorschein kommen. Der Preis, den Sie für eine präzise Farbwiedergabe in den hellen Bereichen zahlen müssen, ist nahezu völlige Schwärze und fehlende Farben in den dunklen Bildpartien.

SCHATTEN IM VORDERGRUND

HERANGEZOOMT

TÜR ALS UMRAHMUNG

Hoher Kontrast | Sensorleistung

Das hellste Licht ist für uns normalerweise das direkte Sonnenlicht mit seiner harten, kontrastreichen Beleuchtung. Die Lichtstrahlen verlaufen fast parallel zueinander – die sogenannte Kollimation – und treffen daher aus dem gleichen Winkel auf das Motiv. Aus diesem Grunde sind die Schatten klar umrissen. Aufgrund der geringen Streuung des Lichts fällt nur wenig Licht in die Schatten, die folglich tiefdunkel aussehen.

Die Kombination aus dunklen Schatten und hellen, sonnenbeschienen Bereichen führt zu einem großen Dynamikumfang – einem erheblichen Unterschied zwischen der Helligkeit von Schatten und Lichtern. Kameras mit kleinen Sensoren können in der Regel keinen sehr großen Dynamikumfang aufzeichnen: Ihre Grenze liegt bei einem Helligkeitsunterschied von drei bis vier Blendenstufen. Kameras mit größeren Sensoren und komplexerer Bildverarbeitung bewältigen viel größere Spielräume von bis zu acht Blendenstufen, und bei Profimodellen der Spitzenklasse liegt der Dynamikumfang sogar bei bis zu 11 Blendenstufen.

Tonwertextreme | Bearbeitung

Heute gibt es viele digitale Methoden zur Aufhellung der Details in den Schatten und zur Wiederherstellung der Zeichnung in den hellen Bereichen. Die Techniken reichen von der Arbeit mit Gradationskurven über Füllmethoden mit speziellen Werkzeugen für die Lichter und Schatten bis hin zur Bearbeitung von RAW-Dateien (s. S. 222–225, 184–186). Mithilfe dieser Methoden werden die Bilddaten, die an beiden Enden des Tonwertumfangs komprimiert werden, dekomprimiert. So lassen sich Details, die ansonsten verloren gehen würden, durch die Erhöhung der Dichteunterschiede zwischen benachbarten Tonwerten wiederherstellen – mit anderen Worten, durch die Verbesserung des Kontrasts der Tonwerte an beiden Enden der Skala.

Folglich kann man beim Fotografieren mit einer Digitalkamera heute auch in hellen, extrem kontrastreichen Situationen mit guten Ergebnissen rechnen. Falls möglich, sollten Sie bei diesem anspruchsvollen Licht das RAW-Format auswählen.

Ganz gleich, ob Sie mit RAW oder JPEG arbeiten – der Schlüssel zum Erfolg ist bei sehr hellem Licht eine ganz leichte Unterbelichtung der hellen Mitteltöne, z. B. der hellen Hautfarben. So stellen Sie sicher, dass Lichtreflexe nicht schneeweiß wiedergegeben werden, denn bei der Nachbearbeitung ist die Wiederherstellung von Farben in solchen Bereichen so gut wie nicht mehr möglich.

Harte Linien
An einem hellen, sonnigen Tag entstehen Schlagschatten, die in Kombination mit den Linien des Gebäudes eine Vielzahl von geometrischen Formen erzeugen. Das harte Licht lässt sich wirkungsvoll nutzen, wenn Sie sich von den Schatten leiten lassen.

NUTZUNG VON SCHATTEN

SONNE IM RÜCKEN

UMRAHMUNG MIT SCHATTEN

Nutzung des Sonnenlichts
Oben: Die bewusste Umrahmung der Szene mit Schatten trägt zur Unterteilung des Fotos in Bereiche mit unterschiedlichen Farben bei. Mitte: Diese Gebäude waren hell ausgeleuchtet, aber mit der Sonne im Rücken sorgt man für einen flacheren Kontrast. Unten: Im Schatten liegende Bildbereiche wurden zur Umrahmung der Landschaft genutzt.

Richtung | Wechsel

Die Auswahl der Belichtung bildet zwar die Grundlage für die Farbtreue und die Vermeidung von zu hellen oder ausgefressenen Lichtern, aber es gibt noch eine andere effiziente Methode, wie man ohne Bildbearbeitung bei hartem, grellen Licht arbeiten kann: Man muss einfach nur die natürliche Richtung des Lichts nutzen.

Selbst kleine Änderungen der Position oder der Ausrichtung der Kamera können einen großen Unterschied bei der Verteilung von hellen und dunklen Bildpartien bewirken. Wenn die Sonne hinter Ihrem Motiv am Himmel steht, erreichen Sie Gegenlichteffekte und kräftige Konturen; wenn Sie sich leicht seitlich zur Sonne aufstellen, resultiert daraus Streiflicht auf der Oberfläche von Gegenständen, das Strukturen und gewellte Oberflächen sichtbar macht.

Mit der Sonne im Rücken des Fotografen verschwinden die Schatten, und vertikale Flächen werden flach ausgeleuchtet. Hier zeigt sich die ganze Schönheit der Location-Fotografie: Wenn Sie sich ganz einfach nur um die eigene Achse drehen, erhalten Sie vier oder fünf unterschiedliche Beleuchtungseffekte mit ihren jeweils spezifischen Charakteristiken.

Und schließlich gibt es auch noch ein Hilfsmittel zur Vermeidung von Spiegelungen des Lichts auf glänzenden Oberflächen, die die Farbintensität verringern: das Polfilter beseitigt die meisten Reflexionen auf glänzenden Oberflächen (aber nicht auf Metall oder metallischen Farben) und sorgt für kräftige, gesättigte Farben.

Lichtrichtung

Ein erfahrener Fotograf achtet ständig auf das Licht – seine Stärke, Farbe, Qualität und Richtung. Die Lichtrichtung entscheidet nicht nur über Kontur und Intensität der Schatten, sondern auch über Farben und Kontrast der Szene.

Die Sonne | und Technologie

Die Möglichkeit des Fotografen, sich nach Belieben in Bezug zum Stand der Sonne am Himmel zu positionieren, ist zum Teil auch auf ein Spezialgebiet der Fototechnik zurückzuführen: die Reduzierung von Streulicht. Frühe Fotografen konnten ihr Objektiv nicht zur Sonne drehen, weil das einfallende Streulicht innerhalb der Optik reflektiert wurde und auf dem Bild für Chaos sorgte. Der Kontrast wurde durch das Streulicht erheblich verringert, interne Reflexionen störten die Detailauflösung und die Belichtungsmessung stimmte nicht mehr.

Mit der Verbesserung von internen Streulichtblenden und Mehrschichtvergütungen der Linsen zur Reflexminderung wurde das Streulicht so erfolgreich reduziert, dass die Sonne heute sogar vollständig im Bild zu sehen sein kann. Dieser Fortschritt der Fotografie zeigt sich daran, dass die Fotografen heute immer selbstbewusster gegen das Licht fotografieren. So haben sich unsere visuellen Ausdrucksmöglichkeiten fast unmerklich verbessert.

Einfallswinkel
Bei Aufnahmen von schnellbewegten Objekten müssen Sie vielleicht abwarten, bis sich das Motiv zur Sonne dreht, um die beste Beleuchtung nutzen zu können. Das Licht auf den Händen des Gärtners variierte je nach seiner Position: Suchen Sie nach der besten Kombination aus Einfallswinkel des Lichts und Handhaltung.

HÄNDE ZU KLEIN

ZU VIELE SCHATTEN

ZU VIEL SONNE

Licht | Schatten und Kontrast

Je mehr wir die Kamera zur Sonne drehen, desto kürzer erscheinen die Schatten. Und wenn die Lichtquelle selbst im Bild erscheint, entsteht eventuell Streulicht, das Sie auch gestalterisch nutzen können.

Gleichzeitig kommt die im Schatten liegenden Seite des Motivs stärker zum Vorschein. Daraus ergibt sich höherer Kontrast – die Kombination von Sonne und Schatten auf einem Foto führt zu einem besonders großen Helligkeitsumfang. Auch Konturen und Farbblöcke treten hervor und lassen sich wirkungsvoll nutzen. Allerdings fällt die Ermittlung der richtigen Belichtung eventuell schwer.

Mithilfe einer bewussten Unterbelichtung lassen sich dunkle Schatten kräftigen Farben gegenüberstellen, die auf diese Weise in den resultierenden Mitteltönen entstehen. Bei statischen Motiven können wir als Vorbereitung für die Anwendung von HDR-Techniken Belichtungsreihen erstellen (s. S. 226–227).

Wenn die Sonne seitlich von uns am Himmel steht, werden die Schattenpartien immer größer; jetzt kommen Strukturen und Formen zum Vorschein, sodass die Wiedergabe der feinen Tonwertabstufungen bei den technischen Überlegungen in den Mittelpunkt rücken sollte. Die Belichtungsmessung (s. S. 38–39) fällt im Allgemeinen immer leichter, je weiter wir uns von der Sonne wegdrehen.

Wenn die Sonne hinter uns steht, verringert sich meist auch der Kontrast: Die Beleuchtung wird flacher und wir sehen weniger Schatten. Frühmorgens und spätabends ist vielleicht sogar Ihr eigener Schatten so lang, dass er mit auf das Foto gerät. In diesem Fall müssen Sie sich eventuell in den Schatten eines anderen Objekts stellen. Kontrastreiche Bilder erreicht man zwar normalerweise nur bei sehr heller Beleuchtung, aber dafür fällt die Belichtungsmessung bei dieser Lichtrichtung nicht schwer.

Frontallicht
Ein heller Strahl der Abendsonne bahnt sich seinen Weg durch die dicht nebeneinanderstehenden Häuser in Gangtok, Sikkim, und beleuchtet die Passanten. Das Ergebnis ist eine ungewöhnliche Kombination aus frontalem Licht und tiefdunklen Schatten.

Rundgang
Die Erkundung eines Bauwerks ist wie ein Tanz mit dem Licht. Sie umgehen Schatten, vermeiden großflächige Bereiche ohne unterschiedliche Tonwerte, gehen in die Hocke, um ein Gebäudeteil als Schutz vor der Sonne zu nutzen, und steuern die Belichtung, um so viel wie möglich von der Szene einzufangen.

GEGEN DAS LICHT

SONNE IM RÜCKEN

DOMINIERENDE SCHATTEN

Nutzung von Schatten

Fotografen interessieren sich meist weniger für die Schatten als für die hellen Bereichen. Dennoch wären die hellen Partien nichts ohne die Schatten, die sie definieren.

ZU VIELE SCHATTEN

ZU WENIGE SCHATTEN

Schattenspiel
Bei hellem Licht geht es immer um die Herstellung eines Gleichgewichts zwischen Schatten und hellen Bereichen – das Hauptbild mit der Lichtsichel erwies sich als das beste dieser drei Fotos.

Dunkelheit | und Details

In der Fotografie finden wir bestimmte Schatten interessant – und zwar jene mit Details, während dunkle Schatten ohne Zeichnung ruhig verloren gehen können.

Einerseits müssen Schatten dunkel genug abgebildet werden, wenn sie überzeugen sollen, denn auf den meisten Bildern braucht man einen Bereich, sei er auch noch so klein, der nicht nur dunkel, sondern schwarz erscheint. Andererseits müssen andere Schatten noch etwas Zeichnung aufweisen – je mehr Details oder intensive Farben jedoch sichtbar sind, desto unnatürlicher wirkt das Bild.

Belichtung | Prioritäten

Schwarzweiß- oder Farbnegativfilme müssen ausreichend belichtet werden, damit die Zeichnung in den Schatten nicht verloren geht – die hellen Bereiche können später noch nachbelichtet werden, damit sie dunkler erscheinen.

Ein digitaler Sensor funktioniert jedoch eher wie ein Farbdiafilm nach dem Positivverfahren: Da die Farbtöne so aufgezeichnet werden, wie sie in der Szene erscheinen, gibt es keinen negativen Zwischenschritt. Daher kehren sich die Belichtungsprioritäten um, d.h., der Fotograf muss bevorzugt die Zeichnung in den hellen Bereichen erfassen.

Dafür gibt es zwei Gründe. Erstens können selbst sehr geringe Lichtmengen auf dem Sensor ein Signal hervorrufen. Solange dieses Signal trotz falscher Wiedergabe von Tonwertcharakteristik und Farben eine gewisse Ähnlichkeit mit dem Motiv hat, werden wir es als ein für Schatten geeignetes Detail akzeptieren. Selbst wenn die Schatten zu dunkel sind, kann mithilfe der Bildbearbeitungssoftware (s. S. 224–225) noch immer genügend Zeichnung herausgeholt werden, aber die Wiederherstellung der Details in den überbelichteten Bereichen durch Nachbelichten ist nicht möglich.

Zweitens sehen wir in den Schatten weniger Zeichnung, als in Wirklichkeit vorhanden ist, weil wir bei der Betrachtung von Szenen mit Helligkeitskontrasten tendenziell die Zeichnung in den hellen Bereichen den Details in den Schatten vorziehen. Daher widmen wir unsere Aufmerksamkeit mehr den Lichtern, während uns die faszinierenden Konturen der Schatten sehr häufig entgehen.

SCHATTEN VON MENSCHEN

Getränkebude
Bei dieser Aufnahme wurde die statische Qualität der Schatten – die fast wie eine negative Darstellung der Menschen wirken – mit der hektischen Bewegung der quer durchs Bild eilenden Passantin kombiniert. Achten Sie auf die Blaufärbung der Schatten, die mit dem reflektierten Himmelslicht aufgehellt werden.

Farbe | Belichtung zur Farbsättigung

Die Schatten werden gern auch unterschätzt, weil man davon ausgeht, dass sie grau oder schwarz aussehen. In Wahrheit können sie jedoch sehr farbig sein. An sonnigen Tagen wirken die Schatten z. B. erstaunlich blau, denn sie reflektieren den Himmel.

Es mag überraschen, dass die Farben in den Schatten gesättigter sein können als die Farben sonnenbeschienener Objekte, weil sie mit gestreutem oder reflektiertem Licht ausgeleuchtet werden: Das weiche Licht erzeugt keine Glanzlichter, die die Farbsättigung verringern.

Diese intensiven Farben kommen jedoch nur dann zum Vorschein, wenn Sie auf die Schatten belichten. Bei der Anmessung der Mitteltöne werden die Farben in den Schatten unterbelichtet, sodass sie dunkel wirken und wenig Sättigung aufweisen. Korrigieren Sie dies jedoch nicht, denn eine hohe Sättigung in unterbelichteten Bereichen würde künstlich wirken.

BEWEGUNG

VERZERRT

GRAFISCH

IMPOSANT

MODELLIEREND

STRUKTURIERT

1 2 3
4 5 6
Leucht**pult**

Nutzung von Schatten
In Bild **1** und **2** sind die von den Menschen bzw. der Katze geworfenen Schatten die wichtigsten Bildelemente. In Bild **3** führen die Schatten des Baums den Blick zum Licht und definieren den Bildraum. In Bild **4** wurden die Schatten zur Aufteilung des Bildraums in helle und dunkle Bereiche genutzt, während die Schatten in Bild **5** der Modellierung des Gesichts und in Bild **6** der Definition der Reliefstruktur der Landschaft dienen.

Bildanalyse

Licht bringt die Elemente einer Szenerie nicht unterschiedslos zum Vorschein, sondern beleuchtet sehr selektiv aus. Besonders direktes Licht lässt Details, glänzende Flächen oder Strukturen besonders zutage treten. Licht kann jedoch auch Reflexe im Objektiv verursachen und den Kontrast verringern.

Licht | und Schatten

Der Ratschlag, dass man nicht direkt in die Lichtquelle fotografieren sollte, ist längst überholt. Frühe Objektive waren mit Streulicht und Blendenreflexe überfordert, und bei Fotos mit der Lichtquelle im Bild oder in der Nähe hatte man den Eindruck, als sei die Kamera geblendet worden. Heute liegen Gegenlichtaufnahmen nicht nur im Bereich des Möglichen, sondern bieten auch eine gute Möglichkeit, um bestimmte visuelle Effekte zu erzielen. Der Schlüssel zum Erfolg ist jedoch die Aufnahme im richtigen Moment, d.h. meist früh am Morgen, am späten Nachmittag oder frühen Abend. Dann ist beispielsweise die Wahrscheinlichkeit größer, dass die schräg auf den Boden treffenden Lichtstrahlen durch ein Fenster in einen Raum hineinscheinen und lange Schatten werfen. Die Kamera wird in diesem Fall allerdings zur Unterbelichtung tendieren, was jedoch auch gleichzeitig den Vorteil bietet, dass die Zeichnung in den hellen Bereichen erhalten bleibt. Details in den Schatten lassen sich später bei der Nachbearbeitung aufhellen. Erstellen Sie aber im Zweifel lieber eine Belichtungsreihe.

Im Detail

Mein Blick fiel bei dieser Szene auf die gewundenen Details des Metallgitters, die von der Beleuchtung hervorgehoben wurden. Die schlangenförmigen Konturen finden sich in den Schatten auf dem Steinboden und in vielen anderen Details auf dem Foto wieder. Ich musste allerdings darauf achten, dass der Belichtungsmesser der Kamera nicht allzu stark von dem sehr hellen Fensterlicht und den Reflexionen des Sonnenlichts auf dem Steinfußboden beeinflusst wurde. Die hellen Steine reflektierten viel Umgebungslicht, sodass in den Schatten mehr Zeichnung vorhanden ist, als während der Aufnahme mit bloßem Auge sichtbar war.

Aberrationen
Auf diesem Foto gibt es Anzeichen für Farbsäume an den Bildrändern, die auf eine Kombination aus lateraler chromatischer Aberration durch das Objektiv und Fehler bei der Verarbeitung der Bilddaten durch zu hohe Lichtintensität zurückzuführen ist.

Vertikale Linien
Bei extremen Weitwinkelansichten muss die Kamera parallel zu den vertikalen Linien ausgerichtet werden. Selbst die kleinste Abweichung würde durch den großen Bildwinkel stark vergrößert, wodurch der würdevolle Eindruck des Bildes verloren ginge.

Wiederherstellung von hellen Bereichen
Die Sonne scheint auf den Boden, der das Licht reflektiert. Mit einem Polfilter hätten die Reflexionen reduziert werden können, aber bei der Wiederherstellung der Details am Computer würden die Schatten zu dunkel.

Aufgabe: **Licht und Schatten**

Eine der ersten fotografischen Abbildungen überhaupt – das Bild eines an eine Tür gelehnten Besens von Henry Fox Talbot aus dem Jahr 1844 – zeigt einen verzerrten Schatten, dessen deutliche Konturen den anderen Bildelementen fast die Schau stehlen. Viele Nachfolger Talbots haben sich seither damit beschäftigt, Licht und Schatten, also die Grundlagen der Fotografie, als eigenständige Fotomotive zu nutzen. Solche Aufnahmen sind der Versuch, möglichst abstrakte Bilder zu schaffen.

ISO 200, Brennweite: 100 mm, 1/400 s bei Bl. 9

Vorgaben

Fotografieren Sie die Interaktion zwischen Gebäuden und Licht aus natürlichen oder künstlichen Quellen oder beiden sowohl in Innenräumen als auch im Freien. Halten Sie nach Details aus nächster Nähe, ungewöhnlichen Blickwinkeln, einer fesselnden Komposition oder reizvollen Farbkombinationen Ausschau.

Zur Erinnerung

- Stellen Sie einen hohen Kontrast und hohe Sättigung an Ihrer Kamera ein.
- Wenn Sie konsequent bei einer Brennweite Ihres Zoomobjektivs bleiben, können Sie sich besser auf die Komposition konzentrieren.
- Eine niedrige ISO-Einstellung stellt die beste Farbqualität sicher.
- Richten Sie die Kamera parallel zum Motiv aus.
- Zur Reduzierung von Verzerrungen ist der mittlere Brennweitenbereich am besten.

ISO 100, Brennweite: 32 mm, 1/250 s bei Bl. 8

Fotografische Vorbilder

Ray Metzker (geb. 1931)
Metzker ist ein scharfer Beobachter der Umgebung. In seinen einfallsreichen Arbeiten erforscht er jede formale Möglichkeit der Schwarzweißfotografie und hat damit großen Einfluss auf Generationen von Fotografen ausgeübt.

Alex Webb (geb. 1952)
Das Hauptaugenmerk des Fotografen liegt zwar nicht auf den formalen Eigenschaften von Licht und Schatten, aber seine überwiegend im harten Licht der Tropen entstandenen Bilder machen eine virtuose Beherrschung von Licht, Schatten und Farbe deutlich.

László Moholy-Nagy (1885–1946)
Als vielleicht der herausragendste einer brillanten Generation von Künstlern und Fotografen war Moholy-Nagy ein innovatives Genie. Er war in verschiedenen Bereichen tätig, aber seine Fotos haben einen bleibenden Eindruck hinterlassen, der in keinem Verhältnis zu seinem vergleichsweise schmalen Werk steht.

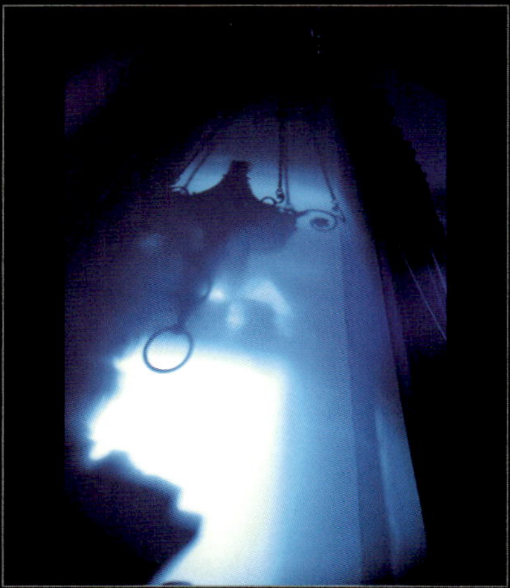

ISO 500, Brennweite: 20 mm, 1/25 s bei Bl. 5,6

ISO 100, Brennweite: 32 mm, 1/250 s bei Bl. 8

ISO 200, Brennweite: 7,2 mm, 1/400 s bei Bl. 4

ISO 160, Brennweite: 46 mm, 1/720 s bei Bl. 8

ISO 250, Brennweite: 24 mm, 1/25 s bei Bl. 2,8

ISO 200, Brennweite: 7,2 mm, 1/60 s bei Bl. 4

ISO 200, Brennweite: 7,2 mm, 1/400 s bei Bl. 4

Top**tipps**

1 2 Schatten | Veränderung
Eine der Herausforderungen bei Aufnahmen von Schatten bei Tageslicht ist die Sonne. Die Qualität der Schatten schwankt je nach Breitengrad und Atmosphäre, sodass Sie gut beobachten müssen.

3 Struktur | und Kontraste
Von Menschen geschaffene Gegenstände erzeugen harte Schatten und klare Strukturen. Damit sie sich gut vom Hintergrund abheben, sollten Sie zur Verringerung von störenden Elementen eine große Blende einstellen. Hier erscheint das kleine Zahnrad unscharf, und der Hintergrund wurde stark verwischt abgebildet.

4 5 Licht | und Wasser
Für Bilder, die Lichteffekte im Wasser zeigen, ist die Einstellung der kürzesten Verschlusszeit zur Verringerung der Bewegungsunschärfen wichtig. In 4 gibt es im Vergleich zu den klaren Linien von 5 etwas zu viel Unschärfe.

6 Innenraum | Beleuchtungseffekte
Glühlampen und Lampenschirme bieten ein großes fotografisches Potenzial. Die Beleuchtungseffekte treten vielleicht erst dann zutage, wenn Sie bewusst um eine halbe Blendenstufe oder mehr unterbelichten.

7 Perspektive | im Schatten
Ein Motiv wie der Schatten dieser Laterne vor einem Rollo kann durch eine extreme Perspektive in eine Abstraktion verwandelt werden.

8 Schatten | Vieldeutigkeit
Schatten weisen auf die Gegenwart eines Objekts hin und können bei der Komposition nicht nur aufgrund ihrer abstrakten Eigenschaften genutzt werden, sondern sie sind auch Träger von Bedeutungen.

9 Tiefe | und Wahrnehmung
Bei Abstraktionen der Gesamtaufnahme ist Unschärfe häufig störend, denn bei der Abbildung von Details, die in der Ferne verschwinden, sollte die Schärfentiefe durchgehend vom Vorder- bis zum Hintergrund reichen.

▶ Ergebnisse

Zentraler Lichthof

Michael McCauslin

»Bei jedem Besuch im San Francisco Museum of Modern Art nehme ich ein Bild von unten nach oben in Richtung des Oberlichts auf.«

▲ Sony DSC P200, ISO 100, Brennweite: 7,9 mm, Bl. 5

Kritik

Als Fotomotiv ist das Spiel des Lichts auf Gebäuden ein Geschenk, denn schon seit der Zeit der Maya wird die Beziehung zwischen Licht und Bauwerken architektonisch genutzt. Aber auch durch Zufall können interessante Motive entstehen, insbesondere wenn stark gerichtetes Licht klar umgrenzte, deutliche Schatten erzeugt. Daher ist das Fotografieren in Mittelmeerländern oder Australien so lohnend: Die Schatten sind dort oft klar konturiert, weisen eine gute Dichte auf und bilden damit einen Kontrast zu den angrenzenden Bereichen mit flachen Tonwerten oder Farben.

Zentraler Lichthof

Beharrlichkeit zahlte sich für Michael McCauslin aus, der das San Francisco Museum of Modern Art nach eigenen Angaben schon unzählige Male fotografiert hat. Entweder sorgte das gleißende Sonnenlicht immer wieder für stark überbelichtete Bereiche, die Betonung von störenden Elementen, wie Hinweisschildern, oder für eine »nicht gerade spannende Interaktion zwischen Schatten und architektonischen Geometrien«. Der Fotograf beschreibt, dass er am Tag dieser Aufnahme eine ansprechende Kombination aus »guten« und relativ wenigen »schlechten« Partien gefunden hatte.

Einfacher Zaun

Diese Aufnahme beruht ganz einfach auf der Beobachtung. Sie können hundert Mal an einem Ort vorbeigehen und sogar die auffälligste Schattenzeichnung verpassen, wenn Sie in Gedanken sind. Außerdem müssen Sie natürlich, wie Nick Jones, die Kamera immer parat haben.

Beijing

Die Reduzierung dieser Aufnahme auf geometrische Details ist bewundernswert. Bei diesem Motiv konnte die Kamera zwar nicht völlig parallel zur Mauer ausgerichtet werden, aber man sollte zumindest die Seitenlinien gerade abbilden.

Einfacher Zaun

Nick Jones

»Schon seit Jahren ging ich jeden Tag an diesem Zaum vorbei, aber hier bemerkte ich zum ersten Mal die wunderbaren Schatten, die fast wie eine Kalligrafie wirkten.«

▲ Canon EOS 5D, ISO 100, Brennweite: 48 mm, 1/125 s bei Bl. 5,0

Beijing

Bogdan Grosu

▲ Canon Powershot A40, Brennweite: 16,2 mm, 1/400 s bei Bl. 4,8

»Manche Fotos vermitteln einen Eindruck des Schauplatzes, während bei anderen der Aufnahmeort so gut wie keine Rolle spielt.«

Kurs 9 Tragbares Sonnenlicht

Die Erfindung des Blitzgeräts eröffnete den Fotografen neue Welten. Plötzlich konnte auch bei Dunkelheit fotografiert werden. Dann entdeckte man, dass Blitzlicht auch zum Einfrieren von Bewegungen auf scharfen Bildern geeignet ist. Im digitalen Zeitalter gibt uns die Aufzeichnung mit hoher Empfindlichkeit die Möglichkeit, selbst bei schwächstem Licht noch gute Bilder zu machen.

Kurs 9 Übersicht

Dossier

Die Farbe des Blitzlichts ist auf Tageslicht abgestimmt, sodass eine Blitzbeleuchtung in den meisten Situationen zu blau wirkt, vor allem in Innenräumen. Mit Ihrem Weißabgleich, einem Warmtonfilter vor dem Blitzgerät oder einer zusätzlichen Nutzung von vorhandenem Licht können Sie Abhilfe schaffen.

Vollblitz und Aufhellblitz

Viele Fotografen betrachten die Beleuchtung mit Blitzlicht skeptisch. Dank der verbesserten Möglichkeiten von Software bei der Bearbeitung von Schatten verzichten sie heute fast völlig auf Blitz. Dennoch bringt diese Technik auch viele Vorteile mit sich.

Beleuchtung mit Blitzlicht | und schlechte Beleuchtung

Das Blitzgerät ist zwar bei völliger Dunkelheit von unschätzbarem Wert, aber es kann die Wirkung des Umgebungslichts auch zerstören. Schlimmer noch, die Mehrzahl der Blitzgeräte sind in die Kamera eingebaut und verursachen eine Fülle von unerwünschten Bildeffekten, die zusammengefasst als zu direkt und hart beschrieben werden können. Gesichtszüge wirken zu flach, Oberflächen erscheinen weiß, weil sie das Licht reflektieren, und hinter dem Motiv entstehen Schlagschatten. Außerdem gibt es einen starken Lichtabfall, sodass Gesichter oder Objekte in der Nähe der Kamera übermäßig und entferntere zu schwach ausgeleuchtet werden – insbesondere ein Problem bei Aufnahmen von Gruppen von Menschen.

»Die Vergrößerung des Abstands zwischen Lichtquelle und Objektivachse ist ein wichtiger erster Schritt.«

Das Problem ist jedoch nicht auf das Blitzgerät selbst zurückzuführen, sondern auf seine Verwendung. Der erste Schritt in Richtung einer effizienten Nutzung der Blitztechnik ist die Reduzierung der Leistung, sodass das Blitzgerät das Umgebungslicht ergänzt und nicht dominiert: Auf diese Weise wird der Blitz allein zur Schattenaufhellung eingesetzt. Da auch das Umgebungslicht zur Beleuchtung beiträgt, ist der resultierende Effekt weicher und die Farben wirken natürlicher.

Ein weiterer Ansatz ist die Verringerung des künstlichen Eindrucks von Blitzlicht durch die Abschaltung des eingebauten Blitzgeräts und die Nutzung eines aufsteckbaren Blitzgeräts im Blitzschuh oder auf einer Schiene seitlich der Kamera.

Verbesserte Beleuchtung | größere Lichtquellen

Die Vergrößerung des Abstands zwischen Lichtquelle und Objektivachse ist ein wichtiger erster Schritt zur Verbesserung der Beleuchtung. Wenn Sie jedoch nicht aufwendig mit entfesseltem Blitz arbeiten wollen, müssen Sie einen anderen Weg zur Verbesserung der Beleuchtung finden.

Je weicher das Licht, desto schöner werden Hautfarben dargestellt, und je größer die Lichtquelle, desto stärker ist dieser Effekt. Dazu kann man das Aufsteckblitzgerät im Blitzschuh der Kamera in eine großflächige Lichtquelle verwandeln. Hierzu sind Blitzvorsätze wie durchscheinende Reflexionsflächen oder Blitzballons als Zubehör erhältlich.

Alternativ können Sie das Blitzgerät auch auf eine Wand oder Decke in der Nähe richten, um indirektes Blitzlicht zu erzeugen. Das von dieser Fläche reflektierte Licht leuchtet das Motiv weicher aus. Weiße oder cremefarbene Reflexionsflächen sind am besten für diese Art von Beleuchtung geeignet.

VOLLE LEISTUNG

VOLLE LEISTUNG

VOLLE LEISTUNG

AUTOMATIKBLITZ

AUTOMATIKBLITZ

AUTOMATIKBLITZ

INDIREKTER BLITZ

INDIREKTER BLITZ

INDIREKTER BLITZ

1 2 3 4 5 6 7 8 9 Leuchtpult

Blitzeinstellungen

1–3 erfordern die volle Blitzleistung, weil die Motive relativ weit entfernt stehen. Beachten Sie die geringe Reichweite des Blitzgeräts. Ein Aufsteckblitz im Automatikmodus ist am besten für den Straßenkarneval in **4–5** geeignet, da man sich sofort den unterschiedlichen Abständen anpassen kann. In Innenräumen, **7–9**, richtet man das Blitzgerät am besten auf eine weiße Fläche oder ein glänzendes Objekt, um indirektes Blitzlicht zu erzeugen.

Unsichtbarer Blitz

Hier bemerkt man den Einsatz des Blitzgeräts erst dann, wenn man erkennt, dass gegen die Sonne fotografiert wurde und der Vordergrund normalerweise dunkel erscheinen müsste. Die Lichtpunkte auf dem Boden verraten den Einsatz von Aufhellblitz.

Entfesselter Blitz

Durch die Trennung von Kamera und Blitzgerät lässt sich die Beleuchtung erheblich verbessern. Das Halten und Ausrichten des Blitzgeräts ist jedoch bei gleichzeitiger Bedienung der Kamera ein schwieriges Unterfangen, wenn Sie nicht gerade ein statisches Motiv fotografieren.

Entfesselter Blitz | indirektes Blitzlicht

Wenn Sie sich von Tausenden von Amateurfotografen, die das eingebaute Blitzgerät der Kamera nutzen, unterscheiden möchten, dann trennen Sie am besten zuallererst Blitz und Kamera voneinander und schalten das eingebaute Blitzgerät ab.

Die beliebteste Methode zur Verbesserung der Blitzbeleuchtung ist die Befestigung des Geräts an einer seitlichen Schiene, einem bei Hochzeitsfotografen und Paparazzi besonders beliebten Zubehör. Das Licht des meist links von der Kamera angeordneten Blitzgeräts fällt bei mittleren bis geringen Abständen in einem Winkel von 45–60° auf eine Seite des Motivs.

Diese Beleuchtung modelliert das Gesicht viel besser als direktes Blitzlicht von vorn, denn es entstehen genügend Schatten, um Nase, Wangen, Kinn und Augen plastisch darzustellen.

Darüber hinaus können Sie ein seitlich angeordnetes Blitzgerät auf eine Wand hinter Ihnen richten, ohne dass sich Ihr Körper im Lichtstrahl befindet. Von einer seitlichen oder hinteren Wand reflektiertes Blitzlicht, modelliert das Gesicht des Modells viel besser als das von einer Decke zurückgeworfene Licht, und natürlich können Sie auch näher an die Wand heranrücken. Die seitliche Anordnung des Blitzgeräts hat jedoch den Nachteil der erschwerten Handhabung der Kamera.

Stative | und Schienen

Wenn der Aufnahmestandort gleich bleibt, schlagen Sie mit einem Stativ für das Blitzgerät zwei Fliegen mit einer Klappe: Sie erhalten eine flexible Beleuchtung und können die Kamera besser halten. Als Stativ kann jedes Objekt zweckentfremdet werden, vom Baum bis zum Stuhl, wenn Sie eine einfache Federklemme oder Schraubzwinge dabei-

Gestaltung der Schatten
Der mit einem großen Aufsteckblitzgerät auf der Kamera erzielte Effekt wirkt eher wie die Beleuchtung mit einem entfesselten Blitz, wenn die Kamera vom Quer- ins Hochformat gedreht wird. Dies wurde auf dem Hauptbild genutzt, dessen Hauptwirkung auf den sich wiederholenden runden Konturen beruht, wie z. B. den Umrissen des Wagenrads.

KEIN BLITZ

SCHWACHER BLITZ

SCHWACHER BLITZ

haben. Im Handel erhältliche Beleuchtungsstative sind allerdings zuverlässiger und ermöglichen die Anbringung von Zubehör wie Reflexschirmen. Die billigste Lösung ist die Verwendung eines Blitzanschlusses im Blitzschuh, der über ein Kabel mit dem Blitzgerät verbunden ist. Allerdings ist der Abstand des Blitzgeräts dann auf die Länge Ihres Arms bzw. des Kabels beschränkt.

Größere Bewegungsfreiheit erreichen Sie mithilfe eines Infrarotauslösers. Er wird über den Blitzschuh an die Kamera angeschlossen und zündet das Blitzgerät bei Druck auf den Kameraauslöser.

IR-Auslöser | Aufbau

Ein einzelner IR-Auslöser kann mehr als nur ein Blitzgerät koordinieren – einige Systeme ermöglichen die zeitgleiche Zündung von bis zu vier Gruppen von Blitzgeräten, die auf jeweils andere Bereiche gerichtet und auf unterschiedliche Stärken eingestellt und sogar mit Farbfiltern ausgestattet werden können, um »on location« Studioeffekte zu erzeugen. Die Ausrüstung ist allerdings schwerer und ihr Aufbau zeitaufwendiger als eine normale Blitzausrüstung.

Blitzlicht von oben
Auf dem Bild unten wird der glänzende Teller, auf dem die Blumen liegen, durch das von oben einfallende Blitzlicht in ein Zweitlicht verwandelt.

INDIREKT VON DER SEITE

DIREKT VON UNTEN

DIREKT VON VORN

ENTFERNTER HINTERGRUND

Beleuchtungswinkel
Diese Bildserie zeigt, wie viele unterschiedliche Beleuchtungsarten mit einem entfesselten Blitzgerät möglich sind. Hier wurde ein Servoblitzauslöser an einem Blitzgerät befestigt; ein weiteres Blitzgerät auf der Kamera diente als Hauptblitz. Das Blitzgerät wurde in unterschiedlichen Winkeln und Abständen auf das Motiv gerichtet. Beim Hauptbild stand ein Assistent seitlich hinter dem Modell und leuchtete den Aufbau von hinten aus.

Mehrere Lichtquellen

In der Kunst ist die Beleuchtung eines Motivs mit mehreren Lichtquellen nichts Neues, aber erst die Fotografen haben das Potenzial der Kombination von unterschiedlichen Leuchten und Vorsätzen maximal ausgeschöpft.

Mischlicht
Bei Tageslicht kann Blitzlicht die Schatten aufhellen und die scharfe Abbildung von überwiegend mit Blitz beleuchteten Partien sicherstellen; gleichzeitig werden bei längerer Belichtung leichte Bewegungsunschärfen eingefangen.

Beleuchtungsaufbau | Schatten

Fotografen, die den Aufwand einer Lichtführung mit mehreren Lichtquellen auf sich nehmen, streben meist intuitiv eine gute Ausleuchtung der Szene an, damit Farben und Details zur Geltung kommen und die wesentlichen Charakteristiken der Schatten bewahrt bleiben.

Bei der Planung eines Beleuchtungsaufbaus sollten Sie daran denken, dass sich das Auge des Betrachters im Allgemeinen auf die mittleren bis hellen Töne konzentriert. Daher behält ein Schatten seine visuelle Ausdruckskraft, wenn er dunkler erscheint als die dunkleren Mitteltöne – ist er heller, tritt er mit dem Hauptmotiv in Konkurrenz.

Gleichzeitig sollten Sie vermeiden, dass die zusätzliche Beleuchtung vom Aufnahmegegenstand ablenkt.

Alternative Beleuchtung | Improvisation

Der Dokumentarist W. Eugene Smith definierte das vorhandene Licht kurz und knapp als »jedes verdammte Licht, das gerade da ist«. Eine Tischlampe oder Kerze – sogar das Licht eines Fernsehbildschirms – kann das Blitzlicht ergänzen oder sogar ersetzen. Wenn Sie alle Möglichkeiten spontan nutzen, lernen Sie, kreativ mit den verschiedenen Lichtquellen umzugehen. Eine gute Beleuchtungstechnik gehört ebenso zur Fotografie wie die geschickte Bedienung von Kamera und Objektiv.

OHNE BLITZ

BLITZ

Mischlicht am Abend
Der starke Blaustich des Abendlichts dominiert trotz der Kunstlichtlampen und Leuchtstoffröhren die Szene. Mit etwas Blitzlicht wurden die dunklen Schatten der Palme aufgehellt.

Farbtemperatur | Weißabgleich

Die Farbfotografie öffnete uns die Augen für reizvolle Mischlichtsituationen, in denen Lichtquellen mit unterschiedlichen Farbtemperaturen eine Szene verschiedenfarbig beleuchten.

Mit den Weißabgleichseinstellungen lässt sich dieser Effekt noch steigern. Elektronenblitz erzeugt ein kaltes weißes Licht, sodass bei einem auf Blitzlicht eingestellten Weißabgleich Glühlampen wie Haushalts- oder Quarzhalogenlampen rötlicher als normal erscheinen. Alternativ können Sie den Weißabgleich auf Kunstlicht einstellen, sodass das Foto insgesamt neutraler wirkt, aber zusätzliches Blitz- oder Tageslicht einen starken Blaustich erzeugt.

Der automatische Weißabgleich der Digitalkamera reagiert auf die Gesamtfarbe des Lichts einer Szenerie. Dennoch müssen Sie möglicherweise entscheiden, wie Sie mit den unterschiedlichen Farbtemperaturen in Mischlichtsituationen umgehen wollen. Entweder berücksichtigen Sie alle Lichtquellen gleichermaßen oder überwiegend eine bestimmte Lichtfarbe.

Improvisierte Beleuchtung
Wenn jedes Licht gutes Licht ist, kann jede Art von Lichtquelle in den Dienst der Fotografie gestellt werden. Bei sehr schwachem Licht kann das Display eines Mobiltelefons ein Gesicht oder die Hände beleuchten.

Kontraststeuerung
Bei einer direkten Aufnahme des Innenraums wäre die Helligkeit des beleuchteten Tresens im Hintergrund zu stark berücksichtigt worden. Durch die Spiegelung wird die Lichtintensität jedoch auf ein kontrollierbares Maß reduziert und die Ausgewogenheit der Farben insgesamt verbessert.

HERANGEZOOMT

NORMALE BRENNWEITE

Bildanalyse

Obwohl wir an den Anblick von Blitzaufnahmen gewöhnt sind, finden wir die harte, flache Beleuchtung mit Blitzlicht nach wie vor unschön. Anscheinend können wir Blitzlicht als Beleuchtungsart bis heute nicht wirklich akzeptieren, sondern entscheiden uns im Zweifel immer für weicheres Licht.

Abstimmung | Blitzlicht

Die Beliebtheit von Blitzgeräten unterliegt gewissen Schwankungen. Heute schalten selbst unerfahrene Fotografen das Blitzgerät ihrer Kompaktkamera ab, weil sie das harte Licht nicht mehr sehen können. Stattdessen versuchen sie, eine entspannte, natürliche Lifestyle-Wirkung zu erzielen. Mit einem Aufsteckblitz bieten sich jedoch eine Fülle von neuen Beleuchtungsmöglichkeiten. Hier war der Blitz aufgrund der schnellen Drehbewegungen der Tänzerinnen in Rajasthan unverzichtbar. Damit das Blitzlicht die Szene nicht dominiert, wurden zwei Einstellungen genutzt: erstens ein Leuchtwinkel (viele moderne Blitzgeräte sind mit einem Zoomreflektor ausgestattet), bei dem bevorzugt die Tänzerin im Vordergrund ausgeleuchtet wurde, und zweitens eine Unterbelichtung um 1,5 Stufen. Dies war nötig, weil Computerblitzgeräte die Belichtung mithilfe des aus dem Bildraum reflektierten Lichts messen. Das Gerät hätte hier nur sehr wenig reflektiertes Licht gemessen; ohne Korrektur hätte es daher mehr Licht abgegeben und dadurch eine Überbelichtung verursacht.

Im Detail

Die 32-mm-Einstellung des Zoomobjektivs erfasste einen recht großen Bildwinkel. Da die Gesichter der Tänzerinnen ständig in Bewegung waren und oft im Schatten lagen, war Blitzlicht notwendig. Es wurde ein Leuchtwinkel am Blitzgerät gewählt, der für ein 70-mm-Objektiv ausreichte, sodass das Licht auf einen begrenzten Bereich fiel. Damit das Blitzlicht die Lichtstimmung des vorhandenen Lichts nicht zerstörte, wurde es auf eine um 1,5 Stufen schwächere Belichtung eingestellt.

Blitzlicht und Unschärfe
Die lange Belichtungszeit (1/20 s) führte zu einer unscharfen Abbildung der schnellbewegten Körperteile wie z. B. der Arme. Die sitzenden Musiker erscheinen dagegen akzeptabel scharf und nicht verwackelt.

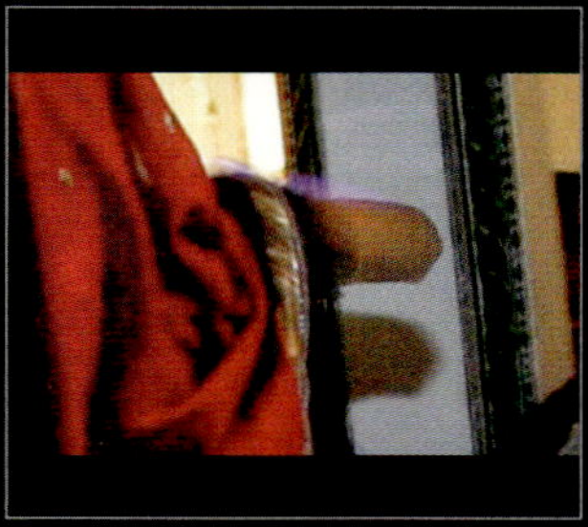

Verräterischer Schatten

Es war Glück, dass sich der Einsatz des Blitzgeräts nur durch den Schatten des Arms einer Kellnerin auf der Wand verrät. Positionieren Sie Ihr Motiv in ausreichender Entfernung zur Wand, um Schlagschatten zu vermeiden.

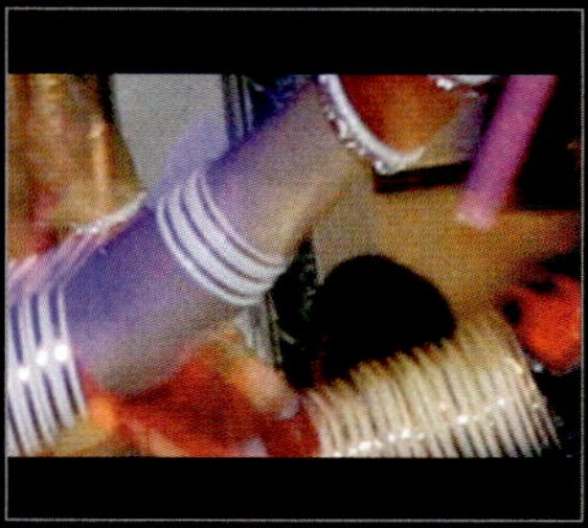

Farbvariationen

Die Arbeit bei Mischlicht ist auch wegen der möglichen unerwarteten Farbkombinationen so reizvoll. Hier sieht man auch die Mischung aus scharfen und unscharfen Bildelementen.

Farbbalance

Aufgrund der vielen Kunstlichtlampen in dieser Szene wirkt das Blitzlicht bläulich, obwohl es eigentlich neutrales Licht hervorbringt. Zum Ausgleich sollte das Blitzgerät mit einem Warmtonfilter ausgestattet werden.

Aufgabe: **Geblitzte Porträts**

Da wir ständig in der Werbung und in Zeitschriften mit professionell ausgeleuchteten Porträts konfrontiert werden, stellen wir heute höchste Erwartungen an die Beleuchtung. Für gute Ergebnisse braucht man jedoch nicht unbedingt professionelle Geräte. Vor allem sollten Sie daran denken, dass Sie bei Verwendung eines Blitzgeräts bei Umgebungslicht nicht nur eine, sondern zwei Lichtquellen einsetzen.

ISO 100, Brennweite: 50 mm, 1/250 s bei Bl. 1,8

Vorgaben

Nehmen Sie mithilfe des eingebauten oder entfesselten Blitzgeräts oder eines Studioblitzgeräts ein Porträt auf, das von dieser Art Beleuchtung profitiert, etwa ein Foto bei starkem Gegenlicht oder ein Foto an einem dunklen oder nur sehr schwach beleuchteten Ort. Achten Sie auf die Gesamtkomposition und nutzen Sie auch den Hintergrund und das Umgebungslicht.

Zur Erinnerung

- Sie können das Licht mit allen Flächen reflektieren und streuen.
- Ein Warmtonfilter vor dem Blitz oder Objektiv verringert den Blaustich.
- Bei manueller Belichtung lässt sich die Abstimmung des Blitzlichts auf das Umgebungslicht variieren.
- Mit einem entfesselten Blitzgerät, das mit einem Kabel oder Servoblitzauslöser mit der Kamera verbunden ist, können Sie das Modell aus unterschiedlichen Richtungen ausleuchten.

ISO 100, Brennweite: 40 mm, 1/60 s bei Bl. 2,8

Fotografische Vorbilder

Diane Arbus (1923–1971)
Diane Arbus, Schöpferin berührender Fotos, verfolgte einen unsentimentalen Ansatz mit häufig kompromissloser Beleuchtung.

Nobuyoshi Araki (geb. 1940)
Als einer der führenden Fotografen Japans nimmt Araki direkte, fast schon aufdringlich wirkende geblitzte Schnappschussporträts des Nachtlebens von Tokio auf, die sich inzwischen zu einer Kunstform erhoben haben.

Eva Mueller (geb. 1965)
Die modernen, stilvollen und manchmal sehr direkt ausgeleuchteten Fotos von Eva Mueller sind ein gutes Beispiel für die moderne Zeitschriftenfotografie.

Suki Dhanda (geb. 1969)
Der vielseitige Fotojournalist und Porträtfotograf scheint bei jeder Beleuchtung ausdrucksstarke und gleichzeitig natürlich wirkende Porträts aufnehmen zu können, die spontan, mühelos und ungekünstelt wirken.

ISO 100, Brennweite: 50 mm, 1/60 s bei Bl. 2,8

ISO 160, Brennweite: 52 mm, 1/250 s bei Bl. 14

ISO 100, Brennweite: 48 mm, 1/13 s bei Bl. 2,8

ISO 100, Brennweite: 50 mm, 1/200 s bei Bl. 2,8

ISO 100, Brennweite: 48 mm, 1/60 s bei Bl. 2,8

ISO 100, Brennweite: 70 mm, 1/200 s bei Bl. 2,8

ISO 160, Brennweite: 70 mm, 1/13 s bei Bl. 4

1 2 3
4 5 6
7 8 9

Leucht**pult**

Top**tipps**

1 Aufhellblitz | und Umgebungslicht
Mit ein wenig Aufhellblitz lässt sich das Gesicht wirkungsvoll hervorheben. Bei diesem Bild wurde der von den Bäumen in der Umgebung verursachte Grünstich nicht vollständig vom Blitzlicht beseitigt.

2 Gegenlicht | Blitzstrategie
Bei einer um zwei Stufen erhöhten Leistung kann ein Blitz das Motiv auch bei Gegenlicht ausleuchten – der Effekt wirkt jedoch möglicherweise unnatürlich. Achten Sie auf glänzende Lichtreflexe, etwa auf den Lippen.

3 Zeitgeist | starkes Blitzlicht
Der überbelichtete Look kommt immer mehr in Mode, da wir uns nach und nach an die visuellen Eigenheiten des Internet gewöhnen. Die Farben des Hintergrunds und die fehlenden Schatten tragen zur Bildwirkung bei.

4 5 Direkter Blitz | Position
Das eingebaute Blitzgerät erzeugt eine flache und meist nicht sehr schmeichelhafte Beleuchtung. Mithilfe eines entfesselten Blitzgeräts erreichen Sie eine weichere Modellierung oder dramatische dunkle Schatten.

6 Ausgewogenheit | Improvisation
Bei der Abstimmung von Blitzlicht auf helles vorhandenes Licht fällt die Improvisation meist nicht schwer, und es ergeben sich viele Möglichkeiten. Das warme Glühlampenlicht hat hier das kalte Blitzlicht ausgeglichen.

7 8 Schatten | Vor- und Nachteile
Vielleicht werden Sie zunächst die vom Blitzlicht verursachten Schatten vermeiden wollen, aber Schatten können auch zur Verstärkung der Stimmung genutzt werden, wie in 7. Bei 8 sind die Schatten versehentlich entstanden.

9 Farbstich | indirektes Blitzlicht
Anstatt den Weißabgleich auf die Raumbeleuchtung abzustimmen, können Sie Farben mit reflektiertem Blitz erzeugen. Hier wurde das Blitzgerät auf eine rote Wand gerichtet, um eine sehr warme Farbstimmung zu erzielen.

▶ Ergebnisse

Hochzeitsfeier

Annabel House

»Die Feier fand in einem schwach beleuchteten Raum statt, und meine Freundin wollte gern fotografiert werden, aber es war schwierig, sie ins beste Licht zu rücken.«

▲ Nikon D7, ISO 200, Brennweite: 50 mm, 1/60 s bei Bl. 5,0

Kritik

Bei der Arbeit mit Blitz lernen Sie so schnell wie in keinem anderen Bereich, sich das Bild vor der Aufnahme vor Ihrem geistigen Auge vorzustellen. Die hier gezeigten Auswahlbilder machen einen wohlüberlegten Einsatz des Blitzlichts deutlich – von der präzisen Ausleuchtung in einem Studio bis hin zur Improvisation vor Ort. Widerstehen Sie der Versuchung, das Ergebnis nach jeder Aufnahme auf dem Kameramonitor zu prüfen. So verlieren Sie nicht nur Zeit, sondern Sie sammeln auch nicht die nötige Erfahrung, damit Sie die Wirkung Ihrer Beleuchtung richtig vorhersehen können.

Hochzeitsfeier

Bei den Aufnahmen dieses hübschen Modells hatte Anabelle House recht, als sie nicht einfach das Blitzgerät auf das Mädchen richtete und auf den Auslöser drückte. Stattdessen drehte sie den Blitz vom Motiv weg – beim Aufsteckblitz fast immer das Richtige – und probierte unterschiedliche Reflexionswinkel aus. Das Hauptbild wurde fast ausschließlich mit dem von einer Wand reflektierten Seitenlicht gemacht, sodass der Hintergrund dunkel blieb. Dies ist eine Alternative zu reflektiertem Licht von der Decke.

An der Laterne

Obwohl Tim Keweritsch angibt, er habe die Straßenlaternen als Hauptlicht und den Blitz nur zur Aufhellung genutzt, wirkt das Blitzlicht gegenüber dem Umgebungslicht dominant. Eine stärkere Berücksichtigung der Straßenlaterne hätte zu einer anderen Bildwirkung geführt, was den vieldeutigen Eindruck dieser faszinierenden Aufnahme noch verstärkt hätte.

Meine Freunde

Die brillanten Farben, präzisen Schatten und das feine Spitzlicht deuten auf einen Studioaufbau hin. Vielleicht würde das Bild auf der rechten Seite von ein wenig Aufhelllicht in den Schatten profitieren, ohne dass von der Schminke und der bunten Perücke abgelenkt würde.

An der Laterne

Tim Keweritsch

»Da es sehr dunkel war, nutzte ich das Licht der Laterne als Hauptlicht und hellte das Gesicht mit Blitz auf.«

▲ Canon EOS 30D, ISO 800, Brennweite: 50 mm, 1/60 s bei Bl. 1,8

Meine Freunde

Monika Madej

▲ Nikon D70s, ISO 200, Brennweite: 50 mm, 1/60 s bei Bl. 4,0

»Bei diesem Projekt ging es um meine Freunde: Ich wollte deutlich machen, was sie für mich bedeuten und wie andere sie sehen.«

Die Aufnahme eines Motivs mit der Kamera ist erst der Beginn einer Reihe von kreativen Arbeitsschritten, an deren Ende das perfekte Ergebnis steht. In den folgenden Kursen erweitern wir unsere Fertigkeiten in der digitalen Bildbearbeitung, damit wir die wesentlichen Werkzeuge zur Perfektionierung unserer Bilder effizient einsetzen können (Grundlage: Adobe Photoshop). Danach befassen wir uns mit professionelleren Methoden der Bildmanipulation.

DIE DIGITALE DUNKELKAMMER

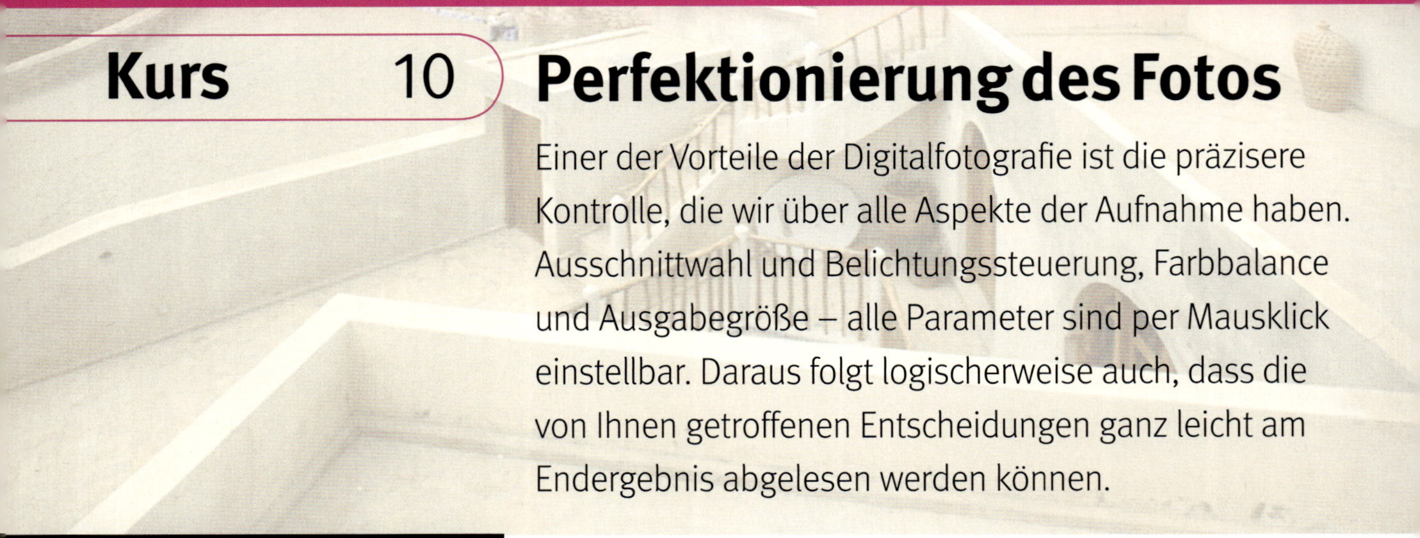

Kurs 10

Perfektionierung des Fotos

Einer der Vorteile der Digitalfotografie ist die präzisere Kontrolle, die wir über alle Aspekte der Aufnahme haben. Ausschnittwahl und Belichtungssteuerung, Farbbalance und Ausgabegröße – alle Parameter sind per Mausklick einstellbar. Daraus folgt logischerweise auch, dass die von Ihnen getroffenen Entscheidungen ganz leicht am Endergebnis abgelesen werden können.

Kurs 10 Übersicht

Dossier

Die Grundbearbeitung eines Fotos umfasst vor allem Belichtungskorrektur, Farbbalance, Beseitigung von Staubpartikeln (aber keine größeren Flecken), minimales Schärfen sowie minimales Abwedeln und Nachbelichten. Einige zählen auch den Beschnitt dazu.

Ausschnitt und Aspekte des Formats

Die Möglichkeit der präzisen Festlegung des Ausschnitts ist einer der großen Vorteile der Digitalfotografie im Vergleich zu Aufnahmen auf Film. Da wir heute wirklich die gesamte Bildfläche ausfüllen können, ohne den Verlust der Ränder durch Negativmasken oder Diarahmen einkalkulieren zu müssen, können wir Größe und Seitenverhältnis eines Fotos gezielter steuern als jemals zuvor.

Ausschnittänderung | praktische Überlegungen

Bei der Frage, ob man den Ausschnitt eines Fotos ändern sollte, geht es eigentlich darum, wie viel Wert man auf die Authentizität der Aufnahme legt. Eine Ausschnittänderung verändert durch die Beseitigung von Teilen des Originals das Ausgangsmaterial in unserem Sinne. Wir beseitigen, was wir als störend empfinden, damit die Aufmerksamkeit auf die Szene gelenkt wird und unserer Meinung nach überflüssige Bildelemente wegfallen. Das hat jedoch auch seinen Preis: Eine Veränderung des Ausschnitts kann die Perspektive verzerren, insbesondere bei Weitwinkelaufnahmen, und bei der Ausschnittänderung werden zudem Bilddaten gelöscht.

Sie können eine Ausschnittänderung ablehnen oder aber als notwendiges Übel akzeptieren, insbesondere wenn Sie Ihre Bilder veröffentlichen möchten: Die Proportionen des Fotos entsprechen nicht immer dem Platz im Seitenlayout. Der goldene Mittelweg ist eine möglichst präzise Ausschnittwahl bereits bei der Aufnahme. Falls es jedoch sein muss, sollten Sie nicht vor einem Bildbeschnitt zurückschrecken. Ver-

» Bei der Frage, ob man den Ausschnitt eines Fotos ändern sollte, geht es eigentlich darum, wie viel Wert man auf die Authentizität der Aufnahme legt. «

meiden Sie die Beseitigung erheblicher Teile der Aufnahme, denn damit werden die verfügbaren Bilddaten und damit auch die Bildqualität bei Vergrößerungen deutlich reduziert.

Verzerrung | und Ausgleich

Die Digitalfotografie verleiht uns eine Macht über kleinste Details, die wir früher nicht für möglich gehalten hätten. Dies beginnt schon beim Seitenverhältnis (s. S. 92–93). Auch wenn Sie das Format der Aufnahme beibehalten wollen, ist es möglich, die Proportionen innerhalb der Aufnahme mithilfe der Bildbearbeitung zu ändern. So können verzerrte Formen eines Objekts, die aufgrund der schrägen Projektion der Abbildung auf den Sensor entstanden sind, geändert werden, z. B. wenn Sie Ihre Kamera nicht parallel zu einer flachen Oberfläche ausgerichtet haben: Ein Teil der sichtbaren Fläche ist der Kamera näher und erscheint größer als die entfernteren Bildpartien (s. S. 174–175).

Durch eine einfache Vergrößerung des am weitesten von der Kamera entfernten Bereichs der Aufnahme entspricht ein Foto eher der Wahrnehmung des Auges.

ORIGINAL

LEICHTER BILDBESCHNITT

NEUE INTERPRETATION

ORIGINAL

LEICHTER BILDBESCHNITT

STARKE VERGRÖSSERUNG

ORIGINAL

BEGRADIGUNG

STRECKUNG

1 2 3 / 4 5 6 / 7 8 9

Leuchtpult

Ausschnitt und Bildränd

1 ist das Original, das beschnten wurde, **2**, um die Leerfläc links zu beseitigen, oder, **3**, um eine vollständig andere Bildaussage zu erreichen. Das Original, **4**, wurde durch eine Ausschnittvergrößerung verbessert, **5**, aber die beste Wirkung erzielte das Foto bei starker Ausschnittvergrößerung und leichter Drehung, **6**. Die untere Reihe zeigt, wie die aus der Aufnahmerichtung von unten nach oben resultierenden Fluchtlinien entzerrt wurden: In wurden die Türme begradigt, aber das Foto wir zu gestaucht. Eine Streckung des Fotos, **9**, läss die Perspektive natürlicher wirken.

Ungenaue Ausschnittwahl

Der wichtigste Pluspunkt des Bildbeschnitts ist die Korrektur eines zu großzügig gewählten Ausschnitts. So lässt sich auch die Mitte der Aufnahme ohne Neigung der Kamera verschieben: Der Kopf des Melonenverkäufers (links) wurde näher am oberen Bildrand angeordnet.

Histogramme

Digitalkameras sind heute standardmäßig mit einem revolutionären Werkzeug ausgestattet: Die Tonwertverteilung unseres Fotos wird analysiert und in Form eines Histogramms dargestellt.

Statistik | und LCD

Viele Fotografen berücksichtigen das Histogramm eines Fotos erst bei der Tonwertkorrektur. Da das Histogramm jedoch die Menge der Pixel verschiedener Helligkeitsstufen in Form einer Balkengrafik darstellt, gibt es sehr wertvolle Hinweise darauf, inwieweit das Bild nachbearbeitet werden kann.

Vielleicht glauben Sie bereits auf den ersten Blick zu sehen, ob ein Bild unter- oder überbelichtet ist und kein Histogramm zu brauchen. Auf dem LCD-Bildschirm wird jedoch nur eine kleine Teilmenge der Pixel Ihres Fotos dargestellt. Selbst auf einem Computermonitor sehen Sie fast immer nur eine Auswahl an Pixeln. Aus diesen Pixeln wurde auf der Grundlage des Gesamtfotos ein Durchschnitt ermittelt (Rasterung), sodass mögliche Probleme nicht sichtbar sind. Folglich sieht Ihr Foto vielleicht perfekt aus, aber in Wirklichkeit gibt es Bildrauschen oder fehlende Werte.

Histogramm | unregelmäßige Darstellungen

Vor der Änderung von Tonwerten oder Farben sollte man immer das angezeigte Histogramm prüfen. Wenn Histogramme Lücken mit fehlenden Helligkeitswerten – d. h. ohne Pixel – zeigen, sind die Übergänge vielleicht hart und ungleichmäßig. Durch eine Änderung des Kontrasts oder der Sättigung entstehen eventuell Sprünge zwischen einzelnen Dichtebereichen – die sogenannte Posterisierung oder Tontrennung. Auf Nummer sicher gehen Sie jedoch, wenn Ihr Bild eine Vielzahl von feinen Details hat und nicht von großflächigen Bereichen mit gleichmäßigen Tonwerten abhängt.

Nach landläufiger Meinung ist das ideale Histogramm sanft gerundet, aber es gibt keinen Grund dafür, warum die Helligkeitswerte tatsächlich so gleichmäßig verteilt sein sollten. Falls das Histogramm viele unregelmäßige Spitzen oder gar keine allgemeine Kontur aufweist, dann ist Ihr Bild verrauscht, was häufig bei mit hoher Empfindlichkeit aufgenommenen, direkt von der Kamera heruntergeladenen Fotos der Fall ist.

Ein weiterer Histogrammtyp ähnelt aufgrund der extremen Ausschläge der Darstellung dem verrauschten Histogramm, aber die Spitzen weisen eine Kammstruktur auf, die durch übermäßige Bildbearbeitung entweder in der Kamera oder später am

Belichtungsprioritäten
Eine Szene mit guten Kontrasten und Farben kann unterschiedlich belichtet werden. Auf der linken Seite des Split Screen (unten) verringert die um eine Stufe stärkere Belichtung den Kontrast und betont die Details der oberen Flaschenreihe. Auf der rechten Seite führte auch eine normale Belichtung zu akzeptablen Ergebnissen.

1 STUFE STÄRKER | NORMALE BELICHTUNG

Belichtung auf die hellen Bereiche
Eine Belichtung auf die hellen Bereiche, zur Bewahrung der Zeichnung in diesen Partien, bietet die beste Gesamtlösung, denn die Konturen kommen vor den Farben der Hintergrundbeleuchtung gut zur Geltung.

Computer entsteht. Bei einer extremen Variante dieses »Kamms« besteht das Histogramm nur aus sehr wenigen Spitzen oder Zinken, ein Anzeichen für Bilder mit posterisierten oder indizierten Farben (begrenzte Farbpalette). Diese Fotos haben nur sehr wenige Farbwerte, und der Spielraum für die Bildbearbeitung ist stark eingeschränkt.

Clipping | Beschneidung

Histogramme können noch ein weiteres Problem zum Vorschein bringen. Nehmen wir einmal an, dass nicht die gesamte Bandbreite der Werte genutzt wurde: Die Pixelbalken der Anzeige brechen kurz vor den Enden ab. Das Abbrechen der Pixel vor der rechten Seite – z. B. liegt der höchste Wert bei 235 nicht beim Maximum von 255 – nennt man Clipping (Tonwertbeschneidung) der Lichter. Wenn die Pixel nicht bis zum linken Ende der Anzeige reichen – z. B. ist der niedrigste Wert nicht 0, sondern 15 –, so wurden die Tiefen »geclippt«. Beides führt einzeln oder in Kombination zu einer Komprimierung des Tonwertumfangs und folglich zu einer Kontraststeigerung.

Das Clipping ist je nach Ausmaß schädlich für ein Bild oder auch nicht. Bei Fotos für die professionelle Verwendung sollten die Tiefen bis etwa 5 und die Lichter bis 245 reichen, damit schwarze Bereiche beim Ausdrucken nicht zu dunkel und helle Bereiche nicht reinweiß erscheinen.

Belichtung | und Kontrast

Mit der »Tonwertkorrektur« können Sie die Belichtung – die Gesamthelligkeit – einstellen, indem Sie den mittleren Regler in die entsprechende Richtung ziehen, was gleichzeitig den Gamma-Wert ändert – den Mittelton-Kontrast. Durch die Verschiebung des maximalen Weiß- und Schwarzwerts lässt sich auch auch das Clipping variieren.

Angemessene Tonwertverteilung

Das Foto und das Histogramm weisen viele Mitteltöne und kaum andere Werte auf. Eine leichte Tendenz nach links deutet auf eine ganz leichte Unterbelichtung hin. Die nächtliche Szene und ihr Histogramm (unten Mitte) haben überwiegend dunkle und keine weißen Werte, was für dieses Foto angemessen ist. Auch die großflächigen weißen Bereiche auf dem Foto ganz unten werden korrekt durch die Rechtslastigkeit des Histogramms angezeigt.

Histogrammwarnung

Das Bild weist scheinbar eine Fülle von Farben und Details auf, aber die Kammstruktur seines Histogramms deutet auf fehlende Daten hin, sodass die Nachbearbeitung begrenzt ist. Auch das Foto des Hundes (unten Mitte) scheint auf den ersten Blick in Ordnung, wurde aber zu stark nachbearbeitet. Ein früher gleichmäßiges Histogramm besteht jetzt aus abgerissenen Balken mit unregelmäßigem Ausschlag. Beim Bild ganz unten wäre die Wiederherstellung der Zeichnung in den Schatten schwierig.

NUR MITTELTÖNE

ZU WENIG DATEN

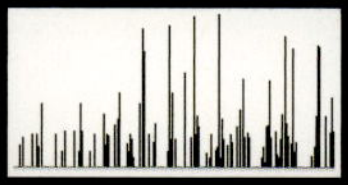

NUR DUNKLE WERTE

KAMM

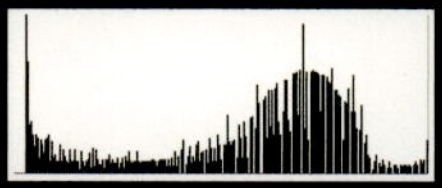

ZU HOHE WERTE

HIGH KEY

Gradationskurven und **Tonwerte**

Heute bearbeiten auch Amateure ohne große Erfahrung ganz selbstverständlich ihre Bilder mit Gradationskurven – früher eine den Experten vorbehaltene Spezialtechnik. Nicht nur die Bedienungsfreundlichkeit, sondern auch die resultierenden Effekte machen den Reiz der Arbeit mit Gradationskurven aus.

Wiedergabe von Hautfarben
Die linke Seite des Split Screen unten zeigt eine Belichtung, die zwar, genau genommen, für die dunkle Haut dieses indischen Schullehrers angemessen ist, aber insgesamt zu dunkel wirkt. Mit Gradationskurven stellen wir das weiße Haar wieder her, wie rechts gezeigt, aber das Gesicht erscheint jetzt zu hell. Nach einem Clipping der Lichter weisen die hellen Werte wieder etwas mehr Dichte auf.

DUNKLE ABBILDUNG | HOHER KONTRAST

Übertragungsfunktion | Pixelwerte

Der Befehl »Gradationskurven« müsste eigentlich passender »Übertragungsfunktion« heißen, denn er entscheidet darüber, wie die Eingabewerte in Ausgabewerte umgewandelt oder übertragen werden sollen.

Dunkle Pixel können aufgehellt und helle abgedunkelt werden. Aus diesem Grunde wird nach der Öffnung des Dialogfelds »Gradationskurven« zuerst eine im Winkel von 45° nach oben verlaufende Gerade angezeigt: Es hat noch keine Veränderung zwischen Ein- und Ausgabewerten stattgefunden. Der Befehl »Gradationskurven« kann so konfiguriert werden, dass die Achsen die Helligkeitswerte angeben: von Schwarz in der unteren linken Ecke bis hin zu Weiß oben rechts. Bei überwiegend für den Ausdruck bestimmten Bildern können Sie die Achse allerdings auch umkehren, um die Werte für die Druckfarbendichte anzuzeigen. In diesem Fall verläuft die Achse von Weiß in der unteren linke Ecke zu Schwarz am anderen Ende.

Wenn Sie die Form der Kurve verändern, können Sie z. B. Pixel, die mit dem Wert 100 eingegeben wurden, in den Ausgabewert 125 ändern. Je nach dem, ob Sie die Achsen auf Helligkeits- oder Dichtewerte eingestellt haben, werden die Pixel bei einem höheren Wert heller oder dunkler.

Eine steilere Gradationskurve als 45° führt zu einer Kontraststeigerung, d. h. zu einer Verringerung der Zwischenwerte zwischen Hell und Dunkel.

Farbe | Modi

Die Farbbalance können Sie zwar auch mit einzelnen Kanälen ändern, aber normalerweise werden Sie Kompositkanäle wie RGB nutzen, da sich auf diese Weise die allgemeine Tonalität der Aufnahme verändern lässt. Der Nachteil bei der Verwendung des RGB-Mischkanals besteht darin, dass die drei Kanäle in der Summe nicht ganz dieselben Helligkeitswerte für das Bild ergeben. Obwohl Sie also alle drei RGB-Kanäle gleichermaßen geändert haben, wirkt sich diese Änderung nicht auf alle Farben der Aufnahme gleichermaßen aus.

Die Arbeit im Lab-Modus
Der Lab-Modus ist in drei Kanäle aufgeteilt: Der Helligkeitskanal enthält nur Helligkeitsinformationen, in den anderen beiden Kanälen befinden sich die Farbinformationen. Wenn also der L-Kanal (L=Luminanz) in Gradationskurven bearbeitet wird, so verändert sich nur die Tonalität: Selbst bei recht extremen Änderungen der Form der Kurve des Originals (oben) weist das neue Bild (links) so gut wie keine Farbartefakte auf.

Bei den meisten Bildern – bei denen Sie die Tonalität nicht drastisch verändern möchten – ist dies allerdings unproblematisch. Wenn das Foto jedoch nicht ganz perfekt ist – vielleicht stimmen Belichtung, Helligkeitskontrast oder Dateigröße nicht –, führen selbst kleinste Änderungen der Form der Kurve eventuell zu Farbartefakten.

Zur Vermeidung von Helligkeitsartefakten und für eine präzisere Tonwertsteuerung kann man die Gradationskurven im Lab-Modus bearbeiten. Wechseln Sie vom RGB- zum Lab-Modus, rufen Sie das Dialogfeld »Gradationskurven« auf und bearbeiten Sie die Kurve ganz normal. Sobald die Tonalität Ihren Vorstellungen entspricht, konvertieren Sie das Bild wieder in RGB.

Die Arbeit im RGB-Modus
Die Arbeit im RGB-Modus hat weniger dramatische Änderungen des Fotos zur Folge, denn die Veränderung der RGB-Kurve wirkt sich unterschiedlich auf die einzelnen Farben aus. Das Bild oben links wurde angepasst, damit es der mit bloßem Auge wahrgenommenen Szene entsprach. Die stärksten Änderungen ohne Falschfarben führten zum Foto oben rechts. Wenn wir beim RGB-Bild dieselbe Gradationskurve anwenden wie beim Hauptbild im Lab-Modus, erhalten wir die deutlich verzerrten Farben im Bild links.

Abwedeln und **Nachbelichten**

Die Begriffe »Abwedeln« und »Nachbelichten« stammen aus der Dunkelkammer und wurden als ein fotografisches Konzept in die Bildbearbeitungssoftware aufgenommen. Das Nachbelichten bedeutete eine stärkere Belichtung des Papierbilds und damit eine dunklere Abbildung, während das Bild durch Abwedeln, d. h. eine schwächere Belichtung, aufgehellt wurde.

Abwedeln der Eisberge
Das Original (unten) entstand offensichtlich an einem sehr trüben Tag. Ein Verlauf zur Abdunkelung des Himmels und ein weiterer zur Aufhellung des Wassers im Vordergrund (unten Mitte) verbessert die Gesamtwirkung, aber einige Partien mussten noch etwas abgewedelt werden (unten), damit ein Funkeln auf dem Eis und im Wasser entstand. Auf dem Hauptbild wurden auch die Menschen und das Kajak abgewedelt.

ORIGINAL

VERLAUF OBEN UND UNTEN

OBEN/UNTEN ABGEWEDELT

Tonwerte | Kontrast

Die Befehle »Tonwertkorrektur« und »Gradationskurven« haben große Auswirkungen auf den allgemeinen Tonwertumfang, die sich auch mit einer Auswahl oder Maske auf kleine Bereiche des Fotos eingrenzen lassen. Die bedienungsfreundlichste Methode der Bearbeitung selektiver Partien ist die Verwendung von Werkzeugspitzen zur gezielten Anwendung von Effekten in einzelnen Bereichen.

Das Abwedeln und Nachbelichten stellt man sich am besten als eine Anpassung des Tonwertumfangs oder Kontrasts vor. Es liegt in der Natur unserer Wahrnehmung, dass uns sehr helle oder dunkle Partien eines Fotos kontrastarm und damit flau erscheinen. Beim Nachbelichten verstärken Sie die Dichte in bestimmten Teilen der Abbildung und damit auch ihre Trennung von helleren Bereichen – mit anderen Worten, Sie verstärken den lokalen Kontrast. Das Gleiche geschieht entsprechend beim Abwedeln.

Werkzeuge | Tipps und Tricks

Für die Arbeit mit dem Abwedler und Nachbelichter gibt es zwei Tipps: Erstens müssen Sie einen niedrigen Wert für die Belichtung einstellen; eine zweistellige Zahl ist wahrscheinlich zu hoch. Ich verwende selten Werte von über 5, und für das Bild auf dieser Seite war die höchste Einstellung 3. So baut sich der Effekt sehr langsam auf, was realistische Verläufe garantiert und eine übermäßige Anwendung verhindert.

Ein weiterer Trick ist die Auswahl des Tonwertbereichs, der dem zu bearbeitenden Bereich entgegengesetzt ist. Wenn Sie also die Lichter dunkler

Anruf am Nachmittag
In einem Schloss auf einem Hügel hoch über Udaipur, Rajasthan, Indien, klingelte das Handy. Das Foto musste daher sofort ohne Vorbereitung aufgenommen werden – im Gegenlicht blieben Details verborgen, und die Farben auf dem Gesicht der jungen Frau und ihren Kleidern wurden abgeschwächt. Durch vorsichtiges Nachbelichten kehrte die Farbe des Gesichts zurück, und die Luftigkeit des Schals konnte mit dem Abwedler wiederhergestellt werden. Auch die Landschaft vor dem Fenster wurde leicht abgedunkelt.

wiedergeben möchten, stellen Sie für den Nachbelichter nicht die Lichter ein, sondern die Tiefen oder Mitteltöne. Wenn Sie dunkle Partien abwedeln möchten, stellen Sie nicht die Tiefen ein, sondern die Lichter oder Mitteltöne. Und wenn Sie die Mitteltöne ändern möchten, stellen Sie den Nachbelichter auf Tiefen oder den Abwedler auf Lichter ein. Mit dieser Methode wird der lokale Kontrast beibehalten oder erhöht – die offensichtlichen Einstellungen führen dagegen zu einer Kontrastminderung.

Fortgeschrittene | Füllmethoden

Eine weitere, komplexere Methode ist die Anwendung des Effekts mit einer geeigneten Füllmethode. Starke Nachbelichtungseffekte erreicht man mit einer dunkelgrauen Farbe des Pinsels und der Füllmethode »Farbig nachbelichten« oder »Linear nachbelichten« o.Ä. Um kräftig abzuwedeln, können Sie eine hellgraue Werkzeugspitze und die Füllmethode »Farbig abwedeln« oder »Linear abwedeln« oder eine andere Aufhellung verwenden.

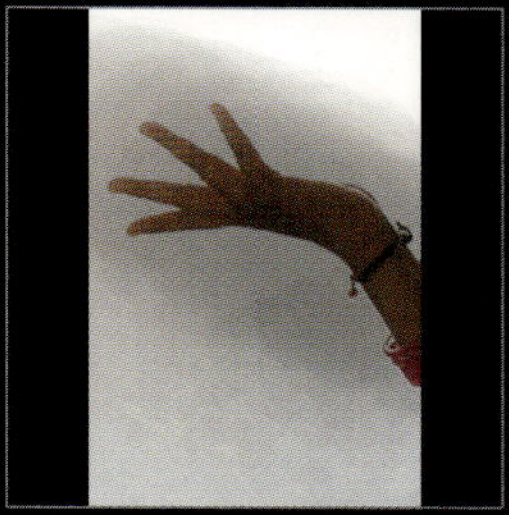

LICHTER NACHBELICHTET

MITTELTÖNE NACHBELICHTET

TIEFEN NACHBELICHTET

LICHTER ABGEWEDELT

MITTELTÖNE ABGEWEDELT

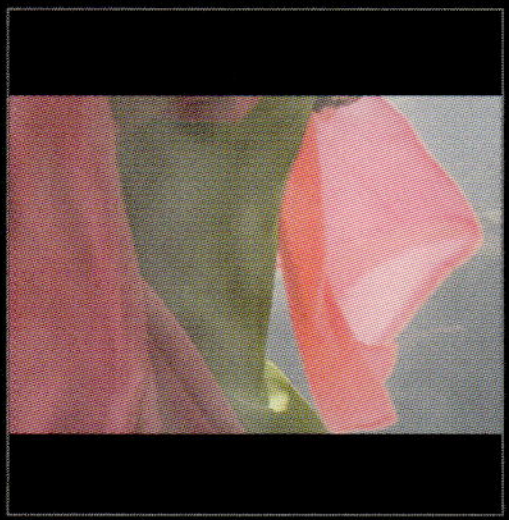

TIEFEN ABGEWEDELT

1 2 3
4 5 6
Leucht**pult**

Abwedeln und Nachbelichten | Einstellungen
Zur dunkleren Abbildung von hellen Bereichen ist der auf die Lichter eingestellte Nachbelichter zu stark, **1**. Eine Einstellung auf die Mitteltöne, **2**, ist gerade richtig und durch die Einstellung auf die Tiefen, **3**, wird der Kontrast erhöht. Beim Abwedeln der Mitteltöne mit einer Einstellung auf die Lichter, **4**, wird der Kontrast und die Brillanz stark erhöht, aber der Kontrast sinkt bei einer Einstellung auf die Mitteltöne, **5**. Bei auf die Tiefen eingestelltem Abwedler, **6**, der auf die Mitteltöne oder dunkleren Mitteltöne angewendet wird, fällt der Kontrast deutlich ab.

Korrektur des Weißabgleichs

Die präzise Farbwiedergabe hängt nicht nur von der Technologie ab, sondern auch von Ihrem Urteilsvermögen. Letztlich können Sie selbst am besten beurteilen, wie wirklichkeitsgetreu Ihr System – von der Kamera bis zum Drucker – die Farben wiedergibt.

Vom Schatten ins Tageslicht
Die Farbbalance des Originals ermöglichte zwar die Wiedergabe des blauen Himmels, nicht jedoch die der gelbroten Schaufensterbeleuchtung. Die Balance wurde auf warm eingestellt und die blaue Farbe mit »Farbton/Sättigung« verstärkt. Das erste kleine Bild unten zeigt die Farbbalance bei der Aufnahme: Sie wirkt etwas kalt. Aus einer Einstellung des Weißabgleichs auf »Schatten« (7500° K) resultiert eine ansprechend warme Farbwiedergabe, aber die Szene entspricht nicht der Wahrnehmung des menschlichen Auges. In der Voreinstellung »Tageslicht« (5500° K) wirkt das Ergebnis zu kalt. Beim Hauptbild liegt die Farbbalance zwischen diesen beiden Extremen.

WIE AUFGENOMMEN

VOREINSTELLUNG »SCHATTEN«

VOREINSTELLUNG »TAGESLICHT«

Computerbildschirm | Farbtreue

Selbst wenn Sie Ihre Farbeinstellungen mit Sorgfalt ausgewählt haben, entspricht die Farbbalance vielleicht doch nicht Ihren Vorstellungen. Zunächst sollten Sie sicherstellen, dass Ihr Monitor die Farben korrekt anzeigt. Dazu muss er richtig eingerichtet (kalibriert) sein und die Profile müssen zugewiesen worden sein (s. S. 342–343). Außerdem sollten keine Lampen auf den Bildschirm scheinen, und die umliegenden Wände müssen eine neutrale Farbe haben. Nur dann können Sie die Farben Ihrer Aufnahme präzise beurteilen.

Profile | Optionen

Vor der Beurteilung der Farben Ihres Fotos sollten Sie auch prüfen, ob Ihre Farbmanagement-Einstellungen für den beabsichtigten Zweck geeignet sind. Hochwertige, zur Veröffentlichung bestimmte Arbeiten sollten Sie im Farbraum ProPhoto RGB mit einer Farbtiefe von 16 Bit verarbeiten. Viele Farben des ProPhoto RGB-Farbraums können jedoch weder angezeigt noch ausgedruckt werden. Der Farbraum, der am häufigsten von Verlagen verlangt wird, ist Adobe RGB (1998) mit 8-Bit- oder 16-Bit-Dateien. Für die meisten Benutzer bringt sRGB jedoch die zuverlässigsten Ergebnisse und ist

Aufgenommener Farbwert
Der schwarze Rucksack war ungeeignet als Referenzbereich, denn er ergab an unterschiedlichen Stellen ganz unterschiedliche Ergebnisse. Dies wird anhand der Farbe des Wassers deutlich. Die weißen Dächer der Oper von Sydney führten zu noch unzuverlässigeren Resultaten. Das Endergebnis, links, beruhte auf einer Farbaufnahme aus der weißen Kapuze.

ORIGINAL

FARBE AUS DEM RUCKSACK

FARBE AUS DEM OPERNHAUS 1

FARBE AUS DEM OPERNHAUS 2

gleichzeitig am bedienungsfreundlichsten, weil alle modernen Bildschirme in der Lage sind, die sRGB-Farben anzuzeigen. Damit können Sie also erwarten, dass die Farben des Ausdrucks der Abbildung auf Ihrem Bildschirm entsprechen.

Weißabgleich | mittleres Grau

Unter der Voraussetzung, dass Ihr Bildschirm die Farben richtig anzeigt, können Sie jetzt den Weißabgleich korrigieren. Im Idealfall gibt es auf Ihrem Foto einen Bereich mit durchschnittlichem Grau, der alle Farben gleichermaßen reflektiert. Wenn Sie auf Nummer sicher gehen wollen, fotografieren Sie vor Beginn der eigentlichen Aufnahmen eine fotografische Graukarte, sodass das auf die Karte treffende Licht dem Licht auf Ihrem Motiv entspricht.

Bei geöffnetem Bild rufen Sie den Befehl »Tonwertkorrektur« oder »Gradationskurven« auf und wählen die Pipette für die Mitteltöne aus. Klicken Sie mit diesem Werkzeug in den grauen Bereich: Besteht er aus Mitteltönen, bleibt die Helligkeit der Aufnahme gleich, aber die Farben werden geändert, damit der Bereich grau erscheint und alle anderen Farben entsprechend angepasst werden. Bei einigen Programmen verwandelt die Pipette auch die Belichtung in Mitteltöne, falls der angeklickte Bereich nicht aus Mitteltönen besteht. Bei anderen Programmen passt die Pipette nur die Farbbalance an.

Falls das Werkzeug eine Mitteltonzielfarbe benötigt, müssen Sie die Zielfarbe neu definieren. Messen Sie zunächst die Helligkeit Ihres grauen Bereichs und richten Sie einen neuen Grauwert, der kein Mittelton ist, als Zielfarbe ein. Dazu müssen Sie meist durch Doppelklick auf die Mitteltonpipette ein Dialogfeld zur Anpassung aufrufen. Passen Sie den Graupunkt an, bis er der Helligkeit Ihres Bereichs entspricht. Klicken Sie zur Eichung der Pipette auf OK und dann in die gewünschten Bereiche.

Farbton und Sättigung

Von allen Werkzeugen zur Farbanpassung ist »Farbton/Sättigung« das reizvollste, birgt aber gleichzeitig die größten Gefahren. Am Computer sieht das Bild farbenfroh und brillant aus, aber ausgedruckt wirkt es oft enttäuschend.

WIE AUFGENOMMEN

SCHWACHE FARBEN

STARK GESÄTTIGT

GAMUT-WARNUNG

Unterschiedliche Sättigungen
Das Original oben hat eine akzeptable Farbpalette. Das zweite Bild zeigt, dass ein Foto nicht unbedingt bunt sein muss, um gut zu wirken. Das stark gesättigte Bild ist zwar ein Blickfänger, aber die rot markierten Bereiche auf dem Foto unten weisen darauf hin, dass viele Farben auf dieser Version nicht zuverlässig ausgedruckt werden können.

Farbe | allgemeine und selektive Änderungen

Im Dialogfeld »Farbton/Sättigung« steht noch ein weiterer Regler zur Verfügung – Helligkeit. Zusammen dienen diese Parameter der vollständigen Beschreibung von Farben: Farbton (der Name der Farbe), Sättigung (die Farbtiefe) und Helligkeit (der Grau- oder Weißanteil in der Farbe).

Der Vorteil des Befehls »Farbton/Sättigung« und ähnlicher Funktionen in RAW-Konvertern liegt in der Möglichkeit, die allgemeinen Farben schnell und intuitiv anzupassen. Mit dem Farbton-Regler lässt sich die gesamte Farbpalette in einer Richtung nach Rot und Violett oder in der anderen nach Grün und Blau verschieben. Die extremen Positionen des Schieberegels auf der rechten bzw. linken Seite entsprechen den Positionen gegenüberliegender Farben auf dem Farbkreis.

Sie können auch einzelne Farbkomponenten anpassen: Je nach Software lassen sich die Größe des Bereichs und auch die Übergänge anpassen, in denen die Änderungen schwächer ausgeprägt sind als in den zentralen Bereichen. Hier ist jedoch Vorsicht geboten, denn die Kombination von kleinen Farbbereichen und starken Änderungen des Farbtons kann zu Artefakten und unerwünschten Farben führen.

Selektive Farbtöne
Bei einer Verschiebung des Farbtonreglers auf –20 werden die Rot- und Gelbtöne ansprechend verstärkt. In der Gegenrichtung erscheinen die Gelbtöne grünlich. Zwar sieht der Hintergrund farblos aus, aber nach einer Verstärkung von Cyan und Blau treten die Farben zutage. Beim Hauptbild wurden Cyan- und Blautöne auf null eingestellt und alle anderen Farben verstärkt.

WIE AUFGENOMMEN

FARBTONÄNDERUNG: –20

FARBTONÄNDERUNG: +20

HOHER WERT FÜR CYAN + BLAU

Sättigung | Kontrolle von übertriebenen Farben

Der Sättigungsregler ist der Hauptverursacher von merkwürdigen Farben bei Digitalfotos, denn nur allzu leichtfertig erhöht man die Sättigung, damit die Farben am Bildschirm brillant und lebhaft aussehen. Leider (oder vielleicht zum Glück) lassen sich diese Farben nicht ausdrucken. Wenn wir also kräftige, lebhafte Farben erwartet haben, dann kommen wir vielleicht auf die Idee, dass mit dem Drucker etwas nicht stimmt.

Zur Lösung dieses Problems wurden zwei Methoden entwickelt: Die neueste Methode ist die Beschränkung des Effekts der Sättigung, um das Clipping oder den Verlust von kräftigen Farben zu vermeiden. Mit Befehlen wie z. B. »Lebendigkeit« lässt sich die Verstärkung bereits intensiver Farben, insbesondere der Hautfarben vermeiden, aber schwächere Farben werden weiterhin intensiviert. Ältere Softwareversionen reagierten mit einer Farbumfang-Warnung.

Prüfung des Farbumfangs | Warnung

Farben, die nicht ausgedruckt oder nicht am Bildschirm dargestellt werden können, sind »out of gamut«, d. h., sie liegen außerhalb des Farbumfangs des betreffenden Geräts. Vor dem Ausdrucken können Sie prüfen, ob die Farben reproduziert werden können. In Photoshop richten Sie ein Proof ein (Druckvorschau des Fotos auf dem Bildschirm), wählen das Profil für Ihre Drucker-/Papierkombination aus und nehmen Änderungen im Dialogfeld »Bearbeiten › Farbeinstellungen« vor.

Unter »Ansicht › Farbumfang-Warnung« sind zu stark gesättigte Bereiche mit einer Warnfarbe gekennzeichnet. Selbst wenn Ihr Foto große Flächen dieser Markierungsfarben aufweist, ist das kein Grund zur Sorge. Vielleicht müssen Sie die Sättigung nur leicht verringern, damit die Farben wieder innerhalb des Farbumfangs liegen.

Öffnen Sie »Farbton/Sättigung« und verringern Sie die Einstellung: Sie sehen, wie die in Warnfarben markierten Bereiche schrumpfen.

Schritt für Schritt: **Verbesserung der Tonwerte**

Bei dieser Übung sollen Sie lernen, wie stark Sie den Tonwertumfang und die Farben eines Fotos verändern können, ohne den Eindruck zu erwecken, dass das Farbspiel in dieser Szene unmöglich der Realität entsprechen kann. Ihre Aufgabe besteht darin, eine faszinierende, aber durchaus realistische Welt zu erschaffen.

ORIGINAL

1 Prüfung des Originals

Für dramatische Änderungen von Kontrast, Farben und Belichtung eignet sich dieses Foto von der Brooklyn Bridge, denn es hat klare Linien und große Flächen mit unterschiedlichen Tonwerten. Auch eine hohe Auflösung und gute Belichtung sind notwendig, um Spielraum für Tonwertänderungen zu schaffen.

LINEAL | TRANSFORMIEREN

2 Korrektur des Horizonts

Vergrößern Sie die Arbeitsfläche, damit das Bild ohne Beschnitt gedreht werden kann. Wählen Sie das Lineal aus und ziehen Sie eine Linie entlang des Horizonts. Gehen Sie zum Menü »Bearbeiten« und wählen Sie »Transformieren › Per Eingabe«. Das Dialogfeld zeigt den Winkel an, um den das Bild gedreht werden wird.

FREISTELLUNGSWERKZEUG

3 Ausschnittänderung

Da die Korrektur des Horizonts zu einer Drehung des Fotos führt, ist ein Bildbeschnitt erforderlich. Wählen Sie die gewünschten Bildmaße mithilfe des Freistellungswerkzeugs aus und ordnen Sie die Bildelemente so an, als ob Sie durch den Sucher einer Kamera schauen würden.

TIEFEN UND LICHTER

4 Zeichnung in den Lichtern

Der Himmel links ist überbelichtet, aber einige Details können wiederhergestellt werden. Wählen Sie in einer duplizierten Ebene das Werkzeug »Tiefen/Lichter«. Die Einstellung der Tiefen kann auf 0 % reduziert werden, aber die Werte der Lichter müssen erhöht werden, damit die Wolken wieder etwas Zeichnung bekommen.

GAUSSSCHER WEICHZEICHNER FÜR DEN BLAUKANAL

5 Verstärkung der Sättigung

In Bereichen mit ähnlichen Farben, wie z. B. am Himmel, ist das Rauschen ein Problem. Es lässt sich aber in einzelnen Kanälen weichzeichnen. Zeichnen Sie den Blaukanal, der in der Regel für das Rauschen verantwortlich ist, leicht mit dem Gauß'schen Weichzeichner weich. Lassen Sie die den Rot- und Grünkanal unverändert.

SELEKTIVE FARBKORREKTUR

6 Selektive Farben

Um das Foto interessanter zu gestalten, kann der Himmel mit der »Selektiven Farbkorrektur« angepasst werden. Durch die spezifische Auswahl der Blau- und Cyantöne im Dialogfeld »Selektive Farbkorrektur« lässt sich die Intensität der einzelnen Farbkomponenten ändern.

VERLAUFSWERKZEUG

7 Farbverlauf

Legen Sie einen Farbverlauf über den Himmel und wählen Sie die Füllmethode »Multiplizieren«. Die Orangetöne färben den hellen Streifen am Horizont und die Vordergrundelemente auf der Brücke, während das Violett die Lilatöne verstärkt, die mit der »Selektiven Farbkorrektur« in Schritt 6 erstellt wurden.

ZAUBERSTAB

8 Verbesserung der Silhouette

Mit dem Zauberstab (oder der Zeichenfeder) wählen Sie die Brücke und die Gebäude am Horizont aus, nicht jedoch die sonnenbeschienenen Teile der Brücke. Wenden Sie eine Gradationskurve auf die Auswahl an, um die Brücke dunkler abzubilden und die Silhouette vor dem Himmel zu betonen.

ABDUNKELUNG IM MASKIERUNGSMODUS

9 Erstellung einer Vignette

Um die Bildelemente wirkungsvoll einzurahmen, sollten Sie die Bildecken abdunkeln. Wählen Sie im Maskierungsmodus die Bereiche aus, die Sie umrahmen möchten, oder verwenden Sie die Maske der Einstellungsebene und eine weiche Auswahlkante; zur Abdunkelung arbeiten Sie mit Gradationskurven.

Schritt für Schritt: **Anpassung von Formen und Farben**

Die Möglichkeit, Formen perspektivisch zu verändern, ist in der Fotografie nichts Neues. In der Dunkelkammer gestaltete sich diese Arbeit schwierig, aber bei der digitalen Bildbearbeitung geht eine solche Anpassung von Objekten leicht von der Hand – obwohl sie natürlich kein Ersatz für die Auswahl des richtigen Kamerastandpunkts beim Fotografieren ist.

ORIGINAL

1 Prüfung des Originals

Manchmal lässt sich ein Gebäude nur mit geneigter Kamera ganz ins Bild rücken. Dadurch scheint sich das Bauwerk nach hinten zu lehnen, was jedoch mit einigen einfachen Schritten korrigiert werden kann.

GRÖSSE DER ARBEITSFLÄCHE

2 Vergrößerung der Arbeitsfläche

Schaffen Sie zunächst Raum für Transformationen, indem Sie die Arbeitsfläche vergrößern. Seien Sie dabei großzügig, damit Sie die Transformieren-Werkzeuge problemlos einsetzen können.

TRANSFORMIEREN UND VERZERREN

3 Anpassung von vertikalen Linien

Wählen Sie das gesamte Original und dann den Befehl »Verzerren« aus. Ziehen Sie die Eckgriffe des Begrenzungsrahmens so lange, bis die vertikalen Linien des Gebäudes parallel erscheinen.

KOPIERSTEMPEL- UND REPARATURWERKZEUG

5 Ergänzung des Vordergrunds

Die Veränderung des Winkels im Vergleich zum Original hat zu Lücken im Vordergrund geführt. Füllen Sie diese mit dem Kopierstempelwerkzeug (S) aus, indem Sie Pixel aus den existierenden Teilen des Bodens hineinkopieren.

AUSWÄHLEN UND DUPLIZIEREN

6 Erweiterung des Gebäudes

Auf der linken Seite fehlen Gebäudeteile. Sie können sie mit Elementen aus der rechten Seite rekonstruieren. Wählen Sie diese Teile aus, drehen Sie sie spiegelverkehrt und fügen Sie sie mit einer weichen Werkzeugspitze ein.

ÜBERLAGERN | FÜLLMETHODE

7 Verbesserung der Details

Um mehr Details der Steinmetzarbeiten zum Vorschein zu bringen, kopieren Sie die Ebene in eine neue Ebene und stellen Sie hier die Füllmethode »Überlagern« ein. So werden dunklere Töne verstärkt und blassere aufgehellt.

FREI TRANSFORMIEREN

4 Festlegung der Achsen

Nach der Korrektur der vertikalen Linien sieht das Gebäude etwas gestaucht aus. Wählen Sie »Alles auswählen« aus und strecken Sie die vertikale und horizontale Achse mit dem Befehl »Frei transformieren« ohne seitliche Verzerrung.

SELEKTIVE FARBKORREKTUR

8 Verbesserung der Farben

In einer Einstellungsebene zur selektiven Farbkorrektur bringen Sie die Gelbtöne der Steinmetzarbeiten mehr zur Geltung. So werden die Schatten verstärkt, damit sich die Details besser abheben. Hellen Sie die neutralen Töne auf.

WIE AUFGENOMMEN

RAUSCHEN BESEITIGT

Reduzierung von Rauschen
Das Original oben ist deutlich verrauscht, was typisch für eine Kamera mit kleinem Sensor bei hoher Auflösung ist. Eine starke Reduzierung des Rauschens glättet das Bild zwar, erhöht jedoch die Menge der Details auf der Aufnahme nicht.

Rauschen bei schwachem Licht
Der Rauschpegel ist auf diesem Foto aufgrund der erforderlichen hohen ISO-Einstellung sehr hoch. In dieser Größe wird das jedoch nicht zum Problem, denn das Bild zeigt eine Fülle von Details, sodass die Störsignale nicht so deutlich sichtbar sind.

Rauschen und **Staub**

Alle Digitalfotografen haben mit Rauschen und Staub zu kämpfen. Das Rauschen verschlimmert sich mit abnehmender Sensorgröße und zunehmender Pixelzahl und Empfindlichkeit. Staub ist nur bei Sensoren mit hoher Auflösung ein Thema. In den Anfängen der Digitalfotografie haben wir den Staub nicht einmal bemerkt.

Rauschen | und Bildqualität

Das Rauschen können wir ebenso wenig vermeiden wie das Korn auf dem Film. Es ergibt sich u.a. aus der Natur des elektrischen Stroms, aus Fluktuationen der Wärmeenergie, die zur Entstehung von unerwünschten Elektronen führen, sowie aus der Interaktion zwischen den elektronischen Komponenten.

Selbst kaum sichtbares Rauschen vermindert die Bildschärfe – seine zufällige, von den Bildelementen unabhängige Natur verwischt die Details und verringert die Farbsättigung und die maximale Dichte eines Ausdrucks. Das Rauschen ist im Allgemeinen in den dunkleren Mitteltönen und Schatten und in Bereichen mit gleichmäßigen Tonwerten deutlicher erkennbar als in helleren oder sehr detailreichen Partien. Diese Störungen sind nicht nur unerwünscht, sondern sie führen auch dazu, dass die jeweiligen Bilddateien viel größer werden.

Wenn wir außerdem die Empfindlichkeit durch eine höhere ISO-Einstellung steigern, verstärken wir im Grunde das Signal an den Sensor und damit auch das Rauschen.

Software | Lösungen

Die besten und modernsten Kameras reduzieren das Rauschen zwar äußerst erfolgreich, aber auch sie können es nicht ganz beseitigen. Viele einfachere Kameras produzieren stark verrauschte Bilder, vor allem bei höheren Empfindlichkeiten. Folglich wurde Software zur Reduzierung des Rauschens entwickelt, die das Bild analysiert, um echte Details zu bewahren und zufällige Artefakte zu beseitigen.

Allerdings sind die Störungen bei zunehmender Bildauflösung in etwa genauso groß wie die feinen Details, sodass die Rauschunterdrückung tendenziell auch die feinen Details reduziert.

Die Arbeit bei Nacht
Bei dieser Freihandaufnahme wurde die Empfindlichkeit auf 3200 ISO eingestellt, um eine Zeit-/Blendenkombination von 1/6 s, Bl. 2,8 zu ermöglichen. Das Ergebnis ist zwar sehr verrauscht, aber immer noch besser als gar kein Foto.

Entrauschen
Das Original (oberstes Bild unten) wurde mithilfe von Noise Ninja entrauscht, während die Details gleichzeitig erhalten blieben (Mitte). Der rote und blaue Kanal wurden stark weichgezeichnet, da die Details vor allem im grünen Kanal enthalten waren (unten).

WIE AUFGENOMMEN

NOISE NINJA

WEICHGEZEICHNETER KANAL

Moderne Bildbearbeitungsprogramme wie auch alle RAW-Konverter bieten Filter zur Reduzierung des Rauschens. Das Programm DxO Optics Pro beseitigt das Rauschen bereits vor Anwendung der Farbverarbeitung. Außerdem können Sie Spezialsoftware wie z. B. Noise Ninja einsetzen, die das Foto auf der Basis von kameraspezifischen Rauschprofilen sehr bildschonend entrauscht.

Staub | Vermeidung des Problems

Eine erfolgreiche Staubreduzierung muss mit dem Versuch beginnen, Staub völlig zu vermeiden. Dies ist ein großer Vorteil von Kameras mit eingebautem Objektiv. Bei dSLRs, selbst bei Modellen mit Sensorreinigungssystemen, gehört der Staub einfach dazu. Er liegt nicht direkt auf dem Sensor, sondern auf einer Schutzplatte, sodass die Staubpartikel in der Regel als unscharfe Pünktchen erscheinen. Folglich sind sie vielleicht nicht sofort sichtbar, wenn Sie das Bild öffnen.

Zunächst sollten Sie immer davon ausgehen, dass mehr Staub auf dem Foto vorhanden ist, als Sie sehen können. Die kleineren Pünktchen bleiben so lange unsichtbar, bis Sie das Bild schärfen oder den Kontrast erhöhen. Um sich im Vorfeld einen Überblick zu verschaffen, können Sie den Bildkontrast in einer Einstellungsebene erhöhen, um die Staubpartikel sichtbar zu machen.

Unsichtbare Reparaturen | Staubbeseitigung

Das Standardwerkzeug für die Staubentfernung ist das Kopierstempelwerkzeug. Beim Kopieren eines benachbarten Pixels in den Fleck hinein entstehen jedoch schnell Artefakte. Moderne Softwareprogramme sind z. B. mit Werkzeugen ausgestattet, die die Pixel aus den benachbarten Bereichen – unmittelbar um den Staubfleck – als Kopierquelle verwenden und den Fleck mit diesen Pixeln füllen. So wird der Bereich unsichtbar repariert, aber es entstehen Artefakte, falls die Flecke auf einem Muster wie einem Netz oder in der Nähe einer harten Kante liegen. Für diese komplizierteren Reparaturen eignet sich am besten das Kopierstempelwerkzeug. Zur Beseitigung von Flecken auf hellen Bereichen eignet sich die Füllmethode »Aufhellen« statt »Normal«.

Schärfe und **Unschärfe**

Als die Mathematiker herausfanden, wie der Effekt einer Dunkelkammermethode digital simuliert werden konnte, wurde die heute unverzichtbare Technik der Scharfzeichnung geboren. Mit der Schärfung lässt sich das unvermeidliche Phänomen der zunehmenden Unschärfe von Bildern im Laufe des fotografischen Prozesses zum Teil wieder rückgängig machen.

Scharfzeichnung | Methoden

Schon in der traditionellen Dunkelkammer erstellte man ein unscharfes Positiv des zu bearbeitenden Original-Negativs und vergrößerte dann das Negativ zusammen mit der unscharfen Kopie. Die Kopie fungierte als Unschärfemaske und trug zur Betonung des Kontrasts bei. Bilder lassen sich zwar mithilfe der Scharfzeichnung verbessern, aber sie können durch übermäßige Schärfung auch verdorben werden.

Arbeiten Sie zur Scharfzeichnung der Gesamtaufnahme nur mit dem Filter »Unscharf maskieren« Ihrer Software, denn er ermöglicht die Anpassung der Effekte an die Charakteristiken Ihres Motivs. USM ist ein Verfahren zum Scharfzeichnen von Kanten, bei dem der Kontrast zwischen unterschiedlichen Pixeln erhöht wird. Diese auf einen größeren Bereich angewendeten einzelnen Kontraststeigerungen führen zu einem Scharfzeichnungseffekt, der mit anderen Mitteln nur schwer zu erreichen ist. Stellen Sie einfach einen hohen Radius, aber eine geringe Stärke ein.

Die stärksten Auswirkungen hat die Radius-Einstellung. Bei Bildern mit vielen Details sollten Sie einen kleinen Radius auswählen, bei Fotos mit großen Bereichen

Schärfungseinstellungen

Die linke Hälfte des Split Screen unten zeigt den Effekt von »Stark scharfzeichnen« – zu viele Artefakte. Rechts wurde der Filter »Unscharf maskieren« angewendet, der zwar immer noch einige Artefakte verursacht, aber insgesamt ein klareres Ergebnis erzielt.

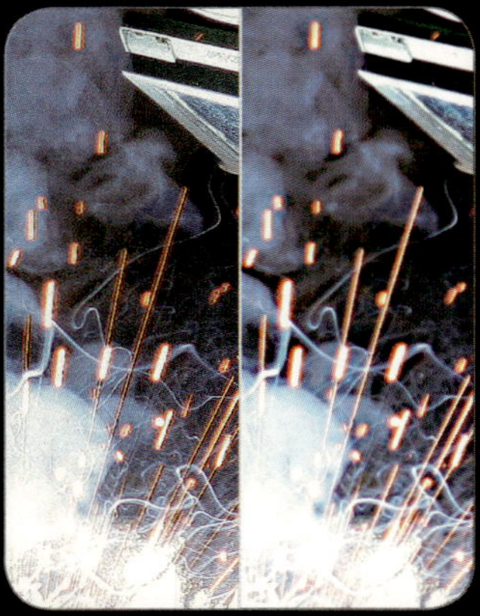

STARK SCHARFZEICHNEN | USM

WIE AUFGENOMMEN

Schärfe und Größe

Obwohl das Original (oben) aufgrund der langen Belichtungszeit leichte Unschärfen hat, wirkt es auf den Betrachter scharf, solange einige Funken und Details des Schweißers scharf erscheinen. Beim Hauptbild wurde im L-Kanal des Lab-Modus der Filter »Unscharf Maskieren« mit einer Stärke von 111 %, einem Radius von 11 und einem Schwellenwert von 1 angewendet, was zum besten Ergebnis führte.

ORIGINAL

Schärfe und Größe
Aufgrund der klaren Linien und geometrischer Details muss dieses Bild überhaupt nicht geschärft werden, wenn es klein reproduziert wird (oben). Bei einem größeren Format tritt die ungenaue Fokussierung jedoch schnell zutage – hier hilft die Scharfzeichnung. Das Hauptbild (links) ist Ergebnis der Anwendung des USM-Filters im Lab-Modus mit einer Stärke von 111 %, einem Radius von 11 und einem Schwellenwert von 11.

gleichmäßiger Tonwerte dagegen einen größeren Radius. Ein guter Ausgangspunkt ist eine Stärke von 111, ein Radius von 1 und ein Schwellenwert von 11. Zur weiteren Verfeinerung des Effekts sollten Sie den Filter im Helligkeits-Kanal (L) im Lab-Modus nutzen. So wird die Schärfung überwiegend in dem Kanal durchgeführt, der die Details enthält, sodass Artefakte verringert und die Schärfung von Farbrauschen reduziert wird.

Scharfzeichnung | Helligkeitskanal

Nehmen wir einmal an, dass Ihre Software im Lab-Modus arbeiten kann. Wählen Sie also den Lab-Modus und dann den L-Kanal in der Kanalpalette aus. Wenden Sie den USM-Filter nur auf diesen Kanal an und konvertieren Sie das Bild anschließend wieder in den RGB-Modus. Ein Nachteil dieser Methode besteht darin, dass Sie die Scharfzeichnungseffekte nur anhand des Schwarzweißfotos beurteilen können, weil der L-Kanal nur die Helligkeitsverteilung anzeigt.

Der USM-Filter sollte erst nach Beendigung aller anderen Anpassungen des Fotos angewendet werden, denn, so paradox es auch klingen mag, die Scharfzeichnung mit USM zerstört Bilddaten, die später nicht mehr wiederhergestellt werden können. Aus diesem Grunde ist die Schärfung der Bilder in der Kamera keine gute Strategie.

Wirkungsvolle Weichzeichnung | Anwendung

Während Scharfzeichnungsmethoden auf die Reduzierung von Unschärfen abzielen, ist manchmal auch eine Weichzeichnung nötig, wenn Sie z. B. eine deutliche Verringerung der Schärfentiefe anstreben. Wählen Sie dazu den gesamten Bereich hinter dem Motiv aus und wenden eine leichte Weichzeichnung darauf an. Bei entfernteren Partien des Hintergrunds sollte die Weichzeichnung stärker ausfallen. Außerdem wirken nicht ganz scharfe Motive vor einem weichgezeichneten Hintergrund schärfer.

STÄRKE 100 %, RADIUS 100 | ORIGINAL

Überschärfung
Eine übermäßige Schärfung der Gesamtaufnahme kann auch zu einer Änderung des Tonwertumfangs führen. Die linke Seite des Split Screen zeigt den Effekt einer Stärke von 100 %, eines Radius von 100 und eines Schwellenwerts von 0. In diesem Fall ist jedes Pixel von der Schärfung betroffen, sodass nicht nur der Kontrast an den Kanten, sondern auch am Himmel erhöht wird.

Verfeinerte Scharfzeichnung

Mit Scharfzeichnungsmethoden lassen sich die Unschärfen reduzieren, die im Laufe der Bildherstellung entstehen – durch ungenaue Scharfeinstellung, Bewegungen oder der Ausrichtung des Sensors. Da die Scharfzeichnung jedoch auch unerwünschte Effekte hat, muss die Schärfung selektiv erfolgen.

USM | selektive Scharfzeichnung

Nehmen wir einmal an, Ihr Bild enthält großflächige Bereiche mit Himmel oder Meer, die klar von feinen Details wie Bäumen oder Gras im Vordergrund getrennt sind. Sie möchten nicht die Wolken schärfen, sondern nur die Details im Vordergrund. Dazu wählen Sie den Vordergrund mit dem Auswahl- oder Lasso-Werkzeug aus und wenden dann den Filter »Unscharf maskieren« an.

Die selektive Scharfzeichnung ist bei Porträts unverzichtbar. Um z. B. die Augen schärfer abzubilden, wählen Sie den Maskierungsmodus und zeichnen mit einem weichen Pinsel eine Linie um die Augen. Verlassen Sie den Maskierungsmodus und drehen Sie die Auswahl um. Wenden Sie nun den USM-Filter mit niedriger Stärke an.

Konturen finden | Beschränkung des Effekts

Der Filter »Konturen finden« sucht nach den Kanten des Motivs und hebt sie hervor. Er ist daher ein nützliches Hilfsmittel, um den Effekt der Scharfzeichnung durch den USM-

Eingescanntes Bild
Das Bild von der Parade am Unabhängigkeitstag in Bischkek, Kirgisistan, das von einem Kleinbilddia eingescannt wurde, war zwar scharf, aber körnig (unten). Das Foto sollte etwas knackiger wirken, ohne dass dadurch die Körnigkeit betont wird. Die Scharfzeichnung musste also auf die Kanten von wichtigen Details beschränkt bleiben, wie vom Filter »Konturen finden« umrissen (unten). Die Auswirkungen einer Stärke von 200 und eines Radius von 5 sieht man auf dem Hauptbild. Hätte man diese Einstellung auf das Gesamtbild angewendet, so wäre daraus ein sehr körniges Bild geworden (unten).

KÖRNIG BEI DER AUFNAHME

KONTUREN FINDEN

ALLGEMEINE SCHÄRFUNG

Filter auf die Kanten zu beschränken, während die Bereiche außerhalb der Auswahl unberührt bleiben.

Vor der Anwendung dieses Filters sollten Sie die Hintergrundebene duplizieren. In der duplizierten Ebene wählen Sie den Kanal mit den räumlichen Informationen aus (meist Grün) und wenden dann den Filter an. Aufgrund der resultierenden recht scharfen Linien sollten Sie das Bild etwas mit dem Gauß'schen Weichzeichner bearbeiten.

Kehren Sie das gerade weichgezeichnete Bild um. Laden Sie diese Auswahl jetzt als Quelle (Menü: »Auswahl › Auswahl laden«). Die schwarzen Bereiche sind maskiert und die weißen – nicht maskierten – Partien werden ausgewählt. Die Auswahl kann möglicherweise nicht geladen werden, wenn der Kontrast zu gering ist. In diesem Fall sollten Sie mithilfe der Tonwertkorrektur eine kontrastreiche Maske mit tatsächlich schwarzen und weißen Bereichen erstellen.

Wenden Sie nun den USM-Filter an. Die Scharfzeichnung wird durch die Auswahl auf die Kanten Ihres Fotos beschränkt und lässt alle anderen Partien außer Acht, was z. B. bei der Schärfung von eingescannten Diafilmen gute Dienste leistet.

Hochpassfilter | Scharfzeichnung von feinen Details

Damit große Bereiche mit gleichmäßigen Tonwerten maskiert werden, feine Details wie Kanten jedoch nicht, sollten Sie den Hochpassfilter einsetzen. Auch damit wird die Scharfzeichnung auf die feinen Details beschränkt, diesmal jedoch mithilfe einer Füllmethode, die den Maskierungseffekt des Hochpassfilters nutzt.

Kopieren Sie zunächst das Hintergrundbild. Stellen Sie die Füllmethode auf »Überlagern« ein. Dann wenden Sie den Hochpassfilter auf diese Ebene an. Das Bild wirkt wahrscheinlich sofort schärfer. Steuern Sie den Effekt mit Radius und Deckkraft ein. Probieren Sie auch unterschiedliche Füllmethoden aus wie »Weiches Licht« oder »Lichtpunkte« und »Hartes Licht« oder »Lineares Licht«.

Der Hochpassfilter ist bei JPEG-Bildern besonders nützlich, denn Sie können das Verhältnis zwischen Scharfzeichnungsartefakten und echten Bilddetails mithilfe von unterschiedlichen Radius- und Deckkrafteinstellungen leicht beurteilen. Sie können die Hochpass-Ebene auch mit einem mittleren Grau bearbeiten, damit bestimmte Bereiche nicht von der Schärfung betroffen sind. Der Filter bewirkt allerdings eine Tonwertänderung, die Sie später wieder korrigieren müssen.

ORIGINAL

HOCHPASS | RADIUS 5

HOCHPASS / RADIUS 20

HOCHPASS / RADIUS 10

Nutzung des Hochpassfilters
Das Original (oben) weist sowohl Details als auch große leere Bereiche auf. Mit dem Hochpassfilter werden in einer duplizierten Ebene die Kanten mit hochfrequenten Details ausgewählt. Ein kleiner Radius definiert die Kanten sehr genau, während ein großer Radius einen Lichtsaum erzeugt. In der auf »Überlagern« eingestellten duplizierten Ebene ist der Scharfzeichnungseffekt deutlich sichtbar. Beim Hauptbild (oben links) kam der Modus »Strahlendes Licht« mit einer Deckkraft von 34 % zum Einsatz.

Schritt für Schritt: Bildkorrekturen und Schärfung

Die Scharfzeichnung von Bildern mithilfe von Scharfzeichnungsfiltern, dem Filter »Unscharf maskieren« und anderen digitalen Techniken wird Ihnen so leichtfallen, dass Sie aufpassen müssen, den Effekt nicht zu übertreiben, denn dann sieht das Foto künstlich aus. Auch kleinere Reparaturen eines Fotos können zu weit gehen, sodass Ihr Motiv steril aussieht.

ORIGINAL

1 Beurteilung des Originals

Dieses Bild hat eine Fülle von feinen Strukturen. Das weiche Fell und die Baumrinde zeichnen sich durch viele Details aus. Dieser Kontrast von Schärfe und Unschärfe lässt sich weiter steigern, damit das Bild noch klarer wirkt. Gleichzeitig ist dann das störende Netz im Hintergrund weniger deutlich zu sehen.

REPARATURPINSEL | KOPIERSTEMPELWERKZEUG

2 Kleinere Reparaturen

Säubern Sie das Bild zunächst mithilfe des Reparaturpinsels (J) und des Kopierstempelwerkzeugs (S), indem Sie störende Bildelemente wie die Zecke über dem Auge des Pumas entfernen. Bei der Bearbeitung einer so komplizierten Fläche sollten Sie sich Zeit nehmen und bei starker Vergrößerung arbeiten.

ZEICHENFEDER

3 Trennung der Bildelemente

Trennen Sie den Vorder- vom Hintergrund, um die Anpassung bestimmter Partien des Fotos zu erleichtern. Kopieren Sie das Original, zeichnen Sie mit der Zeichenfeder (P) einen Pfad um die Vordergrundelemente. Die resultierende Auswahl kann in eine Ebenenmaske verwandelt werden.

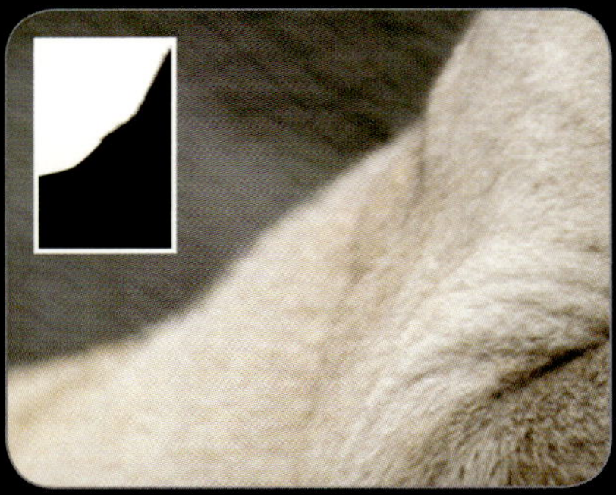

PINSEL MIT UNREGELMÄSSIGER FORM

4 Weiche Maske

Damit die Zusammenfügung von Vorder- und Hintergrundelementen realistisch wirkt, müssen Sie die Kanten der Maske aufrauen, damit das Fell in den Hintergrund übergehen kann. Verwenden Sie dazu einen Pinsel namens »Gras«, mit dem die ungleichmäßigen Strukturen des Fells nachgeahmt werden kann.

GRADATIONSKURVEN

5 Abdunkelung des Hintergrunds

Da Hintergrund und Vordergrund voneinander getrennt wurden, fällt die Anpassung der Farben der unterschiedlichen Partien leichter. In diesem Fall sollten Sie den Hintergrund mithilfe einer Gradationskurve abdunkeln, damit sich der Puma stärker vom Hintergrund abhebt.

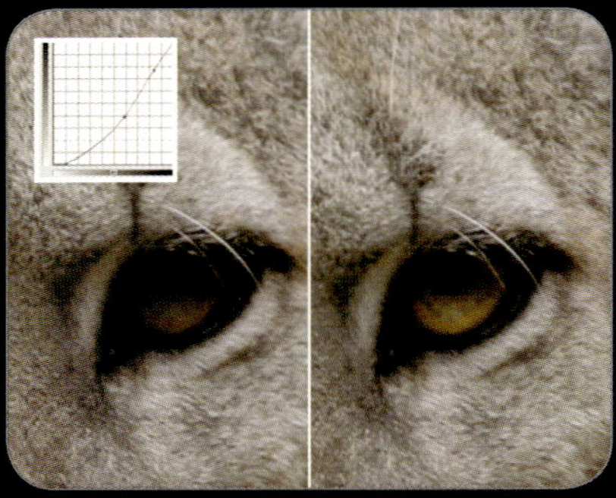

NOCH MEHR GRADATIONSKURVEN

6 Anpassung der Augenfarbe

Die Augenfarbe wirkt flach und bleibt hinter dunklen Schatten verborgen. Verleihen Sie dem Gelb mithilfe einer Gradationskurve mehr Ausdruck. Schränken Sie den Effekt mithilfe einer Einstellungsebene und einer Maske ein. So bleiben die Farbanpassungen örtlich begrenzt und können bei Bedarf wieder korrigiert werden.

SELEKTIVE FARBKORREKTUR

ABWEDELN UND NACHBELICHTEN

SCHÄRFUNG MIT DEM HOCHPASSFILTER

7 Selektive Farbkorrektur

Bringen Sie mithilfe der »Selektiven Farbkorrektur« Lichtreflexe im Fell, in den Augen und auf dem Baumstamm zur Geltung, indem Sie die Weißwerte verringern. Verstärken Sie die Gelbtöne, um die Augen zu betonen und die Farbe des Fells wärmer wiederzugeben. Durch Reduzierung der Cyantöne wird das Bild wärmer.

8 Ausgewogene Tonwerte

Erstellen Sie zwei Kurven-Einstellungsebenen (in »Aufhellen« bzw. »Abdunkeln«). Dunkeln Sie die hellen Bereiche im Fell und in den Augen mit einem weichen Pinsel zur Aufhellung ab. In der Gradationskurve zur Abdunkelung können Sie Schattenpartien und den Hintergrund mithilfe eines Pinsels aufhellen.

9 Schärfung der Kanten

Wenden Sie den Hochpassfilter auf einer Kopie des Fotos an. Sie können nun mit der Ausarbeitung der Kantendetails beginnen. Kombinieren Sie diese Ebene mit der Füllmethode »Überlagern«, »Weiches Licht« oder »Hartes Licht« mit den darunterliegenden Ebenen. Wenden Sie die internen Konturen an.

Das **RAW-Format**

Die Arbeit mit RAW-Dateien sorgt in der Digitalfotografie vielleicht für mehr Verwirrung und kontroverse Diskussionen als andere Themen. Das RAW-Format bietet sicherlich einen großen Nutzen, aber es verlangsamt gleichzeitig die Arbeit und birgt die Gefahr von Fehlurteilen bei der Konvertierung.

RAW-Optionen

Das obere Foto einer Straße wurde zwar präzise aufgenommen, ist aber nicht so ausdrucksstark. Das nächste Bild darunter zeigt die Anwendung von »Fülllicht« zur helleren Wiedergabe der Schatten und »Reparatur« zur Wiederherstellung der Dichte in den hellen Bereichen. Mithilfe von höheren Helligkeitseinstellungen (unten) können wir die Dichte und den Mittelton-Kontrast ohne Detailverlust erhöhen. Das vollständig bearbeitete Bild (Hauptbild) hat intensivere Farben, eine gute Zeichnung in den Schatten und Lichtern und eine gute Schärfe.

WIE AUFGENOMMEN

FÜLLLICHT

FÜLLLICHT UND REPARATUR

REPARATUR UND HELLIGKEIT

RAW-Bild | Rohdaten

Ein RAW-Bild ist wie eine Forschungsstudie, die noch analysiert werden muss. Stellen Sie sich vor, Sie hätten bei einer Untersuchung Unmengen von Daten gesammelt, die Sie nun analysieren müssen, bevor Sie daraus Schlussfolgerungen ziehen können. Andere Personen könnten bei der Bewertung Ihrer Daten zu ganz unterschiedlichen Ergebnissen gelangen. Bei einer RAW-Bilddatei verhält es sich ähnlich: Die Daten müssen verarbeitet werden, aber unterschiedliche Prozesse führen eventuell zu anderen Ergebnissen – manche davon mit besseren Farben, andere mit mehr Details.

Um die Analogie fortzusetzen: Nur Sie wissen, in welchem Aktenstapel bestimmte Daten Ihrer Untersuchung enthalten sind; ebenso organisieren die von Ihrer Kamera erstellten RAW-Dateien die Informationen auf ihre eigene Weise. Ein einheitliches RAW-Format gibt es nicht, denn jede Kamera wendet ihre eigenen Methoden an.

Als gemeinsame Plattform für RAW-Dateien wurde zur Standardisierung das DNG-Format vorgeschlagen. Es organisiert die Daten im Grunde nicht neu, sondern fügt

lediglich Informationen über ihre Struktur hinzu – so, als ob sie alle ihre Forschungsakten in einen großen Umschlag mit einem Inhaltsverzeichnis stecken würden.

Vorteile | und Nachteile

Wir haben bereits gesehen, dass die Aufzeichnung im RAW-Format bei Bedarf die größte Flexibilität bietet. Sie arbeiten mit dem größten Format, das Ihre Kamera bewältigen kann, und legen sich in Bezug auf Weißabgleich, Farbraum oder Schärfung nicht fest. Manche Kameras speichern die RAW-Daten mit mehr Details als die übliche RGB-Datei, d. h. mit 30 oder mehr Datenbits anstelle von 24.

Die Dateien sind jedoch viel größer als die entsprechenden JPEG-Dateien höchster Qualität und müssen vor der Nutzung konvertiert werden. Außerdem arbeiten manche Kameras bei der Aufzeichnung im RAW-Format extrem langsam. Kurz, die Flexibilität geht durch die langsamere und aufwendigere Arbeitsweise teilweise wieder verloren.

Um die Notwendigkeit der Konvertierung der RAW-Dateien vor der Betrachtung zu umgehen, speichern viele Kameras zusätzlich zur RAW-Datei eine kleine JPEG-Version, damit Sie das Bild auf dem Bildschirm prüfen können. Für diese Vorschau werden die Standardeinstellungen der Kamera verwendet und das Ergebnis wirkt in der Regel farbenfroh – im Gegensatz zum unbearbeiteten RAW-Bild, wodurch der Eindruck entstehen könnte, das JPEG-Foto wäre besser als das Bild im RAW-Format.

RAW | Konvertierung und Speicherung

Die RAW-Dateien sollten in ein Standard-Dateiformat wie TIFF oder JPEG konvertiert werden. Die Qualität von RAW-Konvertern schwankt, nicht nur in Bezug auf Benutzerfreundlichkeit und Geschwindigkeit, sondern auch in Bezug auf die Qualität des resultierenden Fotos, die allgemein umso besser ist, je mehr das Programm kostet.

Speichern Sie die verarbeiteten Bilder immer als neue Datei ab. So können Sie zum Original im RAW-Format zurückkehren und neue Anpassungen vornehmen, ohne befürchten zu müssen, dass Ihre früheren Anpassungen, wie die Auswahl des Farbraums, zu einem Datenverlust geführt haben.

RAW-Konvertierung
Hochwertige Konverter wandeln RAW-Dateien nicht nur in JPEG oder TIFF um, sondern korrigieren Bildfehler. Die laterale chromatische Aberration auf dem Bild unten wurde auf dem mittleren Bild korrigiert. Auch die Vignettierung kann behoben werden.

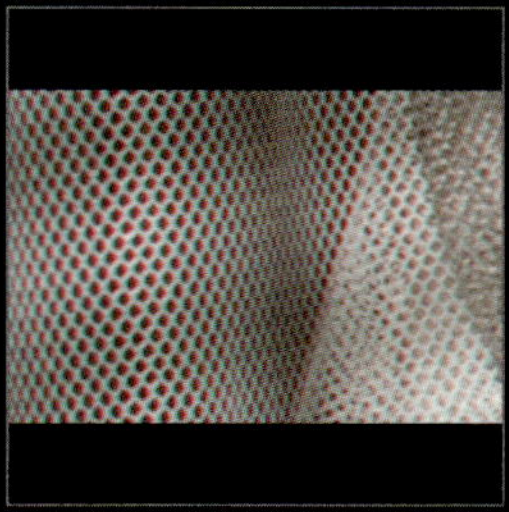

CHROMATISCHE ABERRATION

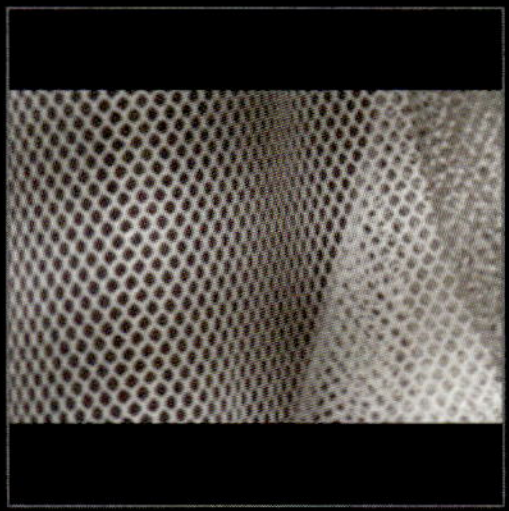

KORRIGIERT

KORRIGIERTE VIGNETTIERUNG

Dossier

Farbsäume können zwei Ursachen haben: erstens eine chromatische Aberration, die dazu führt, dass die roten, blauen und grünen Teilbilder unterschiedlich groß abgebildet werden, und zweitens Fehler bei der Berechnung der Farbinformationen durch die Elektronik.

Verarbeitung von RAW-Bildern

Die zunehmende Beliebtheit von Aufnahmen in RAW-Format hat zu großen technologischen Fortschritten geführt. Moderne RAW-Konverter sind auf allerbeste Bildqualität und verständliche, zunehmend automatisierte Prozesse ausgelegt und gehören heute zu den Geheimwaffen eines jeden Fotografen.

Artefakte in Details
Diese Szene war eine große Herausforderung: Sie hat sowohl feinste Details, wie das Reisstroh, als auch einen großen Helligkeitsumfang – von der dunklen Kleidung bis zu den sonnenbeschienenen Bereichen. Die Details auf einem Digitalfoto entsprechen eventuell nicht ganz der Wirklichkeit: Feine, sich wiederholende Muster werden vielleicht verdoppelt oder weisen eine Farbverschiebung auf. Unten wird gezeigt, wie unterschiedlich RAW-Konverter damit umgehen.

ADOBE CAMERA RAW

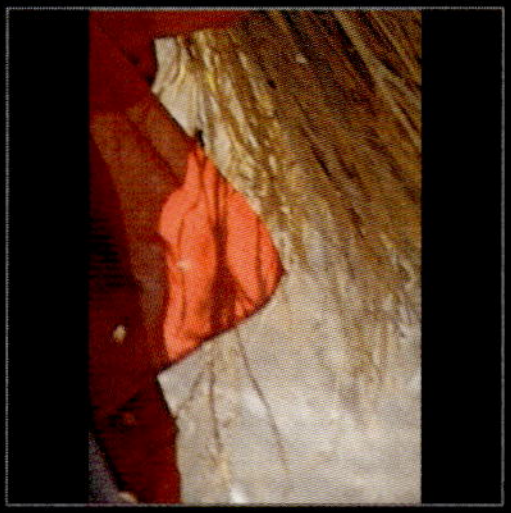

APPLE APERTURE

DXO OPTICS PRO

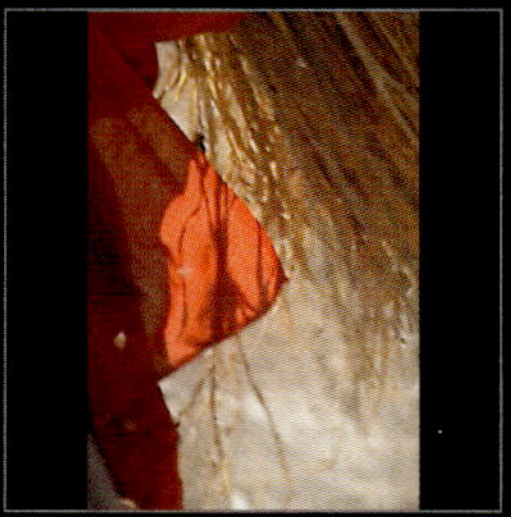

PHASE ONE CAPTURE ONE

RAW-Konverter | Demosaicing

Bei den meisten Digitalkameras enthält jedes Pixel unmittelbar nach der Aufzeichnung nur Informationen für entweder Rot, Grün und Blau. Der Prozess, aus jedem Pixel die Daten für alle drei Farben zu gewinnen, wird »Demosaicing« (Farbinterpolation) genannt. Dabei werden die fehlende Informationen aus den Nachbarpunkten berechnet. Dies lässt sich auf unterschiedliche Arten bewerkstelligen und erklärt, warum die Ergebnisse je nach RAW-Konverter unterschiedlich ausfallen.

Diese Unterschiede treten jedoch nur bei starker Vergrößerung – 100 % oder mehr bei großen Dateien – zutage. Da der Hauptgrund für die Arbeit mit RAW-Bildern die bestmögliche Qualität ist, sollten Sie Ihren RAW-Konverter sorgfältig auswählen. Den Softwareprogrammen, mit denen die Beispielbilder auf diesen Seiten erstellt wurden, wird allgemein bestätigt, dass sie Ergebnisse mit professioneller Qualität liefern.

Konvertierung | im Stapelbetrieb

Ein weiteres modernes Merkmal von RAW-Konvertern ist ihre Fähigkeit, eine Einstellung automatisch auf eine Reihe von Bildern anzuwenden, die sogenannte Stapelverarbei-

Hohe Empfindlichkeit
Die extrem hohen Empfindlichkeiten moderner Digitalkameras in Kombination mit der effizienten Rauschreduzierung von RAW-Konvertern führen zu einer beispiellosen Bildqualität bei schwachem Licht. Da das Rauschen jedoch zu einem Verlust von Bilddaten führt, sollten Sie unbedingt mit den größtmöglichen Dateien arbeiten, da die Dateigröße selbst zur Verringerung der Auswirkungen des Rauschens auf dem Bild beiträgt.

tung. Man braucht zwar Mut und Erfahrung, um eine Einstellung auf Dutzende von Fotos anzuwenden, aber die Mühe lohnt sich. Zunächst müssen Sie die beste Einstellung für ein Foto ermitteln, das bei gleichen Lichtverhältnissen wie die anderen Fotos aufgenommen wurde. Speichern Sie die Einstellung, wählen Sie die anderen Bilder aus und weisen Sie Ihnen die Einstellungen zu – Belichtung, Kontrast, Aufhellung der Tiefen und Wiederherstellung der Lichter, Weißabgleich, Schärfe, Rauschreduzierung usw. – und konvertieren Sie den Bildstapel. Diese Dateien sind den von einer Kamera erstellten Dateien weit überlegen – logischerweise, denn Sie haben alle Entscheidungen selbst getroffen.

Da alle Originaldateien außerdem erhalten bleiben, können Sie später zu diesen Bildern zurückkehren, falls Sie Ihre Meinung ändern oder falls einem Kunden ein anderes Ergebnis vorschwebt. Generell ist immer Vorsicht beim Löschen von Dateien geboten, und für Original-RAW-Dateien gilt das ganz besonders.

WIE AUFGENOMMEN

DXO OPTICS PRO

ADOBE LIGHTROOM

DIGITAL PHOTO PROFESSIONAL

ADOBE CAMERA RAW

PHASE ONE CAPTURE ONE

1 2 3
4 5 6
Leucht**pult**

Rauschen
Bild **1** ist eine Aufnahme ohne Rauschreduzierung. Bei **2** wurde das Rauschen mit DxO Optics Pro verringert. Bei **3** kam Adobe Lightroom zum Einsatz. **4** wurde mit schlechtem Ergebnis mit Digital Photo Professional verarbeitet. **5** ist das Ergebnis von Adobe Camera RAW und **6** von Phase One Capture One. Wenn die Rauschunterdrückung aggressiv betrieben wird, können wichtige Bilddetails verloren gehen und das Bild künstlich wirken.

Aufgabe: **Grundbearbeitung**

Im Idealfall sollte in jedem Genre der Fotografie ein Bild angestrebt werden, das überhaupt nicht nachbearbeitet werden muss – keine Verbesserungen, keine Verschönerungen, keine Anpassungen an den persönlichen Geschmack. So könnten Sie Ihre Zeit kreativer nutzen, als vor dem Computer zu sitzen. Trotz dieser Überlegungen sollte man jedoch ruhig dem Drang nachgeben, die Bilder ein klein wenig zu verbessern.

ORIGINAL

Vorgaben

Beginnen Sie mit einem interessanten Bild, das jedoch Mängel hat – vielleicht ist es unterbelichtet oder die Weißabgleichseinstellung stimmte nicht. Nutzen Sie einfache Verbesserungswerkzeuge (Tonwertkorrektur, Gradationskurven, Farbbalance usw.), um es zu »perfektionieren«. Schärfen Sie das Bild auch leicht nach und beseitigen Sie kleinere Schönheitsfehler.

KOPIERSTEMPELWERKZEUG

Zur Erinnerung

- Merken Sie sich die Shortcuts der Tastatur für häufig aufgerufene Befehle, um Zeit zu sparen und eine einseitige Belastung (Mausarm) zu vermeiden.
- Arbeiten Sie an einem kalibrierten und profilierten Computerbildschirm.
- Der Bildschirm sollte keine unnötigen Paletten anzeigen.
- Stellen Sie an Ihrem Monitor einen einfachen grauen Hintergrund ein.
- Arbeiten Sie nach Möglichkeit in Einstellungsebenen, um Qualitätsverluste durch aufeinanderfolgende Änderungen zu vermeiden.

Fotografische Vorbilder

Experten für Farben
Die Farbkorrektur ist zwar in der Bildbearbeitungssoftware ein zentrales Thema, aber nur wenige Fotografen verstehen die Beziehung zwischen Software, Farbpsychologie und Vorstellungskraft so gut wie Bruce Fraser und Dan Margulis.

Experten für Retusche
Es gibt viele höchst geschickte Retuscheure auf der Welt, aber nur wenige davon können ihre Methoden verständlich erklären und sind bereit, offen über ihre Arbeitsverfahren zu sprechen. Folgende Autoren beschreiben ihre unterschiedlichen Ansätze: Bert Monroy, Karin Eismann, Suzette Troche, Steve Caplin.

Experten für Photoshop
Die Bezeichnung »Photoshopexperte« war früher eine rare Auszeichnung; heute gibt es zwar viele Experten, aber nur wenige beherrschen alle Aspekte der Software gleichermaßen. Zu diesem Thema sollten Sie sich die Arbeiten von David Blatner, Scott Kelby oder David Biedny ansehen.

LICHTER

TONWERTKORREKTUR

GRAUABGLEICH

REPARATUR

TIEFEN

VORDERGRUND

SELEKTIVES ABWEDELN UND NACHBELICHTEN

1 2 3
4 5 6
7 8 9
Leucht**pult**

Top**tipps**

1 Landschaft | Ansicht
Diese Aufnahme einer herbstlichen Szene war leicht unterbelichtet, bot aber ansonsten das Potenzial für Verbesserungen durch eine Steigerung der Farbkontraste.

2 Tonwerte | Korrektur
Die Tonwertkorrektur ist die grundlegende Funktion zur Anpassung von Belichtung oder Helligkeit der Aufnahme. Der Regler für die Mitteltöne passt die Belichtung an, ohne den Schwarz- oder Weißpunkt zu beeinflussen.

3 Grau | Abgleich
Das Abendlicht auf dem Original sorgte für einen Farbstich. Seine Korrektur mithilfe der grauen Pipette oder der »Farbbalance« führt zu einer Verstärkung der blauen Farbe des Himmels und zur Aufhellung der Herbstblätter.

4 5 Beseitigung | Mängel
Bei genauerer Betrachtung der Aufnahme finden wir kleinere Mängel wie z. B. Flecke auf dem Wasser. Diese können mit dem Kopierstempelwerkzeug im Modus »Abdunkeln« beseitigt werden.

6 Tiefen | Aufhellung
Bei genauerer Prüfung der entfernten Bäume erkennt man, dass die Tiefen ein wenig zu dunkel sind und Details verbergen. Mit einer Gradationskurve oder der Funktion »Tiefen/Lichter« hellen wir die Tiefen ein wenig auf.

7 8 Lichter | Wiederherstellung
In 7 stellen wir mit einer Gradationskurve etwas Dichte in den Lichtern wieder her, achten aber darauf, die weißen Werte nicht abzuschneiden. Zum Ausgleich wählen wir den Vordergrund aus, 8, und hellen ihn auf.

9 Fertigstellung | Feinschliff
Da die Beleuchtung zu gleichmäßig wirkt, wählen wir den Abwedler zur Aufhellung des Himmels und den Nachbelichter zur dunkleren Abbildung von Teilen des Vordergrunds.

▶ Ergebnisse

Hafenpromenade in Singapur

Max Ackermann

»Ich war fasziniert von dem weichen Licht, das die riesigen Laternen auf die fröhlichen nächtlichen Passanten warfen.«

▲ Canon EOS 350D, ISO 200, Brennweite: 200 mm, 0,8 s bei Bl. 20,0

Kritik

Es muss immer wieder betont werden, dass der beste Zeitpunkt zur Perfektionierung eines Fotos der Moment der Aufnahme ist. Dies schließt die Aufzeichnung im RAW-Format nicht aus, denn Sie können Voreinstellungen einrichten, um Ihre Bilder automatisch zu verarbeiten. Steuern Sie bei der Aufnahme so viele Aspekte wie möglich, um die Nachbearbeitung auf ein Minimum zu reduzieren – etwas Abwedeln oder Nachbelichten zur Verbesserung des Tonwertumfangs, Schärfen mit dem Filter »Unscharf Maskieren« im Helligkeitskanal, eine leichte Anpassung des Weißabgleichs.

Hafenpromenade in Singapur

Diese Aufnahme war recht aufwendig. Der Fotograf stellte sein Stativ auf einer nahe gelegenen Brücke auf, um mit langer Brennweite und kleiner Blende eine gute Schärfentiefe zu erreichen. Die richtige Belichtung war ebenfalls ein wesentlicher Faktor, damit gerade noch genug Zeichnung in den Schatten vorhanden war, um die Menschen am Wasser sichtbar zu machen, ohne jedoch die von den Laternen geschaffene Lichtstimmung zu zerstören.

Porträt am Brunnen

Die Qualität dieser Aufnahme ist Ergebnis einer geschickten Belichtung, bei der gerade noch ein wenig Bewegungsunschärfe des Wassers eingefangen wurde, ohne dass die einzelnen Tröpfchen zu einer milchigen Masse verschwammen. Da die Aufnahme jedoch etwas zu hell war, musste das Wasser, nicht jedoch die bereits sonnengebräunte Haut der Frau etwas dunkler wiedergegeben werden.

Glockenblumenbaby

Ein Kinderporträt aus der Ferne bietet sich für eine Ausschnittvergrößerung an. An diesem sonnigen Tag war der Kopf des Babys durch einen Sonnenhut geschützt, sodass Annabel House das im Schatten liegende Gesicht aufhellte und den Kontrast und die Farben verbesserte.

Porträt am Brunnen

Janet Baker

»Das Licht auf dem Brunnen war fantastisch, und es war so heiß, dass meine Freundin sagte: ›Wäre es nicht toll, jetzt im Wasser zu stehen?‹«

▲ Nikon D7, Brennweite: 35 mm, Bl. 5,6

Glockenblumenbaby

Annabel House

▲ Nikon D7, Brennweite: 70 mm, Bl. 4,5

»Immer wenn wir versuchten, näher heranzugehen, krabbelte er weg und schaute dann gespannt zurück, um zu sehen, ob wir hinter ihm herkommen.«

Kurs 11 Bildmanipulation

Ironischerweise entdecken wir im Digitalzeitalter mehr Feinheiten in einem Schwarzweißfoto als zur Blütezeit des analogen Films. Ursache dafür ist die Art und Weise, wie wir Farben digital definieren und beschreiben. Dies hat uns mehr neue Methoden der Anpassung – und des Experimentierens mit Bildern – eröffnet als alle früheren Dunkelkammermethoden zusammen.

Kurs 11 Übersicht

Dossier

Die roten, grünen und blauen Kanäle Ihrer Aufnahmen (oder Cyan, Magenta, Gelb und Schwarz) sind im Grunde Graustufenbilder. Sie können ihnen jede Farbe zuweisen und das resultierende Bild weist dann andere Farben auf, aber die Konturen bleiben gleich, was deutlich macht, dass die Kanäle eigentlich grau sind.

Farbe in Schwarzweiß

Die Fotopioniere verwandelten die Farben unserer Welt in ein Muster aus Hell und Dunkel: Jeder Farbton wurde zu einem Grauton. Zunächst ging man davon aus, dass alle Farben gleichermaßen umgewandelt würden, aber schon bald stellte sich heraus, dass es große Reaktionsunterschiede zwischen z. B. Grün- und Blautönen gab – und auch die Wiedergabe schwankte von Film zu Film.

Farbton | und Grau

Obwohl wir heute von Milliarden von Farbfotos umgeben sind, ist die Faszination von Schwarzweißaufnahmen ungebrochen. Das ursprüngliche oder natürliche Bild ist in der Digitalfotografie farbig – und auf der Grundlage dieser Farbfotos stehen uns wunderbar leistungsstarke Möglichkeiten für die Umwandlung von Farbe in Schwarzweiß zur Verfügung.

» Die Faszination von Schwarzweißaufnahmen ist ungebrochen. «

Die Konvertierung in Monochrom ist eine Methode, wie Farbwerte auf Tonwerte auf einer Grauskala zwischen Tiefschwarz und Reinweiß abgebildet werden können. Unterschiedliche Farben auf dem Foto können nach der Konvertierung als derselbe Grauton erscheinen. Ein intensives Grün wird z. B. in exakt dasselbe Grau konvertiert wie ein intensives Rot oder Hellblau, d. h., dass man nach der Konvertierung die Farben kaum noch unterscheiden kann. In der analogen Fotografie wandte man zur Vermeidung dieses Effekts eine sehr grobe Methode an: Die Verwendung von – farbigen – Objektivfiltern führte zu einer dunkleren Abbildung der Komplementärfarben des Filters. Folglich ließ etwa ein Rotfilter Tiefblau fast schwarz erscheinen. Die digitale Entsprechung ist die Änderung der Helligkeitsgewichtung, die einer Farbe zugewiesen wird.

RGB-Kanäle | Kontrolle der Gewichtung

Die Standardmethode zur Umwandlung eines Farbbilds in Schwarzweiß besteht darin, die RGB-Kanäle unterschiedlich zu gewichten, denn Grüntöne erscheinen am hellsten und Blautöne am dunkelsten. In der Regel werden RGB-Bilder in einem Verhältnis von 30:60:10 RGB umgewandelt – 10 % des Werts stammt aus Blau, 60 % aus Grün und 30 % aus Rot. Die Konvertierung in Graustufen ist aber nicht das Gleiche wie die Verringerung der Sättigung.

Natürlich ist die Standardmethode nicht für alle Motive geeignet. Wenn z. B. rote Blumen heller sein sollen als grüne Blätter, sollten Sie den roten Kanal stärker gewichten als den grünen Kanal. Die Gewichtung der Kanäle bei der Konvertierung lässt sich z. B. mit dem Kanalmixer steuern. Veränderungen des roten, grünen oder blauen Kanals ermöglichen eine Anpassung der Gesamtbelichtung. Bei einigen Konvertierungswerkzeugen lässt sich durch die Anpassung der Umwandlung von Gelb, Magenta und Cyan eine noch größere Vielfalt von Effekten erreichen.

STANDARD

HOHER KONTRAST

MAXIMALES SCHWARZ

INFRAROT

MAXIMALES WEISS

GRÜN

DUNKELROT

VERRINGERUNG DER SÄTTIGUNG

UMKEHRUNG

1 2 3
4 5 6
7 8 9
Leuchtpult

Monochromeffekte

Die Variationen oben zeigen die Palette von Schwarzweißeffekten auf der Grundlage eines Farbfotos. Die Standardkonvertierung, **1**, wurde durch die Abdunkelung der Rot- und die Aufhellung der Grüntöne geändert, **2**, um einen hohen Kontrast zu erreichen. **3** resultiert aus einer dunkleren Abbildung aller Farben. **4** simuliert Infrarot, indem Blautöne reduziert und Rottöne verstärkt wurden. **5** gibt die Farben hell wieder. **6** simuliert den Effekt des Grünfilters und **7** den des Dunkelrotfilters. **8** schwächt die Farben vor der Umwandlung in Monochrom. Bei **9** wurde Bild **1** umgekehrt.

Farbenfrohes Original

Je farbenfroher das Original, das Sie in Schwarzweiß umwandeln möchten, desto mehr Variationen können Sie mit dem Kanalmixer oder dem Schwarzweiß-Werkzeug hervorbringen.

Schwarzweißeinstellungen
Das farbige Original wurde zunächst mit der Funktion »Schwarzweiß« unter »Anpassungen« in Schwarzweiß umgewandelt. Das erste Bild unten zeigt den Effekt von Auto plus Sepia. Beim zweiten Foto wurden Cyan und Blau maximal verstärkt und Grün auf das Minimum eingestellt, während bei der dritten Aufnahme Grün und Gelb intensiviert wurden. Das Bild ganz unten erinnert an eine Goldtonung mit hohen Rot- und Magentawerten. Beim Hauptbild wurde ein Infrarotfilm imitiert, der Grün hell und Blau dunkel wiedergibt.

SEPIA

CYAN-BLAU

GELB-GRÜN

GOLD

Tonung von **Bildern**

Bei der Dunkelkammermethode der Tonung wurden die gleichbleibend schwarzweißen Silbergelatinebilder mit diversen Metallverbindungen in verschiedenen Farben getont.

Tonung | die Grundlagen

Wenn ein Foto in der Dunkelkammer getont werden soll, muss das Bild mit dem geplanten Effekt vor Augen vergrößert werden, da die Tonung die Tonwerte des Fotos (in Abhängigkeit vom Kontrast) je nach den verwendeten Chemikalien auf unterschiedliche Weise verändert. Die digitale Tonung wirkt ähnlich. Einige Methoden ändern den Kontrast des Graubilds erheblich, andere nicht, obwohl es aufgrund des Farbeffekts so scheinen mag. Da mit der Digitaltechnik viel mehr Tonungsvarianten möglich sind, liegt der Schwerpunkt hier eher auf der subtilen Anwendung einzelner Farben.

Meist wird das Bild im RGB-Modus in Schwarzweiß umgewandelt. Vielleicht müssen Sie den Kontrast verringern und die Schatten ein wenig aufhellen, weil Schwarz immer schwarz bleibt, ganz gleich, welche Farbe Sie anwenden. Auch Weiß bleibt von der Farbe unbeeinflusst. Reduzieren Sie den Weißpunkt in der Tonwertkorrektur z. B. auf 230. Fügen Sie nun die Farbe hinzu. Die größte Flexibilität bieten der Kanalmixer und die »Farbbalance«. Die schnellsten Ergebnisse erreichen Sie mit der Fotofilter-Funktion.

Teiltonung | Farben und Funktionen

In der traditionellen Dunkelkammer kombinierten die Fotografen häufig unterschiedliche Tonungseffekte wirkungsvoll miteinander. Der Vorteil der digitalen

ROT/GRÜN/GELB

BLAUE TIEFEN, ROTE LICHTER

Teiltonung liegt in den vielfältigen Kombinationsmöglichkeiten von Farben und Effekten. Allerdings wirkt das Ergebnis schnell zu »knallig«, und sehr kräftige Farben werden vielleicht nicht entsprechend der Darstellung am Bildschirm ausgedruckt.

Der einfachste Weg ist das Experimentieren mit der Funktion »Farbbalance«, um den Tiefen, Mitteltönen oder Lichtern unterschiedliche Farben zuzuweisen. Mit Cyan in den Tiefen, Gelb in den Mitteltönen und Rot in den Lichtern erhält man ein kalt wirkendes Ergebnis mit warmen hohen Werten.

Besser steuern können Sie das Ergebnis mit den Optionen der Ebenen-Füllmethoden. Duplizieren Sie zunächst das Schwarzweißfoto und färben Sie z. B. die Tiefen eines Fotos mit einer bestimmten Farbe und die Mitteltöne und Lichter in der anderen Ebene mit anderen Farben. Passen Sie die Fülloptionen in der obersten Ebene an, indem Sie die Füllmethode und die Deckkraft in »Allgemeine Füllmethode« ändern, und experimentieren Sie mit der Funktion »Farbbereich«, bis das Ergebnis Ihren Vorstellungen entspricht.

Metallische Oberflächen

In einem bereits geschlossenen Café gab es metallische Objekte in Hülle und Fülle, die sich für eine Teiltonung anboten. Zunächst wurde der Kontrast des Originals reduziert, um die Wirkung der Tonung zu verbessern. Auf dem kleinen Bild oben wurden die Tiefen, Mitteltöne und Lichter rot, grün bzw. gelb gefärbt. Das kleine Bild darunter zeigt den Effekt einer Blaufärbung der Tiefen und Rotfärbung der Lichter. Das Hauptbild resultiert aus einer leichten Tonung mit Cyan, Gelb und Magenta.

GRÜN/GELB/ROT | MAGENTA/GELB

CYAN/GELB/ROT | ROT/BLAU

Einstellungen der Farbbalance

Die Teiltonung funktioniert am besten bei Bildern mit einem großen Tonwertumfang von Hell bis Dunkel. Auf den Split Screens oben sieht man den Effekt der unterschiedlich starken Einfärbung mit verschiedenen Farben in der Reihenfolge Tiefen – Mitteltöne – Lichter. Die Einstellung für die Mitteltöne übt den größten Einfluss auf die Farbe und Belichtung der Aufnahme aus und kann zur Veränderung der Intensität der anderen Farben in den Tiefen oder Lichtern benutzt werden.

Von **Duplex** bis **Quadruplex**

Der Duplex-Modus ist ein spezieller Bildmodus. Auf der Grundlage einer Drucktechnik, bei der die Tonwerte eines Fotos je nach Dichteumfang mit zwei oder mehr verschiedenen Farben eingefärbt werden, lässt sich ein Höchstmaß an Kontrolle und Wiederholbarkeit und eine zuverlässige Färbung erreichen.

LEICHTES DUPLEX | KRÄFTIGES DUPLEX

TRIPLEX

QUADRUPLEX

Einstellungen des Duplex-Modus
Auf den Bildern oben werden die vielfältigen Effekte im Duplex-, Triplex oder Quadruplex-Modus gegenübergestellt. Ganz oben wurden Duplexfarben leicht oder kräftig angewendet. Bei Triplexeffekten (oben Mitte) kann eine starke Färbung der Gesamtaufnahme oder dieselbe Färbung nur in den Lichtern erzeugt werden. Das Quadruplex-Bild (unten) zeigt eine feine Gesamtfärbung oder eine Teiltonung mit einem goldenen Glanz in den Lichtern. Das Hauptbild (rechts) ist ein Quadruplex mit unterschiedlichen dunklen Farben und zeigt eine lebendige Vielfalt von Tonwerten.

Standardfarben | präziser Ausdruck

Wegen seines Ursprungs in der Druckindustrie basieren die Farben des Duplex-Modus ausschließlich auf dem Farbstandard der Industrie. Mit anderen Worten, der präzise Ausdruck der Farben ist garantiert. Wenn Sie dies jedoch voll ausschöpfen wollen, müssen Sie Ihre Bilder mit einem hochwertigen Drucker ausdrucken. Aber selbst wenn die Farben in den RGB-Farbraum umgewandelt werden, liegen sie noch innerhalb des Gamut eines neueren Tintenstrahldruckers der mittleren Preisklasse. Bei anderen Tonungsverfahren mit schneller Farbsättigung hat man keine solche Garantie.

Ein Vorteil der Arbeit mit dem Duplex-Modus im Vergleich zu anderen Methoden der Färbung ist die Möglichkeit der Bearbeitung der Übertragungskurve jeder Farbe. Die Form dieser Kurve teilt dem Drucker mit, wie viel Tinte er je nach Dichte der Abbildung auftragen soll. Der Duplex-Modus ermöglicht dadurch eine bessere Kontrolle über das Ergebnis und deckt mit subtilen bis hin zu sehr kräftigen Farben eine weitaus größere Bandbreite von Effekten ab als jede andere Methode der Färbung von Bildern.

Gradationskurven | und Dichte

Ebenso wie die Gradationskurven zeigen, wie sich die Eingabewerte im Verhältnis zu den Ausgabewerten verändern, machen die Gradationskurven im Duplex-Modus deutlich, wie die Druckfarben – auch Schwarz – den einzelnen Helligkeitsbereichen

Abstrakte Farben
Auf dem Hauptbild wurde ein teilkomplementäres Farbschema mit Blau-, Gelb- und Rottönen verwendet. Um diesen Effekt zu erzielen, kamen für die drei Druckfarben unkonventionelle Kurvenformen zum Einsatz: Die gelbe Kurve war normal, aber die Kurven für die anderen Farben wurden umgekehrt. Das untere Bild zeigt den Effekt der Verwendung anderer Gradationskurven.

zugeordnet werden. Verwenden Sie Schwarz, um die Gesamtfärbung und die Dunkelheit des Ausdrucks festzulegen; allerdings müssen Sie diese Einstellung vielleicht anpassen, wenn Sie die anderen Farben hinzufügen. Im Duplex-Modus können Sie die Druckfarben aus einer Vielzahl von branchenüblichen Farbtafeln auswählen.

Auch die Form der Kurve lässt sich verändern. Eine langsam ansteigende Kurve trägt die Duplexfarbe sehr subtil auf; wenn Sie allerdings die Lichter abschneiden, betrifft die Tonung nur die Tiefen; alternativ führt ein »Clipping« der Tiefen dazu, dass nur die Lichter gefärbt werden.

Experimente | Speicherung der Einstellungen

Triplex- und Quadruplex-Effekte vervielfachen das großartige Potenzial dieser Funktion, indem sie die Arbeit mit mehreren Druckfarben ermöglichen. Extrem subtile Effekte entstehen durch eine Kombination aus grauen Druckfarben – warm und kalt, hell und dunkel, aber experimentieren Sie auch mit gewagteren Farbkombinationen. Quadruplex-Effekte funktionieren meist am besten bei Bildern mit abstrakten Konturen, da die verzerrten Tonwerte und Farben oft zur gegenständlichen Abbildung im Widerspruch zu stehen scheinen.

Mit wachsender Erfahrung werden Sie feststellen, dass die Möglichkeiten dieser Funktion schier unbegrenzt sind, dass jedoch das Zurückverfolgen Ihrer Arbeitsschritte, um einen ansprechenden Effekt zu wiederholen, so gut wie unmöglich sein kann. Wenn Sie eine für Sie stimmige Kombination von Farben und Gradationskurven gefunden haben, sollten Sie die Einstellungen speichern, damit Sie sie für andere Bilder verwenden können. Diese Einstellungen beanspruchen nur wenig Speicherplatz und lassen sich zu einer wertvollen Bibliothek der Effekte ausbauen. Wenn Sie eine gespeicherte Einstellung zur Anwendung bei einem neuen Bild laden, dann ist wahrscheinlich eine Anpassung der Gradationskurve an die Tonwerte des neuen Fotos nötig.

Um die Bilder nutzen zu können, müssen Sie sie vom Duplex-Modus in einen Vollfarbmodus umwandeln – entweder in RGB oder CMYK. Für Desktop-Drucker eignet sich RGB meist am besten.

ORIGINAL

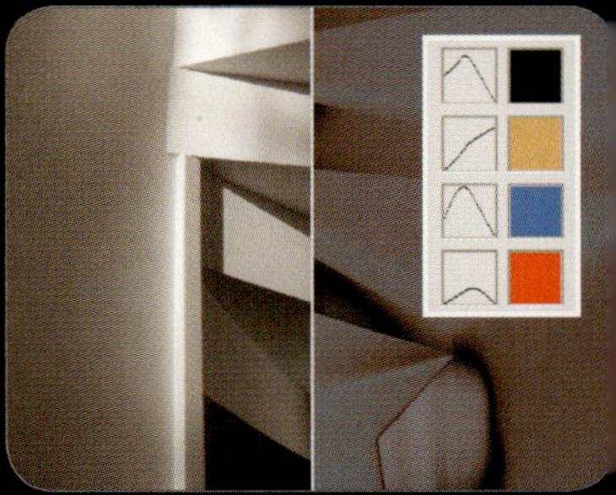

QUADRUPLEX

ALTERNATIVES QUADRUPLEX-BILD

Schritt für Schritt: **Konvertierung in Monochrom**

Durch die digitale Bildbearbeitung hat sich einmal mehr bestätigt, dass die Schwarzweißfotografie ein eigenständiges Medium mit einer Fülle von Gestaltungsmöglichkeiten ist. Bewahren Sie immer die Originaldatei auf, denn auf der Grundlage des farbigen Originals können Sie die Schwarzweißkonvertierung jederzeit neu durchführen.

ORIGINAL

1 Prüfung des Originals

Die Farben dieser im Original bereits fast monochromen Abbildung eines Stilllebens scheinen überflüssig, ja sogar störend, sodass sich eine Umwandlung in Schwarzweiß anbietet.

ZEICHENFEDER

2 Ausschneiden

Um die Tonwertänderungen zu lokalisieren, sollten Sie mit der Zeichenfeder (P) einen Pfad um die Gegenstände ziehen. Da die Objekte eine harte Kante haben, ermöglicht eine weichere Auswahlkante bessere Farbanpassungen.

GRADATIONSKURVEN (AUFHELLEN)

3 Aufhellung des Vordergrunds

Nach der Auswahl erstellen Sie eine Gradationskurven-Ebenenmaske zur Aufhellung der Tonwerte der Objekte im Vordergrund. Mit einem weichen Pinsel können Sie die Spiegelungen zusätzlich aufhellen.

KANALMIXER

5 Sättigung verringern

Die Farbinformationen können auf vielerlei Arten entfernt werden. Die einfachste Möglichkeit ist die Verringerung der Sättigung. Stellen Sie dazu die Kanalmixer-Einstellungsebene auf Monochrom ein.

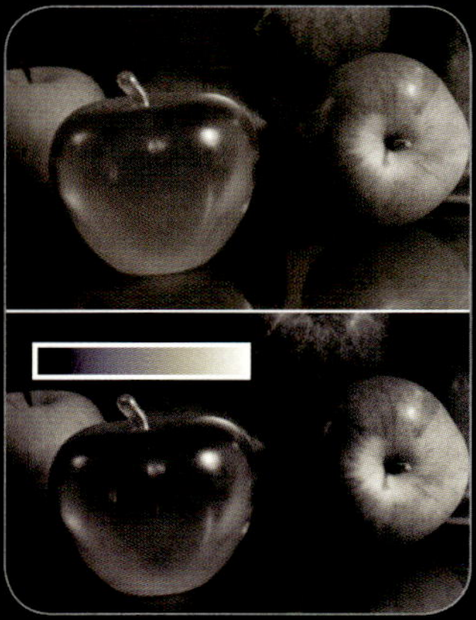

VERLAUFSUMSETZUNG

6 Anpassung des Verlaufs

Mit dem Befehl »Verlaufsumsetzung« ersetzen Sie die Helligkeitswerte durch einen Verlauf Ihrer Wahl, um die Tiefen der Startpunktfarbe und die Lichter der Endpunktfarbe des Verlaufs zuzuordnen.

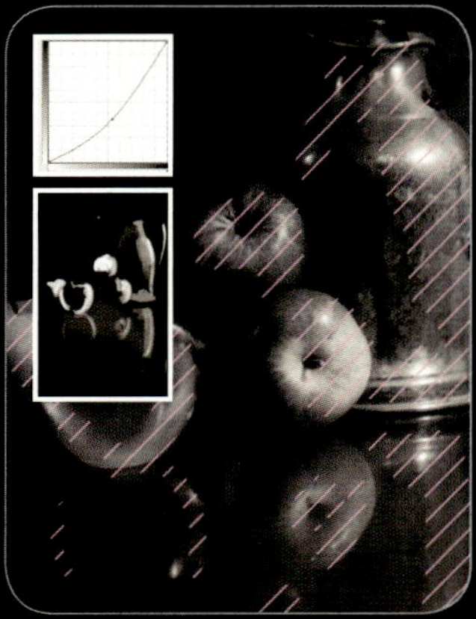

ABWEDLER

7 Kontraststeigerung

Mit einer weichen Werkzeugspitze können Sie auf der Maske der Kurven-Einstellungsebene die Lichtreflexe auf den Objekten (und ihre Spiegelbilder) abwedeln, um den Kontrast zu den dunkleren Bereichen zu erhöhen.

GRADATIONSKURVEN (ABDUNKELN)

4 Abdunkelung des Hintergrunds

Mithilfe desselben Pfads erstellen Sie eine Auswahl und kehren sie um, sodass nun der Hintergrund der zu bearbeitende Bereich ist. Dunkeln Sie die Schatten in einer Kurven-Einstellungsebene ab.

NACHBELICHTER

8 Verbesserung der Tiefen

Ähnlich dazu können die dunkleren Bereiche in einer Kurven-Einstellungsebene noch nachbelichtet werden. Wenden Sie diesen Effekt an den Kanten der Früchte und der Kanne an, um den Eindruck von Schattigkeit zu erwecken.

▶ Weitere Effekte

Monochrome Filtereffekte

Monochrome Filtereffekte ahmen die Wirkung von Farbfiltern nach, die in Kombination mit Schwarzweißfilmen zum Einsatz kamen. Die sogenannten panchromatischen Filme wurden am häufigsten dazu eingesetzt. Sie reagierten mehr oder minder auf alle Farben gleichermaßen empfindlich. Ein Farbfilter, z. B. ein Rotfilter, vor dem Objektiv lässt nur das rote Licht passieren, sodass blaue und grüne Wellenlängen unterbelichtet wiedergegeben werden.

FOTOFILTER | ROT

FOTOFILTER | GELB

FOTOFILTER | GRÜN

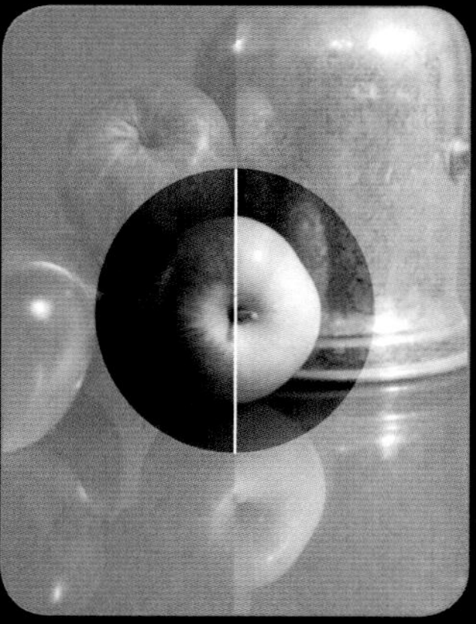

ORIGINAL | ROTFILTER

Rotfilter

Der Rotfiltereffekt lässt ein sehr breites Spektrum von Farben passieren, aber seine Wirkung ist am stärksten auf dem leuchtend roten Apfel sichtbar, der bei diesem Effekt fast

ROTFILTER | GELBFILTER

Rot- und Gelbfilter

Mit dem Rot- und Gelbfilter wird die Palette der Farben, die passieren können und hell wiedergegeben werden, erweitert. Dadurch wirkt das Bild zu hell. Es wurde wieder abgedunkelt, um

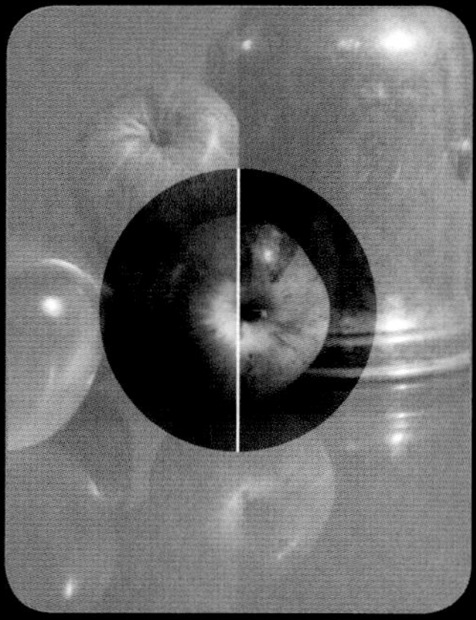

GELBFILTER | GRÜNFILTER

Gelb- und Grünfilter

Aufgrund der überwiegend warmen Farben der Aufnahme sperrt ein Gelb- und Grünfilter viele Farben, sodass ein Teil des Gesamtkontrasts verloren geht und das Foto insgesamt dunkler

Duplex- und Triplexeffekte

Die einfachste Methode der Erstellung von Duplex- oder Triplexbildern ist die Bearbeitung des Farbfotos direkt im Duplex-Modus. Mit ein wenig Erfahrung werden Sie jedoch bemerken, dass Sie dabei Informationen über Farbunterschiede verlieren, die zur Definition der Konturen beitragen. Probieren Sie vor der Konvertierung in Duplex die Monochromfiltereffekte aus, um die Konturen zu definieren.

DUPLEX

TRIPLEX

FARBEN ÜBERDRUCKEN

BILDMODUS | DUPLEX

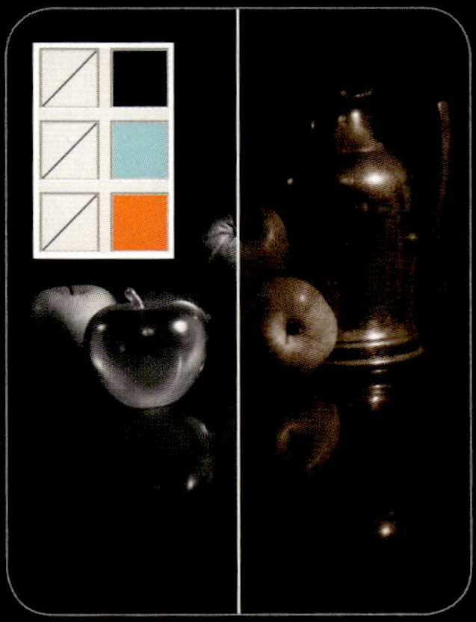

BILDMODUS | TRIPLEX

FARBEN ÜBERDRUCKEN

Duplex

Im Duplex-Modus wird eine schwarze und eine weitere farbige Druckfarbe verwendet, z. B. ein leicht eingefärbtes Schwarz. Am besten druckt man Muster aus, anstatt sich bei der Beurteilung des Fotos nur auf den Monitor zu verlassen.

Triplex

Mit drei Druckfarben wenden Sie eine komplexe Verlaufsumsetzung an, die Sie mit großer Präzision abstimmen können. Probieren Sie Variationen mit kaum erkennbaren Unterschieden aus und speichern Sie alle Einstellungen.

Farben überdrucken

Mithilfe von »Farben überdrucken« lässt sich der Effekt der Duplex-Druckfarben am Bildschirm abschwächen. Sie können eine völlig neue Farbe definieren, die sich von den anderen Druckfarben unterscheidet.

Störende Bildelemente

Da die Kamera ausnahmslos alles aufzeichnet, ist die Möglichkeit der späteren Beseitigung von störenden Bildelementen von unschätzbarem Wert. In der analogen Fotografie musste man die Aufnahme dazu in mühevoller Kleinarbeit mit Haarpinseln unter dem Mikroskop retuschieren.

WIE AUFGENOMMEN

Blickpunkt
Der Hintergrund hinter den Jungen, die ein Sonnenbad nehmen, und der Brunnen waren zu scharf abgebildet worden, weil aufgrund des hellen Lichts eine relativ kleine Blende eingestellt werden musste und daraus eine große Schärfentiefe resultierte. Der Hintergrund muss allerdings nicht beseitigt werden, doch etwas weichgezeichnet tritt er weniger deutlich hervor und die Aufmerksamkeit wird auf das Hauptmotiv gelenkt.

MAXIMALE UNSCHÄRFE

WENIGER UNSCHÄRFE

SCHARFZEICHNUNG

Kopierstempelwerkzeug | Umrechnen

In der digitalen Ära ist die Änderung, Beseitigung oder der Austausch von störenden Objekten fast schon zur Selbstverständlichkeit geworden. Das wichtigste Hilfsmittel zur Entfernung von unerwünschten Details ist das Kopierstempelwerkzeug, mit dem Pixel aus einem Bereich der Aufnahme in einen anderen hineinkopiert werden. Die neuen Pixel können auch mit anderen Füllmethoden oder Stärken hineinkopiert werden: Um z. B. die Einfügung von hellen Bereichen in dunkle Partien zu vermeiden, kann man den Modus »Abdunkeln« nutzen.

Mit dem Austausch von Pixeln ist es jedoch nur selten getan. Vielleicht müssen Sie auch den Tonwertumfang anpassen und sicherstellen, dass kein Rauschen oder andere störende Details entstehen. Besonders schwierig ist das bei der Bearbeitung von eingescannten Filmen, da das Filmkorn durch die Überlagerung mit Filmkorn aus anderen Bereichen der Aufnahme sehr leicht zerstört wird. In diesem Fall hilft es vielleicht, Störungen in die kopierten Bereiche einzufügen, damit die Bearbeitung nicht auffällt.

Manchmal reicht es schon aus, störende Details weniger offensichtlich darzustellen, anstatt sie völlig zu entfernen. In der Porträtfotografie kann man z. B. die

Sättigung des Hintergrunds teilweise oder völlig verringern. Durch die Reduzierung des lokalen Kontrasts, z. B. bei hellen Lampen im Hintergrund, wird die Aufmerksamkeit des Betrachters ebenfalls auf das Gesicht gelenkt.

Eine weitere effiziente Technik, die bei Digitalkameras mit kleinen Sensoren besonders gute Dienste leistet, ist die Reduzierung der sichtbaren Schärfentiefe durch die selektive Weichzeichnung des Hintergrunds, wie auf den Bildern links (s. S. 178–179).

Verwenden Sie zur Weichzeichnung am besten ein Lasso-Werkzeug mit weicher Kante zur Auswahl des Hintergrunds – bei feinen Details mit schmalem und bei weniger Details mit breiterem Übergangsbereich.

Manipulation | und Verantwortung

Bilder lassen sich in großem Stil digital manipulieren, sodass die Änderungen selbst mit Hilfsmitteln nicht erkennbar sind – man kann die Täuschung nur mit ausgeklügelten mathematischen Analysen aufdecken.

Mit dieser Macht müssen wir jedoch verantwortungsvoll umgehen. Wenn der Betrachter angemessen erwarten kann, dass ein Foto der Wirklichkeit entspricht, sollte auf alle Änderungen des Bildes oder der Bedeutung des Fotos hingewiesen werden. In der Presse- und Dokumentarfotografie versteht sich dieser Grundsatz von selbst, aber sogar Werbeagenturen wurden bereits gerügt, wenn sie manipulierte Bilder verwendeten, ohne die Betrachter darüber zu informieren. Ohne Hinweis sind nur Verbesserungen von Tonwerten und Farben akzeptabel, nicht jedoch die Beseitigung von Bildelementen oder die Änderung des Bildschwerpunkts, wie auf den hier gezeigten Bildern.

STÖRENDES BILDELEMENT

MENSCHENMENGE

BLICKFANG

Korrekturen
Die eine Hälfte der Aufnahme hat eine zeitlose Qualität, die andere Hälfte wirkt eher modern. Wenn die Bildelemente aus der heutigen Zeit beseitigt werden – durch Ersetzen der Personen, die blaue Plane und das Geländer –, fällt der Blick auf den Gondoliere im Vordergrund. So entsteht eine friedliche, fast menschenleere Szene mitten in Venedig.

Praktische Filter

Filtereffekte werden mit radikalen Bildänderungen assoziiert, die auf den ersten Blick zwar faszinieren, beim Betrachter jedoch nicht unbedingt einen bleibenden Eindruck hinterlassen. Bestimmte Filter werden allerdings so häufig eingesetzt, dass sie als Standardwerkzeug der Bildbearbeitung angesehen werden.

Einfügen von Störungen
Das Original wirkte fast schon zu sauber und klinisch für ein Foto im Dokumentarstil. In Schwarzweiß und mit zusätzlichen Störungen erwacht das Foto dank der Struktur des Filters »Körnung« zum Leben. Dies lässt vermuten, dass ein verrauschtes Original eine ebenso gute Bildwirkung gehabt hätte.

KORN IN DEN MITTELTÖNEN

KORN IN DEN LICHTERN

Rauschen | Struktur und Maskierung

Ein Rauschen ist zwar im Allgemeinen unerwünscht, leistet aber dennoch gute Dienste, wenn wir es bewusst hinzufügen möchten. Störungen verleihen Bildern mit hoher Auflösung, die zu perfekt wirken können, Struktur. Ebenfalls nützlich ist das Rauschen, wenn glatte Tonwertübergänge so fein sind, dass sie nicht mehr vom Drucker bewältigt werden können. Diese effektiv nicht sichtbaren Störungen können dazu beitragen, dass die Unregelmäßigkeiten im Ausdruck weniger ins Auge fallen.

Störungen können auch zum Verdecken des vom Kopierstempel, Reparaturpinsel und anderen Werkzeugen verursachten Glättungseffekts eingesetzt werden. Ebenso wie es unterschiedliche Arten des Rauschens gibt, stehen auch verschiedene Störungsfilter zur Verfügung, die entweder Farb- oder Helligkeitsrauschen oder Körnung hinzufügen.

Scharfzeichnung | und Weichzeichnung

Scharfzeichnungsfilter verwenden wir fast immer – und wenn es sich nur um den Filter der Kamera handelt, der automatisch eingesetzt wird, wenn wir nicht im RAW-Format fotografieren. Machen Sie sich mit den unterschiedlichen Effekten jedes Filtertyps

»Kodachrome«
Das Originalbild dieses Teppichwebers wurde digital aufgenommen und war nicht ausdrucksstark genug. Mithilfe des Kodachromefilters von DxO Optics Pro erhielt das Foto einen besseren Tonwertumfang und den fehlenden »Biss«. Ironischerweise lässt sich das Aussehen von Digitalfotos mit Filtereffekten für Farbfilme wirkungsvoll verbessern.

vertraut. Der Filter »Unscharf maskieren« ist nicht der einzige nützliche Scharfzeichnungsfilter. Bei seinem Gegenstück, dem Weichzeichnungsfilter, werden Sie mit wachsender Erfahrung immer mehr Einsatzgebiete entdecken. Wir haben bereits gesehen, dass er bei der Hervorhebung von Menschen vor dem Hintergrund gute Dienste leistet (s. S. 178–179), und er kann auf scharfen, zu statisch wirkenden Bildern den Eindruck von Bewegung vermitteln.

Eine Variante der Weichzeichnung ist die Vergröberung. Der Mosaikeffekt, der das Bild in quadratische Farbblöcke unterteilt, ist ihr sichtbarster Vertreter.

Film | Filtereffekte

Es gibt auch Filter, die Filme wie Kodachrome und Fuji Velvia imitieren, indem sie die Farben gemäß der Farbpalette und dem typischen Gamma-Wert (Mittelton-Kontrast) des Films wiedergeben. Einige davon sind eigenständige Programme, die ein Bild öffnen und den Effekt direkt anwenden können.

WIE AUFGENOMMEN

MOSAIKEFFEKT

RADIALER WEICHZEICHNER

SCHWARZWEISSSTÖRUNGEN

FARBRAUSCHEN

KÖRNUNG

1 2 3
4 5 6
Leucht**pult**

Scharfzeichnen und Weichzeichnen
1 ist ein Ausschnitt des Originals. **2** ist das Ergebnis der Anwendung des Vergröberungsfilters »Mosaikeffekt«: Die Quadrate sind viel größer als die Pixel. **3** zeigt die Anwendung des »Radialen Weichzeichners«, der den Eindruck von Bewegung vermittelt. **4** ist eine Nahaufnahme eines anderen Fotos, das den Effekt von hinzugefügten Schwarzweißstörungen deutlich macht (Helligkeitsunterschiede). **5** zeigt Störungen mit Farb- als auch Helligkeitsunterschieden. Bei **6** wurden Störungen hinzugefügt, die das Filmkorn imitieren und dadurch einen Weichzeichnungseffekt erzielen.

Filtereffekte

Obwohl die Filtereffekte früher von vielen als der spannendste Aspekt der Digitalfotografie angesehen wurden, verlieren sie bei übermäßigem Gebrauch ihren Reiz. Vorsichtig eingesetzt sind sie aber ein wichtiger Bestandteil der Bildbearbeitung.

Dossier

Die meisten Filtereffekte werden als »Plug-ins« in Adobe Photoshop implementiert – Funktionen, die dem zentralen Programm hinzugefügt werden, aber nicht wesentlich für seine Funktionsfähigkeit sind. Diese Architektur ist zwar seit der ersten Photoshop-Version erhältlich, aber viele Puristen betrachten Plug-ins immer noch als reine Spielerei und daher als ungeeignet für die seriöse Bildbearbeitung.

Änderung von Pixeln | Filtereffekte

Alle digitalen Effekte sind im Grunde genommen mathematische Operationen zur Änderung der Zahlen, die jedes Pixel beschreiben. Bei der Verbesserung von Bildern durch die Anpassung von Tonwerten und Farben – mit Gradationskurven, Farbton/Sättigung, Duplex usw. – ändern wir die Werte der Pixel, selten ihre Position.

Filter unterscheiden sich in ihrer Wirkung erheblich von Verbesserungswerkzeugen, weil sie die Position der Pixel auf systematische Weise ändern. Pixel in einem bestimmten Abstand X von der Mitte werden z. B. um einen Abstand Y verschoben, Pixel in einer Entfernung von X+1 um eine Entfernung von 2Y usw. Filter können auch die Farbwerte der Pixel ändern; außerdem lassen sich Pixel oder Pixelgruppen ermitteln und wie separate Objekte behandeln, die multipliziert, reduziert, verzerrt oder verschoben werden können.

Was alles mit den Pixeln angestellt werden kann, ist nur durch die Fantasie und das Können des Programmierers begrenzt. Es stehen buchstäblich Tausende von Effekten zur Verfügung, und unterschiedlich kombiniert vervielfacht sich die Anzahl bis ins Unendliche.

Strukturen
Bilder mit kräftigen Konturen, wie dieses Foto von der Küste nahe Sydney, profitieren in der Regel am meisten von der Anwendung eines Strukturierungsfilters (unten). Das Hauptbild zeigt die Wirkung des Stilisierungsfilters »Solarisation«.

KÖRNUNG

KÖRNUNG, KLUMPIG

Filter | Zeitersparnis

Bei bestimmten Arbeiten sparen Filter viel Zeit. Manche Kunst- oder Strukturierungsfilter wie »Farbpapiercollage« oder »Aquarell« liefern schon nach einem oder zwei Mausklicks brauchbare Resultate.

Um ein gutes Ergebnis zu erzielen, muss man wissen, welcher Filter zu welchem Bild passt, wie sich dieser Filter auf die Tonwerte auswirkt und wie man das Bild auf die Anwendung des Filters vorbereitet. Der Aquarellfilter funktioniert z. B. sehr gut bei Fotos, auf denen Wasser zu sehen ist. Nach der Anwendung von

Filtereffekten müssen die Farben und Tonwerte der meisten Bilder allerdings nochmals bearbeitet werden.

Bei Software, in der wie in Adobe Photoshop die Erstellung von Skripten möglich ist, können Sie eine Aktion einrichten, die den Filter und die verschiedenen Tonwertanpassungen anwendet, sodass ein Foto auf Mausklick bearbeitet werden kann.

Smart Filter | subtile Effekte

Filter beschädigen natürlich die ursprünglichen Bilddaten. Arbeiten Sie daher immer an einer Kopie des Fotos, und lassen Sie das Original unberührt.

Wenn Sie nur mit Filtereffekten experimentieren, reduzieren Sie am besten die Dateigröße, denn selbst ein moderner Rechner braucht eventuell mehrere Sekunden, um die Anwendung mancher Filtereffekte auf große Bilddateien zu berechnen. Außerdem ist die Erstellung von Schnappschüssen von Zwischenversionen sinnvoll, damit Sie später die Wahl zwischen mehreren Varianten haben.

In manchen Programmen wendet man den Filter in einer Proxy-Kopie des Fotos an, sodass der Filtereffekt nach der Anwendung der sogenannten Smart Filter angepasst werden kann, die gerade bei häufiger Verwendung von Filtern eine sehr wertvolle Funktion sind. Die Filter können in ausgewählten Bereichen angewendet werden. Wenn Sie Filtereinstellungen an die Details oder Tonwerte in unterschiedlichen Bereichen Ihrer Aufnahme anpassen, wirken die Effekte oft viel überzeugender.

Wie bei vielen digitalen Effekten liegt der Nutzen in der Anwendung von mehreren unterschiedlichen Filtern, damit sich die Effekte gegenseitig ergänzen. Führen Sie z. B. eine Weichzeichnung und Posterisierung mit dem Aquarellfilter durch und setzen Sie anschließend den Filter »Buntstiftschraffur« ein.

NEONSCHEIN

PRÄGEPAPIER

FARBPAPIERCOLLAGE

GROBES PASTELL

BUNTSTIFTSCHRAFFUR

AQUARELL

1 2 3
4 5 6
Leucht**pult**

Künstlerische Strukturen

1 »Neonlicht« wurde mit Cyan und Braun als Vorder- bzw. Hintergrundfarbe eingesetzt. **2** »Prägepapier« sorgt für eine übertriebene Struktur. **3** Hier kam der effiziente Filter »Farbpapiercollage« zum Einsatz. **4** ist das ansprechend farbenfrohe Ergebnis des Filters »Grobes Pastell«. **5** ist das schärfere Ergebnis des Filters »Buntstiftschraffur«. **6** Mit dem Aquarellfilter sind besonders weiche Ergebnisse möglich.

VERBIEGEN

DISTORSION

POLARKOORDINATEN

STRUDEL

DIFFERENZWOLKEN

OBJEKTIVKORREKTUR

1 2 3
4 5 6
Leucht**pult**

Verzerrungen

1 Der Effekt des Filters »Verbiegen«. **2** Der Filter »Distorsion« wurde zweimal angewendet, um den Effekt zu übertreiben. **3** Der dramatische Effekt des Filters »Polarkoordinaten«. **4** Der Strudelfilter wurde mit wiederholten Kantenpixeln eingesetzt, daher die verwischte Wirkung. **5** Der Filter »Differenzwolken« verzerrt die Tonwerte nach dem Zufallsprinzip. Bei **6** wurde auf die richtige Perspektive der Filter »Objektivkorrektur« angewendet.

Schritt für Schritt: **Neugestaltung einer Aufnahme**

Dem kreativen Fotografen eröffnet sich eine ganz neue Welt, wenn er akzeptiert, dass ein Foto kein genaues Abbild der Wirklichkeit sein muss. Als praktische Übung, die Spaß macht, sollten Sie anhand eines recht einfachen Fotos prüfen, wie stark Sie das Bild ändern und verbessern können, ohne dass es seinen Charakter verliert.

ORIGINAL

1 Prüfung des Originals

Diese Szene wirkt durch die friedliche Stimmung ansprechend, aber die Schärfe und Präzision der Abbildung beeinträchtigt den Eindruck von Zeitlosigkeit – das Bild sollte mehr an ein Gemälde erinnern.

GAUSS'SCHER WEICHZEICHNER | UNSCHÄRFE

2 Unschärfe

Kopieren Sie das Bild in eine neue Ebene und wenden Sie den Gauß'schen Weichzeichner und den Filter »Bewegungsunschärfe« an. Das unscharfe Bild wirkt, als sei es mit einer billigen Plastikkamera aufgenommen worden.

PINSEL-WERKZEUG

3 Hinzufügung von Details

Fügen Sie in der gerade weichgezeichneten Ebene eine Maske hinzu und malen Sie Details aus dem Original zurück ins Bild. Wählen Sie interessante Partien wie das Boot und den Fensterrahmen.

FÜLLMETHODE »WEICHES LICHT«

5 Weichzeichnung

Legen Sie eine Kopie der Originalhintergrundebene über die weichgezeichnete Ebene. Wenden Sie die Füllmethode »Weiches Licht« an. Die Helligkeit des Originals wird sich mit der darunter liegenden Ebene verbinden.

SELEKTIVE FARBKORREKTUR

6 Übertreibung der Farben

Konzentrieren Sie sich auf die Übertreibung von einzelnen Farben. In einer Einstellungsebene zur selektiven Farbkorrektur verstärken Sie die intensivsten Farben noch weiter, z.B. die Grün- und Orangetöne.

MASKIERUNG | GAUSS'SCHER WEICHZEICHNER

7 Unschärfe in den Bildecken

Um eine Umrahmung zu schaffen, kopieren Sie das Bild reduziert in eine neue Ebene, wenden den Gauß'schen Weichzeichner und eine Maske an, so dass die Ebenen darunter durch die Mitte hindurch sichtbar sind.

FARBTON/SÄTTIGUNG

4 Verstärkung der Farben
Erstellen Sie eine Einstellungsebene für »Farbton/Sättigung«, um die Farben der Gesamtaufnahme zu verstärken. Auch extreme Änderungen sind möglich – gehen Sie aber nicht so weit, dass die Zeichnung verloren geht.

GRADATIONSKURVEN

8 Dunklere Vignette
Die Ecken können alternativ in einer Kurven-Einstellungsebene abgedunkelt werden. Der resultierende Gesamteffekt erinnert an die Bilder, die mit einer billigen Kamera mit Plastikobjektiv wie der »Holga« aufgenommenen wurden.

Dunkelkammereffekte

In der Übergangszeit zwischen Analog- und Digitaltechnik musste die Digitalfotografie erfolgreich den Beweis antreten, dass buchstäblich alle Dunkelkammereffekte, die auf der Interaktion zwischen Chemikalien, Licht und lichtempfindlichem Papier beruhten, am Computer simuliert werden konnten. Zwar fehlte es den digitalen Bildern am künstlerischen »Touch« und der exquisiten Feinheit traditioneller Vergrößerungen, aber dieser Nachteil wurde durch die saubere Arbeit und die Vorhersehbarkeit und Wiederholbarkeit der Ergebnisse wettgemacht.

CROSS-ENTWICKLUNG

CROSS-ENTWICKLUNG MIT GRADATIONSKURVEN

Cross-Entwicklung
Die Entwicklung von Farbnegativfilm in Chemikalien für Diafilme und umgekehrt liefert überraschende Ergebnisse. Mit Gradationskurven lassen sich die Effekte der Cross-Entwicklung und spezielle Filmeigenschaften nachahmen.

NEGATIVES FARBBILD

SÄTTIGUNG | UMKEHREN | FARBANPASSUNG

Negativ
Die Verwandlung einer Abbildung in ein Negativ ist in der Dunkelkammer schwierig, am Computer aber leicht. Außerdem können besonders in den hellen (vorher dunklen) Bereichen ganz einfach Farben hinzufügt werden.

VERLAUFSUMSETZUNG

VERLAUFSUMSETZUNG | FÜLLMETHODE

Verlaufsumsetzung
Im Gegensatz zum unvorhersehbaren Prozess der Tonung in der Dunkelkammer ist die Färbung der Fotos am Computer einfach. Sie ist nicht mit giftigen Chemikalien verbunden, und das Ergebnis kann sofort vom Fotografen geprüft werden.

Künstlerische Effekte

Den Begriff der »künstlerischen Effekte« finden zwar einige Kritiker in der Digitalfotografie nicht ganz angebracht, aber es ist trotzdem spannend, wie die auf Hochglanz polierte Perfektion eines Digitalfotos aufgebrochen und strukturiert werden kann, damit das Bild wie ein Gemälde aussieht. Die Filtereffekte wurden der Art und Weise nachempfunden, wie künstlerische Materialien Farben und räumliche Informationen auf dem Bild abstrahieren. Wo es bestimmte Methoden gibt, gibt es auch Algorithmen, die der Filter auf das Foto anwendet.

AQUARELL

LEINWAND

KÜNSTLICH GEALTERT

TONTRENNUNG UND KANTEN | WERKZEUGSPITZEN

VERSCHIEBUNGSMATRIX

FARBTON/SÄTTIGUNG | EIGENE WERKZEUGSPITZEN

Malen im Bild

Die Anwendung des Aquarellfilters auf einen Teil der Aufnahme und des Filters »Tontrennung und Kantenbetonung« auf einen anderen erfordert fast ebenso viel künstlerisches Geschick, wie das Malen eines echten Aquarells.

Leinwand

Einem Bild kann man viele Strukturen hinzufügen: von Leinwand oder Papier bis hin zu Stein. Bei Anwendung einer Verschiebungsmatrix, die die Pixel je nach der darunter liegenden Struktur verschiebt, wirkt dieser Effekt noch stärker.

Künstlich gealtert

Manche Effekte erfordern zeichnerisches Können und ermöglichen die Imitation eines alten Fotos. Ändern Sie die Farben mit »Farbton/Sättigung«, radieren Sie die Ecken weg und »verkratzen« Sie das Bild mit unregelmäßigen Werkzeugspitzen.

Aufgabe: **Bildeffekte**

Wo die Korrektur eines Bildes endet und die kreative Bildmanipulation zur Neugestaltung einer Aufnahme beginnt, ist schwer zu definieren. Viele Anpassungen des Fotos fallen jedoch eindeutig in die Kategorie der Verfremdung. Dabei kann es sich um Änderungen des Formats oder der Binnenstrukturen der Abbildung, um Verfälschungen von Tonwerten und Farben oder um Experimente mit Ebenen und Füllmethoden handeln.

ORIGINAL

Vorgaben

Transformieren Sie ein Bild Ihrer Wahl mit beliebigen Funktionen und Werkzeugen. Wandeln Sie es z. B. in Schwarzweiß um, ändern Sie die Konturen der Bildelemente, beseitigen Sie Bildpartien, verfremden Sie die Farben oder nutzen Sie Filter. Verwenden Sie jedoch keine Bildelemente aus anderen Fotos.

Zur Erinnerung

- Sie kommen schneller ans Ziel, wenn Sie vor Beginn der Bildbearbeitung das allgemeine Aussehen des Resultats im Kopf haben.
- Die Arbeit bei voller Dateigröße bremst Ihr Arbeitstempo: Bei Experimenten sollten Sie die Effekte an kleineren Dateien ausprobieren.
- Speichern Sie interessante Versionen separat ab.
- Reduzieren Sie die Ebenen vor dem Ausdrucken oder Hochladen ins Internet.

UMKEHREN VON FARBEN UND TONWERTEN

Fotografische **Vorbilder**

Pedro Meyer (geb. 1935)
Die Arbeiten dieses neugierigen und innovativen Fotojournalisten können als kritische Auseinandersetzung mit der Bildbearbeitung und den damit einhergehenden ethischen und künstlerischen Fragen gesehen werden.

Art Wolfe (geb. 1949)
Der berühmte Naturfotograf nutzt die Bildmanipulation mitunter ganz gezielt dazu, Muster von Tieren wie Zebras und Pinguinen zu schaffen, die zu schön sind, um wahr zu sein – und sie sind es auch nicht.

Maggie Taylor (geb. 1961)
Maggie Taylor ist eine typische Vertreterin der neuen Generation von Künstlern, die alle für die jeweilige Gestaltungsaufgabe geeignet erscheinenden Werkzeuge frei einsetzen. Die Fotografin erschafft auf diese Weise mythische, surrealistische Welten.

GRADATIONSKURVEN, UMKEHRUNG

TRANSFORMIEREN, VERWIRBELN

KREIDE UND KOHLE

FARBEN UMKEHREN

KOPIEREN UND SPIEGELN

WILDE GRADATIONSKURVEN

FÜLLMETHODE »AUFHELLEN«

1 2 3
4 5 6
7 8 9

Leucht**pult**

Top**tipps**

1 Original | Einfachheit
Bilder mit einfachen Formen, klaren Konturen und einer begrenzten Farbpalette bilden meist die beste Grundlage für radikale Verfremdungen.

2 Verzerren | Konturen
Verzerrungen haben keinen Einfluss auf die Tonwerte oder Farben, sondern verschieben nur die Pixel. Meist ist es leichter, die Verzerrungen vor allen anderen Änderungen durchzuführen.

3 Künstlerpapier | Filter
Mit künstlerischen Effektfiltern reduzieren Sie die Farbpalette drastisch und fügen eine Gesamtstruktur hinzu, die an Künstlerpapier erinnert.

4 5 Umkehren | Tonwerte und Farben
Kehren Sie die Tonwerte mithilfe des Befehls »Umkehren« oder »Gradationskurven«, 4, oder nur die Farben mit der Funktion »Farbton/Sättigung« um.

6 Spiegelbild | Füllmethode
Einfache Effekte wie die Verdoppelung und Spiegelung der Abbildung können eine gute Wirkung erzielen, hier in Kombination mit der Füllmethode »Differenz«, sodass eine fast quadratische Form in der Mitte entsteht.

7 8 Extreme | Gradationskurven
Die Änderung von Tonwerten und Farben mithilfe wellenförmiger Gradationskurven ist schwer vorhersehbar, führt jedoch eventuell zu faszinierenden Ergebnissen.

9 Doppelt | Vielfalt
Wenn Sie das Foto duplizieren, ändern und mit dem Original kombinieren, eröffnen Sie sich damit eine erstaunliche Vielfalt von Möglichkeiten.

Ergebnisse

Farbe und Licht

Erling Steen

»Eine große Herausforderung war der hohe Beleuchtungskontrast.«

▲ Nikon D70s, Brennweite 34 mm, Bl. 13.0

Kritik

In den Anfängen der Bildbearbeitung brachte die Vorgabe eines Auftraggebers, kreativ mit einem Bild umzugehen, oft merkwürdige und selten gelungene Ergebnisse hervor. Die Bilder wurden mit einem Sammelsurium von Effekten bearbeitet, ganz gleich, ob sie zum Foto passten oder nicht. Verwendete Bildeffekte sollen jedoch zu einer verbesserten visuellen Kommunikation beitragen, indem der Charakter eines Fotos betont wird.

Farbe und Licht

Erling Steen erzählte, dass er Hunderte von Fotos von den Gebäuden in Nizza aufnahm. Um trotz des hohen Beleuchtungskontrast die Zeichnung in den Lichtern zu bewahren, belichtete er »bewusst schwächer, damit mir später am Computer so viele Informationen wie möglich zur Verfügung standen«. Nachträglich verstärkte er Farben und Kontrast deutlich.

Dampflok

Die Farben und Tonwerte von Paul Self erinnern an die Bilder in Kinderbüchern. Diese Wirkung ist so überzeugend, dass man fast glauben möchte, die Aufnahmen seien vollständig am Computer entstanden. Etwas mehr Zeichnung in den Schatten würde die Gesamtstimmung noch verbessern.

Alter Rummelplatz

An einem trüben Tag können die Farben stärker zutage treten als bei hellem Sonnenlicht. Die Bildelemente heben sich vom grauen Himmel und hellen Boden ab und scheinen fast handkoloriert.

Dampflok

Paul Self

»Die bunten Züge und flauschigen Wolken dieses Bilderbuchbahnhofs waren fast zu schön, um wahr zu sein.«

▲ Canon 5D, ISO 200, Brennweite 17 mm, 1/125 s bei Bl. 8,0

Alter Rummelplatz

Dan Powell

▲ Nikon D50, ISO 200, Brennweite 20 mm, 1/125 s bei Bl. 6,7

»Diesen Friedhof für Karussells entdeckte ich an einem trüben Tag; ich wollte den vergangenen Glanz des Jahrmarkts wieder aufleben lassen.«

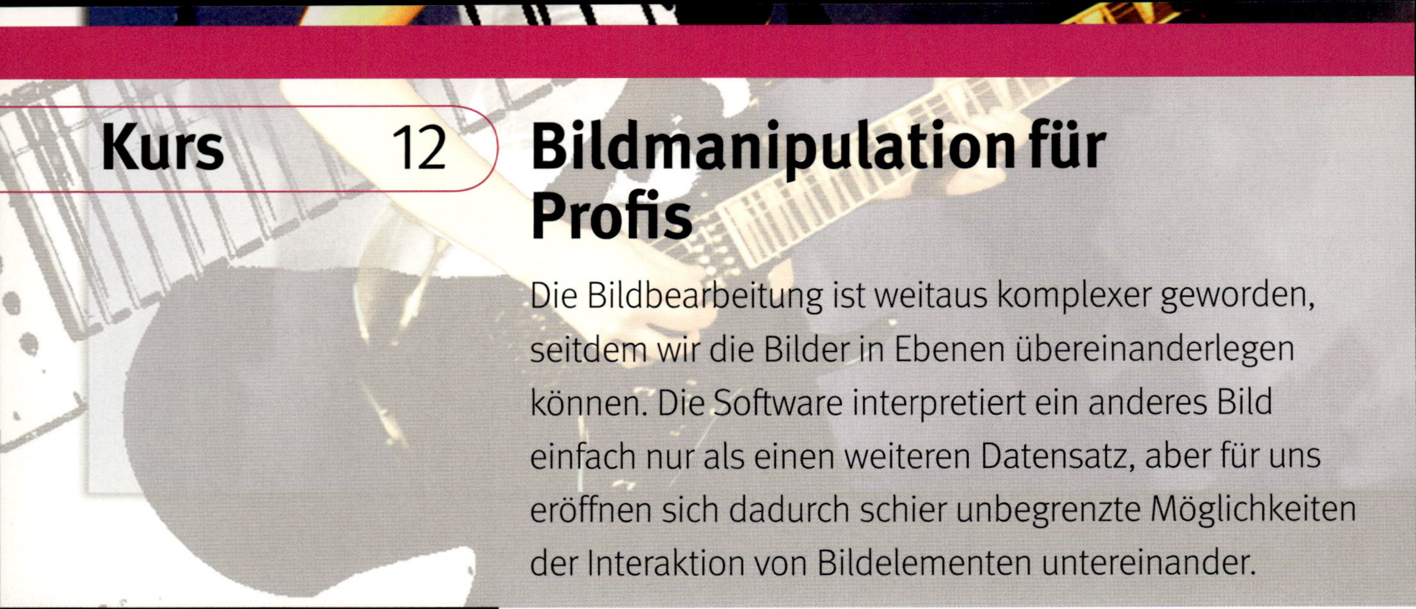

Kurs 12 Bildmanipulation für Profis

Die Bildbearbeitung ist weitaus komplexer geworden, seitdem wir die Bilder in Ebenen übereinanderlegen können. Die Software interpretiert ein anderes Bild einfach nur als einen weiteren Datensatz, aber für uns eröffnen sich dadurch schier unbegrenzte Möglichkeiten der Interaktion von Bildelementen untereinander.

Kurs 12 Übersicht

Dossier

Das moderne Zeitalter der Bildbearbeitung hat an dem Tag begonnen, an dem wir ein Bild zum ersten Mal in Ebenen bearbeiten konnten (Photoshop Version 3, 1994). Heute lassen sich nicht nur zwei oder drei, sondern Tausende von Ebenen gleichzeitig nutzen, solange wir den Überblick nicht verlieren.

Die **Vorteile** von **Ebenen**

Die Überlagerung verschiedener Digitalbilder in Ebenen ist kein neues fotografisches Konzept und kann etwa mit der Vergrößerung mehrerer Negative übereinander als Sandwich in der Dunkelkammer verglichen werden, die zu einer Vervielfachung der gestalterischen Möglichkeiten führte.

Hintergrund | und Ebene

Bilder aus einer Kamera werden zunächst auf dem Hintergrund geöffnet, dessen Deckkraft und Füllmethoden nicht veränderbar sind. Sie können auch keine andere Ebene darunterlegen. Im Grunde ähnelt dieser Hintergrund einem Ausdruck auf Papier. Die Transparenz des Ausdrucks lässt sich nicht verändern, und Sie können auch nichts unter das Papier legen, denn dann würden Sie die darunterliegenden Ebene nicht mehr sehen. Wenn Sie mit der Abbildung auf dem Ausdruck arbeiten möchten, müssen Sie sie zunächst vom Papierträger, d.h. vom Hintergrund lösen. Mit anderen Worten, Sie müssen den Hintergrund in eine Ebene verwandeln.

» Im Grunde ähnelt dieser Hintergrund einem Ausdruck auf Papier. «

Sobald Ihr Digitalfoto eine Ebene ist, lassen sich Deckkraft und damit die Transparenz der Abbildung, Füllmethoden oder -optionen und die Reihenfolge der übereinandergestapelten Ebenen beliebig variieren.

Steuerung | und Effekte

Eine Ebene lässt sich auf zweierlei Arten kontrollieren: Die erste Art der Kontrolle erfolgt direkt durch die Änderung der Ebene ohne Einfluss auf die darunter liegenden Ebenen. Sie können die Deckkraft der obersten Ebene anpassen und entscheiden, ob die Ebene überhaupt sichtbar sein soll, und die Ebene auf Wunsch duplizieren.

Die zweite Art der Kontrolle bezieht sich auf die Füllmethoden und bestimmt die Interaktion zwischen den direkt aufeinanderliegenden Ebenen. Wenn Sie die Füllmethode der obersten oder »Ursprungsebene« ändern, so ändert sich damit das Aussehen der Abbildung in der tieferen oder »Zielebene«, die durch die Ursprungsebene hindurch sichtbar ist.

Auch Effekte wie Schatten, Konturen und Glanz können in der oberen Ebene verwendet werden, die sie visuell von der Ebene darunter unterscheiden. Manche Programme bieten auch Funktionen an, die Tonwertänderungen auf die Zielebene anwenden.

OBEN 50 %

OBEN 50 %, UNTEN 70 %

EINSTELLUNGSEBENE

EINSTELLUNGSEBENEN

FARBBEREICH 80 %

FARBBEREICH ROT

FARBBEREICH WEISS

SCHEIN NACH AUSSEN

SCHLAGSCHATTEN

1 2 3
4 5 6
7 8 9
Leuchtpult

Ebenen

Mit nur zwei Bildebenen und fünf Funktionen – Deckkraft, Fülloptionen, Einstellungsebenen und zwei Schatteneffekten – stehen viele Effekte zur Verfügung. Die obere Ebene, **1**, hat eine Deckkraft von 50 %. **2** ist wie **1**, die untere Ebene hat 70 %. Bei **3** wird der Kontrast mit einer Einstellungsebene, bei **4** mit zwei Einstellungsebenen erhöht. In **5** werden die Ebenen überblendet, falls die obere bei 80 % oder weniger liegt, oder, **6**, wenn im Farbbereich rot, oder, **7**, weiß eingestellt wird. In **8** wird ein »Schein nach außen« und in **9** ein violetter Schlagschatten angewendet.

Grafische Wirkung

Mithilfe von Fülloptionen und Einstellungsebenen erzielt man schnell und mühelos grafische Effekte und eine ausgewogene Kombination mehrerer Bilder.

Füllmethoden

Füllmethoden werden zwar – vor allem wegen der dramatischen Ergebnisse – häufig diskutiert, aber selten tatsächlich genutzt. Ihr größter Nutzen liegt in den subtileren Effekten.

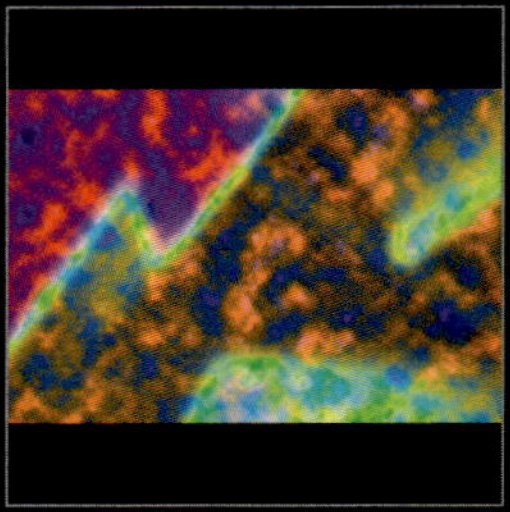

ORIGINAL

ORIGINAL

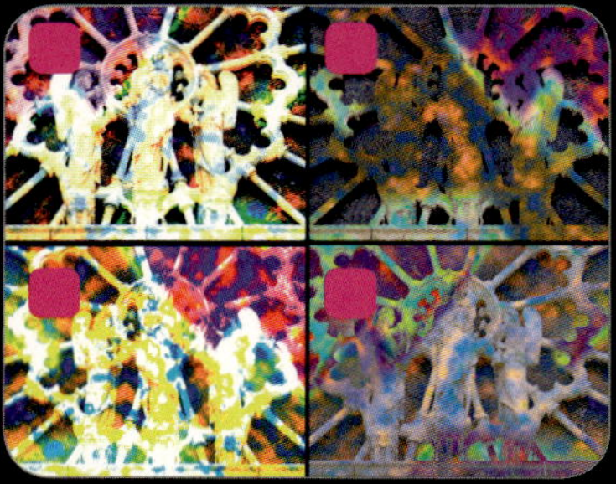

FÜLLMETHODEN

Bilder | Kombination

Füllmethoden basieren auf dem Prinzip, dass die obere Ursprungsebene das Aussehen der unteren oder Zielebene bestimmt, und ermöglichen unterschiedliche Arten der Kombination zweier Bilder. Die Farben der Zielebene lassen sich je nach den Farben der Pixel in der Ursprungsebene korrigieren, beseitigen oder umkehren.

Nur wenige Füllmethoden sind unverzichtbar, aber der geschickte Anwender, der sich mit ihren Auswirkungen vertraut gemacht hat, kann sie bei Problemen, für die sie eine Lösung bieten, sofort einsetzen.

Anpassungen | mehrere Ebenen

Der Effekt einer Ebene lässt sich vor allem auf zwei Arten anpassen: erstens durch die Deckkraft, die den jeweiligen Effekt jedoch nur abschwächt. Zweitens lassen sich Farbton, Sättigung, Kontrast und Belichtung anpassen.

Da eine Funktion je nach Füllmethode vielleicht das Gegenteil von dem bewirkt, was Sie erwartet haben, sollten Sie die Anpassungen in einer Einstellungsebene vornehmen, zu der Sie immer wieder zurückkehren können.

Bei der Arbeit mit Ebenen werden Sie feststellen, dass die Änderung einer einzelnen Ebene Anpassungen in einer anderen erfordert. Bearbeiten Sie daher so viele Elemente wie möglich in separaten Ebenen, um die größtmögliche Flexibilität zu erreichen.

Füllmethoden
Mit Füllmethoden kann der Hintergrund einer Aufnahme radikal verändert werden, bei diesem Beispiel durch den Austausch der einfachen, dunklen Bereiche zwischen den Skulpturen mit einer farbigen Struktur. Je nach Füllmethode ändern sich gleichzeitig die Farben oder Tonwerte.
1 zeigt »Farbig Abwedeln« mit der Skulptur als Zielebene, **3** das Gleiche mit der Skulptur als Ursprungsebene, **2** die Füllmethode »Dunklere Farbe« und **4** »Ausschluss«.

Linear nachbelichten
Die Einstellung der Ebene mit dem gelben und blauen Verlauf auf die Füllmethode »Linear nachbelichten« führt sowohl zu einer Verstärkung der Farbe als auch zu einer dunkleren Abbildung des Himmels und Vordergrunds, sodass die Tiefe im Vergleich zum Original verstärkt wird.

Wenn Sie z. B. einen blauen Verlauf für den Himmel und einen orangefarbenen Verlauf für den Vordergrund anwenden möchten, sollten Sie mit zwei separaten Ebenen arbeiten, um Deckkraft, Sättigung und Helligkeit einzeln einstellen zu können.

Tonwerte | und Farben
Die Füllmethoden zum Nachbelichten (z. B. »Farbig nachbelichten« oder »Linear nachbelichten«) oder zum Abwedeln (z. B. »Farbig abwedeln« oder »Hellere Farbe«) bieten sich für umfassende Änderungen der Tonwerte an. Außerdem ist der resultierende Effekt stärker als z. B. bei Gradationskurven und verringert gleichzeitig das Risiko von Artefakten.

Die beliebte Füllmethode »Farbe« ermöglicht die Färbung von Schwarzweißbildern im Verhältnis zur Dichte des Fotos, sodass die Zeichnung bewahrt bleibt. Füllmethoden wie »Weiches Licht« und »Überlagern« sind bei der Überblendung von zwei oder mehr Bildern nützlich.

NORMAL

FARBIG NACHBELICHTEN

DUNKLERE FARBE

MULTIPLIZIEREN

SÄTTIGUNG

FARBIG ABWEDELN

1 2 3
4 5 6
Leucht**pult**

Füllmethoden zur Tonwertsteuerung
Die Füllmethode »Normal«, **1**, zeigt den Nebeleffekt, der durch die Anwendung von blauen und gelben Verlaufsfarben in einer neuen Ebene entsteht. Mit der Füllmethode »Farbig abwedeln«, **2**, werden die Schatten aufgehellt. **3** zeigt die Färbung in der Füllmethode »Dunklere Farbe«. »Multiplizieren« führt zu den Farben und dem verbesserten Kontrast in **4**. »Sättigung«, **5**, bewirkt lebhaftere Farben. **6** zeigt den Effekt von »Farbig Nachbelichten«.

Masken und Auswahl

Effekte, die unterschiedslos auf alle Pixel angewendet werden, haben häufig große Auswirkungen, bieten jedoch noch größeres Potenzial, wenn wir sie nur auf bestimmte Bereiche anwenden. Dazu greift man auf eine Kombination aus Maske und Auswahl zurück.

Dossier

In Photoshop wird der Effekt einer Auswahlkante erst nach der Bearbeitung sichtbar. Andere Programme zeigen sowohl die Mittellinie als auch die inneren und äußeren Übergangsbereiche an.

Beschränkung des Effekts | Schützen und Ausschneiden

Vielleicht erscheinen die Begriffe Auswahl und Maske auf den ersten Blick verwirrend, aber sie sind eigentlich nur zwei unterschiedliche Bezeichnungen für dasselbe Phänomen.

Eine Maske deckt einen Bereich ab, der dadurch gegen eine Bearbeitung wie z. B. eine Farbänderung geschützt wird. Leicht sichtbar ist dies bei großen Flächen sowie bei weichen oder verlaufenden Effekten. Eine Auswahl bewirkt das Gegenteil: Sie beschränkt die Auswirkungen eines Effekts auf die Pixel innerhalb ihrer Grenzen. Eine Auswahl ist beim Ausschneiden von nicht allzu komplexen Objekten aus dem Hintergrund meist sehr hilfreich.

Mit gedrückter Alt- oder Shifttaste kann eine Auswahl erweitert oder eingeschränkt werden. Die Übergangsbereiche einer Auswahlkante werden jedoch nicht angezeigt, sondern nur die Mittellinie.

Komplizierte Auswahl
Die Auswahl der blauen Farbe wäre bei einem solchen Foto mit seinen feinen Details vor einfachem Hintergrund langwierig und unbefriedigend, wenn wir nicht den Zauberstab oder den Befehl »Farbe ersetzen« nutzen könnten. Mit dem Toleranz-Regler lässt sich der betroffene Farbumfang einstellen – bei diesem Beispiel bewusst niedrig. Nach der Auswahl eines Bereichs können Sie die Farbe ändern, wie hier durch eine fast vollständige Verringerung der Sättigung des Himmels und die Verwandlung in ein helles Braun. Dramatischer wirkt jedoch der dunklere Himmel. Die nicht ausgewählten Blautöne leuchten jetzt vor dem dunklen Hintergrund.

WIE AUFGENOMMEN

VERRINGERUNG DER SÄTTIGUNG

WIE AUFGENOMMEN

MASKIERUNGSMODUS

Kontrast am Strand
Durch die dunklen Schatten geht die Zeichnung völlig verloren. Die Details sollen jedoch zum Vorschein gebracht werden, ohne die Tonwerte im Vordergrund zu zerstören. Mit einer Verlaufsmaske über dem geschützten Bereich kann die Aufhellung selektiv mit weichen Übergängen vorgenommen werden.

Auswahl | unterschiedliche Methoden

Allgemein können Pixel auf zwei Arten ausgewählt werden: erstens von Hand mit der Auswahlellipse oder dem Auswahlrechteck oder dem Lasso. Mit Stift und Grafiktablett fällt die Arbeit zwar am leichtesten, aber auch eine moderne Laser-Maus arbeitet sehr präzise. Die zweite Auswahlmethode beruht auf Farbähnlichkeiten von Pixeln. Sie können die Befehle »Farbbereich auswählen« oder »Farbe ersetzen« verwenden und eine Auswahl von Hand mit einer automatischen Auswahl von gleichen oder sehr ähnlichen Farben mit dem Zauberstab kombinieren.

Masken | und Extrahieren

Anstatt zur Auswahl eine Linie um das zu maskierende Objekt zu ziehen, können Sie im Maskierungsmodus auch mit einer Werkzeugspitze oder einem Verlaufswerkzeug eine Maske auftragen. Zur Verfeinerung lassen sich angemalte Bereiche wieder entfernen. Wenn Sie den Maskierungsmodus verlassen, verwandelt sich die Maske in eine Auswahl, sodass Sie Ihren Effekt anwenden können.

Filter »Extrahieren«
Zunächst wird eine grüne Linie um das Objekt gezogen. Der zentrale Bereich ist rot maskiert. Im Anschluss müssen die Kanten des Ergebnisses verfeinert und die leeren Partien in der unteren Hälfte sichtbar gemacht werden.

WIE AUFGENOMMEN

MASKIERUNGSMODUS

Schritt für Schritt: **Handkolorierung**

Die Kunst der Handkolorierung ist fast ebenso alt wie die Fotografie selbst. Handkolorierte Bilder entfalten ihr ganzes Potenzial, wenn die Farben nur ganz fein angedeutet werden. Die Farbtreue spielt in diesem Fall keine so große Rolle, solange das Ergebnis insgesamt überzeugend wirkt.

KURVEN-EINSTELLUNGSEBENE

1 Mittelton-Kontrast verstärken

Die Mitteltöne haben wegen der flachen Beleuchtung nicht genügend Kontrast. Ziehen Sie die Gradationskurve in einer Einstellungsebene in eine S-Form, die in den Mitteltönen steiler verläuft, damit Tiefen und Lichter nicht betroffen sind.

AUSWAHL MIT DEM ZEICHENSTIFT

2 Auswahl des Autos

Um Teile des Autos separat zu färben, müssen Sie das Auto auswählen. Das präziseste Werkzeug ist hier der Zeichenstift (P). Aber auch das Lasso-Werkzeug können Sie einsetzen (L). Wählen Sie das Auto bei einer Ansicht von 100 % mit größtmöglicher Genauigkeit aus.

WEITERE AUSWAHL

3 Auswahl von Details

Ziehen Sie weitere Pfade um jene Details, die später einzeln koloriert werden sollen. So erstellen Sie ganz einfach digitale Schablonen zur Abdeckung von Bereichen, die nicht von der Koloriereung betroffen sein sollen.

KOPIERSTEMPEL- UND REPARATURWERKZEUG

4 Korrekturen

Wenn Sie sich mit dem Foto vertraut gemacht haben, sollten Sie nach überflüssigen Bildelementen suchen. Beseitigen Sie beispielsweise Staub auf dem Sensor mit dem Reparaturpinsel (J) oder dem Kopierstempelwerkzeug (P). Vermeiden Sie aber Unschärfen in diesen Bereichen.

FÜLLMETHODE »FARBE«

5 Kolorierung des Bodens

Wählen Sie eine Farbe aus der Farbpalette aus und erstellen Sie eine neue Ebene mit der Füllmethode »Farbe« und einer Deckkraft von ungefähr 30 %. Erstellen Sie eine Auswahl mit dem zuvor gezogenen Pfad und füllen Sie anschließend den Bereich mithilfe des Pinsels (B).

FÜLLMETHODE »UMGEKEHRT MULTIPLIZIEREN«

6 Kolorierung des Autos

Wiederholen Sie den Arbeitsschritt für die rostige Einfärbung des Autos, aber experimentieren Sie auch mit anderen Füllmethoden in der Ebenenpalette. Hier passte die Füllmethode »Umgekehrt multiplizieren« besser zur ausgewählten Farbe, da sie Bereiche mit weniger als 50 % Grau aufhellt.

FÜLLMETHODE »FARBE«

VERLAUFSUMSETZUNG

FÄRBEN UND MASKE

7 Bearbeitung von Details

Verwandeln Sie die Pfade, die Sie um die Details des Autos gezogen haben, in eine Auswahl und erstellen Sie zur Einfärbung eine neue Ebene. Für spiegelnde Flächen auf Chrom und Glas sollten Sie helle Blau- und Gelbtöne verwenden, um die darin sichtbaren Farben zu simulieren.

8 Himmel

Ein Verlauf führt zu einem gleichmäßig kolorierten Ergebnis. Dazu erstellen Sie in einer Einstellungsebene eine Verlaufsumsetzung, um die Lichter der Startpunktfarbe und die Tiefen der Endpunktfarbe zuzuordnen und mit unterschiedlichen Farbkombinationen zu experimentieren.

9 Fertigstellung des Himmels

Stellen Sie die Füllmethode des Verlaufs auf »Farbe« ein, um den Effekt verschiedener Verlaufsfarben sofort beurteilen zu können. Untersuchen Sie das gesamte Bild nach falsch gefärbten Bereichen und beseitigen Sie unerwünschte Partien der Maske mit dem Radiergummi (E).

Lichter und Tiefen

Die Tendenz der Fotografie zur Miniaturisierung hat die Fähigkeit von Filmen und Sensoren verringert, einen großen Tonwertumfang aufzuzeichnen. Mit modernen Bildbearbeitungsmethoden können wir jedoch heute die Zeichnung in Lichtern und Schatten in früher undenkbarem Maß wiederherstellen.

RAW-Verarbeitung
Die größte Flexibilität haben RAW-Dateien. Das Original (unten) bietet viele Informationen in den Schatten. Bei maximaler Fülllicht-Einstellung (Bild darunter) wurden die Tiefen verbessert. In Kombination mit der Reparatur der Lichter resultierte eine deutliche Verbesserung der Aufnahme (drittes Bild). Eine Verstärkung der Sättigung (ganz unten) verlieh der Aufnahme den letzten Schliff. Das Hauptbild ist das Ergebnis einer allgemeinen Tonwertkorrektur.

WIE AUFGENOMMEN

MAX. AUFHELLUNG

AUFHELLUNG, WIEDERHERST.

ANGEPASST

Luminanz | und Details

Im Grunde zeichnet die Kamera nur die Verteilung der Helligkeit oder Luminanz einer Szene auf. Bei Farbfotos werden die unterschiedlichen Helligkeiten außerdem mit Farbfiltern gefiltert, um die getrennten Farbkanäle Rot, Grün und Blau einer Szene zu erstellen.

Die entscheidende Frage ist, wie groß der Helligkeitsumfang sein darf, damit er noch von einer Digitalkamera bewältigt werden kann. Meist ist ein relativ kleiner Helligkeitsumfang – etwa acht bis neun Blendenstufen – bereits zu groß für die Kamera: Weiße Flächen werden ohne Zeichnung und schwarze Flächen zu dunkel wiedergegeben.

Selbst in scheinbar völlig weißen Bereichen eines Fotos kann jedoch noch Zeichnung enthalten sein, denn unsere Augen können sehr kleine Dichteunterschiede innerhalb von hellen Partien nicht unterscheiden. Ebenso verhält es sich mit völlig schwarzen Flächen.

WIE AUFGENOMMEN

PARTIELLE LICHTER

ALLE LICHTER

Extrahierung von Details | neue Werkzeuge

Die Bildbearbeitung gab uns die Möglichkeit, mit Gradationskurven die Lichter abzudunkeln und gleichzeitig die Schatten aufzuhellen. Wir lernten sogar, mit einer S-Form oder einer doppelten S-Form den Kontrast in den Schatten zu erhöhen, aber in den Lichtern zu reduzieren und in den Mitteltönen unverändert beizubehalten.

Natürlich stehen die Gradationskurven zur Extrahierung von Details immer noch zur Verfügung, aber es gibt auch neue, intelligentere Werkzeuge wie z. B. »Tiefen/Lichter«, die die Tonwerte unabhängiger von anderen Tonwerten ändern können als Gradationskurven. Außerdem sucht das Werkzeug »Tiefen/Lichter« im Gegensatz zu Gradationskurven auch nach ähnlichen Pixeln in einem bestimmten Radius. Kurz, mit den neuen Werkzeugen lässt sich der Effekt besser kontrollieren. Allerdings können auch diese Werkzeuge zu künstlich wirkenden Ergebnissen führen.

Tiefen/Lichter | Tonwerte und Farben

Das Dialogfeld »Tiefen/Lichter« besteht aus drei Hauptbestandteilen. Im ersten, Tiefen, wird die Zeichnung in den Schatten durch die progressive Aufhellung der Pixel in Abhängigkeit von ihrer Entfernung zum Schwarzpunkt extrahiert. Der Regler »Lichter« funktioniert umgekehrt. Beide haben eine Einstellung für die Tonbreite – je höher diese ist, desto mehr Pixel werden heller bzw. dunkler wiedergegeben – und einen Regler für den Radius zur Steuerung der Ausdehnung der Aufhellung bzw. Abdunkelung, z. B. zum Vermeiden von Lichtsäumen.

Der dritte Bestandteil, die Anpassungen, ermöglicht die Verbesserung der Farbbrillanz oder Sättigung. Grauere Pixel erhalten mehr Sättigung als bereits gesättigte Pixel. Der Regler für den Mittelton-Kontrast passt schließlich den Gamma-Wert in den Mitteltönen an.

Tiefen/Lichter

Die Farben des Originals (oben) sind in den hellsten Partien verloren gegangen, und einige Schatten sind zu dunkel. Eine partielle Wiederherstellung der Lichter und eine Aufhellung der Tiefen hat zu einem etwas flachen Bild geführt (Mitte). Eine vollständige Wiederherstellung der Lichter (unten) wirkt unnatürlich. Beim Hauptbild wurden die Lichter teilweise wiederhergestellt und die Tiefen aufgehellt.

Dossier

Der Dynamikumfang von Kameras liegt in der Regel bei etwa fünf Blendenstufen. Bei der Nachbearbeitung können vielleicht weitere zwei Stufen gewonnen werden; eine Aufnahme im RAW-Format dehnt den Bereich auf etwa zehn Stufen aus.

High Dynamic Range

Die digitale Wiederentdeckung einer Dunkelkammermethode hat die Fotowelt in Aufruhr versetzt. Dabei werden unterschiedlich belichtete Bilder desselben Motivs kombiniert, um Szenen mit großen Helligkeitsunterschieden wirkungsvoll wiederzugeben.

RAW-Bilder
Aus einem einzigen RAW-Bild können zwei akzeptable Fotos erzeugt werden. Hier wurde eines davon optimal auf die Wolken, das andere auf die Schatten abgestimmt. Mithilfe der Fülloptionen entstand zunächst ein flaches Bild, auf dem die Details in den Schatten dunkler abgebildet wurden als gewünscht. Mit den Werkzeugen »Tonwertkorrektur« und »Tiefen/Lichter« wurde ein Bild mit ausgewogenen Details in den Wolken und im Mauerwerk hervorgebracht.

WIE AUFGENOMMEN

HELLIGKEIT ERHÖHT

HELLIGKEIT VERRINGERT

Luminanz | und RAW

Ein Sensor kann den gesamten Helligkeitsumfang einer Szene nur bei einer Belichtungseinstellung aufzeichnen, bei der die Zeichnung in den Lichtern und in den Schatten auf einer Aufnahme gleichzeitig erfasst werden kann. Bei der Arbeit im RAW-Format (s. S. 184–185) ist der Dynamikumfang größer, weil später mehr Details aus den Schatten und Lichtern extrahiert werden können als bei einer entsprechenden JPEG-Datei. Die Helligkeitsinformationen werden bei RAW mit 10 oder mehr Bit pro Farbkanal anstelle von 8 Bit im JPEG-Format aufgezeichnet. So entsteht bei der Umwandlung der schwierigen hellen und dunklen Tonwerte ein detaillierteres Ergebnis – zwar kein echtes HDR-Bild, aber doch ein Foto, das einem einzelnen, mit Gradationskurven oder »Tiefen/Lichter« bearbeiteten Bild überlegen sein kann.

Mehrere Bilder | Belichtungsreihen

Eine echte Erweiterung des effektiven Dynamikumfangs des Sensors erreichen Sie durch die Kombination von unterschiedlichen Belichtungen. Dazu benötigen Sie mindestens ein überbelichtetes Foto für die Zeichnung in den Schatten und ein unterbelichtetes für die Details in den Lichtern sowie eine »korrekte« Belichtung. Am besten

NORMALE BELICHTUNG

BELICHTUNG AUF DIE SCHATTEN

BELICHTUNG AUF DIE LICHTER

EINFACHE KOMBINATION

verwenden Sie dazu ein Stativ, denn falls die Kamera zwischen den einzelnen Aufnahmen nur leicht bewegt wird, entstehen bei der Kombination der Bilder Farbsäume oder Artefakte. Stellen Sie Ihre Kamera auf Zeitautomatik ein, um z. B. eine Belichtungsreihe über zwei Stufen zu erstellen, und wählen Sie die schnellste Bildfolgezeit.

Erstellen Sie Ihre Belichtungsreihe: drei Bilder sind das Minimum, sieben bieten die beste Qualität bei Szenen mit sehr großen Helligkeitsunterschieden. Nun können Sie die Bilder mit Ihrer Bildbearbeitungssoftware oder mit einer speziellen Software für HDR-Bilder kombinieren.

HDR | Kombination

In älteren Versionen von Adobe Photoshop konnte man mithilfe der Fülloptionen eine einfache HDR-Version aus zwei Bildern erstellen. HDR automatisiert diesen Prozess nicht nur, sondern arbeitet in einem viel größeren Datenraum, sodass die Informationen aller betreffenden Bilder berücksichtigt werden können.

HDR-Algorithmen zielen auf die Nutzung der entscheidenden Mitteltondaten aller beteiligten Bilder zur Ausgabe des HDR-Fotos ab. Durch die Kombination der Mitteltöne und zur Gewährleistung der maximalen Flexibilität bei der Bearbeitung sieht das Foto eventuell noch recht flach aus. Sie müssen dabei den Tonwertumfang an Ihren Verwendungszweck anpassen.

Das »Tone-mapping« ist ein computergrafisches Verfahren zur realistischen Wiedergabe von Kontrast und Farben. Die Tiefen und Lichter der resultierenden Bilder sehen jedoch trotzdem etwas detailreicher und farbiger aus als normal.

Zusammensetzung der HDR-Bilder
Es wurde eine Belichtungsreihe mit drei Aufnahmen im Abstand von einer Sekunde erstellt. Trotz der Windstille führte die leichte Bewegung der Blätter zu kleineren Artefakten. Die erste einfache Kombination wirkt recht flach, hat jedoch Zeichnung am Himmel und in der Baumrinde. Nach der Komprimierung in 8-Bit-Farbe ging etwas Zeichnung in der Rinde verloren, aber das Ergebnis ist weitaus besser als die ursprüngliche Aufnahme.

Schritt für Schritt: **Bildmontage**

Mit den Compositing- oder Montagetechniken – zur Kombination unterschiedlicher Bilder zu einem neuen Foto – kommt der Fotograf der Malerei am nächsten. Composite-Bilder können sich aus bis zu Hunderten unterschiedlicher Bildelemente zusammensetzen. Die Grundvoraussetzung ist eine klare Vorstellung vom Endergebnis, um die vielen Arbeitsschritte bis zur endgültigen Komposition zu strukturieren.

1 Beurteilung der Originale

Vielleicht möchten Sie eine Szene in einem anderen Licht darstellen oder eine andere Bildwirkung erzielen: Was geschieht, wenn ich diese Blumen mit dieser Landschaft und jener Beleuchtung kombiniere? Bei dieser Aufnahme bot sich das verlassene Haus (in Spanien) für eine Darstellung in einem dramatischeren Licht an. Die Sonnenuntergangsaufnahme entstand hingegen in England. Die in Chile fotografierten Blumen eignen sich ideal als farbenfroher Vordergrund vor dem Haus, während die Berge und Büsche für interessante Details in der Gesamtkomposition sorgen würden.

FREISTELLUNGSWERKZEUG | ARBEITSFLÄCHE

2 Größere Arbeitsfläche

Vergrößern Sie die Arbeitsfläche im Bildmenü unter dem Menüpunkt »Arbeitsfläche«, um die Bildelemente frei positionieren, transformieren und drehen zu können, ohne am Rand Teile des Bildes zu verlieren. Der Horizont des Sonnenuntergangsfotos wird mit dem Mittelgrund der Aufnahme der Berge kombiniert. Positionieren und skalieren Sie den Himmel als Vorbereitung für die dann folgende Maskierung und Zusammenfügung in der gewünschten Form.

ZEICHENSTIFT

3 Maskierung des Horizonts

Mit dem Zeichenstiftwerkzeug (P) ziehen Sie einen Pfad entlang des Horizonts des Fotos mit dem Mittelgrund, um alle feinen Details des Bildes zu erfassen und gleichzeitig eine Auswahl zu erhalten, die später noch bearbeitet werden kann. Nach der Anordnung des Mittelgrundfotos über der Horizontlinie laden Sie eine Auswahl aus dem Pfad, um Vorder- und Mittelgrund mit einer Ebenenmaske von den im Bild dann nicht mehr gewünschten Bergen zu trennen.

KURVE | VERLAUFSWERKZEUG

4 Färbung des Mittelgrunds

Damit die Zusammenfügung der beiden Ebenen natürlicher wirkt, muss der Horizont abgedunkelt werden, sodass die schwarze Silhouette am Himmel aus dem Hintergrundbild überzeugend mit den Büschen aus dem vorderen Foto kombiniert werden kann. Dazu erstellen Sie eine Kurven-Einstellungsebene für die grünen Hügeln, um alle Mitteltöne stark abzudunkeln. Erstellen Sie eine Verlaufsmaske, um die Originalfarben im Vordergrund der grünen Wiese fließend wiederherzustellen.

ZEICHENSTIFT | PINSEL

5 Maskierung der Blumen

Fügen Sie in einem nächsten Schritt das Blumenfoto hinzu. Maskieren Sie die Blumen mithilfe einer Ebenenmaske und schneiden Sie sie aus. Der Zeichenstift ermöglicht eine sehr präzise Auswahl, aber alternativ dazu können Sie die unerwünschten Partien des Fotos auch mit einer weichen Werkzeugspitze auf der Ebenenmaske beseitigen, bis nur noch die Blumen übrig bleiben, was in diesem Fall gut funktioniert.

DUPLIZIEREN | TRANSFORMIEREN

6 Duplizieren der Blumen

Damit die Blumen üppiger wirken, sollten Sie die Ebene mit den Blumen duplizieren und die duplizierte Ebene hinter der Originalebene platzieren. Durch eine Skalierung mit dem Werkzeug »Transformieren« kann der Eindruck von Räumlichkeit erweckt werden. Dabei leistet die Funktion »Verzerren« des Befehls »Transformieren« wegen des größeren Spielraums beim Skalieren gute Dienste. Die Ebenenmaske kann zur Beseitigung von unerwünschten Blumen genutzt werden.

KURVEN | SELEKTIVE FARBKORREKTUR

7 Färbung der Blumen

In einem weiteren Schritt färben Sie die Blumen, damit sie sich besser ins Bild fügen. Aufgrund der etwas zu starken Belichtung des Originals müssen Sie mit einer Gradationskurve die Mitteltöne reduzieren und die Grüntöne abdunkeln. Die durch diese Anpassung flauer wirkenden Farben der Blumen sollten in »Bild › Anpassungen › Selektive Farbkorrektur« aufgehellt werden. Im Farbfeld »Magenta« reduzieren Sie Cyan und Schwarz, um die Rosatöne zu betonen.

LINEAL | TRANSFORMIEREN

8 Begradigung des Hauses

Kopieren Sie das Bild des Hauses und fügen Sie es in die Komposition ein. Korrigieren Sie danach z. B. mit dem Lineal den Horizont. Ziehen Sie eine parallele Linie zu einem horizontalen Bildelement, wie dem Dach des Hauses. Wählen Sie danach Bild »Arbeitsfläche drehen« per manueller Eingabe. Alternativ dazu können Sie das Bild nach Augenmaß mit dem Transformieren-Werkzeug begradigen.

EBENENMASKE | PINSEL

9 Anordnung des Hauses

Jetzt müssen Sie den Eindruck erwecken, als stünde das Haus schon seit Jahren in dieser Landschaft. Schneiden Sie das Haus mit dem Pinsel und einer Ebenenmaske grob aus. Diese Maske kann später verfeinert werden, aber im Augenblick ist die Festlegung der Position des Hauses wichtiger. Sie sollten auch entscheiden, wie viel von den Bäumen in der Nähe des Hauses sichtbar sein soll – durch die Bearbeitung der groben Maske können Sie damit experimentieren.

PINSEL

10 Einbettung des Hauses

Sobald Position und Größe des Hauses feststehen, muss die Ebenenmaske korrigiert werden. Die Ränder um die Bäume und Hecken können mit einem unregelmäßigen Pinsel bearbeitet werden, der Unschärfen simuliert und den Bäumen realistische Umrisse gibt. Fügen Sie jetzt den Bereich unterhalb des Hauses aus den verschiedenen Bildern zusammen. Mit einem weichen Pinsel mit niedriger Deckkraft kopieren Sie den Boden des einen Fotos in den Boden des darunterliegenden Fotos.

WEITERES FOTO

11 Zusätzliches Bildelement

Im leeren rechten Teil der Aufnahme fehlen noch Bildelemente. Die Silhouette des Baums auf einer Wiese oben erscheint hierzu vielversprechend. Die kahlen Äste des Baums würden interessante Umrisse vor dem orangefarbenen Sonnenuntergang hervorrufen und könnten außerdem den oberen Teil der Aufnahme mit dem unteren zu einer optischen Einheit verbinden.

VERZERREN | MASKIERUNGSMODUS

12 Positionierung des Baums

Spiegeln Sie die Abbildung des Baums, denn die Zweige müssen von rechts in den Himmel ragen. Erstellen Sie nun im Maskierungsmodus eine großzügige Auswahl des Baums, verwandeln Sie die Maske in eine Auswahl, die Sie kopieren und dann in das Composite-Bild einfügen. Positionieren Sie die Auswahl und passen Sie ihre Größe und Form mit »Verzerren« an.

MULTIPLIZIEREN

13 Ausschneiden des Baums

Das Ausschneiden des Baums mit seinen vielen Zweigen mithilfe des Zeichenstifts wäre sehr zeitaufwendig und mit dem Zauberstab nicht präzise genug. Zum Glück kann man hier auch die Füllmethode der Baumebene auf »Multiplizieren« einstellen; alle Farben in den Lichtern sind dadurch transparent und die dunkleren Töne schwarz, sodass nur die Äste übrig bleiben.

PRÜFUNG ▶
Sie sollten den Fortschritt von Zeit zu Zeit prüfen. Beseitigen Sie alle Paletten (drücken Sie Tab) und werfen Sie einen kritischen Blick auf Ihre Montage. Hier musste nicht nur die Belichtung ausgeglichen werden, sondern im rechten Teil des Fotos fehlte auch ein Bildelement.

PINSEL | RADIERGUMMI

EBENENMASKE | WEICHE WERKZEUGSPITZE

ABWEDLER

14 Verfeinerung der Maske

Die Einstellung der Füllmethode der Baumebene auf »Multiplizieren« beschleunigt zwar die Anordnung des Baums, ist aber dennoch keine perfekte Lösung. Einige der Farbtöne des Himmels zwischen den Zweigen ähneln den Farben des Sonnenuntergangshimmels und bleiben daher auch nach der Änderung der Füllmethode gleich. In einer Ebenenmaske entfernen Sie mit dem Pinsel unerwünschte Teile. Alternativ können Sie den Radiergummi direkt auf dem Bild anwenden.

15 Wiederherstellung von Details

Der multiplizierte Baum bietet gute Konturen für den Vordergrund des Composite-Fotos, hat jedoch jetzt überhaupt keine Zeichnung mehr. Um die Details wiederherzustellen, duplizieren Sie die Baumebene und stellen die Füllmethode der neuen Ebene auf »Normal«. Erstellen Sie hier eine mit Schwarz gefüllte Ebenenmaske, auf der Sie in den gewünschten Bereichen mit einer weichen Werkzeugspitze die Originaldetails wieder auftragen. Konzentrieren Sie sich dabei auf den Stamm und größere Äste.

16 Hinzufügung von Details

Ebenfalls in der duplizierten Baumebene wählen Sie den Abwedler aus und wenden ihn – mit sehr niedriger Belichtung und einer Einstellung von Mitteltönen oder Lichtern – auf den Baumstamm und die größeren Äste an. Auf diese Weise kommen weitere Details der Rinde zum Vorschein, die auf dem Ursprungsbild sehr dunkel waren. Übertreiben Sie es jedoch mit der Nachbearbeitung nicht, denn die bearbeitete Seite des Baums liegt im Schatten.

MASKIERUNGSMODUS | KURVEN

17 Aufhellung des Baums

Sichern Sie jetzt das Composite-Bild mit allen Ebenen, speichern Sie es dann unter einem neuen Dateinamen und reduzieren Sie diese neue Datei auf die Hintergrundebene. Bei der Prüfung der neuen Datei stellt sich heraus, dass der Baum immer noch zu dunkel wirkt. Zur Korrektur sollten Sie das Bild im Maskierungsmodus maskieren und den Baum entfernen. Kehren Sie diese Auswahl um und hellen den Baum mit einer Gradationskurve auf.

NACHBELICHTEN | FARB- | TONWERTKORREKTUR

18 Tonwertkorrektur

Eine weitere Prüfung des Bildes macht deutlich, dass die einzelnen Bildpartien noch nicht die richtigen Dichten, Kontraste und Farben aufweisen. Belichten Sie das Haus deshalb nach, damit das Mauerwerk dunkler erscheint, verstärken Sie den Kontrast der Blumen mit »Tonwertkorrektur« und erhöhen Sie die Werte für Schwarz mit der »Selektiven Farbkorrektur«, um die Schatten auf den Hügeln und Bergen noch mehr abzudunkeln.

VERLAUFSUMSETZUNG

19 Färbung der Aufnahme

Eine effiziente Methode der Anpassung von Farben ist die Überdeckung der Farbunter schiede mit einer kräftigen Farbe. Wenden Sie auf der Grundlage der Farben des Himmels eine starke gelbrote Verlaufsumsetzung auf das Gesamtbild an. Stellen Sie die Verlaufsumsetzung auf »Multiplizieren« und eine Deckkraft von 36 % ein. Die Gesamtaufnahme scheint nun warm im orangefarbenen Sonnen untergang zu leuchten.

MASKE | FARBTON/SÄTTIGUNG

20 Anpassung des Verlaufs des Himmels

Der Himmel wirkt im Vergleich zu den Vordergrundfarben immer noch zu kraftlos. Zur Vorbereitung auf die Korrektur sollten Sie die Änderungen mithilfe einer Verlaufsmaske auf den Himmel beschränken, die allmählich in den Vordergrund übergeht, sodass ein gleichmäßiger Übergang vom Horizont zum oberen Teil des Fotos entsteht. Erhöhen Sie die Sättigung der Rot- und Gelbtöne mit der Einstellung »Farbton/Sättigung«.

GAUSS'SCHER WEICHZEICHNER

21 Erhöhung der Schärfentiefe

Das Composite-Foto besteht nur aus scharfen Bildern, sodass der Schärferaum des Bildes unnatürlich groß scheint. So lenken die Blumen nicht nur vom Haus ab, sondern jeglicher Eindruck von Tiefe geht verloren. Um mehr Aufmerksamkeit auf den Mittelgrund zu lenken, wählen Sie die Blumen im Vordergrund aus und zeichnen Sie sie ganz leicht mit dem Gauß'schen Weichzeichner weich. Variieren Sie die Stärke des Effekts je nach Abstand der Blumen.

LASSO | USM

22 Scharfzeichnung

Im Gegensatz zur Weichzeichnung der Elemente im Vordergrund müssen die Details im Mittelgrund geschärft werden. Beschränken Sie den Effekt, indem Sie den aktiven Bereich – in diesem Fall die Partie zwischen den entfernteren Blumen und dem Haus – zuerst mit dem Lasso mit einer Auswahlkante von 10 Pixeln auswählen. Wenden Sie den USM-Filter mit einer Stärke von 150, einem Radius von 1 und einen Schwellenwert von 20 an, damit das Bildrauschen nicht betont wird.

▲ ORIGINALBILDER

Schritt für Schritt: **Verschönerung eines Porträts**

Die Porträtkunst beruht seit Holbein (wenn nicht schon länger) auf einer Mischung aus Schmeichelei, visuellen Tricks und falscher Darstellung. Die digitale Bildbearbeitung hat daran kaum etwas geändert, verschafft jedoch eine noch umfassendere und erheblich einfachere Kontrolle über das Ergebnis. Kaum ein Prominenter sieht in Wirklichkeit so aus wie in den Magazinen.

◀ ORIGINAL

1 Beurteilung des Originals

Die Möglichkeit der späteren Nachbearbeitung beschleunigt die Arbeiten im Studio. Bei diesem Foto hätte man die Kleidung sorgfältiger arrangieren können. Auch etwas Make-up wäre nützlich gewesen. Pose und Ausdruck entsprachen jedoch den Vorstellungen des Art Director.

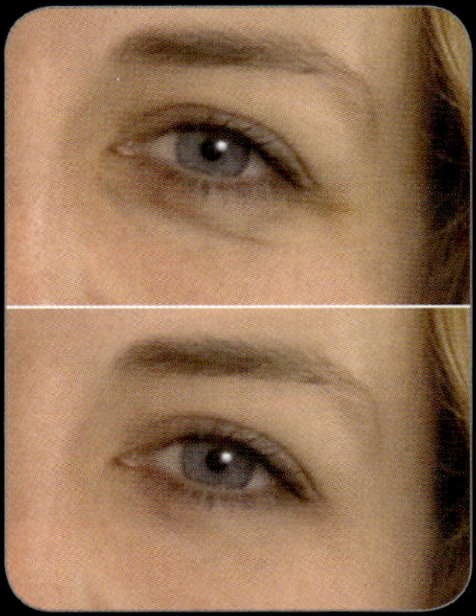

PINSEL

5 Bearbeitung der Haut

Die dunklen Augenringe lassen sich leicht mit dem Pinsel beseitigen. Mit einer kleinen Werkzeugspitze und weicher Auswahlkante und geringem Druck klicken Sie die rosafarbene Haut in der Nähe des Auges bei gedrückter Alt-Taste an: So wird die Farbe als aufzutragende Farbe ausgewählt. Wählen Sie leicht unterschiedliche Rosatöne, um für Vielfalt zu sorgen.

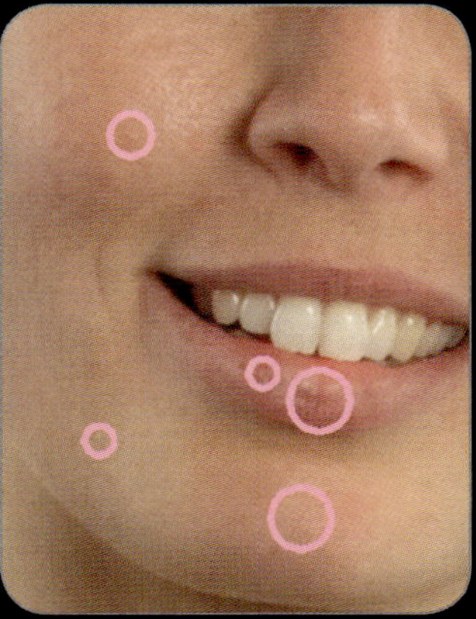

REPARATURWERKZEUGE

2 Korrektur von Schönheitsfehlern

Zunächst müssen Sie mögliche Schönheitsfehler wie kleine Sommersprossen oder Muttermale mit dem Reparaturpinsel beseitigen. Wenn solche Details in der Nähe von deutlichen Änderungen der Farbdichte liegen, wie z. B. in der Nähe der Zähne, sollten Sie sorgfältiger arbeiten und besser das Kopierstempelwerkzeug einsetzen.

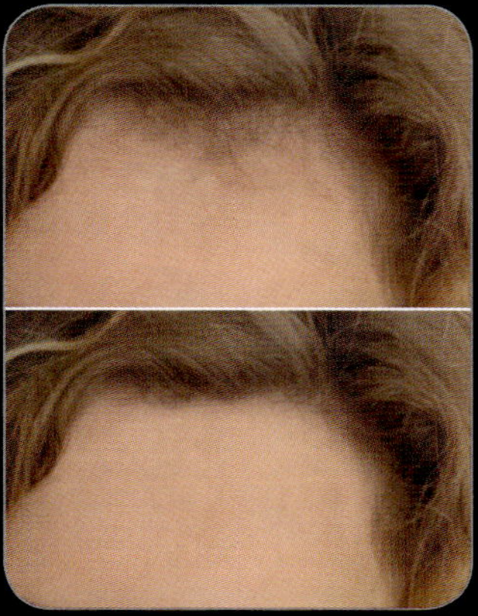

KOPIERSTEMPELWERKZEUG

3 Korrektur der Haarlinie

Der Art Director wollte eine klare Haarlinie, da sie ein deutliches Zeichen für ein jugendliches Modell ist. Dank der gleichmäßigen, flachen Ausleuchtung dieses Porträts können Sie den Bereich mit dünnerem Haar mit dem Ausbessern-Werkzeug durch die gleichmäßig beleuchtete Haut der Stirn ersetzen. Arbeiten Sie bei stärkster Vergrößerung, um ein scharfes Ergebnis zu bekommen.

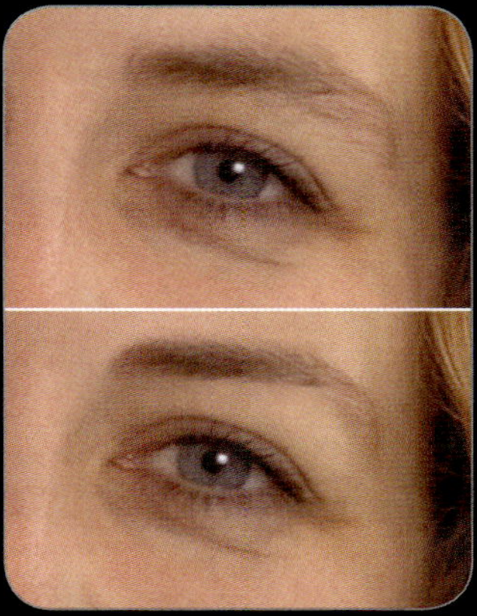

KOPIERSTEMPELWERKZEUG

4 Säuberung der Augenbrauen

Auch die Augenbrauen müssen sorgfältig korrigiert werden. Mit einer Kombination aus Kopierstempelwerkzeug und Pinsel ergänzen Sie durch Einsetzen einzelner Härchen die vorhandenen Lücken. Arbeiten Sie bei starker Vergrößerung, aber zoomen Sie öfter aus dem Nahbereich heraus, um die Auswirkungen auf die Gesamtaufnahme einzuschätzen.

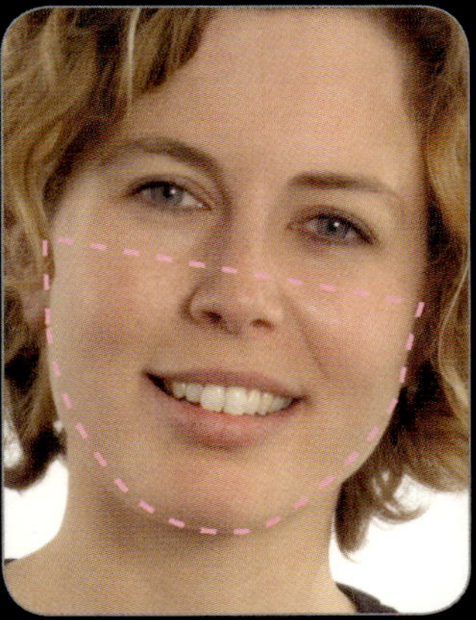

ZEICHENSTIFT | KOPIERSTEMPELWERKZEUG

6 Kopieren von Pixeln am Kinn

Eine ausgeprägtere Kinnlinie würde hier wahrscheinlich besser zur Pose des Modells passen. Definieren Sie deshalb die erforderlichen Konturen mit dem Zeichenstift und erstellen Sie eine Auswahl. Füllen Sie als Nächstes die Kinnlinie mit dem Kopierstempelwerkzeug auf.

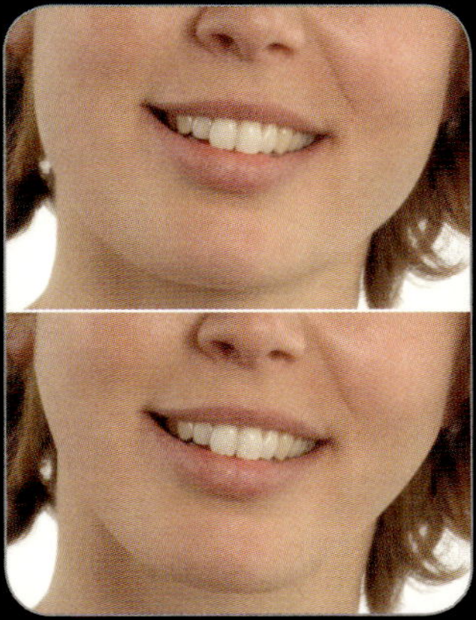

WEICHZEICHNER-WERKZEUG

7 Kinn (vorher/nachher)

Das Ergebnis der Ergänzung der Kinnlinie bis an den Rand der Auswahl sieht unnatürlich aus. Daher müssen die Kanten weichgezeichnet werden, um geringer werdende Schärfe zu simulieren. Bearbeiten Sie die Kanten mit dem Weichzeichner mit großzügigem Radius und sehr geringer Stärke, damit die entfernteste Partie am unschärfsten erscheint.

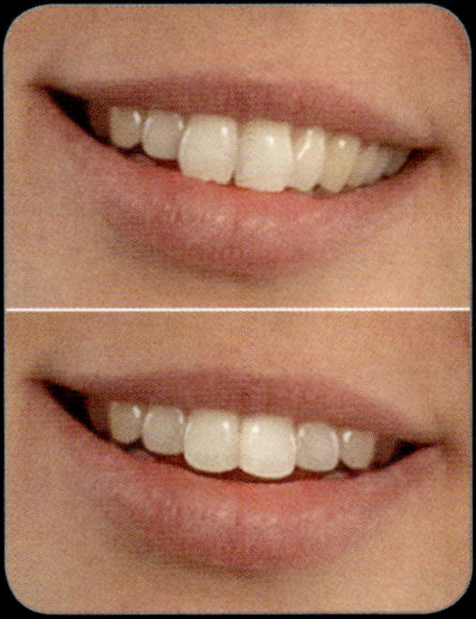

AUSWAHLWERKZEUG | TRANSFORMIEREN

8 Mund (vorher/nachher)

Die perfekte Darstellung eines Mundes gestaltet sich oft schwierig. In diesem Fall stießen die Zähne direkt an die Unterlippe. Mit einer Auswahl wurden das Lächeln etwas vergrößert und die Zähne und die Lücke zwischen Lippen und Zähnen sorgfältig mit dem Kopierstempelwerkzeug und dem Pinsel erneut aufgebaut.

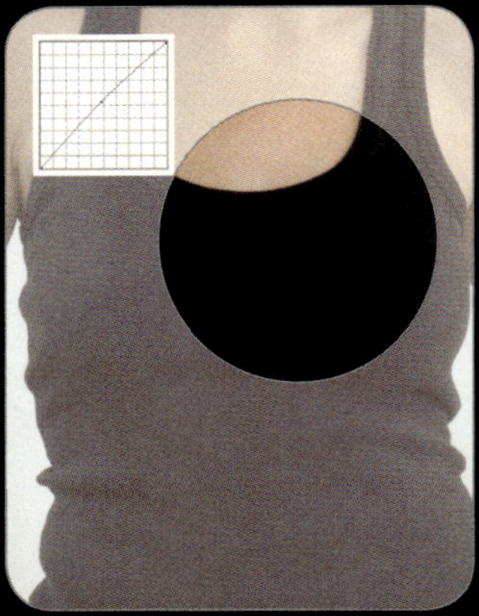

MASKE | GRADATIONSKURVEN

9 Beseitigung von Streulicht

Nicht nur das Motiv weist Schönheitsfehler auf – auch die Technik bringt Mängel mit sich. Hier hat die Kamera ungewollt Streulicht aufgezeichnet, was zu einer Entfärbung des schwarzen Oberteils geführt hat. Die einfachste Lösung ist die Auswahl des Problembereichs und die Korrektur mit einer Gradationskurve.

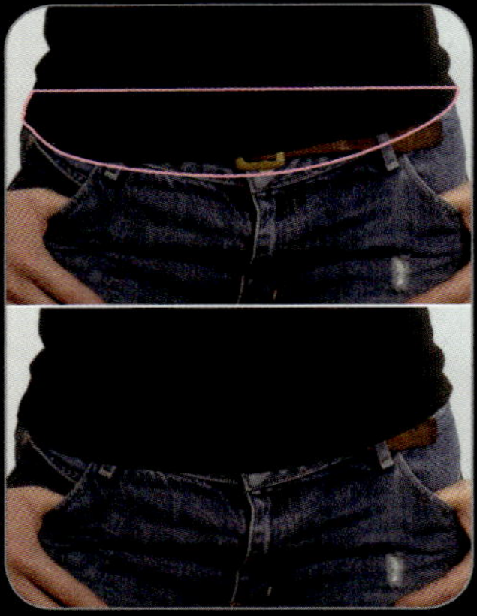

ZEICHENSTIFT | KOPIERSTEMPELWERKZEUG

10 Verschiebung des Oberteils nach unten

Die Kleidung wirkt ordentlicher, wenn das Oberteil verlängert wird. Dieser Arbeitsschritt ähnelt der Änderung der Kinnlinie – nur umgekehrt. Ziehen Sie zuerst einen Pfad um den gewünschten Bereich des Oberteils und erstellen Sie eine Auswahl, sodass nur die Pixel innerhalb der Auswahl hineinkopiert werden.

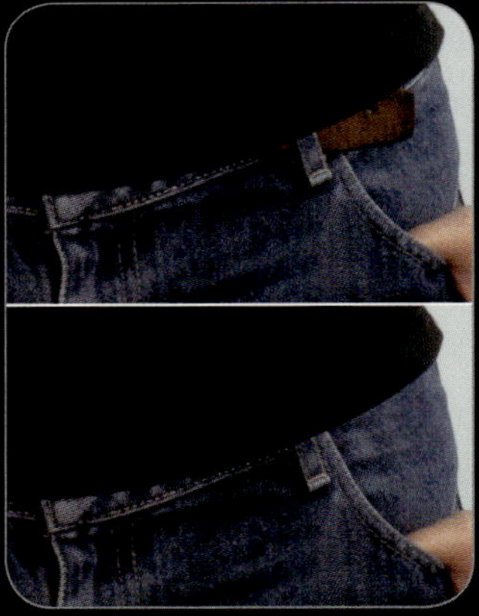

KOPIERSTEMPELWERKZEUG | WEICHZEICHNER

11 Beseitigung des Gürtels

Nach der Verlängerung des Oberteils wirkt der Gürtel darunter störend. Erstellen Sie mithilfe des Pfads für die Neugestaltung der Konturen des Oberteils eine Auswahl. Diesmal wird sie jedoch umgekehrt, sodass die Bereiche außerhalb der Auswahl vom Kopierstempelwerkzeug bearbeitet werden. Zeichnen Sie mit dem Weichzeichner-Werkzeug scharfe Kanten weich.

◀ PRÜFUNG

Bevor Sie die Bearbeitung übertreiben und zu lange an kleinsten Details arbeiten, sollten Sie lieber eine zweite Meinung zu den Änderungen einholen.

HINTERGRUND FÜLLEN

15 Auswahl des Hintergrunds

Das Bild wirkt etwas zu steril. Wählen Sie den weißen Hintergrund mit dem auf »Benachbart« eingestellten Zauberstab aus und klicken den Hintergrund und den Bereich zwischen Armen und Körper an. Erstellen Sie daraus eine Maske für den Körper und probieren Sie unterschiedliche Hintergründe aus: Der hellste hat die beste Wirkung.

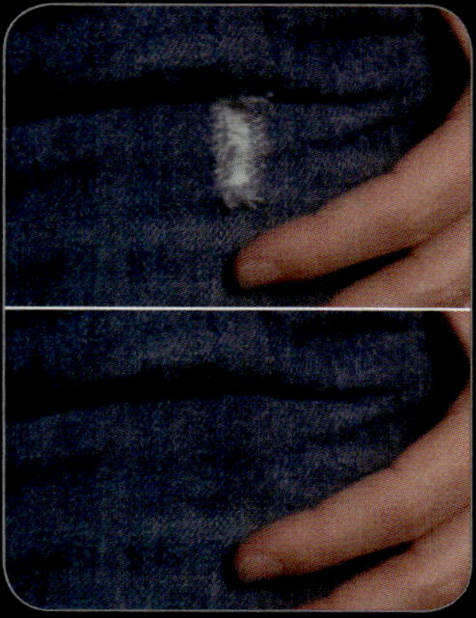

AUSBESSERN-WERKZEUG

12 Ausbesserung der Jeans

Ein weiteres Werkzeug zur Entfernung von unerwünschten Bereichen ist das Ausbessern-Werkzeug. Die fertige Auswahl kann in Bereiche mit ähnlicher Struktur und ähnlichen Farben gezogen werden, sodass viel größere Partien ausgebessert werden können als mit dem Lasso allein. Die Kanten der Auswahl fügen sich nahtlos in die angrenzenden Bereiche ein.

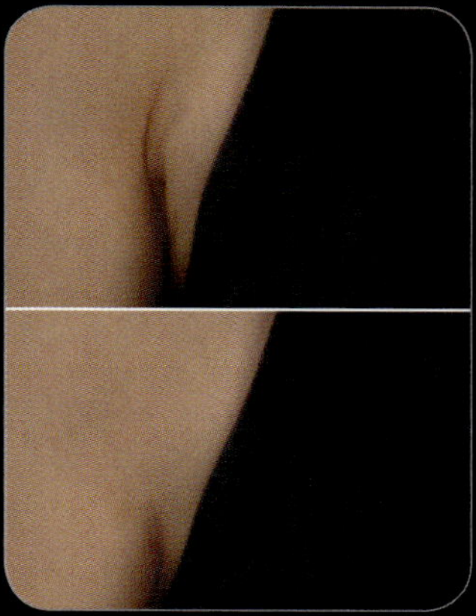

EBENENMASKE | PINSEL

13 Maskierung der Achselhöhlen

Die Reduzierung der Falten in den Achselhöhlen mit dem Kopierstempelwerkzeug ist ein schwieriges Unterfangen. Die schnellste Lösung ist die Auswahl einer ähnlichen Hautpartie (wie z. B. der Schulter) in einer neuen Ebene und das Einfügen dieses Bereichs in die Achselhöhlen. Mit einer Einstellungsmaske bringen Sie die Details der Achselhöhle vorsichtig wieder zum Vorschein.

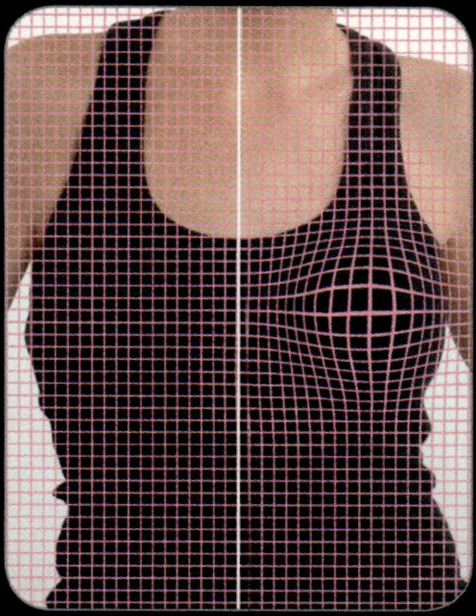

FILTER »VERFLÜSSIGEN«

14 Verflüssigen

Aufgrund der flachen Beleuchtung wirkt das Modell unvorteilhaft flachbrüstig. Mit dem Filter »Verflüssigen« lassen sich Objekte auf eine Art und Weise neu gestalten, die mit dem Kopierstempel oder Transformieren-Werkzeug nicht möglich wäre. Wie der Name schon sagt, ermöglicht dieser Filter die Verformung, Verkrümmung bzw. die runde oder wellige Abbildung von Pixeln.

FARBE | PINSEL

16 Heller Hintergrund

Der für das Bild ausgewählte Hintergrund hat eine gleichmäßig bläulich weiße Farbe. Nach der Erstellung eines neuen Dokuments mit den gleichen Abmessungen wie das Original füllen Sie die Hintergrundebene mit Weiß und wählen den Pinsel mit einer hellblauen Farbe und niedriger Deckkraft aus, um die gewünschten Bereiche zu bearbeiten.

ZEICHENSTIFT | FÜLLMETHODE

17 Überlagern

Das Originalporträt wird zum Ausschneiden auf das neue Hintergrundbild kopiert. Mit dem Zeichenstift ziehen Sie einen Pfad um den Körper. Daraus erstellen Sie eine Ebenenmaske und wählen die Füllmethode »Überlagern«. Wegen des hellen Originalhintergrunds und dieser Füllmethode müssen die Haare nicht ausgeschnitten werden, da sie mit dem neuen Hintergrund verschmelzen.

PINSEL | EBENENMASKE

18 Einfügen von Haaren

Die Porträtebene muss nun dupliziert und auf die »Überlagern«-Version gelegt werden. Die Füllmethode dieser neuen Ebene wird auf »Normal« eingestellt und die Einstellungsmaske mit Schwarz gefüllt. Mit einem weißen Pinsel stellen Sie in einem nächsten Arbeitsschritt die ursprünglichen Details und Farben des Porträts wieder her.

SELEKTIVE FARBKORREKTUR

19 Abdunkelung der Haare

Mit der »Selektiven Farbkorrektur« dunkeln wir die Haare in einer Einstellungsebene ab. Wegen der unterschiedlichen Farbtöne der Haare – Gelb, Magenta und neutrale Töne – muss etwas Zeit für die Ausgewogenheit aufgewendet werden. Hier wurde die »Selektive Farbkorrektur« sowohl zur Anpassung der Lichtreflexe als auch der Haarwurzeln genutzt.

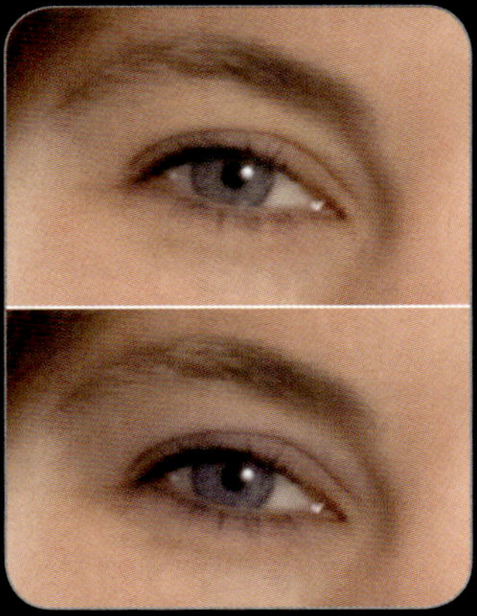

SELEKTIVE FARBKORREKTUR | KURVEN

20 Verbesserung der Augenfarbe

Farbe und Kontrast der Augen können – vorsichtig – mit einer Auswahl im Maskierungsmodus verbessert werden, indem Sie entweder in der »Selektiven Farbkorrektur« mit einzelnen Farben (in diesem Fall Blau, Cyan und Weiß) experimentieren oder mit Gradationskurven Lichtreflexe hervorheben und den Blaukanal verstärken.

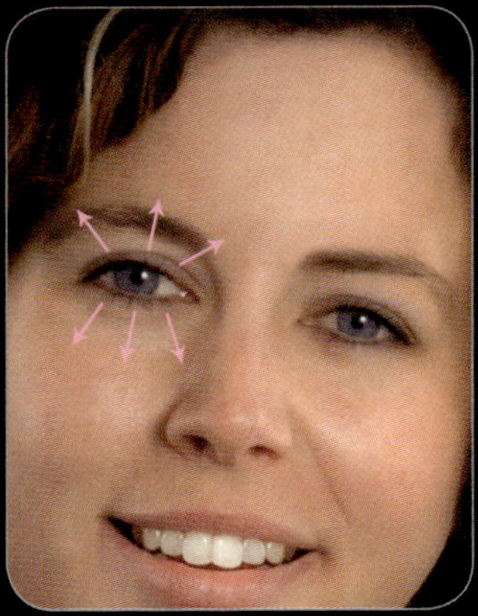

LASSO-WERKZEUG | TRANSFORMIEREN

21 Vergrößerung der Augen

Da sich das Modell leicht zurücklehnte, erscheinen die Augen im Verhältnis zum Kinn etwas zu klein. Zur Vergrößerung wählen Sie die Augen einzeln mit dem Lasso-Werkzeug aus und passen die Größe mit »Transformieren« an; bei gedrückter Shift-Taste werden die Proportionen der Auswahl beschränkt, um ein unnatürliches Ergebnis zu verhindern.

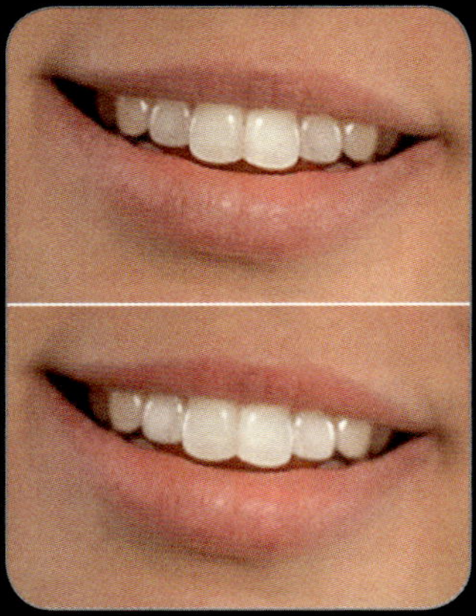

ABWEDLER

22 Weißere Zähne

Eine zuverlässige und zudem schnelle Methode zur Aufhellung der Zähne ist die Verwendung des Abwedlers mit einem auf die Lichter eingestellten Bereich und einem niedrigen Belichtungswert. Mit dieser Einstellung werden nur die bereits hellen Partien bearbeitet.

GRADATIONSKURVEN | ABWEDLER

23 Fertigstellung der Farben

Um den Farben der Aufnahme den letzten Schliff zu geben, wenden Sie eine Kombination der hier beschriebenen Techniken an. Mit Gradationskurven wird der Kontrast allgemein erhöht, und mit dem Abwedler lassen sich einige der hellen Partien auf Schulter, Hals und Wangen hervorheben.

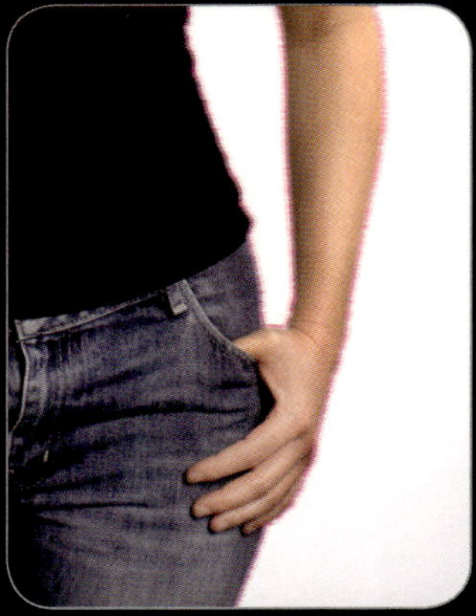

WEICHZEICHNER-WERKZEUG

24 Weichzeichnung der Kanten

Der letzte Schritt ist die Korrektur der Kanten. Als das Hintergrundbild mit dem Modell kombiniert wurde, entstand aufgrund des ausgeschnittenen Körpers eine harte Kante um das Modell. Zur Korrektur und besseren Zusammenfügung fahren Sie mit dem Weichzeichner-Werkzeug an den Kanten entlang.

▲ ORIGINAL

▲ ENDERGEBNIS

Aufgabe: **Bildmontage**

Der bedeutendste Pionier der Bildmontage, John Heartfield, nutzte diese Technik, um damit seine politischen und ideologischen Botschaften zu verbreiten, die häufig wenig mit den verwendeten Bildelementen zu tun hatten. Heute lässt sich eine Montage so gestalten, dass die Kombination der verschiedenen Bilder entweder völlig offensichtlich oder aber überhaupt nicht erkennbar ist.

EINZELBILDER

Vorgaben

Fügen Sie zwei oder mehr Bilder zu einem ganz neuen Foto zusammen und nutzen Sie dazu die Techniken Ihrer Wahl. Wenn Sie noch nicht mit dieser Art von Bearbeitung vertraut sind, legen Sie einfach zwei Bilder übereinander und experimentieren mit verschiedenen Größen, Füllmethoden usw.

Zur Erinnerung

- Verändern Sie die ausgewählten Bilder auf radikale Weise.
- Verwenden Sie Bildelemente mit einfachen Umrissen, die sich leicht auswählen lassen, und einfache Hintergründe.
- Die unterschiedlichen Bestandteile sollten sich in verschiedenen Ebenen befinden, sodass Sie die Reihenfolge beliebig ändern können.
- Verbessern Sie Tonwerte, Farben, Schärfe usw. erst dann, wenn Sie mit der endgültigen Montage zufrieden sind.

FARBIG ABWEDELN UND VERSCHIEBEN

Fotografische Vorbilder

Catherine McIntyre (geb. 1961)
Die sinnlichen Fotomontagen dieser Künstlerin entstehen durch die virtuose Montage von Aktstudien und natürlichen Formen mit Effekten, die nicht von dieser Welt zu sein scheinen.

Steve Caplin (geb. 1958)
Als einer der Pioniere der kreativen Arbeit mit Adobe Photoshop versucht der Fotograf nicht, die künstliche Natur seiner Arbeiten zu verbergen. Stattdessen kombiniert er Realismus mit Karikatur und trifft mit seinem schneidendem Humor genau ins Schwarze.

Joan Charmant (geb. 1978)
Der Fotograf kreiert Arbeiten, die von Science-Fiction über mythisch-fantastische Fotos bis hin zur Groteske reichen, und nutzt alle Funktionen von Photoshop mit unglaublicher Fantasie.

AUSWÄHLEN, VERSCHIEBEN, SPIEGELN

EINFÜGEN UND STRECKEN

UMKEHREN UND POLARKOORDINATEN

HARTE MISCHUNG UND TONWERTKORREKTUR

DUPLIZIEREN UND VERSCHIEDENE FÜLLMETHODEN

UMKEHREN UND FILTEREFFEKTE IN EINER EBENE

HINZUFÜGEN DES DRITTEN ELEMENTS

Toptipps

1 Bestandteile | Montage
Wir beginnen mit zwei einfachen Bildern, eines davon mit einfachen Konturen, die problemlos ausgewählt werden können. Der Hintergrund ist interessant genug, weist jedoch keine komplizierten Farben oder Umrisse auf.

2 Kopieren | Einfügen
Wählen Sie das Hauptelement mit »Farbbereich auswählen« aus. Kopieren Sie die Auswahl und fügen Sie sie in den Hintergrund ein. Ändern Sie die Konturen des Hauptelements, um mit der Arbeitsweise vertraut zu werden.

3 Verzerren | untere Ebene
Falls die Änderung der Konturen nicht vielversprechend erscheint, arbeiten Sie mit den Konturen der tiefer liegenden Ebene. Der Filter »Polarkoordinaten« bewirkt eine dramatische Abstraktion.

4 5 Füllmethoden | Experimente
Experimentieren Sie mit der Interaktion der Ebenen. Vergleichen Sie z. B. die weichgezeichneten Effekte von »Farbig abwedeln« mit dem grafischen Effekt von »Harte Mischung«.

6 Duplizieren | und Zusammenfügen
Sie erhöhen das Gestaltungspotenzial, wenn Sie das Bild auf verschiedene Ebenen mit unterschiedlichen Füllmethoden und Deckkraft kopieren. Die Trennung der Bilder ermöglicht unabhängige Veränderungen der Größe.

7 8 Hintergrund | Bearbeitung
Denken Sie immer daran, dass Sie auch den Hintergrund bearbeiten können, wenn Sie ihn in eine Ebene verwandelt haben, um Effekte wie Füllmethoden, Änderungen der Konturen usw. anzuwenden.

9 Drittes Foto | Kombination
Wenn Sie bedenken, dass allein zwei Bestandteile schier unbegrenzt miteinander kombiniert werden können, steigert ein drittes Element die Möglichkeiten ins Unendliche.

Ackerland

Harvey Roberts

»Mir gefällt der Kontrast zwischen meinem Freund im Anzug und den schlammigen Spuren der großen Landmaschinen.«

▲ Ricoh GR-Digital, ISO 100, Brennweite 28 mm

Kritik

Ein Mathematiker würde es vielleicht amüsant finden, darüber zu spekulieren, wie sich die bereits unendlichen Möglichkeiten eines Fotos vervielfachen, wenn es mit einem zweiten Bild kombiniert wird. Vielleicht sind Sie überrascht, wie schnell Sie sogar mit simplen Effekten und Funktionen zu einem interessanten Bild gelangen. Die hier gezeigten Bilder sind mit erstaunlich einfachen Mitteln zustande gekommen.

Ackerland

Harvey Roberts hätte auf diesem schlammigen Acker fast einen Stiefel verloren, aber der Zweck heiligt die Mittel. Zuerst kombinierte er Fotos von seinem Freund und von einem gepflügten Acker, um dann den Freund auszuwählen und so in die andere Aufnahme einzufügen, dass die Pfützen gut sichtbar waren. Er fügte Schatten und Schlamm auf den Schuhen hinzu und erzielte mit zusätzlichen Farben am Himmel und am Boden einen handkolorierten Effekt.

Ardali, Neusardinien

Sandro und Patrizia haben zwei völlig unterschiedliche Bilder farbig übereinstimmend miteinander verbunden. Sie legten die Aufnahme der Ruine über das Foto des Himmels und beseitigten den Himmel über der Ruine, damit der viel interessantere Himmel darunter zum Vorschein kam. Die Lichtrichtung wirkt zwar überzeugend, aber nicht ganz korrekt, und trägt zur unwirklichen Stimmung bei.

Bahnhof

Ayush Bhandari kombinierte fünf unterschiedliche Aufnahmen mit HDR-(High Dynamic Range)- und Tone mapping-Techniken: Das Ergebnis wirkt merkwürdig realistisch und doch irgendwie unwirklich; ein typischer Effekt von HDR-Bildern.

Ardali, Neusardinien

Sandro e Patrizia

»Die Beleuchtung der Ruinen stimmte nicht. Also kombinierten wir die Ruine mit einem anderen Himmel.«

▲ Canon EOS 350D, ISO 400, Brennweite: 18 mm, 1/250 s bei Bl. 10,0

Bahnhof

Ayush Bhandari

▲ Sony DSC H9, ISO 100, Brennweite: 6,9 mm, 1/15 s bei Bl. 2,8

»Mit einer Teiltonung brachte ich die Farben in den Schatten auf dieser Aufnahme des Gare de Rennes zum Vorschein.«

Viele Amateure stellen sich vor allem die Frage, wie sie die scheinbar unüberwindliche Kluft zwischen Hobby- und Berufsfotografie überwinden können. In diesem Kapitel führen wir Gespräche mit jungen Profifotografen, die uns einen Einblick in ihre Ambitionen, Geheimnisse und Erfahrungen geben. Aus diesen Berichten werden Sie mehr lernen als aus Dutzenden von technischen Handbüchern.

PROFESSIONELLES FOTOGRAFIEREN

Kurs 13 Reisefotografie

Seitdem die Fotografen nicht mehr an das Studio gebunden sind, hat sich die Reisefotografie zu einem der beliebtesten Tätigkeitsfelder für Fotografen entwickelt – da hochwertige Kameras bezahlbar und Reisen in die entlegensten Gebiete möglich sind, ist der Markt für Reisefotos heute fast vollständig gesättigt. Zum Glück gibt es aber trotzdem immer noch Nischen für einfallsreiche Fotografen.

Kurs 13 Übersicht

Dossier

Im Laufe einer Reise macht man viele Versprechen, die man dann später nicht einhält, z. B. dass man den Menschen Bilder zuschickt, die man unterwegs getroffen und fotografiert hat. Heutzutage gibt es dafür jedoch eigentlich gar keine Entschuldigung mehr. Einzelne Ausdrucke von Dateien lassen sich mühelos erstellen (Sie könnten sogar einen der kleinen tragbaren Fotodrucker mit auf die Reise nehmen). Außerdem können Sie die Bilder auf einer Online-Fotoplattform veröffentlichen und den fotografierten Menschen die Adresse dieser Website mitteilen.

Vision und Engagement

Die Anziehungskraft der Reisefotografie und die Chancen, die sie bietet, sind gleichzeitig ihr größter Nachteil. Wenn Sie sich als Fotograf weiterentwickeln möchten, reicht es schon längst nicht mehr aus, den exotischen Reiz eines Ortes auf einem Bild festzuhalten – mit an Sicherheit grenzender Wahrscheinlichkeit existieren bereits Fotos dieses Schauplatzes. Um sich von anderen zu unterscheiden, müssen Sie das Motiv aus ganz neuer Sicht zeigen.

Traum | und Wirklichkeit

Noch heute brechen wir mit den gleichen Hoffnungen und Wünschen in die Fremde auf wie die ersten Reisefotografen – allerdings mit leichterem Gepäck. Wir alle möchten neue Schauplätze festhalten und sie anderen zeigen und die Bilder vielleicht zu Hause verkaufen. Es ist der Traum vieler Menschen, Ihre Reisen mit der komerziellen Fotografie zu verbinden, aber welche Aussicht auf Erfolg hat man denn schon, wenn selbst im entlegensten Winkel dieser Welt jedes Jahr Millionen von Schnappschüssen aufgenommen werden?

» Ein leidenschaftliches Engagement für das Motiv öffnet die Tür zum Erfolg. «

Die Umsetzung dieses Traums ist jedoch kein Ding der Unmöglichkeit. Die überwältigende Mehrheit der Reisefotos sind Schnappschüsse, die direkt beim ersten Anblick eines Ortes aufgenommen werden. Die restlichen Bilder sind meist Ergebnis eines gründlicheren Kennenlernen des Aufnahmeorts. Aber noch ein weiteres Kriterium spielt eine Rolle: Sie müssen die Welt vor der Linse mit Einfühlungsvermögen und Intelligenz beobachten, damit Ihre Fotos mehr sind als eine schöne Postkartenansicht.

Geschick | und Leidenschaft

Aufgrund der Flut von Reisefotos wird man nur mit Bildern Erfolg haben, die mehr als eine Dimension bieten. Eine Voraussetzung ist natürlich eine faszinierende Komposition mit spektakulärer Beleuchtung oder einem außergewöhnlichen Motiv. Wenn Sie zusätzlich Gefühle einfangen oder eine fesselnde Geschichte erzählen, dann schaffen Sie den Durchbruch. Dafür braucht man allerdings viel Geschick, wie z. B. sensible Reflexe, um auf sich verändernde Umstände zu reagieren – auf unvorhersehbare Bewegungen des Motivs, wechselnde Lichtverhältnisse und ungewohnte Situationen. Ein geübter Umgang mit der Kamera und eine schnell reagierende Ausrüstung ist dazu unverzichtbar. Außerdem müssen Sie spüren können, ob die Menschen Ihnen freundlich oder ablehnend begegnen, und ein Gefühl für die Kultur des jeweiligen Landes entwickeln. Auch ein leidenschaftliches Engagement für das Motiv ist sehr wichtig. Vor allem müssen Sie von dem Wunsch beseelt sein, nach echten neuen Sichtweisen zu suchen.

STRASSE IN NEW YORK 1

STRASSE IN NEW YORK 2

STRASSE IN NEW YORK 3

STRASSE IN NEW YORK 4

STRASSE IN NEW YORK 5

STRASSE IN NEW YORK 6

STRASSE IN NEW YORK 7

STRASSE IN NEW YORK 8

STRASSE IN NEW YORK 9

1 2 3 4 5 6 7 8 9 Leuchtpult

Straßenprojekt

Sogar eine Fahrt vom Flughafen in die Stadt kann Stoff für ein fotografisches Projekt liefern. In Bild **1**, **3** und **6** werden die allgegenwärtigen Ampeln und ihre Beziehung zu anderem Stadtmobiliar und Gebäuden erforscht. Die Bilder **2**, **5** und **7** zeigen Brückenkonstruktionen zur Umrahmung des leeren Himmels. Mit Bild **4** beginnt ein neues Projekt über Spiegelungen, die Bilder **8** und **9** sind Nachtaufnahmen.

Attraktionen

Touristen vor bekannten Sehenswürdigkeiten sind ein potenzielles Fotomotiv. Dieses Bild mit dem bunten Sari vor dem weißen Taj Mahal zeigt das berühmte Motiv aus erfrischend neuer Sicht.

Clay Enos

Nationalität: Amerikanisch
Hauptarbeitsort: USA

Clay Enos absolvierte ein BFA-Kunststudium am Ithaca College, sammelte praktische Erfahrungen mit den Fotografen der Agentur VII und arbeitet zurzeit am Film »Watchmen« von Zack Snyder. Für sein erstes großes fotografisches Projekt, »Streetstudio«, verlegte er 2000 sein Studio auf die Straßen von New York, um dort Passanten zu fotografieren. Seither hat er im Rahmen von »Streetstudio« auch in London, Paris, Amsterdam, Black Rock City, Bangkok und Berlin über 20 000 Porträts aufgenommen. Zu den aktuellen Auftraggebern von Enos gehören Coca-Cola, Virgin Mobile, TBS, Ad Council und Jaguar. Für AOL Music fotografierte er über 50 berühmte Musiker; kürzlich nahm er Porträts für den Jahreskalender des Coyote Ugly auf.

Weitere Arbeiten von Clay Enos finden Sie unter: www.clayenos.com

Im Gespräch

F | **Clay, was fanden Sie an der Fotografie so reizvoll?**
A | In der Schule belegte ich einen Fotografiekurs – der Grund dafür war, dass man sich in der Dunkelkammer ungestört mit Mädchen treffen konnte! Erst im College entwickelte ich ernsthaftes Interesse. Ich hatte dort zwei großartige Lehrer, die mir das Potenzial des Mediums näherbrachten.

F | **Was geschah dann?**
A | Ich machte meinen College-Abschluss in Filmfotografie, aber mein Interesse galt eher dem statischen Bild. Einen Film zu drehen, hat zwar seinen Reiz, aber mir gefiel die Möglichkeit, auch ohne großes Team zu arbeiten. Auch das Konzept, unerwartet über ein großartiges Motiv zu stolpern, ist beim Film unbekannt. In der Fotografie erwartet man solche Zufälle geradezu, und wer freut sich nicht über einen Glückstreffer?

F | **Was ist für Sie die größte Herausforderung?**
A | Die Herstellung von Prints. Photoshop hat zwar den Prozess beschleunigt, aber die Herstellung von Papierbildern ist für mich immer noch eine Herausforderung.

F | **Ich nehme an, dies spiegelt sich in Ihrer Einstellung zur Software wider?**
A | Ja. Ich arbeite bisher nur mit Photoshop CS2 und Lightroom. Nichts Kompliziertes.

F | **Ich weiß, dass Sie nicht gern in eine bestimmte Kategorie eingeordnet werden, aber Ihre Reisefotos sind einzigartig.**
A | Die Reisefotografie ist nicht unbedingt mein Fachgebiet, aber Reisen ist meine Leidenschaft und die Kamera mein ständiger Begleiter.

F | **So wie bei diesem Bild? Mir gefällt der fesselnde Blickkontakt mit dem Jungen. Gleichzeitig wandert das Auge am Zug entlang.**
A | Ja, bei diesem Bild mit einem 17-mm-Objektiv lehnte ich mich so weit wie möglich aus einer Tür des Zuges– nicht ganz ungefährlich! Züge bieten sich für Darstellungen der Perspektive an, aber der Zufall wollte es, dass dieser Junge in meine Richtung schaute. Mein Verhalten ließ ihn erstaunlich unbeeindruckt. Als ich auf den Auslöser gedrückt hatte, schaute er wieder nach vorn – ich hatte also Glück.

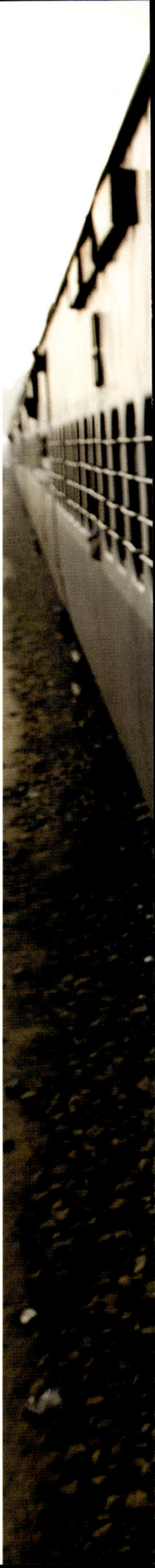

F | Bitte beschreiben Sie Ihre Ausrüstung.

A | Ich habe drei Nikon D200-Kameras und 80–200 mm f/2,8-, 17–55 mm f/2,8 DX-, 85 mm f/1,8- und 50 mm f/1,4-Objektive, außerdem fünf CompactFlash-Karten mit 1 GB und verschiedene Blitzgeräte und Leuchten (der offene Schatten ist allerdings mein bester Freund). Mein Computer ist ein Apple G4 mit einem 23-Cinema Display. Ich mag Digitalkameras, aber man kann sich nicht mehr wie früher in seine Kamera verlieben, sondern nur noch in die Objektive: Mein 50-mm-1:1,4-Objektiv ist das beste.

F | Wie gehen Sie an Ihre Aufträge heran? Sind Ihre Arbeiten aufgrund Ihres Ansatzes so einzigartig?

A | Wenn jemand gestellte oder sorgfältig arrangierte Szenen will, dann bin ich der falsche Mann. Ich bin immer mitten im Geschehen, und das sieht man auch. Jeder Fotograf bringt seine ganz eigene Sicht der Dinge zum Ausdruck, daher glaube ich nicht, dass meine Arbeiten einzigartig sind. Jeder kann fotografieren. Heutzutage sind Kameras so weit verbreitet und es gibt so viele Foto-Websites im Netz, dass mit etwas Disziplin jeder zum Experten werden kann. Wenn die Leute dazu angeregt werden könnten, künstlerisch zu fotografieren anstatt zu knipsen, wäre die Welt ein wunderbar kreativer Ort.

F | Was halten Sie von Bildbearbeitung und Bildeffekten – sind sie ein zentraler Teil Ihrer Arbeit?

A | Die Bildbearbeitung ist so alt wie die Fotografie selbst. Im digitalen Zeitalter geht nur alles leichter von der Hand. Meiner Ansicht nach hat die Bildbearbeitung ihre Daseinsberechtigung, allerdings nur, um ein Bild aus der breiten Masse hervorzuheben. Wir haben alle die gleichen Chips in der Kamera. Es gibt keine Emulsionen oder Filmentwicklungen mehr, aber ich verleihe meinen Fotos gerne eine »digitale Emulsion«, mein persönliches Markenzeichen. Ich mache das bei all meinen Fotos mit Photoshop. Es geht schnell und einfach – wie, das ist ein Geheimnis!

F | Wie sieht also Ihr Workflow aus?

A | Ich arbeite im RAW-Format. Die Nachbearbeitung sollte meiner Ansicht nach so einfach wie möglich bleiben. Für mich findet der magische Moment zum Zeitpunkt der Auslösung statt und nicht später am Computer.

F | Eine letzte Frage: Was möchten Sie mit Ihren Bildern erreichen?

A | Ich möchte andere inspirieren, dasselbe zu tun.

Bildbetrachtung

Passant | Vietnam

F | Haben Sie hier auf einen Menschen gewartet?

A | An dieser Frau in Hue bin ich vorbeigegangen und habe mich dann schnell herumgedreht, um das Foto zu machen. Das ansprechende Zusammenspiel von Licht, Farben und Bewegung hatte ich in dieser Situation intuitiv gespürt. Das Bild ist nicht perfekt, aber ich bin zufrieden damit. Bei anderen Gelegenheiten findet man zuerst einen Ort und wartet dann auf ein Bild, aber hier war es anders. Vietnam ist insgesamt sehr fotogen; würde man sich also nicht vom Fleck rühren, hätte man Situationen an anderen Orten verpasst.

Straßenszene | regungslose Kuh

F | Welche Überlegungen standen hinter diesem Foto?

A | Wenn Fotos doch nur Geräusche wiedergeben könnten! Faszinierend an dieser Szene waren die hupenden Autos und die Bewegungen. Die Beschränkungen eines statischen Fotos können gleichzeitig zu Stärken werden. Da wir keinen Film drehen, entscheiden wir uns für die zweitbeste Lösung: lange Belichtungen. Die Regungslosigkeit der Kuh war ein guter Kontrapunkt zum hektischen Verkehr um sie herum. Auf einer Verkehrsinsel machte ich drei Aufnahmen aus der Hand, aber nur auf dieser war die Kuh gut genug zu erkennen.

» Im fotografischen Medium gibt es bestimmte Codes und Einschränkungen, und das gefällt mir ... mit langen Belichtungen versuchen wir, flüchtige Eigenschaften wie Bewegung festzuhalten. «

Rikscha | Fuß des Fahrers

F | Dieses Foto ist meisterhaft gelungen. Was können Sie darüber sagen?

A | Ich saß mit einem Freund in der Rikscha und konnte das Bild nicht auf die gewünschte Art gestalten – zum Teil, weil ich mich nicht weit genug nach unten beugen konnte. Mir gefiel der Fuß des Mannes, aber die Tatsache, dass er uns drei nur mit der Kraft seines Körpers durch die Straßen bugsierte, schien völlig verrückt. Als er schließlich vor einer Ampel zum Stehen kam, legte er den Fuß auf den Rahmen des Rades und ich hatte genug Zeit, um ein brauchbares Bild aufzunehmen.

Gasse | Varanasi

F | Hier gefallen mir die Rhythmen der Farben und Konturen.

A | Ich ging diese Gasse in Varanasi, Indien, entlang. Als ich um die Ecke bog, war ich sofort von der Lichtqualität und den gelblichen Farben verzaubert. Dieses war eines der ersten Bilder und letztendlich das beste: Wenige Sekunden nachdem ich dieses Motiv gefunden hatte, erschien die Frau im Türrahmen. Ich wartete noch 15 Minuten, und später kam eine Kuh vorbei, dann ein Radfahrer und schließlich einige Affen.

Gleise | Arbeiter und Fahrgast

F | **Dieses Bild ist umwerfend – ein Foto mit Bewegung, räumlichen Mehrdeutigkeiten und Spannung.**

A | Eine Kamera zieht im Ausland oft die Aufmerksamkeit auf sich. Das ist entweder Fluch oder Segen. Als ich einige Stunden auf einen verspäteten Zug warten musste, hatte ich genug Zeit, um den Ort genauer zu erforschen und zu beobachten. Immer wieder bildete sich eine Menschenmenge, die mich neugierig beäugte und sich dann wieder zerstreute. Den unscharf abgebildeten Gleisarbeiter hatte ich bereits porträtiert. Ich war auch schon auf die Gleise herabgestiegen, und der Mann rechts verlor langsam das Interesse. Bei diesem Bild ging ich in die Hocke und passte den Ausschnitt gute 10 Sekunden lang an. Ich habe auf Reisen kein Stativ dabei, sondern stütze die Kamera stattdessen auf Gegenstände vor Ort oder achte sehr bewusst auf meinen Atem.

Aufgabe: **Aussagefähiger Blickwinkel**

Die fotografische Wiedergabe von Reiseeindrücken ist keine Kunst. Viel schwieriger ist die Gestaltung eines fesselnden Fotos, das Neugier auf den Ort, seine Bewohner und seine Kultur weckt. Wir werden heute mit so vielen Reisefotos bombardiert, dass schon eine gewisse Reizüberflutung eingetreten ist. Sie wissen erst dann, dass Ihre Reisefotos gelungen sind, wenn der Betrachter mehr über einen Ort wissen will.

Vorgaben

Versuchen Sie, Abenteuerlust und Entdeckergeist zu vermitteln. Überlegen Sie, wie Sie eine Komposition oder Perspektive anders nutzen können als auf den Fotos, die Sie bereits vom jeweiligen Schauplatz gesehen haben.

Zur Erinnerung

- Bringen Sie mehr über den Ort in Erfahrung als ein normaler Tourist.
- Lernen Sie ein paar Worte in der Landessprache, um mit den Menschen reden zu können.
- Nutzen Sie so oft wie möglich kurze Brennweiten Ihres Zooms.
- Nehmen Sie Blickkontakt auf und bitten Sie um Erlaubnis, ein Foto machen zu dürfen.
- Arbeiten Sie themen- oder projektbezogen.
- Fotografieren Sie fernab der ausgetretenen Pfade an Orten, die die anderen Besucher nicht interessieren.

Fotografische Vorbilder

Raghu Rai (geb. 1942)
Die Tiefe und virtuose Umsetzung seiner Vision vom indischen Subkontinent ist beispiellos. Rais Bilder geben Anschauungsunterricht in intelligenter Komposition und machen die Vorteile von profunden Kenntnissen des Motivs deutlich.

Paul Harris (geb. 1956)
Harris legt ein kompromissloses soziales Bewusstsein an den Tag und ist ein großartiger Lehrer und gefragter Reisefotograf zur Dokumentation von Expeditionen in die entlegensten Winkel dieser Welt. Seine Arbeiten werden vielfach reproduziert.

Felice Beato (1825–1908)
Beato, einer der größten Reisefotografen aller Zeiten, fotografierte auf der Krim, in den Mittelmeerländern, in Indien, Japan und Burma. Seine im Laufe von 14 Jahren entstandene Dokumentation über Japan ist das wichtigste und vollständigste Dokument über das Land aus dieser Zeit.

ISO 800, Brennweite: 35 mm, 1/250 s bei Bl. 8

ISO 400, Brennweite: 43 mm, 1/100 s bei Bl. 8

ISO 100, Brennweite: 7,2 mm bei Bl. 5,6

ISO 100, Brennweite: 18,4 mm, 1/60 s bei Bl. 4,5

ISO 200, Brennweite: 5,3 mm, 1/100 s bei Bl. 8

ISO 100, Brennweite: 12 mm, 1/400 s bei Bl. 4,5

ISO 400, Brennweite: 20 mm, 1/30 s bei Bl. 11

ISO 400, Brennweite: 11,2 mm, 1/320 s bei Bl. 4

ISO 400, Brennweite: 9,1 mm, 1/50 s bei Bl. 4

1 2 3
4 5 6
7 8 9
Leucht**pult**

Top**tipps**

1 Porträts | Beziehungen
Die größten Chancen haben Sie, wenn Sie Beziehungen zu den Menschen aufbauen – und wenn Sie nur lächeln und nicken. Auf dem Bild sollen die Würde und Persönlichkeit der Menschen zum Vorschein kommen.

2 Kinder | Führung
Kinder lassen sich überall auf der Welt gern fotografieren. Suchen Sie also nach Wegen, das Bild interessant zu gestalten. Falls Ihnen die Kinder etwas zeigen möchten, überlassen Sie ihnen die Führung.

3 Tiefe | Gesamtansichten
Bei der Tiefe eines Fotos geht es auch um die Abbildung vieler Bildelemente. Hier entsteht durch die Regungslosigkeit des Mannes, die Bewegung des Bootes und die Silhouette am Horizont ein Eindruck von Ruhe.

4 Schilder | und Muster
Schilder an Geschäften sind häufig nicht nur ein Blickfang, sondern erklären sich meist auch selbst. Halten Sie nach außergewöhnlichen Objekten Ausschau, wie etwa solchen Wiederholungen.

5 6 Themen | und Aussagen
Mit Serien von Aufnahmen des gleichen Motivs auf unterschiedliche Weise, bei anderer Beleuchtung oder an verschiedenen Orten, wie hier, kann man eine weitaus stärkere Aussage machen als mit einzelnen Bildern.

7 Zusätzliche Elemente | Licht und Schatten
Die Gegenüberstellung von Tieren und dekorativen Gebäuden bietet sich als Fotomotiv an: Kombinieren Sie diese Elemente mit einer interessanten Beleuchtung.

8 9 Sehenswürdigkeiten | neue Sicht
Berühmte Städte wie Venedig wurden schon oft fotografiert. Halten Sie trotzdem immer nach neuen Blickwinkeln Ausschau.

▶ Ergebnisse

Varanasi, Indien

Napoji

»Die Wand hatte die gleiche Farbe wie das Hemd des Jungen. Das war so faszinierend, dass ich fast schon Absicht darin vermutete – auf jeden Fall war es ein Blickfang.«

▲ Canon A40, ISO 200, Brennweite: 7mm, 1/200 s bei Bl. 7,0

Kritik

Auf Reisen findet man zwar eine schier unerschöpfliche Vielfalt von Motiven, aber es fällt schwer, mehr als nur den unmittelbaren Eindruck zu vermitteln. Folglich taugen viele Fotos aus der Bilderflut für diese Vorgabe nicht. Dies ist ein deutliches Anzeichen dafür, dass wir uns in diesem Genre heute in einer Übergangsphase zwischen der oberflächlichen Postkartenfotografie und einer investigativen Dokumentarfotografie befinden. Wir möchten unsere Erkenntnisse weitergeben, anstatt bloße Schnappschüsse von einer hübschen Touristenattraktion aufzunehmen.

Varanasi, Indien

Bei diesem Bild von Napoji spielt die Farbe eine wesentliche Rolle. Die einfache Komposition passt sehr gut dazu. Vielleicht wäre ein noch niedrigerer Standpunkt nützlich gewesen, um den Schatten des Fotografen auf dem Oberkörper des Jungen zu vermeiden.

Tigerschutzgebiet

Rahul Kumar befand sich auf einer Exkursion im Tigerschutzgebiet Jim Corbett. Es dämmerte schon, als diese Jungen auf einen Baum über ihm kletterten. Der Fotograf stand vor dem Problem, das Motiv vom richtigen Standpunkt aus vor dem einfachen blauen Hintergrund ohne störende Details abzubilden. Am Fuße eines Hügels fand er eine Position, wo die Blätter die Jungen nicht verdeckten.

Kanal in Vietnam

Wenn man in einem kleinen Boot nicht gerade vorn sitzt, hat man nie eine ungehinderte Sicht geradeaus. Wenn die Person vor einem außerdem noch rudert, kann man sie nicht bitten, die Position zu wechseln. Dmitry Dudin überwand diese Schwierigkeit, indem er sich weit aus dem Boot herauslehnte. Auf seinem besten Bild drehte sich das Boot etwas zur Seite, sodass man auch das Boot weiter vorn sehen kann.

Tigerschutzgebiet

Rahul Kumar

»Es dämmerte schon, und die Jungen auf dem Ast schienen noch einen letzten Blick auf die untergehende orangefarbene Sonne werfen zu wollen.«

▲ Sony DSC HS, ISO 125, Brennweite: 21,1 mm, 1/50 s bei Bl. 5,6

Kanal in Vietnam

Dmitry Dudin

▲ Canon PowerShot G7, ISO 200, Brennweite: 7,4 mm, 1/60 s bei Bl. 3,5

»Aufgrund der Hitze und der Moskitoschwärme konnten wir uns nur schwer konzentrieren, aber es war trotzdem eine wundervolle Bootstour.«

Kurs 14 Porträtfotografie

Die Porträtfotografie hat mehr als alle anderen Genres der Fotografie klar abgesteckte Arbeitsbereiche. Das einst den Profis vorbehaltene Gebiet wurde durch die zunehmende Verbreitung von Kameras zu einem beliebten Sujet der Amateurfotografen. Als Reaktion darauf entwickelte der Berufsstand Nischenkategorien, wie Haustier-, Kinder- oder Prominentenporträts.

Kurs 14 Übersicht

Dossier

Wenn es in der Fotografie eine unumstößliche Regel gibt, dann die, dass man immer die Spitzlichter in den Augen des Porträtierten einfangen sollte. Dazu muss man erstens nah genug herangehen und zweitens die Schärfe vorzugsweise auf das kameranahe Auge legen. Fast alles andere darf unscharf erscheinen, was bei manchen Porträtstilen sogar übertrieben wird – solange das kameranahe Auge scharf erscheint, wird auch die Gesamtaufnahme als ausreichend scharf empfunden.

Neue **Gesichter**, neue **Auftraggeber**

In der Porträtfotografie gibt es einen konstanten Bedarf an professionellen Dienstleistungen. Von Unternehmensberichten, Pässen, Newsletters und Zeitschriftenartikeln bis hin zu Abschlussfeiern und Verlobungen – jeder braucht irgendwann ein Porträt, und viele Menschen lassen ihr eigenes Leben und das ihrer Kinder regelmäßig dokumentieren.

Persönlichkeiten | und Möglichkeiten

Die Quintessenz der Porträtfotografie wurde am besten von Alfred Eisenstaedt zusammengefasst: Man solle einen »Draht« zum Modell herstellen, bevor man auf den Auslöser drückt. Eisenstaedt konnte zu jedermann auf diesem Planeten einen »Draht« herstellen, von Wüstennomaden und Staatsoberhäuptern bis hin zu kapriziösen Filmdiven. Daher ist sein Werk beeindruckender Porträts sowohl quantitativ als auch qualitativ einzigartig.

> »Permanenter Blickkontakt ist wichtig – ganz gleich, wie mächtig oder beschäftigt das Modell ist.«

Zugegeben: Eisenstaedt war auch immer mit untrüglichem Instinkt zur richtigen Zeit am richtigen Ort. Eine Porträtsitzung sollte für den Vormittag geplant werden, bevor das Modell gestresst oder müde ist. Beleuchtung und Umgebung sollten vor Ankunft des eigentlichen Modells an einem »Double« ausprobiert werden, um technische Probleme wie störende Hintergründe oder einen hohen Beleuchtungskontrast im Vorfeld zu lösen. Erfahrene Porträtfotografen verbringen genügend Zeit mit ihrem Gegenüber, um eine Beziehung aufzubauen. Auch ein permanenter Blickkontakt ist wichtig.

Geräte | und Porträtstile

Die Porträtfotografie ist ein ideales Fachgebiet für alle jene, die mit einfachsten technischen Mitteln arbeiten möchten. Die großartigen Porträts etwa von Irving Penn, Robert Doisneau und Cecil Beaton wurden mit einer Rolleiflex und einem einzigen Normalobjektiv aufgenommen. Die Veteranin des britischen Zeitungsporträts, Jane Bown, verstaute ihre Ausrüstung in einer Einkaufstasche.

Dank der modernen Digitalkameras mit ihren rauscharmen Bilder auch bei hohen Empfindlichkeiten kann man heute meist bei vorhandenem Licht arbeiten. Alternativ ist aber auch eine Ausleuchtung mit mehreren Lichtquellen möglich.

Zeitgenössische Porträtstile lassen eine Vielfalt von Perspektiven zu. Bei der Arbeit im Studio ist der maximale Aufnahmeabstand eingeschränkt, aber dafür kann man problemloser kommunizieren und das Modell dirigieren. Im Freien ist der persönliche Kontakt aufgrund der häufig größeren Entfernungen zwischen Kamera und Modell oft schwerer aufrechtzuerhalten, aber dafür können längere Brennweiten eingesetzt werden.

INNERHALB DER UMGEBUNG

BABY

KIND

SELBSTPORTRÄT

CHARAKTERSTUDIE

EDITORIAL

NAHAUFNAHME

DOKUMENTARFOTO

FÖRMLICHES PORTRÄT

1 2 3
4 5 6
7 8 9
Leuchtpult

Porträtgenres
Sie können eine Person in ihrer Umgebung, **1**, oder aus nächster Nähe fotografieren, **7**. Zeigen Sie den Charakter eines Babys, **3**, oder eines Kindes, **4**, nehmen Sie ein Dokumentarfoto, **8**, oder eine spontane Charakterstudie auf, **5**, oder positionieren Sie das Modell gezielt vor der Kamera, **6** und **9**. Auch Selbstporträts sind möglich, **4**.

Improvisation
Manche Menschen lassen sich gerne fotografieren – bei anderen dauert es länger, bis Sie ihr Vertrauen gewonnen haben. Das Geschick im Umgang mit Menschen ist ebenso, wenn nicht sogar noch wichtiger als die fotografischen Fertigkeiten.

Eolo Perfido

Nationalität: Italienisch
Hauptarbeitsort: Italien

Nach seinem Informatikstudium spezialisierte sich Eolo Perfido auf interaktive Grafik und Multimedia-Entwicklungen. Er nahm unterschiedliche Jobs in London, Genf, Las Vegas und San Francisco an und kehrte dann mit 26 nach Rom zurück, um als Software-Entwickler zu arbeiten. Mit 28 entdeckte er bei einem Aushilfsjob für einen Freund die Fotografie. Seitdem betreibt er ein Studio und hat sich einen Namen als Porträtfotograf für Werbeagenturen und Zeitschriften gemacht.

Weitere Arbeiten von Eolo Perfido finden Sie unter: www.eoloperfido.com

Im Gespräch

F | **Sie haben relativ spät mit der Fotografie angefangen, wie kam es dazu?**

A | Ich entdeckte die Fotografie mit 28, als ich einem befreundeten Fotografen bei der Arbeit zusah. Ich konnte nicht mehr aufhören, über die Fotografie nachzudenken. Als ich feststellte, dass meine Fotos mit etwas Sorgfalt recht gut gelangen, war das eine unbeschreibliche Erfahrung für mich. Außerdem begriff ich, dass dazu Weiterbildung, Arbeitsdisziplin und eine natürliche Kreativität notwendig waren.

F | **Warum haben Sie sich auf Porträts spezialisiert?**

A | Neben dem Fotografieren selbst gefällt mir der Kontakt mit Menschen. Das hatte ich bei meiner Arbeit an Computern vermisst. Menschen faszinieren mich – daher der Wunsch, Porträts aufzunehmen.

F | **Was ist für Sie die größte Herausforderung?**

A | Sich immer an den Zeitgeist anzupassen, eine gute Bildqualität aufrechtzuerhalten, seinen persönlichen Stil auch bei Werbeaufträgen weiterzuentwickeln. Mit den enormen technologischen Veränderungen Schritt zu halten.

F | **Welche Kameras und Objektive verwenden Sie in Ihrem Studio?**

A | Im Moment zwei Canon 5D-Gehäuse mit Canon 24–70 mm f/2,8-, Canon 100 mm f/2,8-, Canon 100 mm f/2,8-, Canon 50 mm f/1,8-, Canon 70–200 mm f/2,8- und Canon 85 mm f/1,8-Objektiven.

F | **Wie gehen Sie an Ihre Aufträge heran?**

A | Eine gute Vorbereitung ist alles. Wir verbringen so viel Zeit wie möglich mit der Besprechung der Vorgaben und der Vorbereitung des Modells und des Set. Bei Porträts versuche ich, im Vorfeld so viel wie möglich über das Modell zu erfahren.

F | **Dieses Porträt ist so aussagekräftig und direkt. Steht eine gute Geschichte dahinter?**

A | Ich muss sagen, ich liebe Hände und beobachte immer die Gesten meiner Modelle. In diesem Fall bat ich den Schauspieler Marco Giraldi, seine Hände an sein Gesicht zu legen. Die Aufnahme gelang mir wenige Augenblicke vor der Berührung des Gesichts. Das Bild wurde für sein Pressebüro aufgenommen und in mehreren Zeitschriften veröffentlicht.

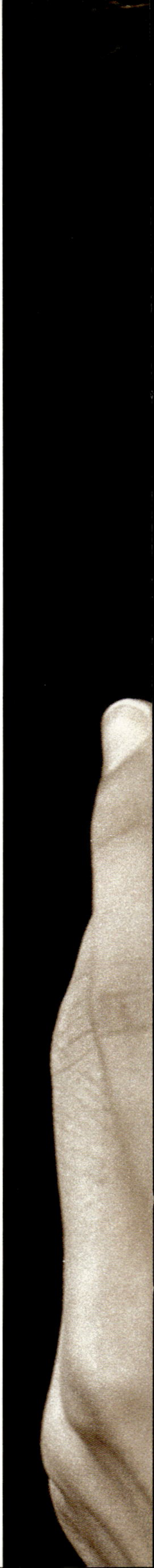

F | **Was tun Sie, um sich mit Ihren Arbeiten von anderen Fotografen abzuheben?**

A | Die Welt ist voller Fotografen, von Profis bis zu Amateuren, und viele davon sind sehr gut. Ich sage mir: »Die Welt braucht nicht unbedingt noch einen Fotografen. Also musst du hart arbeiten, um dabeizubleiben.« Ich glaube nicht, dass ich mich mehr oder weniger als alle anderen abhebe. Ich bemühe mich, meinem persönlichen Stil treu zu bleiben und gleichzeitig dem Zeitgeist zu entsprechen. Manchmal probiere ich etwas Neues aus und stelle es ins Internet, um ein Feedback zu bekommen.

F | **Was denken Sie über Digitalkameras und Geräte?**

A | Ich liebe die Digitalfotografie und bin trotzdem der Meinung, dass Filme das Motiv besser wiedergeben. Aber die Technologie ist meiner Ansicht nach eine große Arbeitserleichterung und schafft neue Möglichkeiten. Die Qualität wird sicherlich im Laufe der Zeit immer besser. Für fotografische Anfänger sind Digitalkameras von Vorteil, denn man kann ohne Pause fotografieren, ohne sich um die Kosten für Filme, Entwicklung und Abzüge kümmern zu müssen.

F | **Was halten Sie von der Bildbearbeitung?**

A | Meiner Ansicht nach gibt sie uns die Möglichkeit, die Bilder zu verbessern. Heute gehört der Computer zur Ausrüstung wie Objektive, Filme oder Speicherkarten – obwohl man sich natürlich auch gegen eine Verwendung von Software entscheiden kann. Die Retusche gab es bereits in der Dunkelkammer, und die heutige Technologie erleichtert ganz einfach die Arbeit. Allerdings verschlechtert die Retusche ein Bild häufig, obwohl dies eher eine Frage des Geschmacks als der Technik ist. Meiner Ansicht nach sollten bestimmte Bilder gar nicht retuschiert werden, wie Reportage- oder Dokumentarfotos. Bei solchen Bildern sollte nur der Kontrast verändert oder der Staub auf dem Sensor beseitigt werden.

F | **Welches Zubehör finden Sie unverzichtbar?**

A | Ich würde sagen, meinen Notizblock – ohne ihn wäre ich verloren! Ich muss immer so vieles notieren und aus früheren Aufnahmesitzungen nachschlagen. Als technisches Zubehör finde ich einen kleinen Diffusor wirklich notwendig.

Bildbetrachtung

Modeporträt | ambivalente Botschaft

F | **Mir gefällt die Mehrdeutigkeit dieser Pose – einerseits mädchenhaft, andererseits fraulich.**

A | Auf diesem Bild für eine chinesische Modezeitschrift versuchte ich, mit einer statischen, sitzenden Pose Dynamik zu erzeugen. Das Motiv wurde nur mit einer großen Softbox oben und einer goldenen Reflexfläche links ausgeleuchtet. Das Modell heißt Chiara Ceci, und für Styling und Make-up war Domenico Sanna zuständig.

»Zur Konvertierung in Schwarzweiß setze ich mehrere Techniken ein. Ich lege mich nicht auf eine einzelne Methode fest.«

Hell und dunkel | Gesichtsausdruck

F | **Dieses Bild wirkt zunächst dunkel und traurig, aber unter der Oberfläche spürt man einen humorvollen Aspekt.**

A | Wir nahmen gerade Beauty-Werbefotos auf, und alle Bilder sahen absolut perfekt und sauber aus. Hier bat ich den Visagisten Maurizio Menga, das Modell so zu schminken, dass das Gesicht schmutzig wirkte. Ich bat das Modell, die Schauspielerin Elena Cucci, mit Körperhaltung und Gesichtsausdruck zu spielen, und wir arbeiteten 30 Minuten an dieser Aufnahme.

Charakterstudie | Nahaufnahme

F | **Sie haben hier einen sehr kleinen Ausschnitt gewählt. Legen Sie ihn immer bereits in der Kamera fest?**

A | Ja, dieser Ausschnitt wurde mit der Kamera gewählt – ich ändere ihn nur selten nachträglich. Das Foto wurde mit einem 100-mm-Makroobjektiv auf der Straße bei natürlichem Licht ohne Reflektoren oder Softboxen aufgenommen. Das Modell hatte ich eines Tages auf dem Weg zu meinem Studio kennengelernt und um ein Porträt gebeten. Danach tranken wir einen Kaffee zusammen. Ich liebe Blickkontakt auf meinen Fotos.

Tänzer | authentische Pose

F | **Ein so wunderbares, fotogenes Modell scheint sich leicht fotografieren zu lassen, aber die Pose wirkt sehr sorgfältig abgestimmt und die Beleuchtung ist fabelhaft.**

A | Ich arbeitete mit Konrad, einem Modell und Tänzer, an Farbfotos für eine spanische Zeitschrift, die eine ganz andere Stimmung hatten als dieses Foto. Am Ende des Shooting war Konrad müde und ich wollte das auf einem Schwarzweißfoto einfangen. Ich bat ihn um ein allerletztes Bild und beleuchtete ihn mit einer einzelnen Lichtquelle, 45° links von ihm. Ich wartete mit aufnahmebereiter Kamera so lange ab, bis er ungekünstelt und ganz natürlich in die Kamera schaute.

Nostalgische Eleganz | natürliches Licht

F | **Hier haben Sie eine wunderbare Mischung aus Retro-Look und moderner Eleganz erreicht. Wie entstand dieses Bild?**

A | Ich lernte Nandin, ein mongolisches Model, bei einem Abendessen kennen, und bat sie, bei Aufnahmen für eine russische Zeitschrift für mich Modell zu stehen. Wir gingen auf diverse Märkte, um diese alten Kleidungsstücke und Accessoires zu besorgen. Die Sättigung des bei Umgebungslicht an einem bewölkten Tag aufgenommenen Fotos wurde maximal verringert und der Kontrast mit der Tonwertkorrektur und Gradationskurven geändert.

Perfektes Modell | Bildbearbeitung

F | **Ergibt sich bei einem so schönen Modell ein wunderbares Porträt fast von selbst?**

A | Dieses Bild nahm ich in der Pause eines Mode-Shooting auf. Das Model, Angel Turner, entspannte sich an einem Fenster. Da das Foto bei sehr weichem natürlichen Licht entstand, musste ich es stark nachbearbeiten und Rot und Gelb verstärken.

Aufgabe: **Charakterporträt**

Wenn es ein fotografisches Genre gibt, bei dem sich der Fotograf seinem Motiv unterordnen muss, dann ist es die Porträtfotografie. Sie müssen so weit wie möglich in den Hintergrund treten, damit die Persönlichkeit des Modells zum Vorschein kommt. Gleichzeitig sollten Sie jedoch die Eigenheiten der Person durch sorgfältige Kameratechnik, Beleuchtung und zwischenmenschliche Beziehung auf dem Foto darstellen. Das Modell ist darauf angewiesen, dass Sie seine Persönlichkeit einfühlsam und verständnisvoll interpretieren.

ISO 200, Brennweite: 60 mm, 1/60 s bei Bl. 3,3

Vorgaben

Organisieren Sie eine Porträtsitzung mit einem Bekannten – nicht mit einem guten Freund oder Familienangehörigen. Dies ist schwieriger als eine Aufnahme einer nahestehenden Person, aber nicht so problematisch wie Fotos von einem völlig Fremden. Nutzen Sie für die Darstellung des Charakters alle vorhandenen Hilfsmittel – Umgebungslicht, Blitz, Requisiten, Hintergründe.

ISO 400, Brennweite: 28 mm, 1/125 s bei Bl. 2,8

Zur Erinnerung

- Verwenden Sie für Gesichter mittlere bis lange Brennweiten.
- Normalobjektive oder mittlere Weitwinkelobjektive rücken etwas mehr von der Umgebung ins Bild.
- Bei Gesamtaufnahmen von Modell und Umgebung fotografieren Sie mit einem Ultra-Weitwinkelobjektiv.
- Eine Reflexfläche hellt dunkle Schatten auf.
- Vermeiden Sie eine unscharfe Abbildung aufgrund von Lippenbewegungen.

Fotografische Vorbilder

Julia Margaret Cameron (1815–1879)
Die größte Amateurfotografin aller Zeiten war nur 14 Jahre lang tätig und nahm einige der denkwürdigsten Porträts überhaupt auf. Sie stellte mit ihren Arbeiten viele Profis in den Schatten.

Wolfgang Tillmans (geb. 1968)
Tilmanns steht an der Spitze einer Generation von Fotografen, die auf den einstudierten Formalismus der Porträtfotografie mit einem intimeren, vertraulicheren Stil ungekünstelter Spontaneität reagierte und von den Arbeiten von Nobuyoshi Araki beeinflusst wurde. Tillmans ist ein hervorragender Vertreter der für Online-Fotoplattformen charakteristischen Porträtfotografie.

Arnold Newman (1918–2006)
Newman war der Meister der Darstellung von Modellen in ihrer Umgebung, und seine sorgfältig ausgeführten Aufnahmen verbinden Scharfblick mit ausgeklügelter Beleuchtung. Der Fotograf hat das künstlerische Porträt maßgeblich geprägt.

ISO 400, Brennweite: 28 mm, 1/60 s bei Bl. 3,3

ISO 200, Brennweite: 60 mm, 1/60 s bei Bl. 3,3

ISO 200, Brennweite: 60 mm, 1/125 s bei Bl. 2,8

ISO 200, Brennweite: 60 mm, 1/60 s bei Bl. 3,2

ISO 200, Brennweite: 24 mm, 1/125 s bei Bl. 2,8

ISO 200, Brennweite: 60 mm, 1/30 s bei Bl. 3,2

ISO 200, Brennweite: 17 mm, 1/125 s bei Bl. 5,6

1 2 3
4 5 6
7 8 9

Leucht**pult**

Top**tipps**

1 Gesicht | mittleres Tele
Ein guter Ausgangspunkt ist eine Nahaufnahme mit einem mittleren Teleobjektiv. Ihr Modell sollte entspannt sein und muss nicht unbedingt in die Kamera schauen. Bitten Sie es, sich langsam umzuschauen.

2 Details | Interpretation
Wenn Sie sich ab und zu auf etwas anderes konzentrieren, dann entspannt sich Ihr Modell besser. Aussagefähige Details können bei einer Porträtserie für Intimität und Atmosphäre sorgen.

3 Entspannung | Strategien
Bei nervösen Modellen ist es hilfreich, wenn sie anfangs von einer anderen Person in ein Gespräch verwickelt werden. Fotografieren Sie das Modell aber nicht beim Sprechen, um den Mund nicht unscharf abzubilden.

4 5 Hände | Bewegungen
Hände können ebenso ausdrucksstark sein wie das Gesicht. Wenn Ihr Modell entspannt und lebhaft ist, erhalten Porträts mit Schwerpunkt auf den Händen eine natürliche Qualität.

6 Förmliche Komposition | Planung
Für wirkungsvolle förmliche Aufnahmen braucht man viel Erfahrung. Der beste Ansatz ist die detaillierte Planung der Komposition, bevor das Modell seinen Platz einnimmt.

7 8 Monochrom | Vorteile
Schwarzweiß ist ein natürliches Medium für Porträts, da potenziell ablenkende Farben eliminiert und gleichzeitig alle wesentlichen Aspekte der Gesten und des Gesichts bewahrt werden.

9 Umgebung | und Situation
Eine Aufnahme des Modells in seinem Haus oder an seinem Arbeitsplatz mit einem Weitwinkelobjektiv ist für die Abrundung einer Porträtserie unverzichtbar.

▶ Ergebnisse

Imperia, Italien

David Rossi

»Meine Uni war ein perfektes Umfeld für dieses Porträt einer Kommilitonin, deren Look großartig zu meinen Bildbearbeitungsmethoden passte.«

▲ Canon EOS 400D, ISO 200, Brennweite: 22 mm, 1/80 s bei Bl. 4,5

Kritik

Einst war es ein Zeichen für einen hohen gesellschaftlichen Rang, wenn man ein Porträt von sich aufnehmen ließ und vielleicht sogar bei Besuchen zur Erinnerung kleine Visitenkarten mit seinem Bildnis hinterlassen konnte. Heute gibt es Millionen von Porträts auf den Internet-Plattformen dieser Welt. Arbeiten Sie langsam und mit Bedacht und halten Sie mit dem Modell so viel Blickkontakt wie möglich.

Imperia, Italien

Das faszinierende, von David Rossi aufgenommene Porträt funktioniert auf verschiedenen Ebenen. Am unmittelbarsten wirkt der starke Farbkontrast, der, wie der Fotograf erklärt, ein Ergebnis der Nachahmung der Charakteristiken der Fujichrome-Filme am Computer ist. Die entspannte, lässige Zwanglosigkeit der Pose entspricht dem Zeitgeist – insgesamt ein ausgewogenes Zeitschriftenporträt.

Opas Hut

Manche Porträts, wie diese Aufnahme, wirken gestellt, obwohl sie es gar nicht sind, und andere sehen trotz sorgfältiger Positionierung des Modells ganz natürlich aus. Hier stimmte vielleicht nur das Timing nicht, denn das Lächeln wirkt zwar warm, aber etwas aufgesetzt.

Porträt mit Efeu

Bei einem weniger ausdrucksstarken Gesicht und unauffälligerer Frisur hätte man die Komposition vielleicht als schlecht beurteilt, aber die Anordnung des Modells nah am Bildrand scheint für den dargestellten Charakter angemessen. Normalerweise sind auch überbelichtete Hauttöne nicht unbedingt akzeptabel; sie erscheinen hier jedoch passend.

Opas Hut

Thom Small

»Sein Markenzeichen ist ein Hut, der an einem Gardarobenhaken hing; er setzte ihn für die Kamera auf, während er mir zum Abschied zuwinkte.«

▲ Nikon D50, Brennweite: 20 mm bei Bl. 2,0

Porträt mit Efeu

Florence Fairweather

▲ Casio EX-Z700, Brennweite: 10,7 bei Bl. 3,6

»Meine Freundin ist sowieso schon sehr fotogen, aber zusätzlich bot sich der Efeu zu dieser Tageszeit als Hintergrund an.«

Kurs 15 Dokumentarfotografie

Zu ihrer Blütezeit war die Dokumentarfotografie ein Spezialgebiet von Fotografen, die mit der Kamera von außen – häufig mitfühlend und sensibel, aber dennoch von außen – in das Leben fremder Kulturen hineinblickten. Heute wird auf Dokumentarfotos interessanterweise immer häufiger das eigene Leben und die eigene Kultur erforscht.

Kurs 15 Übersicht

Freie Auswahl

Die Dokumentarfotografie bietet schier unerschöpfliche Möglichkeiten, da buchstäblich jedes Motiv Gegenstand des fotografischen Interesses werden kann. Dabei kann es sich um etwas so Alltägliches wie die Hausarbeit oder ein Thema von globaler Bedeutung wie die Auswirkungen der Klimaveränderung handeln. Jedes Motiv lässt sich interessant dokumentieren, vorausgesetzt, die Fotos sind informativ und fesselnd.

Traditionen | und Ethik

Da heutzutage jeder fotografische Ansatz akzeptiert wird, liegen die Grenzen der Dokumentarfotografie nur beim Fotografen selbst. Umfangreiche Projekte behandeln so unterschiedliche Themen wie die Unordnung im Haushalt, Haustierbesitzer oder die Mitglieder von Schützenvereinen. Gleichzeitig ist die Tradition der Dokumentarfotografie, die in LIFE und Picture Post entwickelt und heute von Zeitschriften wie GEO, Stern und National Geographic fortgeführt wird, noch so lebendig wie früher und inspiriert auch nachwachsende Generationen von Fotografen aus Ländern ohne fotografische Tradition. Es bleibt jedoch immer noch genügend Raum für innovative Dokumentarfotos. Allerdings muss sich immer ein roter Faden durch die gesamte fotografische Arbeit ziehen: die Verpflichtung des Fotografen zur Wahrheit. Der Betrachter muss sich darauf verlassen können, dass die dargestellten Szenen der Realität entsprechen.

» Der Betrachter muss sich darauf verlassen können, dass die dargestellte Szene der Realität entspricht. «

Dossier

Für viele ist das natürliche Medium der Dokumentarfotografie Schwarzweiß – sicherlich rührt diese Tradition aus den monochromen Bildern der frühen Fotopioniere her. Andere argumentieren, dass mit fehlenden Farben nicht über unangenehme Tatsachen hinweggetäuscht werden darf, wie etwa Blut. In der Digitalfotografie haben Sie jetzt die freie Wahl und müssen sich erst später endgültig festlegen, ob und wie Sie das Bild in Schwarzweiß konvertieren möchten.

Geschichten | Details

Bei bestimmten Motiven reicht die Realität alleine schon aus, um eine Geschichte so packend zu erzählen, dass der Betrachter so viel wie möglich darüber erfahren möchte – über die Hauptakteure, die Umstände und die Einzelheiten. Viele Dokumentarfotografen berichten, das Motiv habe sie ausgewählt und nicht umgekehrt, das Motiv habe sich geradezu aufgedrängt.

Sobald Sie Ihr Motiv gefunden haben, müssen Sie sich umfassend darüber informieren und bei Bedarf Experten konsultieren. Beim Fotografieren dürfen Sie Ihre Geschichte nicht aus den Augen verlieren. Sie brauchen Bilder, die die Umgebung, die Akteure und ihre Lebensumstände zeigen. Nehmen Sie Gesamtansichten und auch Nahaufnahmen auf. Versuchen Sie, für Aufmacherfotos Details aus dem Nahbereich und in größerer Entfernung zusammen ins Bild zu bekommen, um eine dynamische Komposition zu schaffen.

STADTANSICHTEN

PORTRÄTS

LEBEN IN DER STADT

FREIZEIT

GEBÄUDE

INDUSTRIE

STRASSE

GESTELLTES GRUPPENPORTRÄT

FARBE UND LICHT

1 2 3
4 5 6
7 8 9

Leuchtpult

Lebensansichten

Städte und Gebäude, **1**, **3**, **5** bieten ein reichhaltiges Material für die Dokumentarfotografie. Porträts, **2**, **8**, geben Einblick in das Leben der handelnden Personen. Menschen in der Freizeit, **4**, und auf der Straße, **7**, sind leichter zu dokumentieren als zu Hause. Die Industrie, **6**, zieht weniger Aufmerksamkeit auf sich als andere Bereiche. Oder gestalten Sie ein Bild einfach nur mit Farben und Licht, **9**.

Bericht im Lokalteil

Dieses Bild könnte ein einfaches Foto des Funkenregens sein. Vielleicht stellt es aber auch einen Tag im Leben eines Arbeiters dar und gehört zu einer Dokumentation über den Verlust von Arbeitsplätzen in einem strukturschwachen Gebiet.

Altaf Qadri

Nationalität: Indisch
Hauptarbeitsort: Kaschmir

Der in Srinagar, Kaschmir, geborene Fotograf arbeitete zunächst als Computerexperte. Als ihm ein Freund eine Kamera schenkte, entwickelte er jedoch schnell den Wunsch, damit die Geschehnisse in seiner Region zu dokumentieren. Kurz darauf erhielt Altaf Qadri seinen ersten Auftrag und wurde 2001 Mitarbeiter einer Lokalzeitung. Ab 2003 nahm er Bilder vom Kaschmir-Konflikt für die European Pressphoto Association auf. Seine Reportagen und Fotos wurden auf der ganzen Welt veröffentlicht, und zu seinen vielen Auszeichnungen gehören die Outstanding Awards in »Spot News« und »General News« des 2. China International Press Photo Contest (CHIPP) von 2006 und der All Roads Photography Program Award 2007 der National Geographic Society.

Weitere Arbeiten von Altaf Qadri finden Sie unter: www.altafqadri.com

Im Gespräch

F | **Altaf, warum haben Sie sich auf Dokumentarfotografie spezialisiert?**

A | Ich wuchs in einer Zeit der Auflehnung gegen die indische Herrschaft auf und wurde Zeuge vieler wichtiger Ereignisse. Als Teenager war ich davon fasziniert, wie nah Journalisten in Kriegszeiten ans Geschehen herangehen konnten, ohne dass ihnen ein Haar gekrümmt wurde. Ich dachte also, der Fotojournalismus könnte mich schützen. Später wollte ich die Menschen durch meine Bilder auf die Situation in Kaschmir aufmerksam machen.

F | **Was ist für Sie die größte Herausforderung?**

A | Die Dokumentation von Naturkatastrophen oder menschlichen Konflikten ist extrem schwierig. Es hat viele Fälle von posttraumatischen Störungen bei Fotojournalisten gegeben, die über Kriege und Naturkatastrophen berichteten. Kevin Carters Foto eines verhungernden Kindes mit einem Geier daneben trug dem Fotografen den Pulitzer-Preis ein und gab den Anstoß für Hilfslieferungen an die hungernden Menschen im Sudan. Carter fühlte sich jedoch von seinem eigenen Bild verfolgt und beging kurz nach der Auszeichnung Selbstmord.

F | **Bitte beschreiben Sie Ihre Ausrüstung und Ihr wichtigstes Zubehör.**

A | Ich arbeite jetzt sehr viel mit digitalen Canon EOS-Kameras, meist mit einer 5D mit 24–70-mm-Objektiv und außerdem mit einem 16–35-mm-Weitwinkelzoom und einem 70–200-mm-Zoom. Ich arbeite immer gern bei vorhandenem Licht und selten mit Blitz. Taschenlampe, Schweizer Taschenmesser, Handy-Ladegerät und Kompass sind für mich ein »Muss«. Aus religiösen Gründen habe ich auch einen tragbaren Gebetsteppich und den Koran dabei.

F | **Das 24–70-mm-Objektiv kann man schwerlich ignorieren, aber die Menschen auf diesem Bild hatten wohl ganz andere Sorgen?**

A | Auf diesem Bild von 2005 kämpfen die Überlebenden eines Erdbebens in Kaschmir um Brot, das eine Hilfsorganisation in Kamal Kot, Uri, etwa 125 km nördlich von Srinagar verteilte. Ich lag auf dem Dach des Lieferwagens. Die Menschen kümmerten sich mehr um das Essen als um meine Kamera, sodass die Größe des Objektivs in diesem Fall keine Rolle spielte.

F | **Sind Sie immer aufnahmebereit?**

A | Kameras sind ein wichtiger Teil meines Lebens. Wohin ich auch gehe – ich habe immer mindestens eine Kamera dabei, denn in einem Konfliktgebiet weiß man nie, was als Nächstes passiert. Ohne Kamera fühle ich mich nicht sicher. Ich liebe Kameras. Trotzdem glaube ich, dass ein übermäßiger Einsatz von Digitalkameras die Qualität der Fotografie negativ beeinflusst. Die Menschen fotografieren so viel, dass sie glauben, unter den 500 Bildern seien auf jeden Fall ein paar gelungene dabei. Das beeinträchtigt die Fähigkeit, gute Bilder zu sehen und aufzunehmen.

F | **Was halten Sie von der Bildbearbeitung?**

A | Die Technologie ist ein Segen, aber wir dürfen bestimmte Grenzen nie überschreiten. Aufgrund der ethischen Bedeutung ist die Bildmanipulation meiner Ansicht nach im Fotojournalismus ein großes Problem. Gegen die Anwendung von Dunkelkammertechniken am Computer ist nichts einzuwenden. Bei RAW-Bildern passen wir manchmal Tonwerte, Farben und Sättigung an. Alles andere ist Manipulation, und auf keinen Fall sollten Informationen hinzugefügt oder entfernt werden.

F | **Was möchten Sie mit Ihren Fotos erreichen?**

A | Mein oberstes Ziel als Fotojournalist ist die Beschreibung der Probleme der Menschen – ganz gleich, wo. Nie bin ich glücklicher, als wenn ich jemandem mit meinen Bildern helfen kann. Als ich kürzlich über einen heftigen Kampf zwischen indischen Soldaten und Separatisten in Nord-Kaschmir berichtete, schlug eine Granate im Truppenlager ein, und es brach ein Feuer aus. Aus der Entfernung hörten wir eine alte Frau um Hilfe schreien. Wir rannten zu ihrem Haus und konnten das Feuer löschen. Zum Abschied drückte sie uns alle fest an sich. In dieser Situation hatte ich jenes Glücksgefühl, das mir ein Bild niemals geben kann. Ich danke Gott für die Gelegenheit, den Menschen zu helfen.

Bildbetrachtung

Polizist | Blickkontakt

F | **Bitte beschreiben Sie diese Situation und Ihren fotografischen Ansatz.**

A | Ich nahm dieses Bild eine Stunde nach einem Beschuss mit Granaten auf. Ein Polizist sollte das Auto wegfahren. Die Einschusslöcher und Splitter in der Windschutzscheibe befanden sich direkt vor seinem Gesicht. Ich wartete auf den richtigen Moment und machte schnell zwei Bilder.

Überlebende eines Erdbebens | Kaschmir

F | **Hier bräuchte man eigentlich eine Bildunterschrift, nicht wahr?**

A | Wir brauchen häufig Bildunterschriften, weil das Bild manchmal nicht die Fakten beschreibt – der Text wird in diesem Fall zum Bestandteil des Fotos. Als wir an den Zelten vorbeigingen, hörte ich, dass dort Kinder spielten. Ich wollte sie nicht stören und fotografierte mit einem 70–200-mm-Objektiv.

Frau in Kaschmir | Warten

F | **Ist es Ihrer Meinung nach respektlos, unbemerkt Schnappschüsse von Menschen aufzunehmen?**

A | Bei Schnappschüssen muss die fotografierte Person wissen, dass ich da bin. Ich mache keine Bilder, bei deren Betrachtung sich die fotografierten Menschen schämen würden. Bei spontanen Aufnahmen spreche ich zuerst mit den Menschen. Wenn Sie sich mit mir wohlfühlen, beginne ich zu fotografieren.

» Traurigerweise manipulieren manche Medienunternehmen ab und zu ihre Bilder. Da bin ich absolut dagegen. «

Unabhängigkeitstag | Srinagar

F | Ist es für Sie eine Erleichterung, eine so fröhliche Szene aufzunehmen? Welche Geschichte steht hinter dieser Aufnahme?

A | Es war alles andere als eine fröhliche Szene. Die Soldaten sollten die Ballons an die Kinder verteilen, was sie aber nicht taten. Sie ließen die Ballons erst dann los, als die Medien in der Nähe waren.

Hausdurchsuchung | Srinagar

F | Dies sieht wie ein lustiger Moment aus.

A | Die Soldaten durchsuchten ein Haus nach Waffen. Alle fünf Minuten schaute ein Kind aus dem Fenster und schnitt Grimassen. Ich fotografierte die Szene, ohne dass Kind und Soldat die Aufnahme bemerkten.

Behinderter Mann | Ramadan

F | Mir gefällt die Perspektive bei dieser höchst dynamischen Komposition. Warum arbeiten Sie manchmal in Farbe und manchmal in Schwarzweiß?

A | Dieses Bild entstand nach einem Erdbeben in Kaschmir im Monat Ramadan. Ich wollte die gesamte Szene ins Bild rücken – eine behinderte Person und eine Gruppe betender Menschen, um damit auszudrücken, dass die Menschen, die beim Erdbeben verletzt worden waren, immer noch ihren Glauben hatten. Ich fotografiere gerne in Farbe und in Schwarzweiß, aber Farben können einen Betrachter auch leicht verwirren. Wenn eine Situation also besser in Schwarzweiß dargestellt werden kann, konvertiere ich das Bild später. Meine persönlichen Arbeiten sind vorzugsweise schwarzweiß.

Aufgabe: **Ein Tag im Leben**

Hochempfindliche Filme und tragbare Geräte eröffneten ganz neue Wege in der Fotografie, denn jetzt konnte das Leben »in Echtzeit« dokumentiert werden. Gleichzeitig veranschaulichten viele Beispielfotos von Meisterfotografen wie Bill Brandt, W. Eugene Smith und Bert Hardy, wie kunstvolle Einzelbilder wirkungsvoll zu einer Fotostory verknüpft werden können.

ISO 200, Brennweite: 200 mm, 1/4000 s bei Bl. 4,0

Vorgaben

Dokumentieren Sie einen Tag im Leben eines Menschen, der Sie interessiert. Versuchen Sie, ein aussagefähiges Merkmal in einem einzelnen Foto einzufangen – mit witzigen, scharfsichtigen oder persönlichen Fotos als Nahaufnahmen oder Weitwinkelansichten. Beobachten Sie genau und fangen Sie den Moment ganz natürlich ein.

Zur Erinnerung

- Versuchen Sie, die Entwicklungen vorauszusehen.
- Wählen Sie einen unaufdringlichen, diskreten Stil.
- Schalten Sie den Blitz ab und stellen Sie relativ hohe Empfindlichkeiten ein.
- Wählen Sie eine kurze Festbrennweite bei großer Blende, damit Sie bei vorhandenem Licht nah herangehen und größere Bildwinkel erfassen können.

ISO 800, Brennweite: 300 mm, 1/85 s bei Bl. 5,6

Fotografische Vorbilder

Ami Vitale (geb. 1971)
Diese hochtalentierte Dokumentarfotografin mit Sinn für Ästhetik kombiniert aufschlussreiche Darstellungen einer Situation mit einem sicheren Gespür für den entscheidenden Moment.

Alexandra Boulat (1962–2007)
Die Fotografin, die ein starkes Mitgefühl mit den fotografierten Menschen hatte, berichtete über die menschlichen Probleme in vielen Konfliktregionen.

Lauren Greenfield (geb. 1950)
Lauren Greenfield wurde für ihre Dokumentation des Lebens moderner amerikanischer Frauen gefeiert und formuliert in ihren Fotos mitfühlende Botschaften.

W. Eugene Smith (1918–1978)
Als rastloser, engagierter Kämpfer für die Sache der Rechtlosen nutzte Smith buchstäblich jede Kamera und jedes dokumentarische Hilfsmittel, um aufrührende Bildreportagen zu schaffen.

ISO 200, Brennweite: 200 mm, 1/200 s bei Bl. 6,3

ISO 200, Brennweite: 70 mm, 1/60 s bei Bl. 2,8

ISO 800, Brennweite: 35 mm, 1/60 s bei Bl. 6,3

ISO 800, Brennweite: 105 mm, 1/200 s bei Bl. 6,3

ISO 100, Brennweite: 285 mm, 1/320 s bei Bl. 5,6

ISO 400, Brennweite: 365 mm, 1/100 s bei Bl. 5,6

ISO 100, Brennweite: 24 mm, 1/85 s bei Bl. 4,5

1 2 3
4 5 6
7 8 9

Leucht**pult**

Top**tipps**

1 Timing | genaue Kenntnisse
Nutzen Sie Ihre Kenntnisse von den Gewohnheiten der Menschen, sodass Sie nur noch Belichtung, Ausschnitt und Entfernung einstellen und auf die passende Person warten müssen.

2 Menschen | Gemeinsamkeiten
Auf Dokumentarfotos kann der Betrachter Gemeinsamkeiten entdecken. Solche Szenen, bei denen Kinder einen Ringkampf veranstalten, obwohl sie eigentlich lernen müssten, spielen sich in jeder Gesellschaft ab.

3 Details | Nahaufnahmen
Hier sehen wir die Verse, die die jungen Mönche immer wieder rezitieren müssen, fast mit den Augen der Novizen selbst. Auch bei dieser Art von Foto muss man eine gute Beziehung zur fotografierten Person aufbauen.

4 5 Kontext | Bildpaare
Stunden, in denen nichts passiert, gehören vielleicht zum Leben des Fotografierten, können aber nur indirekt dargestellt werden. Das Foto des unaufmerksamen und des schlafenden Mönchs ergänzen sich.

6 Ein Tag im Leben | alle Aspekte
Um eine abgerundete Geschichte zu erzählen, müssen Sie jeden Aspekt des Tages abdecken –auch die Zeiten der Entspannung und die Dynamik von Beziehungen.

7 8 Erzählung | Kontrast
Manche Aufnahmen funktionieren innerhalb einer Fotostory am besten, wenn sie einen Kontrast bilden: In Bild 7 sehen wir z. B. einen Mönch, der sehnsüchtig aus dem Fenster schaut. In Bild 8 hat er endlich frei.

9 Gelegenheit | unerwartete Extras
Auch unerwartete Situationen können sich im Laufe des Tages ergeben: Hier wird ein Festmahl vorbereitet.

▶ Ergebnisse

Sportzentrum

Erling Steen

»Die Kinder und die Sportler, die gegenüber auf der anderen Seite des Gangs standen, fesselten plötzlich meinen Blick, ohne dass ich wusste, was ich da vor mir hatte.«

▲ Nikon D70s, Brennweite: 70 mm, Bl. 4,5

Kritik

Ein Tag im Leben eines Menschen lässt sich schwer auf einem einzigen Bild festhalten, aber die hier gezeigten Fotos fangen wichtige Momente ein. Je spezieller oder emotionaler eine Situation, desto stärker beschleicht uns das Gefühl, dass wir als Betrachter ein unerwünschter Beobachter sind. Deshalb hat der Fotograf die moralische Verpflichtung, die Würde der dargestellten Personen zu schützen.

Sportzentrum

Erling Steen fotografierte gerade eine Kindersportveranstaltung um die Weihnachtszeit in einem Sportzentrum in Kopenhagen, als sein Blick auf diese Szene fiel. Er sagt: »Da die Kinder ständig in Bewegung waren, musste ich sehr schnell reagieren. Dieses Bild war das einzige mit Potenzial. Ich war nicht sicher, ob auch die Sportler auf der anderen Seite des Gangs hinter dem Glas eingefangen werden würden.« Die Komposition vermittelt einen Eindruck vom Erwachsenwerden.

Varanasi, Indien

Der Ausschnitt wurde bei diesem Foto wirkungsvoll gewählt, und der Bildinhalt kann auf unterschiedliche Arten interpretiert werden. Folglich eignet sich das Foto als Zeitschriftenbild für eine Dokumentarreihe.

Oupa en ouma

Als Lizelle Lotter diese Szene sah, schlich sie sich wieder aus dem Zimmer, um ihre Kamera zu holen. Sie beschreibt: »Die größte Herausforderung ... bestand darin, unbemerkt wieder ins Zimmer zu kommen. Sie hörten mich, aber erst nach der Aufnahme.« Die perfekte Komposition vermittelt ein Gefühl der Leichtigkeit.

Varanasi, Indien
Napoji

▲ Nikon D200, ISO 360, Brennweite: 70 mm bei Bl. 4,5

»Ich sah zuerst nur die Frau; auch das Kind kam nach ein wenig Bildbearbeitung hinter der Scheibe zum Vorschein.«

Oupa en ouma
Lizelle Lotter

▲ Canon 350D, ISO 100, Brennweite: 70 mm, 1/250 s bei Bl. 5,6

»Dies war einer jener Momente, die sich der Kamera förmlich aufdrängen. Ich besuchte gerade meine Großeltern in Südafrika.«

Kurs 16

Landschafts- und Naturfotografie

Das opulenteste aller fotografischer Genres wird von Kritikern vielfach als eine reine Sammlung von hübschen, aber bedeutungslosen Bildern abgetan. Das Sujet erfreut sich jedoch nach wie vor größter Beliebtheit und liegt vielen Fotografen persönlich am Herzen. Um sich von der breiten Masse abzuheben, braucht man eine einzigartige Vision.

Kurs 16 Übersicht

Dossier

Die frühen Fotopioniere hatten den sehnlichen Wunsch, die Natur in ihrer ganzen Farbenpracht wiederzugeben. Als dann die Farbbilder aufkamen, hatten sie jedoch gelernt, dass ein Schwarzweißbild die Wiedergabe des Wesens einer Landschaft keineswegs einschränkt, ganz im Gegenteil – für manche Meisterfotografen blieb Schwarzweiß sogar das ideale Medium zur Wiedergabe der Natur.

Persönliche Sichtweise

In Anbetracht der Ästhetik eines Naturausschnitts könnte man das Motiv einfach für sich selbst sprechen lassen – ein solcher Ansatz wurde zwar in den frühen Tagen der Fotografie akzeptiert, aber heute müssen Sie mehr Aufwand treiben und sowohl technisch als auch emotional wirkungsvolle Bilder liefern, da der Markt jedes Jahr mit Milliarden von Fotos überschwemmt wird.

Visuelle Reaktion | Einblick und Kreativität

Aufgrund der Reichhaltigkeit und Vielfalt des Genres sind viele Bildansätze möglich: realistisch und symbolisch, formal und romantisch. Folglich hat die Landschafts- und Naturfotografie stilistisch immer Konjunktur.

» Heute müssen Sie mehr Aufwand treiben ..., da der Markt jedes Jahr mit Milliarden von Fotos überschwemmt wird. «

Auf der Grundlage Ihrer persönlichen visuellen Reaktion auf das Motiv müssen Sie den Betrachtern Einblicke und Erkenntnisse vermitteln. Gegen eine reine Darstellung einer imposanten Landschaft oder einer schönen Pflanze ist grundsätzlich nichts einzuwenden – dies ist die Bildsprache einer typischen Postkarte. Ein Foto kann jedoch so viel mehr sein. Im richtigen Licht kommen z. B. die Formen von Hügeln und Tälern zum Vorschein; bei sorgfältiger Ausschnittwahl treten die rhythmischen Strukturen einer Pflanze zutage.

Experimentieren | und Lernen

In der Landschafts- und Naturfotografie müssen Sie scharf beobachten, aber Ihre Digitalkamera ist dabei der beste Helfer. Experimentieren Sie mit Belichtung, Schärfentiefe und Scharfeinstellung; probieren Sie unterschiedliche Kompositionen aus und arbeiten Sie mit bewusst weichgezeichneten Bildern. Verfolgen Sie voller Begeisterung Ihre eigenen Ideen. Auch die Meisterfotografen der Vergangenheit sind auf diese Weise vorgegangen, allerdings ohne den Vorteil des sofort sichtbaren Ergebnisses.

Vielleicht entwickeln Sie eine Vorliebe für geringe Schärfentiefe oder Schwarzweißfotos. Sie können sich auf einzelne Blüten vor einfachem Hintergrund oder Weitwinkelansichten konzentrieren. Möglicherweise finden Sie auch abstrakte Konturen oder topographische Detailstudien interessant. Fotografieren Sie bei diesen Experimenten im RAW-Format, damit Sie später möglichst flexibel arbeiten können.

WEITWINKEL-NAHAUFNAHME

NORMALANSICHT

SC

GRAFISCH

ULTRA-WEITWINKEL

GA

ABSTRAKTION

IMPOSANTE LANDSCHAFT

D

1 2 3
4 5 6
7 8 9

Leucht**pult**

Konturen, **4**, o
7. Erforschen S
schiedlichen Z
nehmen Sie Ge
kontrastreiche

Mit den Aug
Zur Darstellung
einer Raupe m
den Boden ste
menten eröffne
Möglichkeiten.

Tamao Funahashi

Nationalität: Japanisch
Hauptarbeitsort: Japan

Die in Tokio geborene Fotografin lebt und arbeitet in Aomori. Sie studierte an der Kunstuniversität Musashino, Tokio, Kommunikationsdesign mit Pflichtfach Fotografie und arbeitete nach ihrem Abschluss zunächst zehn Jahre lang für Museen und Zeitungsverlage. In dieser Zeit fotografierte sie gar nicht. 2005 fuhr sie mit Freunden zum Skifahren in die Berge und fotografierte mit einer billigen Wegwerfkamera die mit Eis bedeckten Bäume. Die Bilder waren so gelungen, dass sie sie über Flickr ins Internet stellte, um sie ihren Freunden zu zeigen. Ihre Fotos werden für CD-Hüllen und Bücher verwendet und in den Galerien Camera Biyori und Monkey in Tokio ausgestellt.

Weitere Arbeiten von Tamao Funahashi finden Sie unter: www.flickr.com/photos/tampin

Im **Gespräch**

F | **Tamao, Sie fotografieren viele Motive, aber die Natur hat es Ihnen angetan.**

A | Auf Bildern verewige ich die Schauplätze, die ich besucht habe, oder die besonderen Momente in meinem Leben. So kann ich meine Kreativität am besten ausdrücken und mit anderen Menschen teilen. Die Fotografie ist wie ein Tagebuch aus Licht. Ich sehe meine Fotos als lebendige Fragmente der Zeit, die auf ihrem Weg in die Vergangenheit entstanden sind – wären sie nicht aufgenommen worden, würden sie für immer verschwinden. Da ich in Aomori lebe, das mit einer wunderschönen Landschaft gesegnet ist, ist die Natur eines meiner Lieblingsmotive.

F | **Welcher Aspekt Ihrer Arbeit gefällt anderen Ihrer Meinung nach am besten?**

A | Den Menschen gefallen vor allem Farben, Ausschnitte und Perspektiven meiner Fotos. Außerdem mögen sie, dass ich den Schwerpunkt oft auf die Schönheit ungewöhnlicher Dinge lege und statische Elemente zum Leben erwecke.

F | **Ist das der Grund, warum Ihre Arbeiten etwas Besonderes sind?**

A | Manchmal habe ich das Gefühl, dass es in der Fotografie eher um die Auswahl als um einen schöpferischen Akt geht. In der halben Sekunde, bevor ich auf den Auslöser drücke, frage ich mich, ob ich mit Ausschnitt, Beleuchtung, Farben und Hintergrund zufrieden bin. Gefällt mir das Bild wirklich? Ich drücke nur dann auf den Auslöser, wenn ich alle diese Fragen mit »Ja« beantworten kann; das ist fast schon ein Automatismus. Ich orientiere mich nie an den Arbeiten anderer, weil man sich dann so schnell in deren Vision verliert. Ich muss meiner eigenen Richtung treu bleiben – ein einsamer Weg, nicht wahr?

F | **Wie entstand dieses wunderbare Bild?**

A | Man mag es kaum glauben, aber dies ist eine Probeaufnahme mit meiner Sony DSC-R1 und einem neuen Makroobjektiv. Ich war überglücklich, dass ich schon bei den ersten Aufnahmen so gute Ergebnisse erzielt hatte. Ich fühlte mich wie ein Kind mit einem neuen Spielzeug! Bei diesem Foto probierte ich viele unterschiedliche Einstellungen aus, um die Leistung des Objektivs zu testen. Das Bild ist eine recht normale Nahaufnahme einer Blume bei natürlichem Licht und ISO 160 bei Bl. 4,8 und kurzer Verschlusszeit. Die Helligkeit passte ich später in Photoshop an.

F | **Wie wichtig ist Ihrer Meinung nach ein formales Studium der Fotografie?**

A | Mein Fotografiestudium hat mir viel Spaß gemacht. Ich habe meine eigenen Fertigkeiten verbessert und Hintergrundwissen gesammelt, das mir heute noch hilft, meine Bilder zu verstehen und neue Informationen zu verwerten. Was man lernt, ist wichtig, nicht wo.

F | **Welche Kameras und Objektive setzen Sie am häufigsten ein?**

A | Ich arbeite überwiegend mit der Sony Cybershot R1 und Konvertern und Filtern. Es ist keine Profikamera, aber die meisten dSLRs der Spitzenklasse sind zu schwer und zu sperrig für mich. Ich liebe Kameras sowohl als Arbeitsgerät als auch als Spielzeug. Allerdings gefällt mir gar nicht, dass fast jeden Monat neue Modelle auf den Markt kommen und dadurch die Kameras so schnell veraltet sind.

F | **Bitte beschreiben Sie Ihre Arbeitsabläufe.**

A | Ich fotografiere sowohl in JPEG als auch in RAW, je nach Situation und Auftrag. Ich passe Kontrast, Helligkeit, Farben, Farbton und Sättigung nur dann an, wenn es wirklich notwendig ist. Ein optimales Original bearbeite ich nicht.

F | **Was möchten Sie mit Ihren Fotos erreichen?**

A | Wenn die Aufnahme der Vorstellung vor meinem geistigen Auge entspricht, dann habe ich mein Ziel erreicht. Künstlerisch möchte ich den Menschen gern zeigen, dass es da draußen so viel mehr gibt, als auf den ersten Blick sichtbar ist.

F | **Wie sieht der Auftrag Ihrer Träume aus und warum?**

A | Der Auftrag meiner Träume? Hmm ... es ist nicht unbedingt ein Traum, aber eines Tages würde ich gerne Menschen beraten, die sich für die Fotografie interessieren.

F | **Vor welchen Herausforderungen stehen aufstrebende Fotografen heute?**

A | Natürlich muss man versuchen, mit den aktuellen Trends in der Fotografie Schritt zu halten, aber man sollte es nicht übertreiben, wenn es dem eigenen Stil nicht gerecht wird.

Bildbetrachtung

Blaues Blatt | Adern und Wassertröpfchen

F | **Wie entstand die Idee für dieses scheinbar so einfache Bild?**

A | Für mich ist das ein »Makro- im Mikrobild«. Ebenso, wie wir den Ozean in unserem Körper tragen, ist auch der Wald in einem einzelnen Blatt enthalten. Ich fand dieses Blatt in einem Park auf dem Boden, und wie üblich habe ich nichts berührt; die Wassertröpfchen waren perfekt angeordnet und viel zu fragil, um das Blatt zu bewegen. Da auch das natürliche Licht optimal war, hatte ich einfach Glück – obwohl ich einige Zeit über den Ausschnitt nachdenken musste.

Kirschblüten | Spiegelungen

F | **Dies ist mein Lieblingsbild. Ich mag die widersprüchliche Kombination aus Orientierungslosigkeit und Ruhe.**

A | Dieses Bild entstand im Hirosaki-Park, der für sein Kirschblütenfest Ende April berühmt ist. Der Burggraben ist meiner Ansicht nach der beste Aufnahmeort für die Blüten. Es ist schwierig, keine Menschen ins Bild zu bekommen, da das Fest von Millionen von Touristen und Fotografen besucht wird.

» Sakura im Wasser des Burggrabens ist im Frühling mein Lieblingsmotiv. Bei jedem Besuch im Park finde ich etwas Neues, das meinen Blick fesselt. «

Reisfelder | Vogel auf der Stromleitung

F | **Dieses Bild erwacht meiner Ansicht nach durch den kleinen Vogel zum Leben – sobald man ihn entdeckt, definiert er den Raum.**

A | Die Reisfelder fand ich früher als Landschaft langweilig, aber als ich sie als Motiv entdeckte, faszinierten sie mich plötzlich. Ich freue mich, dass Sie die Krähe auf der Stromleitung entdeckt haben. Ein kleines Bildelement kann eine Aufnahme insgesamt dramatisch verändern, sowohl zum Guten wie zum Schlechten.

Bäume im Schnee | Hakkoda, Japan

F | Haben Sie hier lange nach dem besten Blickwinkel gesucht oder ging die Aufnahme schnell?

A | Hier war es schwierig, keine Menschen im Bild zu haben, insbesondere, weil ich nicht lange im Freien auf den richtigen Zeitpunkt warten konnte – bei –15 °C! Ich muss zugeben, dass die Wahl des Ausschnitts schwierig war. Ich probierte später unterschiedliche Varianten aus, entschied mich aber dann mehr oder weniger für den ursprünglichen Ausschnitt.

Kirschblüten | Spiegelung

F | Entspricht dieses Bild der wahrgenommenen Szene oder zeigt es vielleicht das, was Sie sehen wollten?

A | Mit einem Polfilter erhöhte ich die blaue Farbe maximal und beseitigte einige Spiegelungen auf der Wasseroberfläche. Das Bild entstand morgens, aber ich wollte es in ein magisches Abendlicht hüllen. Ich passte Farben und Kontrast genau an das Aussehen und die Farben der Sakura, d.h. der Kirschblüte, in Hirosaki an.

Körper einer Krähe | in Blütenblättern

F | Welche Absicht steht hinter diesem faszinierenden Bild?

A | Das Bild hat eine symbolische und metaphorische, ja vielleicht sogar psychologische Bedeutung. Auf den ersten Blick wirkt es möglicherweise rätselhaft, aber wenn man erst einmal erkannt hat, um was es sich handelt – eine tote Krähe auf einem Bett aus herabgefallenen Kirschblüten, dann sieht man das eigentliche Bild. Die Menschen reagieren aufgrund der vielen widersprüchlichen Bildelemente ganz unterschiedlich darauf.

Aufgabe:
Atmosphäre eines Ortes

Das Taj Mahal ist eines jener seltenen Motive, die bei jedem Licht wunderbar aussehen. Dadurch ist die Wiedergabe der Atmosphäre dieses Ortes auf einem einzigen Bild eine enorme Herausforderung. Natürlich können die meisten von uns niemals diese berühmte Sehenswürdigkeit besuchen, aber sicher gibt es auch in Ihrer Umgebung häufig fotografierte Bauwerke oder Landschaften.

ISO 100, Brennweite: 24 mm, 1/250 s bei Bl. 8,0

Vorgaben

Stellen Sie sich vor, Sie hätten von einem Fremdenverkehrsamt oder einer Zeitschrift den Auftrag erhalten, ein aussagefähiges Foto einer Sehenswürdigkeit aufzunehmen, das auf einer Website oder in einem Werbeprospekt für die Region verwendt werden soll.

Zur Erinnerung

- Nehmen Sie das Motiv mit allen Brennweiten aus mehreren Perspektiven und Entfernungen auf.
- Fotografieren Sie das Motiv zu unterschiedlichen Tageszeiten.
- Wenn der Schauplatz Privateigentum ist, sollten Sie im Vorfeld eine Genehmigung für das Fotografieren einholen.
- Berühmte Landschaften sollten auch ohne Bildunterschrift sofort erkennbar sein.

ISO 100, Brennweite: 280 mm, 1/640 s bei Bl. 6,3

Fotografische Vorbilder

Albert Renger-Patzsch (1897–1966)
Als herausragender Vertreter der »Neuen Sachlichkeit« dokumentierte Renger-Patzsch seine Industrie- und Stadtlandschaften sehr realistisch und dennoch mit viel Atmosphäre.

Raghubir Singh (1902–1984)
Die Aufnahmen dieses Fotopioniers auf seiner Reise durch Indien, bei der er aus einem Auto heraus fotografierte, sind ein inspirierendes Meisterwerk.

Steve McCurry (geb. 1950)
McCurry arbeitet ausschließlich in den Tropen; seine Fotos vom indischen Subkontinent machen deutlich, dass die Atmosphäre eines Ortes eng mit den dort lebenden Menschen verwoben ist.

Gustave Le Gray (1820–1884)
Le Gray wollte ursprünglich Maler werden. Seine Fotos wurden nicht nur sorgfältig gestaltet und belichtet, sondern auch kunstvoll vergrößert.

ISO 100, Brennweite: 148 mm, 1/320 s bei Bl. 4,0

ISO 100, Brennweite: 130 mm, 1/250 s bei Bl. 4,0

ISO 200, Brennweite: 12 mm, 1/100 s bei Bl. 8,0

ISO 200, Brennweite: 24 mm, 1/200 s bei Bl. 7,1

ISO 100, Brennweite: 148 mm, 1/320 s bei Bl. 4,0

ISO 100, Brennweite: 18 mm, 1/80 s bei Bl. 8,0

ISO 100, Brennweite: 12 mm, 1/25 s bei Bl. 16,0

1 2 3
4 5 6
7 8 9

Leucht**pult**

Top**tipps**

1 Objektive | große Bildwinkel
Eine Super-Weitwinkelansicht gibt die gesamte Umgebung wieder, aber das Hauptmotiv ist vielleicht zu weit entfernt und zu klein; der Vordergrund muss interessante Details aufweisen.

2 Timing | entscheidender Moment
Geduld zahlt sich aus. Bei diesen Bussarden, die sich von der Thermik tragen ließen, war es nur eine Frage der Zeit, bis sie ein interessantes Muster bildeten.

3 Bewegung | Vordergrunddetails
Mit Details wie dem Kopf des Kamels auf diesem Bild kann eine ansonsten ruhige Ansicht belebt werden.

4 Trübes Licht | Nachbearbeitung
Selbst bei sehr trübem Licht – wie an diesem nebligen Morgen – fällt das Ergebnis oft besser aus als erwartet, und Kontrast und Farben können später noch verbessert werden.

5 6 Komposition | Spiegelungen
Spiegelungen tragen immer zur Betonung des Raums bei, den ein Motiv einnimmt, wenn die Konturen verdoppelt werden.

7 Blickwinkel | indirekte Ansicht
Mit Spiegelungen kann das Motiv angedeutet und indirekt dargestellt werden, aber das Ergebnis ist vielleicht nicht ohne weiteres erkennbar und die Aufmerksamkeit des Betrachters schweift ab.

8 9 Sonne | Spiegelungen
Wenn die Sonne sehr niedrig steht, kann man sie ruhig mit ins Bild rücken. Hier wurden die Spiegelungen auf der ruhigen Wasserfläche zum Füllen der leeren Fläche genutzt.

▶ Ergebnisse

Felsstrand

Paul Self

»Ich wollte in Erinnerung an die Familienurlaube meiner Kindheit den Eindruck einer schwierigen Kletterpartie über die Felsen vermitteln. Ich sorgte für eine sehr warme Farbbalance als Symbol für vergangene Zeiten.«

▲ Canon 5D, ISO 50, Brennweite: 17 mm, 1/4 s bei Bl. 14

Kritik

Ihren fotografischen Fortschritt können Sie daran ablesen, ob Ihre Bilder mehr sagen als Worte. In jeder Sprache dieser Welt kann man eine Landschaft mit vielen verschiedenen Begriffen beschreiben, aber ein Bild, das wie die Fotos auf diesen Seiten die Essenz eines Ortes einfängt, funktioniert auch ohne Worte, wie ein Touristenführer, der einfach nur auf eine Szene zeigt und zum Staunen einlädt.

Felsstrand

Paul Self fotografierte in Bodennähe mit einem Weitwinkelobjektiv, um die zerklüfteten Felsen zu betonen. Die Linien im Boden, die ihre Entsprechungen am Himmel finden, erwecken den Eindruck von stürmischem Wetter. Das Hauptbild mit seiner warmen Farbbalance zieht den Betrachter stärker in die Szene hinein als die anderen Versionen.

Friedlicher See

Sara Beckett ließ sich an diesem stark bewölkten Tag nicht vom geringen Kontrast abschrecken, sondern schöpfte die wässrige Qualität des Lichts voll aus. Das Hauptbild wirkt in kleinem Format am besten, da der Vordergrund einen Eindruck von den Größenverhältnissen vermittelt.

Ruine im Wald

Sergei Andreev besichtigte diese Ruine an einem sonnigen Tag, stellte jedoch fest, dass der Kontrast zwischen hellem Sonnenlicht und dunklen Schatten nur schwer zu bewältigen war. Er kehrte an einem bewölkten Tag zurück, um die weichen Farben des Waldes wirkungsvoll festzuhalten. Alle drei Bilder haben eine ausdrucksstarke Komposition, aber das Hauptbild übertrifft die anderen durch die wirkungsvolle Nutzung der Normalperspektive.

Friedlicher See

Sara Beckett

»Zuerst dachte ich, der Tag würde ein Fiasko, aber das Licht auf dem See war weich und geradezu wässrig.«

▲ Fuji Finepix A510, ISO 100, Brennweite: 6,4 mm, 1/80 s bei Bl. 8,5

Ruine im Wald

Sergei Andreev

»Ich sah diese kleine Ruine zum ersten Mal bei strahlendem Sonnenschein. An einem regnerischen Tag fand ich eine Vielfalt von Farben vor.«

▲ Nikon D40, ISO 100, Brennweite: 28 mm, 1/60 s bei Bl. 8,0

Kurs 17

Sportfotografie

Der Sport ist ein recht junges Spezialgebiet der Fotografie, da selbst die Profis noch fast ein Jahrhundert nach Erfindung der Fotografie hier keine guten Ergebnisse erzielen konnten. Die doppelte Schwierigkeit der Wiedergabe von sehr hohen Geschwindigkeiten aus großen Entfernungen konnte nur durch hochempfindliche Filme in Verbindung mit lichtstarken Objektiven überwunden werden.

Kurs 17 Übersicht

Dossier

Bei öffentlichen Sportveranstaltungen können Sie die Sportler frei fotografieren und sind nicht an Verträge gebunden. Dieser Bereich ist eine der letzten Bastionen, in der Sie prominente Menschen ohne Einschränkung fotografieren dürfen. Trotzdem sollten Sie sicherstellen, dass die Bilder nur für Zeitschriften oder Zeitungen und nicht für die Werbung verwendet werden.

Schönheit und **Kraft**

Frühe Sportfotografen konzentrierten sich im Studio auf die muskulösen Körper und die physische Schönheit von Athleten. Mit der Einführung von Filmen mit 400 ISO wie Kodak Tri-X im Jahr 1954 und 135 mm 1:2,8-Objektiven wurde der Sport für jeden Fotografen zu einem lohnenden Motiv. Ab diesem Zeitpunkt wurden Sportler und ihre Wettkämpfe, ihre Freude und Enttäuschung auf dem Sportplatz und nicht mehr im Studio fotografiert.

Aspekte der Berufsfotografie | das Auge des Experten

Ein großer Reiz der professionellen Fotografie liegt darin, dass Sie bei der Arbeit Ihren eigenen Interessen nachgehen können. Autoliebhaber fotografieren möglicherweise Autorennen, während Fußballfans sich nichts Schöneres vorstellen können, als gegen Bezahlung an einem kalten Wintertag stundenlang im Stadion zu sitzen und das Spiel zu beobachten.

» Körperliches Durchhaltevermögen ist wichtig beim stundenlangen Warten auf das perfekte Bild. «

Mehr als in jedem anderen Breich verbinden Sportfotografen mit ihren Bildern ihre Erfahrungen und Erlebnisse. Sie bringen nicht nur ihre Begeisterung für eine Sportart ein, sondern verfügen auch über das nötige Fachwissen. Sie verstehen, wie eine Spielsituation oder die Körpersprache eines Sportlers zu interpretieren ist, und können dadurch die Abläufe besser vorhersehen. Außerdem verfügen sie über das körperliche Durchhaltevermögen, um etwa einen ganzen Tag bei einem Tennis-Turnier in der Sonne zu sitzen, ohne einzuschlafen, oder um den besten Standort beim Skisport zu finden und stundenlang in eisiger Kälte auszuharren.

Lange Brennweiten | neue Technik

Ein Problem lässt sich in der Sportfotografie nicht lösen: Der Fotograf kann nicht physisch inmitten des Geschehens sein. 1933 bzw. 1936 wurden das erste Zoomobjektiv, ein f/4,5 von Zeiss, und das erste Hochleistungsobjektiv mit langer Brennweite, das Zeiss 180 mm 1:2,8, eingeführt. Eine akzeptable Qualität dieser Objektive stellte sich erst mit der Verbesserung der Konstruktion und der Linsen ein. Das erste Teleobjektiv der neuen Generation war das Canon 300 mm f/5,6L-F von 1969. Seitdem setzen Sportfotografen Objektive ein, die überragende Abbildungsleistung mit langer Brennweite und hoher Lichtstärke kombinieren, vom 200 mm f/1,8, das sich perfekt für den Hallensport eignet, bis hin zum 600 mm f/4, dem idealen Objektiv für Aufnahmen vom Rand des Fußballfelds. Der Preis für ein so flexibles Objektiv wie das 300 mm f/2,8 ist im Laufe der Jahre gesunken. Außerdem sind Sensoren von dSLRs, die kleiner sind als das KB-Format, aufgrund der resultierenden Brennweitenverlängerung für die Sportfotografen von Vorteil.

DETAIL AUS DER NÄHE

BEWEGUNGSUNSCHÄRFE

GESAMTANSICHT

HINTERGRUNDSZENEN

MITTEN IM GESCHEHEN

VORBEREITUNG

AUSSCHNITTVERGRÖSSERUNG

FORMATFÜLLENDE ACTION

KLEINER AUSSCHNITT

1 2 3
4 5 6
7 8 9
Leuchtpult

Vielfalt von Ansi

In der Sportfotografie müssen Sie genau wi was, wie und wann S fotografieren möchte der Ausrüstung, **1**, un Hintergrundszenen, hin zu Gesamtansichten der Veransta **3**, und der Wiedergabe von Bewegun unschärfen, **2**, oder einer zusammen drängten Perspektive, **5** – all diese A erfordern spezielle Kenntnisse der Sp Und natürlich hilft es, die Hauptakte kennen und zu zeigen, **7–9**.

Allgemeiner Reiz

Auch für den Laien kann der Sport e nendes Motiv sein, denn viele Spor sind sehr fotogen und finden unter Himmel statt. Suchen Sie nach unge lichen Positionen und Blickwinkeln Ihrer Kamera haben Sie vielleicht so Zugang zu abgesperrten Bereichen.

Duane Hart

Nationalität: Neuseeländisch
Hauptarbeitsort: Australien

Duane Hart wuchs in der kleinen Stadt Hawera an der Westküste von Neuseeland auf. Nach der Schule, die er mit 15 beendete, machte er eine technische Lehre und verschrieb sich gleichzeitig der Leichtathletik. Zehn Jahre lang trainierte er in seinem Heimatland und nahm an Wettkämpfen teil, danach noch zwei Jahre in Großbritannien. Ein Interesse an der Sportfotografie entwickelte Duane Hart bereits als Teenager, als er mit einer gebrauchten Kamera seine Freunde bei Wettkämpfen fotografierte. Nach wenigen Jahren hatte er bereits Bilder auf dem Titel von nationalen Zeitschriften veröffentlicht und konnte sich sein erstes Teleobjektiv leisten. Nach seinem Umzug nach Australien veröffentlichte er immer mehr Bilder und wagte 1993 den Sprung in die Berufsfotografie. Heute fotografiert er diverse Sportveranstaltungen, von Jugendwettkämpfen bis zu den Olympischen Spielen.

Weitere Arbeiten von Duane Hart finden Sie unter: www.duanehart.net

Im **Gespräch**

F | **Duane, an Ihren Bildern sieht man, dass Sie Ihre Arbeit lieben. Was ist für Sie die größte Herausforderung?**

A | Die Sportfotografie ist immer eine Herausforderung, weil man nie weiß, was passiert. Kenntnisse der Sportart sind sehr wichtig. Ein gutes Beispiel dafür ist mein Bild des Weitsprung-Weltrekords von Mike Powell bei der Weltmeisterschaft in Tokio 1991. Ich hatte in den beiden Jahren zuvor viele Sportler beim Training beobachtet und wusste, welche Fortschritte sie machten. Mike Powell war schon beim Aufwärmen sehr weit gesprungen. Ich kletterte also auf die Zuschauertribüne, um eine Aufnahmeserie von der Seite zu machen. Nach diesem Bild ging meine Karriere richtig los.

F | **Welchen Wert hat Ihrer Meinung nach eine formale Ausbildung zum Fotografen?**

A | Die Sportfotografie unterscheidet sich von allen anderen Spezialgebieten der Fotografie, weil die Fotografen selbst oft Sportler sind. Am besten spezialisiert man sich von Anfang an auf eine bestimmte Sportart. Man braucht nicht die teuersten Kameras und Objektive – was man wirklich benötigt, hängt von der jeweiligen Sportart ab. Ich staune immer wieder über Fotografen, die sich auf die Automatik verlassen. Ich fotografiere immer manuell und verwende kein Belichtungsmessgerät. Bei Action-Fotos hat man keine Zeit für eine Belichtungsmessung, und mit etwas Übung kennt man die richtigen Einstellungen.

F | **Bitte beschreiben Sie Ihre Kameras und Objektive.**

A | Meine Hauptkamera ist die Canon 1D Mk III und die Canon 1D Mk II mein Zweitmodell. Mein Lieblingsobjektiv – insbesondere bei schwachem Licht – ist das Canon 200 mm f/1,8, das sich auch für gelegentliche Porträts eignet. Ich verwende das Canon 400 mm f/2,8 für die meisten Footballspiele und das Canon 17–35 mm f/2,8 für Weitwinkelaufnahmen. Letzteres nutze ich sowohl mit meinem Unterwassergehäuse als auch bei meinen ferngesteuerten Kameras am Fußballtor.

F | **Wie kam diese fantastische Aufnahme zustande?**

A | Dieses Foto nahm ich bei strömendem Regen bei den New South Wales Touch Championships 2005 in Port Macquarie mit einer Canon 1D und einem 400 mm f/2,8 auf. Ich wartete an einer Pfütze auf der Mallinie in einer Ecke des Spielfelds etwa 40 Minuten, bis sich tatsächlich jemand an dieser Stelle mit dem Ball auf den Boden warf.

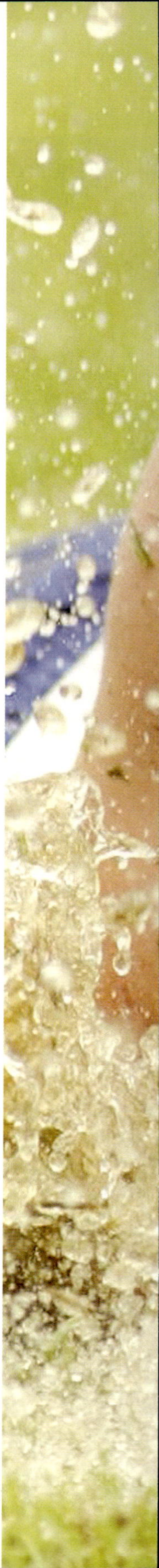

F | Was tun Sie, um sich von anderen Fotografen abzuheben?
A | In den letzten Jahren habe ich einen neuen Ansatz ausprobiert. Bei einem Auftrag für normale Action-Fotos versuche ich, mir vor oder nach der Veranstaltung 30 Minuten Zeit für Experimente und meine persönliche Arbeit zu nehmen. Manchmal sitze ich bewegungslos an einer Stelle und warte auf einen Schatten oder ich gehe nah an die Menschen heran, um ihre Gefühle einzufangen. Ich bin immer noch auf der Jagd nach dem magischen Moment und versuche, die Entwicklung an einem bestimmten Ort vor einem guten Hintergrund vorauszusehen.

F | Welchen Aspekt Ihrer Arbeit genießen Sie am meisten?
A | Ich genieße die Arbeit mit Jugendlichen. Die Fotos von Jugendwettkämpfen sind oft ebenso emotional und spannend wie so manches Finale bei den Olympischen Spielen. Ich spende auch einen Großteil meiner Gewinne Sportvereinen und Veranstaltern, die uns über die Jahre treu geblieben sind. Es ist sehr erfüllend, das Geld auf diese Weise einzusetzen.

F | Was halten Sie von der modernen Technologie?
A | In den letzten Jahren hat sie den Diafilm eingeholt. Die neue Canon 1D Mk III leistet Erstaunliches bei schwachem Licht, selbst bei ISO 3200 ohne Rauschen. Erst beim Scannen von alten Negativen stellt man fest, wie körnig die Filme waren. Der Velvia-Diafilm gefällt mir immer noch, aber ich habe meine analoge Kamera schon fünf Jahre nicht mehr benutzt. Mein 200 mm f/1,8 ist seit zehn Jahren mein Lieblingsobjektiv. Es hat mich auf drei Olympiaden begleitet, in der Jugendherberge in meinem Bett geschlafen (aus Sicherheitsgründen!) und Seite an Seite mit mir in Göteborg die Nacht im Schnee verbracht, als ich keine Unterkunft mehr fand.

F | Bitte beschreiben Sie Ihre Arbeitsabläufe.
A | Ich arbeite immer in JPEG. Letzte Woche schossen unsere Fotografen auf zwei Veranstaltungen 50 000 Bilder. Da wir diese vielen Fotos innerhalb von einer Woche sichern, bearbeiten und ins Internet stellen müssen, bleibt uns keine andere Wahl als JPEG.

F | Was ist der Auftrag Ihrer Träume?
A | Meinen Traum lebe ich immer dann, wenn ich bei den Olympischen Spielen fotografiere. Die Action und Emotionen sind unschlagbar.

Bildbetrachtung

Venus Williams | Autogrammstunde

F | Diese Aufnahme gefällt mir wegen ihrer ungewöhnlichen Perspektive. Sicher muss man bei einem solchen Foto die zeitlichen Abläufe und den Veranstaltungsort sehr gut kennen.
A | Dieses Bild entstand Ende der 1990er-Jahre mit meiner analogen Canon und einem 100 ASA-Sensia-Diafilm bei manueller Fokussierung. Ich kniete mich am Ausgang hin, um bei dieser Autogrammstunde auch die Fans ins Bild zu rücken. Mein 17–35-mm-Objektiv war auf 17 mm eingestellt, damit die Fans leicht verzerrt abgebildet wurden. Gleichzeitig achtete ich darauf, dass die zwei Sicherheitskräfte hinter Williams unsichtbar blieben.

Junger Sportler | Verlorener Schuh

F | **Diese Aufnahme ist nicht nur sehr witzig – in der Fotografie etwas Seltenes –, sondern wir fühlen richtig mit dem Jungen mit. Auch der Zeitpunkt ist hervorragend gewählt.**

A | Ich fotografierte 2002 einen Jugendwettkampf mit meiner Canon D30 und meinem Lieblingsobjektiv für Freihandaufnahmen, dem 200 mm f/1,8. Dies war eines von 2500 Fotos von diesem Tag. Ich hatte zwar bemerkt, dass der Schuh recht locker saß, aber nicht, dass er wegflog. Da das Gesicht des Jungen verdeckt war, hätte ich die Aufnahme fast gelöscht. Eine Schuhfirma benutzte das Bild für eine Werbekampagne mit dem Slogan: »Wir finden den passenden Schuh für Sie.«

Läufer | Schatten auf der Bahn

F | **Warum haben Sie sich hier für ein auf dem Kopf stehendes Bild entschieden?**

A | Ich stand auf der Zuschauertribüne, um bei Regen das Geschehen von der Seite zu fotografieren. Die vom Licht erzeugten Schatten kamen meiner Ansicht bei auf einem auf dem Kopf stehenden Foto mit angeschnittenen Sportlern und in Schwarzweiß besser zur Geltung.

» Für mich ist Qualität wichtig, nicht Quantität. Mit den neuen Kameras drückt man häufig viel zu oft auf den Auslöser. «

Sportler in der Luft | Weitsprung

F | **Dieses Bild besticht durch die eingefangene Kraft und die Beleuchtung. Wie schaffen Sie es, genau im Moment vor dem Höhepunkt der Spannung auf den Auslöser zu drücken?**

A | Der Sportler stieg nach seinem Sprung aus der Sandgrube, und ich wartete auf den nächsten Versuch. Ich hatte nur eine Chance, weil der Schatten immer näher an die Grube rückte, aber diese formatfüllende Abbildung gelang mir ohne Ausschnittänderung. Ich verwendete eine Canon 1D Mk II mit einem 400 mm f/2,8 bei Bl. 2,8, 1/1000 s und ISO 100. Bei einem Reaktionstest hatte ich im Jahr 1990 die schnellste Hand-Augen-Reaktion, die je gemessen wurde. Heute – nach 15 Jahren im Beruf – bin ich wahrscheinlich sogar noch schneller!

Rugby | Kampf um den Ball

F | **Auch bei diesem Foto muss man lachen, zuckt aber gleichzeitig zusammen.**

A | 2005 war ich beim Grand Final der Rugby League in Papua-Neuguinea. Dies waren die härtesten Sportler, die ich je gesehen habe – sie spielten mit gebrochenen Schlüsselbeinen und ausgerenkten Fingern und trugen keine Schutzkleidung. In einem alten Container verbarrikadierten sich die Spieler, wenn die Zuschauer das Spielfeld stürmten.

Aufgabe: **Wesentliche Merkmale**

Der Sport mit seinen Action-Momenten, athletischen Körpern und starken Emotionen gehört zu den fotogensten Bereichen. Eine Jugendmeisterschaft vor Ort bietet ebenso viele fotografische Gelegenheiten wie eine Weltmeisterschaft. Moderne Kameras mit langen Brennweiten ermöglichen Nahaufnahmen, selbst von den Zuschauerrängen aus – wenn Sie sich aber mitten ins Geschehen stürzen können, haben Sie noch mehr Spaß.

ISO 200, Brennweite: 18 mm, 1/120 s bei Bl. 11

Vorgaben

Vermitteln Sie dem Betrachter Ihres Fotos das, was Sie an einer bestimmten Sportart so fesselt. Ist es der Rausch der Geschwindigkeit, die ausgeführte Balance, das Gefühl von Wasser auf der Haut oder der Teamgeist? Nehmen Sie z. B. extreme Nahaufnahmen oder auch Gesamtansichten auf.

Zur Erinnerung

- Stellen Sie in der Blendenautomatik die kürzesten Belichtungszeiten ein, um schnelle Bewegungen festzuhalten.
- Erhöhen Sie bei kurzen Belichtungszeiten die Empfindlichkeit.
- Mit längeren Belichtungszeiten erreichen Sie Bewegungsunschärfen.
- Fotografieren Sie mit einer Weitwinkeleinstellung aus der Nähe.
- Probieren Sie auf Tageslicht abgestimmten Blitz aus, um eingefrorene Bewegungen mit Unschärfen zu kombinieren.

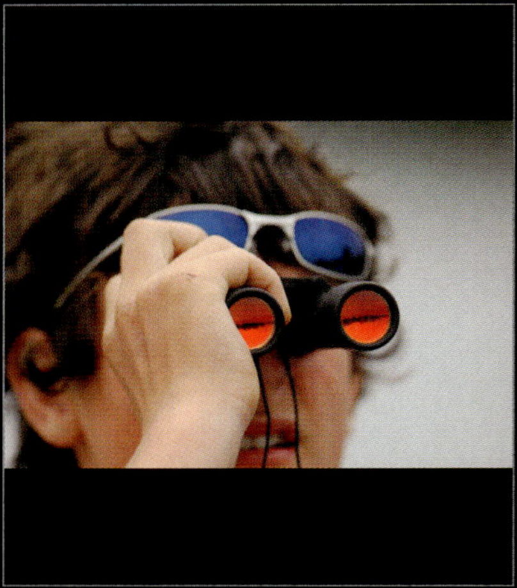

ISO 100, Brennweite: 300 mm, 1/250 s bei Bl. 3,5

Fotografische Vorbilder

Eamonn McCabe (geb. 1948)
Der herausragende Sportfotograf erhob die Sportfotografie in Zeitungen und Zeitschriften durch die Darstellung von Situationen körperlicher Erschöpfung zu einer Kunstform. McCabe ist auch ein perfekter Porträtfotograf.

Leni Riefenstahl (1902–2003)
Die ehemalige Tänzerin und Schauspielerin war eine hervorragende Filmregisseurin und geschickte Fotografin. Ihr Film über die Olympiade 1936 in Berlin hat die Fotografie durch die extremen Nahaufnahmen, die Verfolgung der Bewegungen und die übertriebenen Aufnahmewinkel stark beeinflusst.

Balazs Gardi (geb. 1975)
Die von diesem jungen ungarischen Fotografen aufgenommenen preisgekrönten Bilder der Turnweltmeisterschaft 2002 zeigen, dass auch ein Fotograf ohne Spezialkenntnisse mit einem intelligenten Ansatz aussagefähige Bilder vom Wesen einer Sportart aufnehmen kann.

ISO 200, Brennweite: 300 mm, 1/120 s bei Bl. 5,6

ISO 200, Brennweite: 80 mm, 1/250 s bei Bl. 7,6

ISO 200, Brennweite: 300 mm, 1/250 s bei Bl. 3,2

ISO 200, Brennweite: 200 mm, 1/250 s bei Bl. 6,7

ISO 160, Brennweite: 300 mm, 1/200 s bei Bl. 4

ISO 160, Brennweite: 300 mm, 1/125 s bei Bl. 4,0

ISO 100, Brennweite: 200 mm, 1/60 s bei Bl. 8

1 2 3
4 5 6
7 8 9

Leucht**pult**

Top**tipps**

1 Übersicht | Gesamtszene
Aufnahmen aus der Ferne stellen die Gesamtszene dar, beteiligen den Betrachter jedoch nicht am Geschehen. Für ein fesselndes Bild brauchen Sie gutes Licht oder eine wirkungsvolle Komposition.

2 Timing | vorausschauendes Denken
Mit einem sorgfältigen Timing können Sie bei eingeschränktem Bewegungsspielraum Ihre Bilder verbessern. Die Boote liegen nur zu Beginn der Regatta so nebeneinander.

3 Hintergrund | Vorbereitung
Viele Aktivitäten finden vor der eigentlichen Veranstaltung statt: Die Sportler ziehen sich um, bereiten die Ausrüstung vor und lassen, wie hier, die Boote zu Wasser. Jede Phase hat ihr eigenes Potenzial.

4 Zuschauer | neuer Blickwinkel
Die Zuschauer sind Teil der Veranstaltung und je nach Sportart immer unterschiedlich. Fotografieren Sie in einem separaten Projekt nur das Publikum.

5 6 Atmosphäre | und Emotionen
Im Sport kommt es häufig nicht auf eine geschickte Ausleuchtung oder stimmige Komposition an: Oft reicht die Aufnahme eines erschöpften, begeisterten oder verzweifelten Gesichtsausdrucks aus.

7 8 Abstraktion | oder Realismus
Manche Sportarten sind so bekannt, dass die indirekte Darstellung eines Aspekts, wie z. B. sich wiederholende Muster, interessanter wirkt als eine direkte Aufnahme.

9 Unschärfe | Darstellung von Bewegung
Mit Unschärfen lässt sich der Eindruck von Bewegungen wirkungsvoll vermitteln. Zur besseren Erkennbarkeit können Sie das bewegte Bildelement, hier die Wasserspritzer, vor einem dunklen Hintergrund anordnen.

▶ Ergebnisse

Bowlingbahn

Paulo Perez

»Die Beleuchtung dieser Bowlingbahn war sehr interessant, und ich ging auf die Suche nach unterschiedlichen Blickwinkeln.«

▲ Casio EX-Z75, ISO 200, Brennweite: 6,3 mm bei Bl. 3,1

Kritik

Jedes Spezialgebiet der Fotografie lässt unterschiedliche Dimensionen und Ansätze zu. Die hier gezeigten Bilder geben einen Einblick in die jeweilige Sportart und wurden ohne Super-Teleobjektiv von den Zuschauerrängen aus aufgenommen. Mitten im Publikum gibt es jedoch ein Problem: die Zuschauer selbst. Am besten fotografieren Sie von einem erhöhten Standpunkt aus, denn auf dem Höhepunkt der Spannung springen die Zuschauer wahrscheinlich auf und reißen die Arme in die Höhe.

Bowlingbahn

Mit viel Fantasie und Geschick hat Paulo Perez hier mit bescheidensten technischen Mitteln farbenfrohe und ansprechende Bilder geschaffen. Die Fotos wirken jedoch recht statisch und könnten etwas mehr Bewegung gebrauchen, wie etwa eine unscharfe rollende Kugel.

Rugbyspiel

David Coldrey erklärte: »Das Fotografieren eines schnellen Sports wie Rugby bei schwachem Licht ist schwierig; die Belichtungszeiten sind nicht kurz genug, um Bewegungen scharf wiederzugeben, die Bilder sind aufgrund der hohen ISO-Zahlen körnig, und die große Blende führt zu einer Reduzierung von Schärfentiefe und Kontrast.« Der Fotograf wählte eine statische Phase des Spiels und fing die dampfenden Körper im Flutlicht ein.

Baseballspieler

Jeffrey Shay sagte zu dem Bild: »Diese Aufnahme eines Baseballspielers im Außenfeld entstand in der Bronx, New York City.« Die außermittige, leere Komposition bringt die Rolle der Außenfeldspieler gekonnt zum Ausdruck.

Rugbyspiel

David Coldrey

▲ Canon EOS 10D, ISO 3200, Brennweite: 300 mm, 1/180 s bei Bl. 5,6

»Ich versuchte, eine statische Spielphase zu fotografieren, konnte aber dennoch das für Rugby typische Gefühl des Körperkontakts und der Konfrontation einfangen.«

Baseballspieler

Jeffrey Shay

»Das einzige Problem bestand darin, dass ich über die Köpfe der anderen Zuschauer hinwegfotografieren musste.«

▲ Canon Powershot G7, ISO 100, Brennweite: 44,4 mm, 1/320 s bei Bl. 4,8

Kurs 18 Architekturfotografie

Zwischen einem Architekturfoto und einem Schnappschuss eines Gebäudes besteht ein großer Unterschied, der nichts mit Technik oder Qualität zu tun hat, sondern nur mit dem fotografischen Ansatz. Der Architekturfotograf ist dem Gebäude verpflichtet und wie in der Porträtfotografie muss er den Charakter des Motivs wirklichkeitsgetreu und ansprechend wiedergeben.

Kurs 18 Übersicht

Dossier

Eine der zentralen Voraussetzungen in der Architekturfotografie und gleichzeitig einer der Schwachpunkte von Kameras mit Objektiven ohne Verstellmöglichkeit ist die richtige Abbildung von vertikalen und parallelen Linien. Bei der Bildbearbeitung kann man zwar nicht die Perspektive selbst korrigieren, aber Gebäude mit stürzenden Linien lassen sich effizient entzerren.

Der **Charakter** von **Gebäuden**

Im Vergleich zu den Unwägbarkeiten in der Tier-, Sport- oder auch in der Porträtfotografie mag die Architektur als einfacheres Fotomotiv erscheinen. Doch aufgrund der verlangten hochwertigen Bilder und der Korrektur der Perspektive birgt die Architekturfotografie jedoch ganz andere Herausforderungen in sich.

Geräte | Kameraverstellungen

Die technischen Qualitätsansprüche sind bei Architekturaufnahmen am höchsten. Die Bilder werden oft sehr groß reproduziert, um die Arbeit des Architekten oder der Bauunternehmen wirkungsvoll zu präsentieren. Fotos von Strukturen können z. B. auch für fotogrammetrische Messungen zur Berechnung der tatsächlichen Dimensionen genutzt werden.

Der bevorzugte Kameratyp für Architekturaufnahmen ist mit Verstellmöglichkeiten ausgestattet, sodass Objektiv und Film seitlich oder nach oben und unten gegeneinander verschoben werden können. Die Verschiebung nach oben entscheidet darüber, welcher Teil des Motivs vom Film oder Sensor erfasst wird, während die seitliche Verschwenkung den Schärfebereich beeinflusst.

»Architekturfotografen wählen den Ausschnitt sorgfältig und vermeiden extreme Weitwinkelansichten.«

Architekturfotografen verwenden immer die besten Objektive, alle mit fester Brennweite und hoher Lichtstärke, die auf eine gleichmäßige Abbildung von der Mitte bis zu den Ecken, eine gute Bildfeldausleuchtung und vor allem eine verzeichnungsfreie Abbildung ausgelegt sind.

Parallelen | und Verzerrung

Eine verzeichnungsfreie Abbildung ist in der Architekturfotografie ein wesentliches Qualitätsmerkmal. Auf der einfachsten Ebene bedeutet dies, dass gerade Linien von Gebäuden auch auf dem Bild gerade wiedergegeben werden müssen. Die krummen Linien eines mit Kompaktkamera und Zoom aufgenommenen modernen Bürogebäudes würden den Architekten oder Bauingenieur in Angst und Schrecken versetzen.

Außerdem sollten vertikale Linien von Wänden oder Säulen parallel zu den Seitenrändern und horizontale Linien parallel zum oberen Rand abgebildet werden. Dazu muss die Kamera exakt parallel zum Motiv angeordnet sein. Ein Blick nach oben, bei dem sich das Gebäude nach hinten zu lehnen scheint, ist der Albtraum jedes Architekturfotografen.

Objekte am Rand von Weitwinkelfotos werden oft verzerrt abgebildet: Runde Gegenstände erscheinen beispielsweise oval. Daher wählen Architekturfotografen den Ausschnitt sorgfältig und vermeiden extreme Weitwinkelansichten meist völlig.

AUSSENANSICHT

HOTELINNENRAUM

WOHNRAUM

BAUSTELLEN

KONTEXT

LICHT/SCHATTEN

INNENRAUMDETAILS

GROSSANSICHTEN

WEITWINKELAUFNAHMEN

1 2 3 4 5 6 7 8 9 Leuchtpult

Darstellungsvielfalt Außenansichten, **1**, sind immer gefragt, wie auch ansprechende Darstellungen von Innenräumen, **2** und **3**. Große Baustellen, **4**, bieten häufig schier ungeahnte Aufnahmemöglichkeiten. Große fertiggestellte Projekte, **5**, **6**, können in ihrer Umgebung gezeigt werden. Details von Innenräumen, **7**, lassen sich ansprechend abstrahieren. Nutzen Sie die eindrucksvollen Linien von modernen Gebäuden, **8**, **9**.

Prachtbau im Kontext Moderne Architektur, wie die Ciudad de las Artes y Ciencias in Valencia, Spanien, ist bei jeder Beleuchtung imposant, wirkt aber noch besser, wenn Licht, Himmel und Anordnung zu einer gelungenen Komposition verschmelzen.

Iñigo Bujedo Aguirre

Nationalität: Spanisch
Hauptarbeitsort: Spanien

Der in Bilbao geborene Fotograf studierte Sozialwissenschaft und Journalismus an der Universität des Baskenlandes und arbeitete danach mehrere Jahre als Fotojournalist. 1995 zog er nach London und machte am Goldsmiths College einen Magister in Fotografie und hielt dort danach mehrere Jahre Vorlesungen. Iñigo Bujedo Aguirre arbeitet für verschiedene Architekturbüros und Planer sowie für Zeitschriften, Zeitungen und Verlage, wie Icon, Wallpaper, Quaderns, das RIBA-Journal, Building und den Verlag Laurence King. Seit 2003 lebt er in Barcelona, Spanien, und arbeitet auch in Portugal, Lateinamerika und Großbritannien. Seine Stadtlandschaften wurden von Professor Richard Burdett von der London School of Economics, für eine Ausstellung auf der 10. Architekturbiennale in Venedig ausgewählt.

Weitere Arbeiten des Fotografen finden Sie unter: www.inigobujedo.com

Im **Gespräch**

F | **Iñigo, bitte beschreiben Sie Ihre Anfangszeit als Fotograf.**

A | Ich fotografiere, seit ich 15 bin. Mit 19, als ich bereits Journalismus studierte, besuchte ich eine Ausstellung in einer Fotografenschule meiner Heimatstadt. In dieser Schule machte ich mich dann zwei Jahre lang mit den Grundlagen der Fotografie vertraut. Zuerst arbeitete ich als Zeitungsfotograf bei einem Lokalblatt. Der Job war jeden Tag aufs Neue eine Herausforderung, denn ich musste das praktische Handwerk während der Arbeit lernen und jeden Tag gute Ergebnisse abliefern.

F | **Warum haben Sie sich auf Architektur spezialisiert?**

A | Ich half einem Freund, der mit einer Sinar-Großformatkamera fotografierte. Auch mir gefielen solche Kameras, und zu dieser Zeit war ich bereits ein Bewunderer der Arbeiten von Richard Avedon und August Sander. Während meines Studiums am Goldsmiths College in London begann ich, mit der Großformatkamera und der SWC-Hasselblad, die Architektur als Motiv zu erforschen. Aber ich arbeite nicht nur als Architekturfotograf, sondern auch an langfristigen Dokumentarprojekten.

F | **Welche Aspekte der Fotografie sind für Sie die größte Herausforderung?**

A | Mit neuen Technologien Schritt zu halten. Allerdings finde ich es noch wichtiger und schwieriger, mit meiner eigenen Arbeit zufrieden zu sein. Ich muss ein persönliches visuelles Universum entwickeln: einen Stil, den die Menschen als den meinen erkennen.

F | **Bitte beschreiben Sie Ihre Kameras und Objektive.**

A | Ich verwende eine Linhof Technikardan 4 x 5 inch-Großbildkamera mit 75-mm-, 90-mm-, 180-mm- und 300-mm-Objektiven von Schneider und Multiformat-Filmkassetten für 6 x 12 cm bis 6 x 7 cm. Außerdem arbeite ich mit einer Hasselblad mit 50-mm-, 80-mm- und 100-mm-Objektiven. Zum Scannen habe ich einen Imacon Flextight und einen Epson 4990.

F | **Diese Aufnahme wäre mit einer KB-Kamera nicht ohne weiteres möglich, nicht wahr?**

A | Das perfekte Format für Großansichten von Gebäuden ist 4 x 5 inch. Hier musste ich das Licht interpretieren und die Spiegelungen auf den Glasscheiben zum Vorschein bringen.

F | Die meisten Architekturfotografen arbeiten immer noch analog, nicht wahr?

A | Ich verzichte bei Architekturfotos nur ungern auf meine Großformatkamera. Die Perspektive lässt sich auch mit Photoshop korrigieren, aber so kommt man nicht in den Genuss der Komposition auf einer 4 x 5 inch-Mattscheibe. Mittelformatrückteile sind sehr teuer, und außerdem bräuchte ich einen Laptop. Dann wäre meine Ausrüstung zu empfindlich und zu schwer, um sie mit an den Aufnahmeort zu nehmen.

F | Sie fotografieren also auf Film, scannen das Bild ein ... und dann?

A | Ich produzierte TIFF-Dateien in hoher Auflösung mit einem Scanner der Spitzenklasse. Danach beseitige ich Staub und Kratzer und passe die Tonwerte und Farben an, überwiegend mit der Tonwertkorrektur und Gradationskurven. Ich arbeitete immer an einem kalibrierten Bildschirm und mit dem korrekten Profil für den Drucker. Die Arbeit am Computer nimmt immer mehr Zeit in Anspruch, obwohl ich viel lieber vor Ort fotografieren würde. Aber trotzdem sehe ich die Bilder gern am Bildschirm und genieße die digitalen Möglichkeiten.

F | Was wäre der Auftrag Ihrer Träume und warum?

A | Ein Jahr lang Zeit zu haben, eine Stadt zu dokumentieren – von ihrer Architektur bis hin zu ihrer urbanen und sozialen Struktur, eine Kombination aus großformatigen Ansichten von Stadtlandschaften und ganz normalen Menschen und Situationen. Außerdem würde ich mich dabei gerne von einem Artdirector und Verleger unterstützen lassen. Von einem solchen Projekt träume ich, denn ich hätte Gelegenheit, alle meine Interessensgebiete zu vereinen und in einem Buch zusammenzufassen.

F | Vor welchen Herausforderungen stehen junge, aufstrebende Fotografen heute?

A | Heute hält sich jeder für einen Fotografen, das ist das Hauptproblem. Jeder fotografiert, und das ist kontraproduktiv für unseren Beruf, weil es zu einer dramatischen Abwertung geführt hat. Viele glauben, dass man in der Fotografie nur auf einen Knopf drücken muss, aber es geht doch um so viel mehr. André Kertész sagte einmal, dass ein guter Künstler auch ein guter Techniker sein muss, und das ist auch meine Meinung.

Bildbetrachtung

Bahnhof | in der Dämmerung

F | Bitte beschreiben Sie Ausschnitt, Motiv und Belichtung dieses Fotos.

A | Dieses einfach wirkende Bild hat eine wunderbare Qualität. Es entstand in der Abenddämmerung. Da das Licht schnell schwächer wurde, hatte ich nicht viel Zeit für Komposition und Belichtungsmessung. Das Bild beruht auf der Wirkung der unterschiedlichen Linien und zeigt einen ansprechenden Tonwertumfang.

Schwimmbad | Lichtspiegelung

F | **Diese Aufnahme scheint technisch sehr schwierig.**

A | Ja, das stimmt, denn die Farben reflektierten sehr viel Licht. Die Belichtungsmessung war ein Albtraum. Besonders die weißen Farben täuschten den Belichtungsmesser, denn sie reflektierten das direkte Sonnenlicht, und die Decke erscheint aufgrund der reflektierten Farbe des Schwimmbeckens blau.

» In der Fotografie geht es ums Denken, Beobachten, Sehen, Interpretieren und Erzählen. «

Leeres Büro | wellige Trennwand

F | **Wie schwierig war diese Aufnahme? Mussten Sie den Teppich säubern oder auf eine Abstimmung mit dem Tageslicht warten?**

A | Die Qualität des Fotos dieses völlig leeren Bürogebäudes hing davon ab, dass die Glaswände betont und ihre Wellenform optimal genutzt wurde. Zuerst mussten die Teppiche gereinigt und einige Gegenstände entfernt werden, aber die größte Schwierigkeit war die Belichtungsmessung. Ich glaube, ich habe fünf unterschiedliche Messungen gemacht.

Rolltreppe | mehrere Lichtquellen

F | Das ist ein wirkungsvolles Bild – eigen, aber sehr modern.

A | Dieses Bild nahm ich zu Beginn meiner Laufbahn als Architekturfotograf auf, ohne viel Wissen über den Umgang mit mehreren Lichtquellen. Ich hatte einfach das Potenzial für ein gelungenes Foto erkannt. Das ausgedruckte Bild verschickte ich an Dutzende von Zeitschriften. Einer der Redakteure sah das Foto und erteilte mir einen Auftrag.

Flughafen von Bilbao | spiegelnde Flächen

F | Der Fußboden sieht aus wie Wasser, und die Halle ist scheinbar menschenleer. Wie und mit welcher Absicht haben Sie diese Aufnahme vorbereitet?

A | Dies ist die Abfertigungshalle im neuen Flughafen von Bilbao, der von dem Architekten Santiago Calatrava entworfen wurde. Der Flughafen war zum Zeitpunkt dieser Aufnahme zwar fertiggestellt, aber noch nicht in Betrieb. Das Foto nahm ausdrucksstarkes Bild der dramatischen Strukturen mit einem durch das Fenster sichtbaren blauen Himmel aufzunehmen, wartete ich bis zur Dämmerung und belichtete um etwa 1 ½ Stufe schwächer. Ich verwendete Fujifilm Velvia, weil ich meinen Lieblingsfilm Provia 100 nirgends auftreiben konnte.

Aufgabe:
Erforschung des Lichts

Bei Architekturaufnahmen müssen Sie die eindrucksvollste Darstellung des Gebäudes mit Ihren fotografischen Wünschen in Einklang bringen. Vielleicht gefällt Ihnen ein besonderer Blickwinkel, aber wenn er nicht zu den Absichten des Architekten passt, dann stellt das Bild eher Ihre subjektive Ansicht als ein Porträt eines Gebäudes dar. Ihr größter Verbündeter dabei ist immer das Licht.

Brennweite: 20,7 mm, 1/1000 s bei Bl. 4

Vorgaben

Fotografieren Sie ein außergewöhnliches Bauwerk – vielleicht ein altes Haus, eine neue Sehenswürdigkeit oder einfach ein Gebäude, das Sie schön finden. Nutzen Sie dabei seine Interaktion mit dem Licht. Erforschen Sie die Absichten oder den charakteristischen Stil des Architekten und die Art und Weise, wie das Gebäude ein einzigartiges Raumerlebnis schafft.

Zur Erinnerung

- Nutzen Sie sämtliche Blickwinkel und Perspektiven.
- Arbeiten Sie bei mittleren Brennweiten, um Verzerrungen der Linien des Gebäudes zu vermeiden.
- Gehen Sie zuerst um das Gebäude, ohne es zu fotografieren, und lernen Sie es besser kennen.
- Besuchen Sie das Gebäude zu unterschiedlichen Tageszeiten, um die Veränderungen von Licht und Schatten zu beobachten.

ISO 160, Brennweite: 82 mm, 1/60 s bei Bl. 8

Fotografische Vorbilder

Roloff Beny (1924–1984)
Das Gespür des berühmtesten Fotografen Kanadas für die Ausdruckskraft von Ruinen und für den »genius loci« ist unübertroffen.

Berenice Abbott (1898–1991)
Abbott beschrieb mit ihren Bildern New York und ist vielleicht ebenso bekannt als Entdeckerin des Werks von Eugène Atget, der mit seinen Aufnahmen von Paris als der Vater der Architekturfotografie bezeichnet werden kann.

Bernd (1931–2007) & Hilla Becher (geb. 1934)
Die Bilder der Bechers von Industriebauten gehören zu den größten Errungenschaften der fotografischen Dokumentation und überbrücken die Kluft zwischen Konzeptkunst und formaler Sachlichkeit.

Robert Polidori (geb. 1951)
Der vielfach ausgezeichnete Fotograf dokumentiert Katastrophengebiete, verwüstete Städte und zerstörte Gebäude.

ISO 160, Brennweite: 18 mm, 1/60 s bei Bl. 8

ISO 160, Brennweite: 62 mm, 1/60 s bei Bl. 8,5

ISO 160, Brennweite: 29 mm, 1/30 s bei Bl. 22

ISO 160, Brennweite: 18 mm, 1/60 s bei Bl. 7

ISO 160, Brennweite: 18 mm, 1/60 s bei Bl. 6,3

ISO 160, Brennweite: 22 mm, 1/60 s bei Bl. 8

ISO 160, Brennweite: 80 mm, 1/60 s bei Bl. 11

1 2 3
4 5 6
7 8 9

Leucht**pult**

Top**tipps**

1 Kontext | verschiedene Stile
Sie können ein Gebäude zusammen mit anderen Bauwerken abbilden. Beleuchtungsunterschiede tragen zur Betonung von unterschiedlichen Dimensionen bei. Eine größere Entfernung ermöglicht mehr Schärfentiefe.

2 Menschen | und Größe
Menschen geben auf dem Foto nicht nur einen Hinweis auf die Größenverhältnisse, sondern aus ihren Aktivitäten geht auch hervor, ob das Gebäude z. B. als Passage oder als Stätte der Ruhe und Erholung genutzt wird.

3 Weitwinkel | extreme Ansichten
Weitwinkelansichten gefallen meist nur den Fotografen und seltener den Architekten. Einige gewagtere Winkel mit einem guten Hell-/Dunkel-Kontrast können einer Serie jedoch mehr Schwung verleihen.

4 Nah | und fern
Mehrdeutigkeiten schaffen ein Ungleichgewicht in der Komposition und rufen interessante Reaktionen hervor. In welcher Beziehung stehen z. B. beide Gebäude?

5 6 Weitwinkel | Perspektiven
Die vertikalen Linien werden auf Weitwinkelansichten bei gerade ausgerichteter Kamera zwar vertikal abgebildet, aber der Vordergrund ist häufig zu groß, 5. Bild 6 wirkt durch einen anderen Blickwinkel interessanter.

7 8 Abstraktion | und Größe
Die moderne Architektur lädt zu Abstraktionen ein. Dabei kann das Gefühl für die Größenverhältnisse verloren gehen, 7. Bild 8 zeigt ein gutes Gleichgewicht zwischen Abstraktion und Hinweis auf die Größe.

9 Schatten | und Formen
Viele Gebäude profitieren von Spiegelungen der Umgebung. Auf Beton muss man Formen mithilfe der vorhandenen Schatten zur Geltung bringen.

▶ Ergebnisse

Sagrada Familia

Lee Oyama

»Die im Winter niedrig stehende Sonne schien schräg durch die filigrane Wand und schuf ein Spiel aus Schatten und Konturen.«

▲ Sony Cybershot, ISO 100, Brennweite: 8 mm bei Bl. 5,6

Kritik

Da die Architekturfotografie ein so beliebtes Gebiet der Fotografie ist, müssen Sie sorgfältig planen, wie Sie sich von anderen Fotografen abheben können – insbesondere bei Aufnahmen von berühmten Gebäuden. Wählen Sie z. B. Aufnahmezeitpunkt und -ort je nach Beleuchtung aus. Auch die Liebe zum Detail und eine Abneigung gegen stürzende Linien sind hilfreich, denn so entsprechen Sie mit Ihrer Darstellung des Gebäudes den Wünschen des Architekten.

Sagrada Familia

Die Beobachtung der Interaktion zwischen Licht und Bauwerk auf Oyamas Bild der Sagrada Familia in Barcelona, Spanien, wird den Vorgaben bei Weitem am besten gerecht. Durch die geschickte Belichtung konnte die Farbe des Himmels ohne Überbelichtung der sonnenbeschienenen Bereiche wiedergegeben und gleichzeitig die Zeichnung in den Schatten bewahrt werden. Man könnte das Seil in der unteren linken Ecke als störend empfinden, aber vielleicht ist es ein Hinweis auf die Größenverhältnisse.

Mailand, Italien

Barbara McKay nutzte das Licht dieses trüben Tages effizient aus. Sie konzentrierte sich auf die an Lego-Steine erinnernden Farbblöcke und ihre Geometrien und vermied bewusst jeden Hinweis auf die Größenverhältnisse. Mit seinen kräftigen Diagonalen wirkt das Bild stimmiger als eine symmetrische Aufnahme.

Potsdamer Platz, Berlin

Das Bild von Ramon Rico vermittelt einen guten Eindruck von der Beziehung zwischen den Gebäuden, würde aber klar von einer besseren Beleuchtung profitieren. Ein blauer Himmel und etwas Sonnenlicht zur Verbesserung des Kontrasts wären hilfreich. Alternativ hätte der Bildschwerpunkt auf die abstrakten Symmetrien gelegt werden können.

Mailand, Italien

Barbara McKay

▲ Nikon Coolpix S200, ISO 50, Brennweite: 6,3 mm bei Bl. 3,1

»Mir gefällt die Kontur dieses Gebäudes und seine Geometrie ... ich sah mehr in den Linien und Winkeln als nur Wände und Balkone.«

Potsdamer Platz, Berlin

Ramon Rico

»Diese Konstruktion mit ihren feinen Linienmustern zog mich aufgrund ihrer Höhe und ihrer scheinbaren Schwerelosigkeit vor dem weißen Himmel an.«

▲ Sony Cybershot, ISO 400, Brennweite: 8 mm bei Bl. 5,6

Kurs 19 Wildlife-Fotografie

Die Arbeiten von Pionieren wie Eric Hosking beweisen, dass Wildlife-Fotografen auch ohne moderne Technik hervorragende Bilder hervorbringen konnten: sie mussten einfach nur näher an das Motiv herangehen. Mit den heutigen unschlagbar leistungsfähigen Super-Teleobjektiven können Sie die große »Fluchtdistanz« vieler Tiere überbrücken, ohne sich oder das Tier zu gefährden.

Kurs 19 Übersicht

Dossier

Je länger die Brennweite eines Objektivs, desto größer ist Ihre Reichweite, aber desto geringer ist auch Ihre Mobilität. Ein 600 mm f/4-Objektiv im Gepäck, plus das notwendige Stativ mit Stativkopf, wird schon auf kleineren Strecken zur Last. Außerdem dauert der Aufbau meist einige Sekunden. Aber auch die viel leichteren Zoomobjektive bieten eine gute Leistung. Die Verwendung einer Kamera mit einem Sensor in APS-Größe führt zu einer scheinbaren Brennweitenverlängerung.

Fluchtdistanz

Die Fluchtdistanz eines Tiers ist die kürzeste Distanz, die ein Tier gerade noch duldet, bevor es die Flucht ergreift. Beim Wüstenesel liegt dieser Abstand beispielsweise bei mehreren Kilometern. Bei vielen Affenarten ist die Fluchtdistanz hingegen möglicherweise geringer als die des Fotografen. Bei Aufnahmen von Wildtieren sollten Sie dem Betrachter vor allem einen Einblick in den Lebensraum des Tiers geben.

Lange Brennweiten | Konverter

Im 21. Jahrhundert wird die Wildlife-Fotografie von der Gefährdung der Tierwelt durch die Beschränkung seiner Lebensräume, die globale Erwärmung und andere vom Menschen verursachte Bedrohungen überschattet. Die Einzigartigkeit der modernen Tierfotografie beruht weitgehend auf dem Super-Teleobjektiv in der Hand eines fachkundigen Fotografen, der die Fotos ohne Gefährdung seines Motivs oder Schädigung der Umgebung aufnimmt.

» Mit … Super-Teleobjektiven … können Sie die große Fluchtdistanz vieler Tiere überbrücken, ohne sich oder das Tier zu gefährden. «

Objektive wie das 300 mm f/2,8 – das »Normalobjektiv« in der Wildlife-Fotografie –, das »mittlere« 500 mm f/4 und sogar 800-mm-Objektive haben Aufnahmen von Wildtieren erheblich erleichtert. Die Brennweite der Grundobjektive lässt sich bei leichtem Qualitätsverlust mit Konvertern verlängern: Ein gutes 300 mm f/2,8-Objektiv wird so zu einer qualitätvollen 600 mm f/5,6-Optik und ein leistungsstarkes 500 mm f/4-Objektiv zu einer akzeptablen bis guten 1000 mm f/8-Optik.

Die mit Bildstabilisator ausgestatteten Objektive korrigieren Abbildungsfehler in einem früher undenkbaren Maße. Sie haben zwar immer noch ihren Preis, sind aber nicht mehr nur den Profis vorbehalten.

Aber auch mit einem Makroobjektiv der mittleren Preisklasse mit Brennweiten zwischen 100 und 200 mm kann man viele Wildtiere fotografieren. Regeln Sie in diesem Fall eine kleine Blende ein und beleuchten Sie das Motiv mit einem oder vorzugsweise zwei Blitzgeräten oder arbeiten Sie nur bei hellem Sonnenschein.

Zubehör | Stative

Ein unverzichtbares Zubehör ist in der Wildlife-Fotografie ein hochwertiges Stativ mit Stativkopf. Beides zusammen kann so viel kosten wie eine Kamera im mittleren Preissegment, und Sie brauchen ein Gerät, das Schlamm, Salzwasser und Minustemperaturen aushält. Bei Verwendung eines Super-Teleobjektivs muss das Stativ auch das große Gewicht problemlos tragen können.

KRANICHE

KRANICHE IN INDIEN

VÖGEL IM SCHUTZGEBIET

LÖWE IM ZOO

KLEINER PANDA IM ZOO

LIBELLE IM PARK

TAKIN IN GEFANGENSCHAFT

GECKO IN DER WÜSTE

LÖWE IN GEFANGENSCHAFT

1 2 3
4 5 6
7 8 9
Leucht**pult**

Nähe herstellen

Die Arbeitsweise des Fotografen in der Wildlife-Fotografie hängt von seinen Mitteln und Fähigkeiten ab. Vögel, **1–3**, sind leicht zu fotografieren, wenn Sie nicht allzu nah herangehen müssen. Auch in Zoos ist das Fotografieren von Tieren einfach, **4**, **5**, **7** und **9**. Kleintiere, **6**, **8**, können Sie vorsichtig aus nächster Nähe aufnehmen.

Im Schutzgebiet

Ein Erlebnis für den Tierfotografen ist ein Besuch in einem Schutzgebiet. Hier sieht man die Tiere, ohne sie über Wochen auf langen Wanderungen verfolgen zu müssen. Außerdem können Sie eventuell nahe an sie herangehen, wie bei diesem Sansibar-Stummelaffen.

Marion Hogl

Nationalität: Deutsch
Hauptarbeitsort: Deutschland

Die Autodidaktin Marion Hogl entwickelte bereits als Kind ein Interesse an der Fotografie, da ihr Vater ein passionierter Fotograf war. Sie fotografiert, seitdem sie mit neun Jahren ihre erste Kamera bekam. Eine erste SLR kaufte sie sich während ihres Studiums der Kommunikationswissenschaft in München. Zunächst arbeitete sie als Werbetexterin, fotografierte aber gleichzeitig nebenher weiter. Nur durch Zufall machte sie die Fotografie zum Beruf. Ein Werbekunde sah ihre Aufnahmen und wollte sie für ein Prospekt verwenden. Die Fotografin porträtiert auch Menschen, übernimmt Werbeaufträge und gibt Unterricht an einer Fotografenschule.

Weitere Arbeiten von Marion Hogl finden Sie unter: www.painted-with-light.de

Im **Gespräch**

F | **Marion, Sie leben in einer Großstadt, haben sich jedoch auf die Naturfotografie spezialisiert. Warum?**
A | Da ich auf dem Land aufgewachsen bin, waren Tiere und die Natur immer ein Teil meines Lebens.

F | **Was macht für Sie die Anziehungskraft dieser Art von Fotografie aus?**
A | Es erstaunt mich immer wieder aufs Neue, wie das Licht eine Szene in wenigen Minuten völlig verwandeln kann. Dieses Phänomen versuche ich mit der Kamera einzufangen. Besonders faszinierend finde ich die Minuten kurz vor und nach dem Sonnenaufgang. Dann beginnen sich die tagaktiven Tiere zu regen. Mit viel Geduld und Durchhaltevermögen gelingen dann oft besondere Aufnahmen.

F | **Ist das die größte Herausforderung – Geduld und Durchhaltevermögen?**
A | Die wirkliche Herausforderung ist die Tatsache, dass wir die Natur nicht kontrollieren können, z. B. nach dem Motto: »Heute werde ich einen wilden Leoparden fotografieren, der im goldenen Abendlicht eine Antilope verspeist.« Möglich ist jedoch alles.

F | **Bitte beschreiben Sie Ihre Kameras und Objektive.**
A | Vor vier Jahren habe ich auf Digital umgestellt. Ich liebe die digitalen Möglichkeiten. Ich kann eine Aufnahme bei 50 ISO und kurz später eine bei 800 ISO machen. Ich benutze eine Canon 1D Mark II und III, eine Canon 20D, ein Canon EF 100–400 mm L IS, ein Canon EF 500 mm f/4,0 L IS, ein Canon EF 100 mm f/2,8 Makro USM, ein Canon EF 17–40 mm f/4L USM, einen Canon Extender EF 1,4xII und einen Canon Extender EF 2xII. Kameras sind auch nur Werkzeuge, aber die Canon 1D Mark II und Mark III möchte ich nicht mehr missen!

F | **Bitte sagen Sie uns etwas zu dieser Aufnahme.**
A | Ich hatte gehört, dass auf dem Golfplatz vor Ort Höhleneulen gesichtet worden waren. Als ich dort ankam, schickte man mich zu Loch 7, wo ich dieses erstaunliche kleine Tier entdeckte. Diese Vögel sind winzig, aber ohne jede Scheu vor dem Menschen. Als ich fast von einem Golfball getroffen wurde, fuhr ich zusammen, aber der Vogel blieb ungerührt! Die kleine Eule duldete mich eine ganze Weile in ihrer Nähe. Das Foto wurde aus der Hand mit einem Canon 100–400-mm-Objektiv an einer Canon 10D bei 1/400 s und Bl. 8, ISO 100, aufgenommen.

F | **Was halten Sie von der Bildbearbeitung – ist sie eine Hilfe oder ein Hindernis für Ihre Arbeit?**
A | Es kommt darauf an. Naturfotos sollte man meiner Ansicht nach nicht manipulieren oder ändern, obwohl ich die Korrektur der Farben und Kontraste in Ordnung finde. Auch die Anwendung eines Verlauffilters ist O.K.

F | **Wie sehen Ihre Arbeitsabläufe aus?**
A | Ich fotografiere immer in RAW, das meiner Ansicht nach die besten Ergebnisse bringt, besonders bei schwierigem Licht. Abgesehen von den grundlegenden Korrekturen (Bildbeschnitt, Korrektur von Farben und Kontrast und Beseitigung von Staubflecken) bearbeite ich das Bild nur in Ausnahmefällen nach. Ich mache alles selbst und liebe meine digitale »Dunkelkammer«. In den vier Jahren Digitalfotografie habe ich sehr viel dazugelernt.

F | **Was möchten Sie mit Ihren Fotos erreichen?**
A | Ich versuche immer, meine Arbeit zu genießen, außergewöhnliche Szenen einzufangen und etwas Einzigartiges zu schaffen.

F | **Wie sieht der Auftrag Ihrer Träume aus und warum?**
A | Eine Reportage über die Höhleneulen in Florida. Sie sind die erstaunlichsten und schönsten Tiere, die ich je gesehen habe. Der Vogel hat sich an die menschlichen Lebensbedingungen angepasst und lebt auf Golfplätzen, in Gärten und auf Flugplätzen friedlich mit den Menschen zusammen.

F | **Wie schaffen Sie es, sich von anderen Fotografen abzuheben?**
A | Ich versuche, nicht nur zu dokumentieren, sondern auch Aspekte zum Vorschein zu bringen, die das menschliche Auge normalerweise nicht wahrnehmen kann, z. B. mit langen Verschlusszeiten oder ungewöhnlichen Blickwinkeln.

F | **Vor welchen Herausforderungen stehen junge, aufstrebende Fotografen Ihrer Meinung nach heute?**
A | Heute ist es sehr schwierig, etwas Besonderes zu machen. Fast jeder kann in ferne Länder reisen und mit einer modernen Digitalkamera akzeptable Bilder aufnehmen. Um also anerkannt und erfolgreich zu sein, muss man einzigartige Bilder produzieren. Ein künstlerischer Ansatz wird meiner Meinung nach immer wichtiger.

Bildbetrachtung

Löwen | Abendlicht
F | **Dieses Foto erweckt Bewunderung und den Wunsch, es selbst aufzunehmen!**
A | Die Aufnahme entstand im Okavango-Delta in Botswana, Afrika. Wir fuhren in der Abendsonne durch die wunderbar goldenen Landschaft, als wir auf dieses Löwenmännchen mit seinem Harem stießen. Es war ganz erstaunlich, die Zärtlichkeit dieser so kraftvollen Tiere zu beobachten. Ich fotografierte aus der Hand mit einem Canon EF 100-400 mm L IS bei 400 mm an einer Canon 10D bei 1/500 s, Bl. 5,6 und ISO 400.

Libelle | kurz nach Sonnenaufgang

F | **Bitte sagen Sie uns etwas zu diesem Foto.**

A | Kurz nach Sonnenaufgang verharren die Insekten relativ regungslos, bis ihre feuchten Flügel in der Sonne trocknen. So hatte ich genügend Zeit für die Bildgestaltung und die Fokussierung auf das Auge. Ich suche immer nach einem ansprechenden, einfachen Hintergrund, den ich unscharf abbilde.

» Ich beseitige nie störende Bildelemente, aber auf freier Wildbahn schiebe ich vielleicht einen Zweig zur Seite. «

Teichfrosch | früher Morgen

F | **Bitte erzählen Sie uns etwas über dieses scheinbar einfache Bild.**

A | Wenn man sich anschleicht, lassen die Frösche einen Menschen nahe an sich heran. Ich wollte die Schönheit des Auges zeigen und legte mich dazu auf den Boden. Trotz langer Belichtungszeit konnte ich ohne Stativ fotografieren.

Sibirischer Tiger | in Gefangenschaft

F | **Dies ist eine wunderschöne Aufnahme mit einer kraftvollen, ausgewogenen Pose.**

A | Dieser sibirische Tiger lebt in einem Zoo vor Ort. Ich gehe oft dorthin und kenne die Gewohnheiten des Tigers. Er stand am Rand eines schattigen Bereichs, sodass sich die Farben des Fells gut vor dem fast schwarzen Hintergrund abhoben. Die Sonne beschien nur einen Teil des Körpers und setzte Glanzlichter in den Augen – fast ein perfekter Studioaufbau! Ich fotografierte aus der Hand mit meinem Canon 100–400 mm bei 400 mm an einer Canon 10D, 1/800 s, Bl. 5,6, ISO 400.

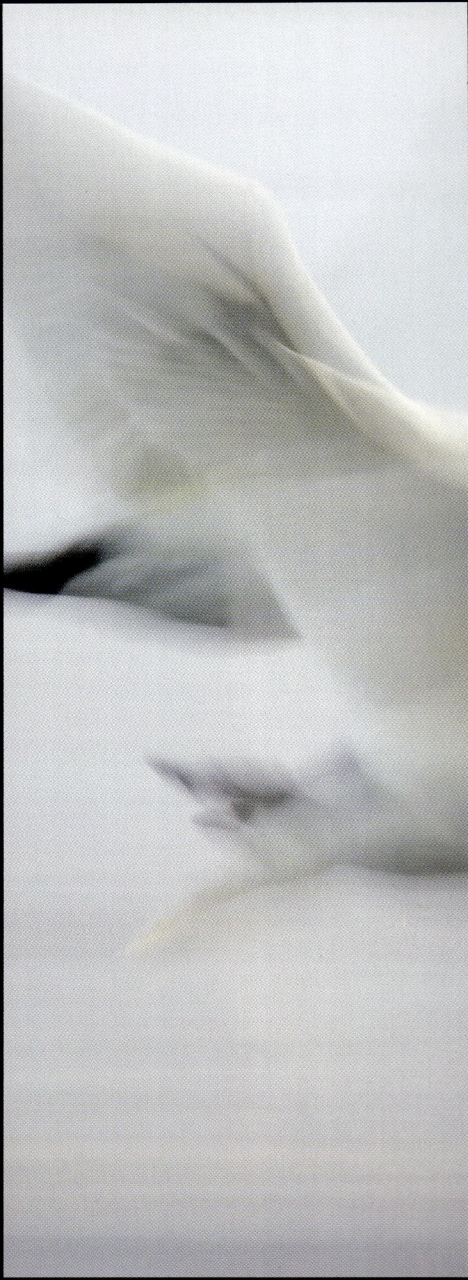

Höckerschwäne | im Flug

F | **Wie haben Sie diese Bewegungsunschärfen erreicht? Braucht man dafür nicht sehr viel Übung und viele Aufnahmen?**

A | Dieses Bild ist ein Zufallstreffer, denn ich hatte die »falschen« Einstellungen ausgewählt, die von der vorherigen Aufnahme stammten. Als ich die Ergebnisse sah, begann ich zu experimentieren. Dazu braucht man viel Übung. Außerdem muss man viele Fotos aufnehmen, insbesondere bei kleinen Ausschnitten wie diesem hier. Kenntnisse der Verhaltensweisen der Schwäne sind hilfreich. Jeden Winter kehre ich zu meinen Lieblingsplätzen zurück, und ich weiß, in welche Richtung die Vögel normalerweise abfliegen, was sie kurz vor dem Abflug machen und zu welcher Tageszeit ich sie am besten finden kann. Da ich bei solchen Aufnahmen nie ein Stativ verwende, brauche ich eine ruhige Hand und muss der Bewegung der Vögel mit gleichbleibender Geschwindigkeit folgen. Das Bild wurde mit einem Canon EF 100–400 mm L IS bei 400 mm an einer Canon 1D Mark II bei 1/10 s, Bl. 32 und ISO 100 aufgenommen.

Aufgabe: **Visionen**

Die Erfindung von Super-Teleobjektiven und Kameras mit Motoraufzug fiel mit einem Boom in der Tourismusbranche zusammen. In diesem Kontext machte die Wildlife-Fotografie einen großen Sprung nach vorn: Waren wir früher noch mit einem scharfen, vergrößerten Foto eines wilden Tiers zufrieden, erwarten wir heute wirkungsvolle Kompositionen, eine hervorragende Beleuchtung und interessante Blickwinkel.

ISO 400, Brennweite: 300 mm, 1/250 s bei Bl. 5,6

Vorgaben

Fotografieren Sie Tiere, um andere Menschen mit Ihrer Liebe für die Natur anzustecken. Nutzen Sie dazu jeden Tipp in diesem Buch: wirkungsvolles Licht, dynamische Farben und sorgfältige Ausschnittwahl. Wildtiere finden Sie in jedem nahegelegenen Zoo oder Tierpark – Sie müssen nicht gleich auf Safari gehen.

Zur Erinnerung

- Fotografieren Sie das Tier in seinem Lebensraum – vielleicht bildet die Umgebung eine Ergänzung oder betont die Gegensätze.
- Wenn Sie sich nicht mit der Umgebung oder dem Tier auskennen, fragen Sie die Experten vor Ort, wohin Sie wann gehen sollen.
- Respektieren Sie die Tiere und seien Sie geduldig.
- Wenn Sie nah genug herangehen können, versuchen Sie, nur einen Teil des Körpers darzustellen.

ISO 400, Brennweite: 400 mm, 1/60 s bei Bl. 4

Fotografische Vorbilder

Thomas Marent (geb. 1966)
Thomas Marent ist ein führender Vertreter einer Generation von versierten Wildlife-Fotografen, die sich mit ganzer Energie dem Naturschutz widmen. Seine Fotos vom Regenwald sind wegen des großen emotionalen Engagements für die fotografierten Tiere bemerkenswert.

Jim Brandenburg (geb. 1945)
Der mit seinen Wolfsfotos bekannt gewordene Fotograf ist der Poet unter den Wildlife-Fotografen, für den perfekte Komposition ebenso wichtig ist wie die Darstellung des Tiers in seiner Umgebung.

David Doubilet (geb. 1946)
Die anspruchsvollen Aufnahmen eines der besten Unterwasserfotografen der Welt stehen der Fotografie an Land an Virtuosität in nichts nach. Auf seinen Fotos kombiniert er die atemberaubende Schönheit des Lichts mit einer wundervollen Komposition und einem großem Respekt für die Natur.

ISO 400, Brennweite: 200 mm, 1/250 s bei Bl. 5,6

ISO 800, Brennweite: 275 mm, 1/250 s bei Bl. 9

ISO 200, Brennweite: 300 mm, 1/250 s bei Bl. 4

ISO 100, Brennweite: 300 mm, 1/250 s bei Bl. 8

ISO 100, Brennweite: 300 mm, 1/250 s bei Bl. 4

ISO 400, Brennweite: 400 mm, 1/30 s bei Bl. 4

ISO 64, Brennweite: 19,5 mm, Bl. 5,7

1 2 3
4 5 6
7 8 9

Leucht**pult**

Top**tipps**

1 Wachsamkeit | schnelle Reaktionen
Bei der Wildlife-Fotografie fahren Sie vielleicht an entlegene Orte, um exotische Tiere zu beobachten. Seien Sie aufmerksam: Der perfekte Moment kommt ohne Vorwarnung, und Sie bekommen keine zweite Chance.

2 3 Auge | in Auge
Stellen Sie bei Zootieren die längste Brennweite ein, damit Zäune unscharf und Tiere dramatisch vergrößert abgebildet werden und der Zoo in der Umgebung verschwindet.

4 5 Spiegelungen | Symmetrie
Spiegelungen wirken normalerweise am besten, wenn sie direkt in die Abbildung des Tiers übergehen. Wählen Sie einen windstillen Tag und fotografieren Sie die Spiegelung auf glatter Wasseroberfläche.

6 Haustiere | Parallelen
Wilde Tier müssen nicht unbedingt ein dramatisches Verhalten an den Tag legen. Ebenso aussagefähig sind Aufnahmen von Tieren, die sich ausruhen und wie ein Haustier in Ihrem Garten aussehen.

7 Automatik | Lichtschranke
Wenn Sie die Verhaltensweise eines Tiers kennen, können Sie mit automatischen Geräten fotografieren. Installieren Sie eine Infrarot-Lichtschranke und einen Sensor, der den Verschluss bei Unterbrechung des Infrarotstrahls auslöst.

8 Unschärfe | durch Bewegung
Das Mitziehen – die Bewegung der Kamera parallel zur Bewegungsrichtung des Tiers – erzielt eine gute Wirkung. Zur Belichtung reichen 1/30 s–1/15 s oder kürzer bei sich schnell bewegenden Tieren aus.

9 Motiv | und Lebensraum
Verlieren Sie nicht die Umgebung oder den Lebensraum des Tiers aus den Augen: Beginnen Sie mit einer Weitwinkelansicht, um das Tier in seinem Lebensraum zu zeigen.

▶ Ergebnisse

Vervetmeerkatze

Chris Hopkins

»Das Bild war das beste der Serie, denn der Blick dieses erwachsenen Tiers, das die Jungen in der Umgebung beobachtet, wirkt nachdenklich und voller Fürsorge.«

▲ Canon EOS 5D, ISO 400, Brennweite 400 mm, 1/100 s bei Bl. 5,6

Kritik

Interessanterweise waren die meisten eingereichten Bilder Tierporträts, viele davon aus nächster Nähe. Die Fotografie ermöglicht Millionen von Menschen, einem Wildtier ins Auge zu schauen und sich voller Staunen und Respekt mit ihm verbunden zu fühlen. Die hier gezeigten Bilder machen deutlich, wie viel man selbst mit bescheidensten Mitteln erreichen kann. Die wesentlichen Faktoren sind eine schnelle Reaktion sowie Liebe und Interesse für die Tierwelt.

Vervetmeerkatze

Chris Hopkins erklärte: »Meerkatzen lassen sich gut beobachten und aufgrund ihres schelmischen Charakters und ausdrucksstarken Gesichts hervorragend fotografieren. Auch das graue Fell ist sehr fotogen, besonders vor einem verwischten, grünen Hintergrund.« Der Fotograf konzentrierte sich auf ein einzelnes, relativ regungsloses Tier und wurde mit einem sanften Porträt mit perfekt positionierten Glanzlichtern in den Augen belohnt. Die Unschärfe des Hintergrunds lässt das bereits scharfe Bild noch schärfer erscheinen.

Rote Kröte

David Summers entschied nach Experimenten mit verschiedenen Ausschnitten und Nahaufnahmen, dass die Darstellung der Kröte zwischen den Pflanzen zu einem »Kontext und einer besseren Gesamtaufnahme« führte. Eine etwas mittigere Anordnung der Kröte würde die Aufmerksamkeit vielleicht noch stärker auf das Tier lenken.

Wilde Robbe

Thorsteinn Egilson erzählte, dass das Licht zu dieser späten Tageszeit recht schwach war. Er drückte jedoch trotzdem auf den Auslöser und verbesserte den Kontrast bei der Nachbearbeitung, sodass die

Rote Kröte

David Summers

»Diese Kröte gönnte sich nach der Paarung eine Ruhepause. Wir hatten Blickkontakt, und die Kröte schien zu lächeln. Also griff ich zur Kamera.«

▲ Canon EOS 20D, ISO 100, Brennweite: 70 mm, 1/50 s bei Bl. 5,6

Wilde Robbe

Thorsteinn Egilson

▲ Sony DSC H1, ISO 200, Brennweite: 41,5 mm, 1/ 80 s bei Bl. 5

»Die Robbe war in der Bucht aufs Eis geklettert und blieb dort einen Tag lang liegen. Am nächsten Tag war sie verschwunden.«

Kurs 20 Kunstfotografie

Früher wurde der Begriff »Kunstfotografie« als ein Widerspruch in sich betrachtet. Heute gibt es zwar eine Fülle von Fotos, die keine Kunst sind, aber ein Teil der modernen Kunst ist Fotografie. Dieser Bereich umfasst eine Reihe Methoden, von Handy-Fotos bis hin zu sorgfältig hergestellten Platin-/Palladiumdrucken, digitalen Composite-Bildern und inszenierten Szenerien – alles ist erlaubt.

Kurs 20 Übersicht

Dossier

Die Kunstfotografie wird vielfach aus Qualitätsgründen skeptisch betrachtet. Aber nicht alle Bilder in diesem Bereich werden mit Kameras mit billigen Objektiven oder mit Handy-Kameras aufgenommen. Manche Kunstfotografen kreieren mit Fachkameras großformatige, hochwertige Bilder, die sie mit höchster Auflösung einscannen und in riesiger Größe ausdrucken. Die Digitaltechnologie ermöglicht viel größere Prints als jemals zuvor.

Vorrang der Vision

Das wichtigste Unterscheidungsmerkmal der Kunstfotografie im Vergleich zu anderen Genres ist der Vorrang der Vision vor der Dokumentation. Die Fotografen müssen sich hier mehr als in anderen Bereichen um den Ausdruck ihrer eigenen persönlichen Sicht bemühen. In der Kunstfotografie geht es darum, die Grenzen des fotografischen Mediums zu sprengen.

Theorie | und Praxis

Auf der einen Seite des Spektrums der fotografischen Praxis steht die absolute Sachlichkeit, auf der anderen die reine Subjektivität. Wissenschafts- oder Überwachungsbilder gehören in den sachlichen Bereich, während die von persönlicher Vision motivierte Kunstfotografie sehr, wenn nicht sogar völlig subjektiv ist.

»Alles ist möglich, solange ein solider konzeptueller Rahmen geschaffen wird.«

Auf einer weiteren Skala zwischen zwei Extremen liegt am einen Ende die neutrale Beobachtung – etwa in der journalistischen Dokumentarfotografie – ohne Verfälschung der Wahrheit und Änderung des Ausschnitts. Am entgegengesetzten Ende hat der Fotograf die Wahl, alle Bildelemente frei anzuordnen, den Hintergrund zu konstruieren, das Modell auszuwählen und zu positionieren und das Licht zu manipulieren: Er kann alle Faktoren der Aufnahme voll und ganz steuern.

Manche Fotografen nehmen noch ein drittes Spektrum in Anspruch, bei dem die Kamera auf der einen Seite als Werkzeug im Dienst des Motivs betrachtet wird, dessen einziger Zweck in einer ansprechenden Darstellung liegt. Am anderen Ende dieses Spektrums dient die Kamera ausschließlich den kreativen Intentionen des Fotografen.

Konzepte | und Bilder

Die Darstellung der fotografischen Praxis als Spektrum mit unterschiedlichen kreativen Ansätzen ermöglicht eine Positionierung des Genres der Kunstfotografie im Vergleich zu anderen Bereichen.

Kurz, die Kunstfotografie kann als spezielles Genre definiert werden, in dem alle praktischen Regeln über Bord geworfen werden können. Sie hat jedoch ihre eigenen Regeln hervorgebracht, die wiederum die Nutzung von Arbeitstechniken aus anderen Genres erlauben.

Von einem Kunstfotografen wird erwartet, dass er die hinter seiner Arbeit stehenden Ideen zum Ausdruck bringt und ein zusammenhängendes Werk kreiert. Vor allem will das Genre nach seinen eigenen Kriterien beurteilt werden: So kann etwa die Komposition eines Fotos nicht als schlecht beurteilt werden, wenn die Komposition in der Kunstfotografie gar kein Kriterium ist. Kurz, alles ist möglich, solange ein solider konzeptueller Rahmen geschaffen wird, der sich in der fotografischen Arbeit widerspiegelt.

REGENTROPFEN AUF GLASSCHEIBE

ABSTRAKTE GEBÄUDE

KOMPOSITION MIT LICHT

UNSCHARFE STADT

LICHTSPIEL

PORTRÄT

SW-LANDSCHAFT

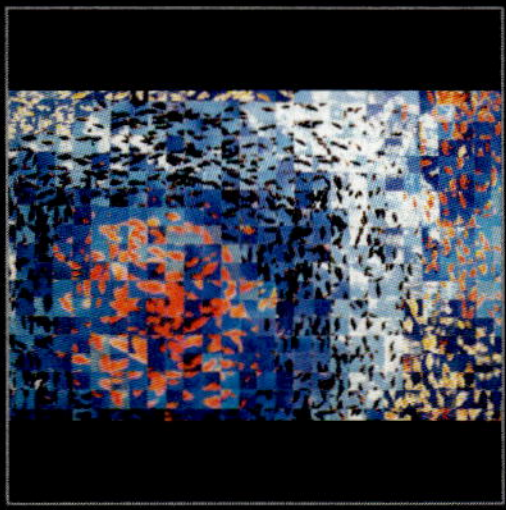
COMPOSITE

FOTOJOURNALISMUS

Leuchtpult

Kunstfotos

Die Kunstfotografie mu vom Fotografen selbst niert, ins Bild gebracht verteidigt werden. Von schwommenen Farben, bis zu gestochen schar Abstraktionen, **2**, oder Landschaften, **7** – jeder Ansatz hat seine Berechtigung. Licht und Schatten wird eine Abstraktio **3**, **5**, oder ein Porträt geschaffen, **6**. Für manche ist auch der Fotojournalismus, eine Art der Kunstfotografie, aber Einig herrscht darüber, dass Composites, **8**, dieses Genre fallen.

Umgekehrte Feder

Das schlammige Wasser in einer Fluss-mündung wird mithilfe einer einfache Umkehrung der Farben und Tonwerte i eine unbestimmbare, schwer zu deute Abstraktion verwandelt, die an ein Rel oder an Satellitenaufnahmen erinnert.

Emily Allchurch

Nationalität: Britisch
Hauptarbeitsort: Großbritannien

Emily Allchurch beschäftigt sich schon seit ihrer Kindheit mit der Malerei, mit Zeichnungen und mit Collagen und wusste schon immer, dass Sie einmal Künstlerin werden wollte. Am Kent Institute of Art & Design absolvierte sie 1996 eine bildhauerische Ausbildung und schloss 1999 ihr Studium am Royal College of Art ab. Innerhalb kürzester Zeit machte sie sich mit ihren Großdias in Leuchtkästen – fotografische Nachbildungen alter Meister in modernem Gewand– einen internationalen Namen. Öffentliche Sammlungen mit ihren Arbeiten gibt es in Monaco, Kanada und England.

Weitere Arbeiten von Emily Allchurch finden Sie unter: www.emilyallchurch.com

Im Gespräch

F | **Emily, wie sah Ihr Einstieg in die Fotografie aus?**

A | London hatte einen großen Einfluss auf mich. Als ich dorthin zog, fühlte ich den Drang, meine Arbeit auf Architekturen und unsere Erfahrungen damit zu konzentrieren. Ich sah die Fotografie als die unmittelbarste Kunstform, mit der ich meine Ideen ausdrücken konnte. Das erste echte Foto, das ich vergrößerte, war ein 2,4 x 2,1 m großes Bild meiner Hand. Ich arbeitete nach Plan, teilte das Negativ in Abschnitte ein und setzte die Einzelteile dann wieder zu einem riesigen Puzzle zusammen.

F | **Welcher Aspekt der Fotografie bedeutet für Sie die größte Herausforderung?**

A | Ich fotografiere meist statische Objekte bei Tageslicht und muss nur den Ausschnitt wählen und fokussieren und dann den notwendigen Bereich kopieren und in die Hauptkomposition einfügen. Die Beurteilung einer Situation, das Warten auf den richtigen Moment und die Wahl des richtigen Aufnahmestandpunkts kann eine Herausforderung sein, aber ich habe viel Übung und kann die meisten Dinge in Photoshop korrigieren.

F | **Wie gehen Sie an Ihre Aufträge heran?**

A | Meist arbeite ich nach meinen eigenen Vorgaben, aber ich beteilige mich auch gern an Auftragsarbeiten. Falls ich den Anforderungen des Auftraggebers gerecht werden und gleichzeitig meinem eigenen Stil treu bleiben kann, nehme ich auch neue Herausforderungen an. Ein gutes Beispiel ist meine Teilnahme an der Reihe von BBC4 »A Digital Picture of Britain«. Bei diesem Projekt arbeitete ich zum ersten Mal mit einer Digitalkamera und erkannte die Vorteile der digitalen Arbeit für mich. Ich hätte irgendwann sowieso gewechselt, aber nach diesem Projekt stellte ich sofort auf die Digitaltechnik um.

F | **Dieses Bild sieht sehr kompliziert aus.**

A | Dies ist Urban Chiaroscuro 4 (nach Piranesi) aus einer Serie von Interpretationen der »Carceri d'Invenzione« von Giovanni Piranesi aus der Zeit um 1745 bis 1761. Das Labyrinth setzt sich aus Bildern von Rom zusammen, und die Herstellung, d.h. die Aufnahmen und die Montage mit Photoshop, dauerte einen Monat.

CARCERE GIUDIZIA
VEDVTE DI ROMA
DISEGNATE ED INCISE
ATTENZIONE AI GRADINI
WATCH THE STEPS
SPQR
NEMO
VIALE

F | **Welche Fotografen haben Sie inspiriert?**
A | Ich bewundere die Arbeiten von Jeff Wall – Motiv, Größe und Präsentation als Dia im Leuchtkasten. Außerdem schätze ich Hiroshi Sugimoto (insbesondere seine Serie »Theaters«), Gregory Crewdson, Elisa Sighicelli und Sophy Rickett. All diese Fotografen nutzen das Licht, um alltägliche in außergewöhnliche Motive zu verwandeln.

F | **Wie sieht Ihre Einstellung zur Bildmanipulation und zu Bildeffekten aus?**
A | Ich habe kein Problem mit Bildmanipulationen, wenn ein guter Grund dafür existiert. Meine Arbeiten sind z. B. ganz offensichtlich manipuliert, und das ist auch ein wichtiges Element meiner Bilder – die Konstruktion eines Raums, der ansonsten nicht existieren würde. Von den vielen Filtern und Spezialeffekten bin ich jedoch nicht so begeistert. Sie können Spaß machen und haben ihre Berechtigung, aber sie sollten nicht zu ernst genommen werden.

F | **Betrachten Sie sich selbst als Expertin in Bildbearbeitung?**
A | Wie die meisten Menschen nutze ich nur einen sehr kleinen Teil der Funktionen von Photoshop, mit denen ich aber auch wirklich gut umgehen kann. Bei der Komposition schöpfe ich auch aus meiner Fähigkeit, mit Farben, Licht und Schatten umzugehen. Es hat viele Jahre gedauert, bis ich meine eigene Arbeitsweise gefunden hatte. Ich genieße die Montage meiner Bilder am Computer: Nach vier bis sechs Wochen Arbeit an einem Foto fällt es mir immer schwer, mich davon zu trennen und etwas Neues anzufangen.

F | **Wie entwickeln Sie Ihre Arbeiten – und was inspiriert Sie dazu?**
A | Die Fertigstellung einer Serie ist langwierig und kann bis zu einem Jahr dauern. Während dieser Zeit besuche ich Ausstellungen, lese dies und das und entwickle nach und nach meine Idee. Ich versuche immer, neue Wege für die Weiterentwicklung meiner Bildsprache zu finden. Es ist nicht immer möglich, während der Entstehung eines Werks die dahinterstehende Motivation zu verstehen – man muss sich einfach auf seine Instinkte verlassen. Rückblickend werden die Verknüpfungen zwischen dem eigenen Leben und der Arbeit jedoch schnell klar.

Bildbetrachtung

Ideal City | (nach della Francesca) 2006

F | **Was hat Sie zu dieser ungeheuer prächtigen, eleganten Aufnahme inspiriert?**
A | Das Original ist ein Modell für eine perfekte Stadt, das Architekten und Stadtplaner gleichermaßen inspiriert hat. Ich wollte es in ein Modell einer Stadt des 21. Jahrhunderts verwandeln. Die linke Seite setzt sich aus Fotos von West London und die rechte aus Bildern von East London zusammen.

»Ich integriere Schilder und Objekte ..., um eine Erzählung zu entwickeln und auf den Menschen zu verweisen, vom Parkverbotsschild bis hin zu patriotischen Fahnen.«

Tower of London | (nach Bruegel)

F | Hier gefällt mir die tragikomische Wirkung.

A | Diese Hommage an Bruegels Turmbau zu Babel (1563) ist wahrscheinlich das komplizierteste Bild, das ich je kreiert habe. Es setzt sich aus 500 Fotos von London zusammen und dauerte drei Monate. Im höchst komplizierten Herstellungsprozess fügte ich am Schluss 1500 Ebenen zusammen! Die Hinweise auf unterschiedliche Religionen und die Friedensfahne auf dem Gebäude deuten die Fähigkeit von London an, mit vereinten Kräften gegen Missstände zu kämpfen, insbesondere im Hinblick auf die Terroranschläge von 2005.

Riverside | (nach Whistler) 2005

F | Dieses Bild wirkt täuschend einfach.

A | Das Foto entstand 2005 für die Reihe von BBC4 »A Digital Picture of Britain«, bei der Profifotografen, die nie zuvor eine Digitalkamera benutzt hatten, britische Landschaften digital fotografieren sollten. Ich erhielt ein Sony Ericsson Kamera-Handy und entschied mich für eine Nachgestaltung von Whistlers »Nocturne in Blue and Silver – Cremorne Lights« (1872). Die guten Qualität der Handy-Fotos überraschte mich, und die digitalen Verfahren passten perfekt zu meiner eigenen Arbeitsweise. Ich fotografierte die Battersea Bridge aus der auf dem Gemälde dargestellten Perspektive und gestaltete die Szene mit dem Original von Whistler als Vorlage neu. Die Erstellung der feinen Farb- und Tonwertabstufungen auf dem Wasser kam der Aquarellmalerei so nahe, wie dies an einem Computer überhaupt nur möglich ist.

Urban Chiaroscuro 1 | London (nach Piranesi)

F | Dieses Bild wirkt auf den ersten Blick recht düster, aber Sie können doch Ihren Optimismus nicht verbergen, nicht wahr?

A | Ich verdichte eine Fahrt durch London zu einer einzelnen Szene. Die Farbpalette orientiert sich an der gelben Farbe des Mauerwerks und dem schwachen Sonnenlicht auf den Gebäuden in East London. Das Werk ist eine Bildmeditation über das heutige Leben in der Stadt und deutet das klaustrophobische Klima der Angst und Kontrolle durch den Überwachungsstaat an. Gleichzeitig sorgt die sonnenbeschienene Wendeltreppe in der Ferne für einen optimistischen Grundton, denn sie weist auf eine Fluchtmöglichkeit hin.

Aufgabe:
Kreativer Ausdruck

Eine Digitalkamera ist manchmal wie ein geschwätziger Mensch. Sie liefert so schnell so viele Bilder, dass man die Oberflächlichkeit der Fotos auf den ersten Blick gar nicht bemerkt. Die Verlockung, ein Bild nach dem anderen aufzunehmen, ist in der Tat groß und führt zur Aufzeichnung von Milliarden von Digitalfotos. Ihre Bilder werden jedoch umso anspruchsvoller, je klarer Ihre Vision bereits vor der Aufnahme ist.

ISO 100, Brennweite: 50 mm, 1/160 s bei Bl. 4,5

Vorgaben

Nutzen Sie Ihre Fertigkeiten und Ihre Fantasie sowie beliebige Motive und Ansätze, um ausdrucksstarke, subjektive Bilder zu produzieren. Stellen Sie sich vor, dass Ihre Fotos in einer Zeitschrift, für ein Poster oder für eine Grußkarte verwendet werden sollen.

ISO 200, Brennweite: 12 mm, 1/250 s bei Bl. 13

Zur Erinnerung

- In der Kunstfotografie sind eine Fülle von technischen Möglichkeiten erlaubt; die Qualität sollte der Absicht angemessen sein.
- Andere Kunstformen wie Kinofilme, Musik und Malerei können Ihnen viele Inspirationen, Ideen und Themen liefern.
- Nutzen Sie die Eigenheiten und Charakteristiken Ihrer Ausrüstung; akzeptieren Sie Verzeichnungen oder Farbfehler des Objektivs, anstatt dagegen anzugehen.
- Arbeiten Sie konsequent an einem Thema.

Fotografische Vorbilder

Sylvia Plachy (geb. 1943)
Die stets interessanten, von dokumentarischen bis nostalgischen Ansätzen geprägten Arbeiten von Plachy gehören zu den sensibelsten und visuell reichhaltigsten Erforschungen der kulturellen und persönlichen Identität. Es ist ein Werk, dessen Ganzes mehr ist als die Summe seiner Teile.

Man Ray (1890–1976)
Man Ray ist der Fotograf, der am stärksten mit den künstlerischen Bewegungen der Moderne, wie Dadaismus und Surrealismus, assoziiert wird. Seine Arbeiten umspannen eine erstaunliche Palette von visuellen Stilen und zeichnen sich durch eine rastlose Erkundung der Möglichkeiten des fotografischen Mediums aus.

Joel-Peter Witkin (geb. 1939)
Witkins komplexe Tableaux vivants zum Thema Tod, Krankheit, Invalidität und Randgruppen sind grenzüberschreitend und herausfordernd, sowohl in visueller als auch in emotionaler Hinsicht.

ISO 100, Brennweite: 40 mm, 1/ 400 s bei Bl. 10

ISO 800, Brennweite: 70 mm, 1/12 s bei Bl. 18

ISO 125, Brennweite: 59 mm, 1/160 s bei Bl. 4,5

ISO 400, Brennweite: 50 mm, 1/4 s bei Bl. 22

ISO 400, Brennweite: 50 mm, 1/4 s bei Bl. 22

ISO 100, Brennweite: 50 mm, 1/200 s bei Bl. 5,6

ISO 400, Brennweite: 52 mm, 1/160 s bei Bl. 3,2

1 2 3
4 5 6
7 8 9

Leucht**pult**

Top**tipps**

1 Manipulierte | Fläche
Die Effekte der Bildbearbeitung können offensichtlich, wie hier, oder weniger erkennbar sein. Bei den besten fotografischen Kunstwerken werden oft beide Möglichkeiten miteinander kombiniert.

2 Visuelle | Puzzles
Bei diesem Bild wurde die gleiche Methode angewendet wie bei Bild 1, aber aufgrund der Art des Originals wirkt dieses Ergebnis rätselhafter. Der Betrachter hat mehr Mühe, die Aufnahme zu deuten.

3 Licht | Effekte
Mit modernen Kameras kann man heute bis in die hintersten Ecken schauen und Fotos aufnehmen, für die frühere Kameras viel zu groß waren. Unsere Weltsicht wird so durch die Kamera erweitert.

4 Transformation | Raum
In der Kunst kann man die Bedeutung von »richtig« und »falsch« erforschen. Hier weisen der Himmel und die imposante Konstruktion, die zusätzlich aus einem ungewöhnlichen Blickwinkel gezeigt wird, Falschfarben auf.

5 6 Einfachheit | Regungslosigkeit
Ein Lieblingsmotiv der Kunstfotografen ist das Stillleben, da es einfach aufgebaut und betrachtet und dennoch auf vielfältige Art und Weise interpretiert werden kann.

7 Beobachtung | Details
Die Fotografie ist ein unverfrorener Plagiator und entlehnt ihre Motive besonders gern der Bildhauerei. Lassen Sie sich auch von anderen Kunstformen inspirieren, wie Mode, Technik und Architektur.

8 9 Zufällige | Kunst
Bei Aufnahmen von Farben und Rissen im Mauerwerk verwandeln sich zufällige Konstellationen in Kunstwerke. Richten Sie die Kamera parallel zur Mauer aus und experimentieren Sie mit unterschiedlichen Ausschnitten.

▶ Ergebnisse

Cagliari, Italien

Sandro e Patrizia

»Das einzige Problem bei dieser Aufnahme waren die vielen Menschen auf dieser Veranstaltung, die nicht mit ins Bild gerückt werden sollten.«

▲ Canon EOS 350D, ISO 400, Brennweite: 21 mm, 1/400 s bei Bl. 16,0

Kritik

In der Fotografie wird der persönliche kreative Ausdruck zwar allgemein geschätzt, aber viele Fotografen präsentieren Ihre künstlerischen Arbeiten nur ungern in der Öffentlichkeit. Die Zurschaustellung Ihrer persönlichen Fotos steht jedoch im Mittelpunkt der kreativen Kunst. Wenn Sie Ihre zum Ausdruck gebrachten Ideen einer objektiven, unpersönlichen Prüfung unterziehen, gewinnt Ihre Arbeit – und Ihre eigene Einstellung dazu – an Stärke. Es gibt keinen anderen Weg – mangelndes Selbstvertrauen behindert Ihre Kreativität.

Cagliari, Italien

Ein Foto eines Kunstwerks kann selbst zum Kunstwerk werden; für manche Menschen sind auch Oldtimer Kunstwerke. Als Sandro und Patrizia dieses Foto auf einer Oldtimer-Ausstellung aufnahmen, war vor allem die Menschenmenge ein Problem. Durch den Blickwinkel wirkt jedoch ein recht gewöhnlicher Anblick monumental, wenn auch nur in kleinem Maßstab. Durch die Transformation wird die einfache Aufnahme zu einer Hommage an das Motiv – ebenso vertretbar ist jedoch die Meinung, dass es sich hier nur um einen Schnappschuss handelt.

Barcelona

Die Begeisterung für Gaudís visuelle Sprache hat den fotografischen Ansatz von Monica Madej geprägt. Bei diesem Bild, das durch ein Glas hindurch aufgenommen wurde, wäre eine leichte Verstärkung der Farben und Kontraste hilfreich.

Leuchtende Pflanze

Die Pflanzenfotografie wird nicht nur durch die Freude am Fotografieren motiviert, sondern auch durch den Wunsch, die eigene Naturverbundenheit mit anderen Menschen zu teilen. Robert Eaves kehrte die Tonwerte um, um ein abstrakteres Bild zu schaffen.

Barcelona

Monika Madej

»Die Arbeiten von Gaudí faszinieren mich, und bei einem Besuch von Barcelona konnte ich gar nicht aufhören, zu fotografieren.«

▲ Fujifilm FinePix S602, ISO 200, Brennweite: 7,8 mm, 1/180 s bei Bl. 3,2

Leuchtende Pflanze

Robert Eaves

▲ Pentax K110D, ISO 200, Brennweite: 55 mm, Bl. 8,0

»Ich finde Pflanzen unwiderstehlich, wunderschön und faszinierend; ohne Pause könnte ich sie fotografieren.«

Arbeitsablauf

Einrichtung des Systems

Sie sind wahrscheinlich zunächst überglücklich, wenn Sie tolle Bilder aufnehmen können. Über kurz oder lang werden Sie jedoch vom grenzenlosen Potenzial der Digitalfotografie dazu verleitet, immer mehr zu fotografieren. Dann beschäftigen Sie sich mit der Qualität der Ausgabe und der Archivierung Ihrer Bilder. Jetzt ist der Zeitpunkt für die Einrichtung des Systems und die Verwaltung Ihrer Arbeitsergebnisse gekommen.

Farbräume

Alle Arbeiten an Digitalfotos werden ausschließlich im Arbeitsfarbraum ausgeführt: Betrachtung, Bearbeitung und Vorbereitung auf den Ausdruck oder eine Diaschau. Für hochwertige, für den Ausdruck bestimmte Bilder sollten Sie einen großen Arbeitsfarbraum wählen, bei Bildern für das Web einen kleineren. Der Ausgabefarbraum definiert die Farben, die von Ihrem Drucker reproduziert werden. Unterschiedliche Papiere und Druckertinten Ihres Desktop-Druckers erfordern verschiedene Ausgabeprofile. Machen Sie vor dem Drucken mit diesen Ausgabeprofilen einen Soft-Proof oder eine Farbprüfung.

Einrichtung

Die eigentliche Einrichtungsarbeit beginnt erst nach der Aufzeichnung und sogar nach der Bearbeitung des Fotos am Computer. Die Arbeit unterteilt sich in drei Hauptbereiche: digitale Bildverwaltung, Archivierung und Ausgabe. Am Anfang all dieser Prozesse und auch der Bildarbeitung selbst steht das Farbmanagement.

Kontrolle | der Farben

Aufgrund der Möglichkeiten einer äußerst präzisen Kontrolle von Farbreproduktionssystemen – von der Bildaufzeichnung bis zum Ausdruck – können die meisten Probleme mit der Farbwiedergabe bereits im Vorfeld mithilfe eines korrekt eingerichteten Systems umgangen werden.

Ihr Monitor muss kalibriert und profiliert und auch die Farben in Ihrer Software, etwa für den Bildimport, die Bildbearbeitung und den Ausdruck, sollten richtig eingestellt sein. Dann bleiben die Farben in der gesamten Prozesskette bis zum Proof oder endgültigen Ausdruck immer gleich.

Die Bilder lassen sich auch für die Verwendung im Web oder für einen Ausdruck optimieren und entsprechend auf dem Monitor darstellen. Je weniger Korrekturen zwischen der Abbildung auf dem Bildschirm und dem Ausdruck erforderlich sind, desto mehr Zeit, Mühe und Druckertinte sparen Sie.

Monitor | Einrichtung

Falls Sie noch nicht an einem korrekt kalibrierten und profilierten Monitor arbeiten, sollten Sie dies jetzt nachholen. Dann verschwinden viele der vorhandenen Farbprobleme von selbst. Bei der Kalibrierung (der Einstellung des Monitors gemäß dem Standard der Industrie) mit der Software passen Sie die Farben mithilfe von Farbtafeln in der Software an. Zur direkten Messung der von Ihrem Bildschirm abgestrahlten Farben ist außerdem entsprechende Hardware erhältlich. Die häufigsten Einstellungen sind Gamma 2.2 und Weißpunkt 6500 K. Wenn Sie die Bilder an Dritte liefern, sollten Sie deren bevorzugte Einstellungen nutzen.

Umgang | mit Farbeinstellungen

Die zentrale Einstellung in einem Workflow mit Farbmanagement ist die Auswahl des Arbeitsfarbraums, in dem Sie das Bild betrachten, bearbeiten und ausgeben.

Die meisten Fotografen entscheiden sich entweder für sRGB – den Standardfarbraum für das Internet– oder Adobe RGB (1998), den Standard für Nutzungen mit größerem Farbumfang.

Der Farbraum, der dem von den meisten Bildschirmen präzise darstellbaren Farbumfang am zuverlässigsten entspricht, ist sRGB. Da er außerdem der Standardfarbraum für das Internet und die überwiegende Mehrheit aller am Bildschirm präsentierten Bilder ist, eignet sich sRGB hervorragend als Arbeitsfarbraum. Beim Ausdruck mit hochwertigen Desktop-Tintenstrahldruckern, z. B. für Bücher oder Poster, schränkt der begrenzte Farbumfang von sRGB die reproduzierte Farbpalette jedoch unnötig ein. Bei zur Veröffentlichung bestimmten hochwertigen Bildern ist Adobe RGB (1998) der empfohlene Farbraum; manche Fotoagenturen verlangen auch ProPhoto RGB. Wenn Sie den Ausgabefarbraum des Druckers kennen, stellen Sie ihn in Ihrer Software ein. Jetzt können Sie am Monitor mithilfe eines Soft-Proofs des Fotos prüfen, wie die Farben der Abbildung ausgedruckt aussehen würden.

Profile Connection Space

Das Diagramm zeigt, wie die Farbcharakteristiken unterschiedlicher Geräte mithilfe von Farbprofilen und einem gemeinsamen Farbraum untereinander ausgetauscht werden können.

Als Arbeitsfarbraum wird vielfach RGB verwendet, der zu akzeptablen Resultaten führt. Adobe RGB (1998) liefert bei professioneller Nutzung bessere Ergebnisse.

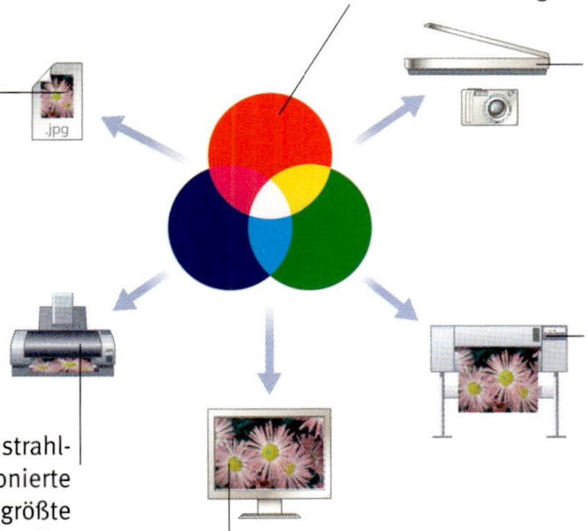

Zur präzisen Reproduktion in einem anderen Farbraum wird das Farbprofil in die Bilddatei eingebettet.

Quellprofile werden nur selten eingesetzt, da die meisten Dateien visuell bearbeitet werden; sie sind nur bei Digitalfotos in kontrollierten Umgebungen nützlich.

CMYK-Ausgabeprofile sind für professionelle Nutzer und für Zeitschriften- und Buchverlage wichtig.

Profile von Tintenstrahldruckern stellen ambitionierte Fotografen vor die größte Herausforderung. Präzise erstellt und korrekt verwendet sorgen sie jedoch für zuverlässig gleichbleibende Ergebnisse.

Monitorprofile unterstützen das Computersystem bei der Steuerung des Monitors zur präzisen Farbwiedergabe.

Einrichtung des Systems

Das Ablaufdiagramm fasst die Arbeitsschritte für eine präzise und zuverlässige Farbwiedergabe zusammen.

- Einstellung des Farbraums der Kamera
- Einstellung des Arbeitsfarbraums der Software
- Kalibrierung und Profilierung des Monitors
- Pflege der Monitorkalibrierung
- Soft-Proof von Bildern
- Einbettung der Ausgabeprofile

IPTC

Der IPTC, ein Verbund aus 55 Firmen und Organisationen des Pressewesens, wurde 1965 von Nachrichtenagenturen wie der Alliance Européennes des Agences de Presse, ANPA (jetzt NAA), FIEJ (jetzt WAN) und den North American News Agencies zum Schutz der Telekommunikationsinteressen der weltweiten Presse gegründet. Seit Ende der 1970er-Jahre befasst sich die IPTC vorwiegend mit der Entwicklung und Veröffentlichung von Standards für den Austausch von Pressemetadaten.

Import und Metadaten

Die Bilder in Ihrer Kamera sind relativ nutzlos, bevor sie auf den Computer übertragen werden. Erst dann können Sie angemessen betrachtet, für die Nutzung vorbereitet und sicher archiviert werden. Außerdem ist noch ein weiterer Faktor wesentlich: Der Nutzer muss nach den Daten suchen können.

Importieren | von Bildern

Das Importieren von Bildern ähnelt der Einfuhr von Waren. Die Fotos unterliegen bestimmten Formalitäten; sie werden nicht einfach nur auf den Computer kopiert, was zwar schneller wäre, aber deutliche Nachteile mit sich bringt.

Der Bildimport in den Computer wird von einem Softwareprogramm verwaltet. Es erstellt geeignete Ordner, fügt den Fotos auf ihrem Weg Informationen hinzu und benennt sie auf Wunsch um. Import-Software erstellt eventuell auch gleichzeitig mit der Speicherung auf dem Computer eigenständig Kopien von Fotos auf externen Festplatten.

Wenn Sie dagegen Bilder kopieren, d.h. auswählen und von der Kamera oder der Speicherkarte in einen Ordner auf dem Computer ziehen, werden die Fotos einfach in einem zu diesem Zweck von Ihnen erstellten Ordner auf dem Computer gespeichert. Im Allgemeinen importiert man die Fotos am besten mit der Software, die mit Ihrer Kamera mitgeliefert wurde, oder mit Spezialsoftware wie Microsoft iView, Apple iPhoto, Adobe Lightroom oder Camerabits Photo Mechanic.

Anschluss | der Kamera

Der direkte Anschluss der Kamera an den Computer ist zwar meist nicht unbedingt notwendig, aber trotzdem die einfachste Methode. Sie müssen die Kamera allerdings einschalten, so dass Batteriestrom verbraucht wird. Bei einer direkten Übertragung von der Speicherkarte wird die Batterie zwar geschont, aber Sie benötigen ein separates Lesegerät. Allerdings sind Kartenlesegeräte relativ kostengünstig und leicht.

Die Bilder werden nur von der Karte auf den Computer übertragen bzw. kopiert. Die Originaldateien verbleiben auf der Karte, bis Sie sie löschen oder die Karte formatieren. Dies bedeutet, dass die Bilder nach der Übertragung auf den Computer gesichert sind. Einige Fotografen arbeiten mit 20 oder mehr Karten, um sie als kostengünstiges Speichermedium zu nutzen.

Metadaten | Erklärung

Ihre Bilder selbst sind Ihre Primärdaten; Informationen über Ihre Fotos sind Sekundär- oder Metadaten, die sich allgemein in drei Kategorien unterteilen lassen: Der erste Datentyp wird zum Zeitpunkt der Aufnahme an die Bilddaten angehängt. Das sogenannte EXIF (Exchange Image Format) wurde ursprünglich nur an JPEG-Dateien angehängt, später jedoch auch an TIFF und RAW. Es fasst die bei der Aufnahme verwendeten Kameraeinstellungen zusammen, d.h. Blende, Verschlusszeit und ISO-

Zahl und auch das Aufnahmedatum und -uhrzeit sowie für das Ausdrucken nützliche Daten. Alle aufgezeichneten Informationen sind hilfreich – vor allem als Werkzeug für die Analyse Ihrer eigenen Fotos.

Die IPTC- (International Press Telecommunications Council)-Daten, die sich mit der standardbasierten Technologie XMP (Extensible Metadata Platform) in eine Fülle von Bildformaten einbetten lassen, werden während oder nach dem Import zum Bild hinzugefügt und umfassen Informationen wie Urheberrechtsvermerke und Kontaktdaten des Fotografen bis hin den Koordinaten des Aufnahmeorts.

Für die meisten Fotografen ist allerdings die Möglichkeit der Hinzufügung von Wörtern oder Tags wichtiger, nach denen Dateien durchsucht werden können. Je umfassender Sie Ihr Bild mit Stichwörtern wie Motivdetails, Farben, Konzept usw. beschreiben, desto schneller können Sie das Foto bei der Stichwortsuche finden.

Ein anderer Metadatentyp beruht auf einem Konzept aus der Filmtechnik, das der Beschreibung der Schnittfassung eines Films oder Videos mit einer sogenannten »Edit Decision List« (Schnittliste) dient. Die fotografische Entsprechung besteht darin, Anpassungen anzuwenden und dann als Liste von Anweisungen (auf XMP-Basis) zu speichern. Der Effekt der Änderungen kann anhand einer Kopie beurteilt werden, aber das tatsächliche Bild bleibt unverändert. Zur Ausgabe werden die Anweisungen auf die Originalbilddaten angewendet, und das neue Bild wird zum Gebrauch gespeichert. Da das Original immer unverändert bleibt und wir immer nur mit Kopien arbeiten, sind die Vorteile für die Datenintegrität offensichtlich. Anwendungen wie Apple Aperture, Adobe Lightroom, DxO Optics Pro 4 und Light Crafts LightZone funktionieren auf diese Weise.

Wiederherstellung | von Bildern

Moderne Digitalkameras sind unglaublich zuverlässig und versagen nur sehr selten. Die Hauptursache für den Verlust von Bildern ist der Mensch selbst, wenn z. B. Bilder vor dem Import von der Speicherkarte oder aus der Kamera gelöscht werden (Tipp: Löschen Sie Bilder nie beim Fotografieren vor Ort). Sogar die gelöschten Bilder lassen sich jedoch noch retten. Kostengünstige Wiederherstellungsprogramme wie Scandisk RescuePRO, Prosoft Klix und Lexar Image Rescue stellen ein Foto zuverlässig, wenn auch langsam wieder her. Eine erfolgreiche Datenrettung ist nur möglich, wenn Sie sofort nach Bemerken des Fehlers oder Problems aufhören zu fotografieren. Formatieren Sie eine Speicherkarte erst dann, wenn Sie den Inhalt mit absoluter Sicherheit bereits auf der Festplatte gespeichert haben.

Verwaltung | von Bilddateien

Erstellen Sie Ordner für miteinander verknüpfte Bilder – speichern Sie Aufnahmen desselben Motivs oder Aufnahmeortes zusammen ab. Diese Ordner sollten am gleichen Ort, vielleicht unter einem gemeinsamen Ordner mit dem Titel »Bilder«, abgelegt werden. Die Namen der Ordner müssen ein schnelles Auffinden ermöglichen. Vielleicht möchten Sie Ihre Fotos beim Importieren umbenennen, sodass der alphanumerische Code der Kamera in einen sofort erkennbaren Namen mit Seriennummer verwandelt wird: Dies ist ein weiterer Grund dafür, die Bilder zu importieren und nicht einfach nur zu kopieren. Fügen Sie das Datum bei Bedarf achtstellig in der Reihenfolge Jahr-Monat-Tag hinzu, wie z. B. 20080410, um die Bilder in der korrekten Reihenfolge abzuspeichern.

Workflow beim Import
Ein effizienter Bildimport erfordert noch vor der Aufnahme einige vorbereitende Arbeitsschritte.

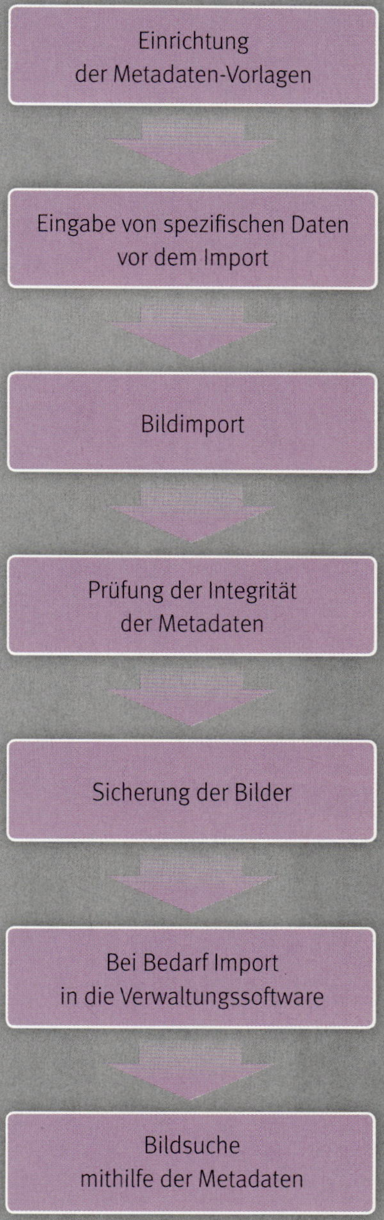

Fotos für Bildagenturen

Das Web hat den Verkauf von Fotos zur Veröffentlichung, Verkaufsförderung und Werbung revolutioniert. Während dieser Bereich früher von professionellen Agenturen beherrscht wurde, die hohe Preise verlangten, hat die aktuelle Flut von Bildern zu einem Wertverlust geführt, sodass man heute lizenzfreie Bilder (für beliebige Verwendungszwecke) für nur geringe Beträge kaufen kann. Die meisten dieser Fotos stammen von Amateuren und bieten häufig eine Qualität, die für viele einfache Veröffentlichungen und Websites ausreicht.

Speicherung und **Archivierung**

Für eine extreme Flexibilität von digitalen Dateien muss man in Kauf nehmen, dass ein Digitalfoto nur allzu schnell zerstört werden kann. Ganze Systeme wurden schon zum Schutz der Datenintegrität entwickelt. Ironischerweise ist allerdings die sicherste Methode die Speicherung auf Film.

Archivierung | von Bildern

Ein Amateurfotograf nimmt heute Hunderte von Bildern pro Jahr auf, und ein Profi beendet sein Tagewerk selten mit weniger als zweitausend Fotos. Eine typische nordamerikanische Hochzeit gilt erst dann als hinlänglich dokumentiert, wenn mindestens 2500 Bilder aufgenommen wurden. Aufgrund der schieren Anzahl der Fotos und ihrer Empfindlichkeit steht man bei der Archivierung vor einer grundsätzlichen Entscheidung: schneller Zugriff oder dauerhafte Sicherheit?

Es mag wenig überraschen, dass die Methoden der Bildspeicherung, die den schnellsten und bedienungsfreundlichsten Zugriff ermöglichen, auch gleichzeitig am wenigsten vor katastrophalen Ausfällen schützen. Die Speicherung auf Festplatten ist relativ kostengünstig und ermöglicht bei Weitem den schnellsten Zugriff: Sie können auf jedem Festplattenspeicher 500 GB oder mehr mit Bildern belegen und innerhalb von Sekunden darauf zugreifen.

Früher oder später gehen Festplatten jedoch kaputt. Dies führt zum Verlust sämtlicher darauf gespeicherter Informationen. Es gibt Methoden für die Wiederherstellung von Daten, aber sie sind aufgrund der erforderlichen Spezialkenntnisse, des Zeitaufwands und der hohen Kosten eine absolute Notlösung.

Archivierung | Lösungen

Ausgehend von der Hypothese, dass einzelne Festplatten zwar kaputtgehen, jedoch selten mehrere gleichzeitig, ist ein Ansatz für die Lösung des Problems die Spiegelung der Daten auf drei oder mehr gleichzeitig betriebenen Platten. Mit anderen Worten, die Daten werden redundant gespeichert (»Redundant Array of Independent Drives« oder RAID). Falls eine Platte ausfällt, bleiben die anderen (theoretisch) davon unbeeinflusst, und die fehlerhafte Platte kann ausgetauscht werden. Diese recht teure Lösung sollte für Profifotografen die Methode der Wahl sein.

Andere Techniken wie Blue-ray oder High Density DVD oder DVD bieten mehr Stabilität und langfristige Zuverlässigkeit, aber der Zugriff ist unbequem, denn auf einer DVD können viel weniger Bilder gespeichert werden als auf einer Festplatte. Außerdem hat sich die Zuverlässigkeit dieser jungen Technologie auf DVD-Basis noch nicht bewährt.

Sicherung | auf Film

Filmbasierte oder analoge Technologien bieten nach wie vor die beste Archivfestigkeit. Bearbeitete Bilder können mit hochauflösenden Filmrecordern auf großformatigen Farbfilm (5 x 4 inch) belichtet werden. Dieser Prozess ist recht langwierig und teuer, da die Kosten pro Bild aufgrund der Filme und Entwicklung sehr hoch sind.

Eine weitere anspruchsvolle und besonders archivfeste Methode, die überwiegend in Museen zum Einsatz kommt, ist die Belichtung von Farbauszügen auf SW-Film in der endgültigen Printgröße. Zur Rekonstruktion werden daraus Druckplatten hergestellt.

Auslagerung | von Bildern

Ganz gleich, für welche Lösung Sie sich entscheiden – eine wichtige Vorsichtsmaßnahme ist die getrennte Aufbewahrung der Kopien und Originale, z. B. im Studio und zu Hause. Noch besser ist die zusätzliche Lagerung von weiteren Kopien bei einem guten Freund oder einem Verwandten.

Vielleicht gibt man Ihnen den Rat, wertvolle DVDs und Festplatten in einem Tresor zu lagern. Leider verwandelt sich ein solcher Safe bei Bränden meist selbst in eine Art Ofen: Der Inhalt brennt zwar nicht, aber die Polycarbonate, Harze und Beschichtungen von DVDs und Festplatten schmelzen.

Eine weitere Möglichkeit der räumlichen Trennung ist die Speicherung der Bilder auf Fern-Servern, die immer kostengünstiger wird. Sie speichern Ihre Bilder nach der Bearbeitung auf Ihren Bereich des Servers. Einige Firmen speichern Kopien nicht nur dort, sondern auch in unterschiedlichen Regionen oder Ländern, damit im Falle einer Naturkatastrophe am Ort eines einzelnen Servers nicht alle Daten verloren gehen.

Verkauf | von Fotos auf Fern-Servern

Einige Services führen die Idee der Speicherung auf Fern-Servern noch einen Schritt weiter: Die Bilder werden gleichzeitig auch ins Netz gestellt und verkauft. Diese Services bieten Software zum Aufbau eines personalisierten Webangebots für den Verkauf der Bilder an und kümmern sich um die erforderliche E-Commerce-Programmierung, sodass Sie die Bilder nur noch bereitstellen und vermarkten müssen.

Die Services von Foto-Servern kommen durchaus als Alternative zu einer eigenen Website infrage und sind außerdem ein sicherer Speicherort für Ihre besten Bilder. Informieren Sie sich bei Portalen wie Digital RailRoad, PhotoShelter und Pixelio, welcher Service Ihren Vorstellungen und Ihrem Budget am besten gerecht wird.

Online | Fotoplattformen

Eine Variante der Fernspeicherung sind die Online-Fotoplattformen. Diese Lösung eignet sich für Fotografen, die mit kleineren Bildgrößen auskommen, und ist natürlich im Vergleich zur Speicherung von Fotos auf professionellen Fern-Servern weitaus kostengünstiger, weil Millionen von Fotografen dort ihre Bilder präsentieren und vielfach kommerziell anbieten. Der fotografische Standard und die Qualität schwanken beträchtlich, aber Sie können alle nur denkbaren Bilder auf diesen Plattformen ablegen (vorausgesetzt natürlich, sie sind nicht illegal).

Diese Seiten erfüllen eine Reihe von Funktionen, vom Austausch von interessanten Fotos bis hin zur Nutzung von Bildern als Zahlungsmittel. Wie viele Bilder auf Online-Fotoplattformen zur Verfügung stehen, ist schwer zu schätzen, aber bei Entstehung dieses Buches enthielten vier der größten Seiten – Photobucket, Yahoo! Photos, Webshots und Flickr – allein bereits geschätzte 10 Milliarden Bilder und diese Zahl steigt täglich weiter an.

Workflow Archivierung
Dieses Diagramm fasst die Arbeitsschritte vom Bildimport bis zur Archivierung zusammen. Mit wachsender Erfahrung können Sie die Details je nach Verwendungszweck anpassen.

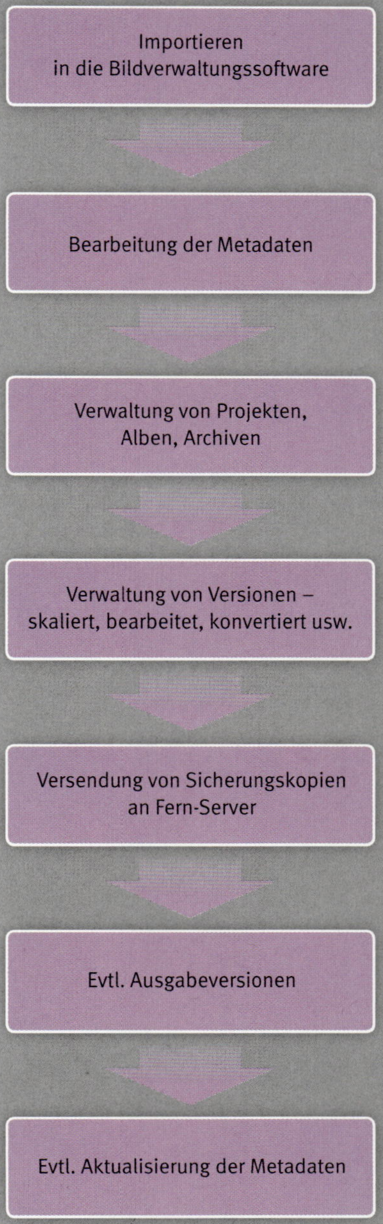

Archivierungsprobleme

In den Anfängen der Digitalfotografie war die Ausgabe aufgrund der schlechten Auflösung und begrenzten Farbpalette der Bilder einer der großen Schwachpunkte des Systems. Außerdem waren die verwendeten Materialien sehr instabil – man konnte fast zusehen, wie sie ausblichen. Die Lichtechtheit und Archivfestigkeit heutiger Materialien und Druckertinten wird nur noch von bestimmten silberbasierten analogen Materialien übertroffen. Dieser Erfolg beruht auf der Weiterentwicklung der Druckertinten in Kombination mit besonders archivfesten beschichteten Papieren.

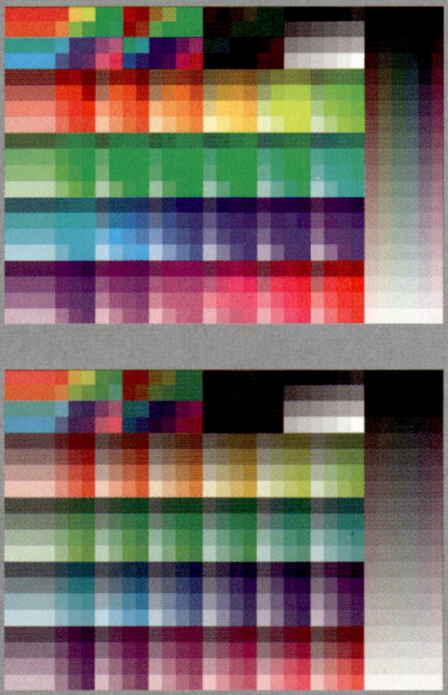

Gamutfarben
Diese Farbtafeln simulieren die kräftigen, gesättigten Farben auf einem Computerbildschirm (ganz oben) und auf einem möglichen Ausdruck (oben). Die kräftigen Farben des Ausdrucks sind differenzierter, aber die Abbildung wirkt insgesamt flauer.

Bildausgabe

Zur großen Enttäuschung der Fotoindustrie hat die explosive Entwicklung der Fotografie nicht zu einem entsprechenden Anstieg der Anzahl der Ausdrucke geführt. Ganz im Gegenteil: Fotografen stellen weniger Papierbilder her als jemals zuvor.

Ausgabe | Richtungen

Da die Bilder so problemlos am Bildschirm dargestellt werden können, sinkt natürlich der Bedarf an Papierbildern. In den Anfängen der Digitalfotografie gab es dagegen eine erhöhte Nachfrage nach Abzügen, weil nicht alle Nutzer zur Bildbetrachtung auf einen Monitor zurückgreifen konnten.

Leider war die Industrie nicht auf die damit verknüpften technischen Probleme vorbereitet: Die Kenntnisse des Farbmanagements hielten sich in Grenzen, und die Geräte konnten keine gleichbleibende Farbwiedergabe von Bild zu Bild sicherstellen. Die Abneigung gegen digitale Ausdrucke stieg immer weiter, je mehr die Computer Einzug in die Haushalte hielten. Fotografen und Betrachter gewöhnten sich allmählich an die Präsentation von Fotos am Bildschirm. Daraus resultierte, dass Fotografen nur mehr einen winzigen Teil ihrer archivierten Bilder ausdrucken.

Das ist bedauerlich, denn die Schönheit eines feinen, hochwertigen Ausdrucks ist unübertroffen. Zwar drucken wenige, aber immer noch genügend Fotografen ihre Bilder auf Papier aus, sodass eine florierende Fotopapierbranche entstanden ist: Es gibt heute wahrscheinlich ebenso viele Papiertypen mit unterschiedlichen Oberflächen und Gewichten (Dicken) wie in der Blütezeit der analogen Fotografie. Sie haben die Wahl zwischen hochglänzenden, glänzenden und matten Papieren oder handgeschöpften Leindwandpapieren mit Färbungen vom brillantesten Weiß bis hin zu matten Cremetönen.

Vorbereitung | für den Ausdruck

Wenn Sie bereits Erfahrungen mit dem Ausdrucken gesammelt haben, wissen Sie, dass die Vorbereitung gar nicht sorgfältig genug ausfallen kann, denn Druckertinten und Papiere sind teuer. Das Ablaufdiagramm auf der gegenüberliegenden Seite fasst die wichtigsten Arbeitsschritte zusammen.

Ausgangspunkt ist die kritische Beurteilung des Soft-Proofs – der Vorschau des ausgedruckten Fotos auf Ihrem Monitor. In »Bearbeiten Farbeinstellungen« (eventuell in den Voreinstellungen Ihrer Bildbearbeitungssoftware) passen Sie Ihr Ausgabeprofil an das verwendete Papier und die Druckertinte an: Nutzen Sie die Profile des Papier- bzw. Druckerherstellers, geben Sie die Erstellung eigener Profile in Auftrag oder erstellen Sie sie selbst mithilfe eines Flachbettscanners oder eines Farbmessgeräts und einer geeigneten Software.

Nach der Einstellung des Ausgabeprofils wird das Vorschaubild in »Ansicht Farb-Proof« auf dem Bildschirm flauer aussehen als zuvor. Dies führt uns zu einem weiteren wichtigen Aspekt des Ausdruckens: Sie müssen Ihre eigenen Erwartungen im Zaum halten. Die Darstellung auf dem Bildschirm ist fast immer brillanter und kräftiger, als es ein Ausdruck jemals sein kann.

Dateien | Gebrauchstauglichkeit

Wenn Sie Dateien an ein Fachlabor, einen Website-Administrator oder einen Verlag schicken möchten, müssen Sie den Erwartungen in puncto Eignung der Fotos für einen bestimmten Zweck oder eine Funktion nicht nur inhaltlich, sondern auch technisch gerecht werden.

Das Bild muss in Originalgröße ausgedruckt oder am Bildschirm präsentiert werden können. Die Ausgabegröße des Fotos sollte exakt der verlangten Größe entsprechen – der Ausdruck von mehr oder weniger als 100 % ist kein großes Problem, aber der Prozess wird auf diese Weise unnötig erschwert und liefert eventuell nicht die beste Bildqualität.

Außerdem darf die Dateigröße nicht zu groß sein – in den meisten Fällen ist der Standard von 300 dpi für Desktop- oder Serienausdrucke zu hoch. Eine Auflösung von 225 dpi reicht für die meisten Verwendungszwecke aus.

Die Bilddatei sollte in ihrer einfachsten Form vorgelegt werden: auf die Hintergrundebene reduziert, d.h. ohne Ebenen (denken Sie daran, dass auch eine einzelne Ebene noch auf den Hintergrund reduziert werden muss) und ohne Masken, Auswahlen oder Pfade und Sonderfarben, wenn dies nicht ausdrücklich verlangt wird.

Die Dateien müssen ein gängiges Format haben, d.h. in der Praxis entweder TIFF mit 24 Bit Farbtiefe für den Vierfarbdruck oder JPEG für das Web. Spezielle Bildmodi wie Indexierte Farben oder Duplex sollten in RGB umgewandelt werden. Für das Web müssen JPEG- oder GIF-Dateien je nach Verwendungszweck komprimiert werden.

Außerdem muss das Profil des Arbeitsfarbraums in die Datei eingebettet sein, damit die Farbwiedergabe nicht durch die Abweichung des von Ihnen zur Verfügung gestellten Profils vom Farbraum, den das Labor oder der Auftraggeber verlangt, beeinträchtigt wird.

Eine logische Benennung der Dateien ist sinnvoll: Sie werden sich z.B. bei den Technikern beliebt machen, wenn Sie eventuelle Auftrags- oder Bestellnummern in die Dateinamen integrieren, gefolgt von einer fortlaufenden Nummerierung oder einem kurzen beschreibenden Titel, z.B. DD270_katze_porträt_093.JPG.

Schließlich müssen Sie auch noch darauf achten, nur »systemkonforme« Buchstaben, Zeichen und Zahlen im Namen zu verwenden. Sonderzeichen wie Schrägstrich, Klammern, Prozent und Sternchen sowie mehrere Leerzeichen in einer Dateibezeichnung können dazu führen, dass der Computer die Datei nicht lesen kann.

RGB | oder CMYK

Ein häufiges Diskussionsthema ist die Frage, ob die Dateien als RGB oder CMYK vorgelegt werden sollten. Für die meisten Fotografen, die die Fotos auf Ihren eigenen Druckern ausdrucken, lautet die Antwort immer RGB, wenn das Bedienungshandbuch nicht etwas anderes vorsieht. Der größere Farbumfang von RGB würde durch die Umwandlung in CMYK beschränkt. Außerdem haben moderne Desktop-Drucker einen größeren Farbumfang als CMYK-Profile.

Verlage oder Fachlabors verlangen jedoch eventuell CMYK-Dateien. Fragen Sie in diesem Fall nach dem korrekte Ausgabeprofil für die Umwandlung von RGB in CMYK, das auch als Profil für den Soft-Proof angewendet werden muss.

Ausdrucken

Der Arbeitsablauf beginnt mit der Prüfung des Fotos, gefolgt von der Optimierung der Datei vor der Ausgabe und bei Bedarf der Wiederholung des gesamten Workflow zur Verbesserung der Ergebnisse.

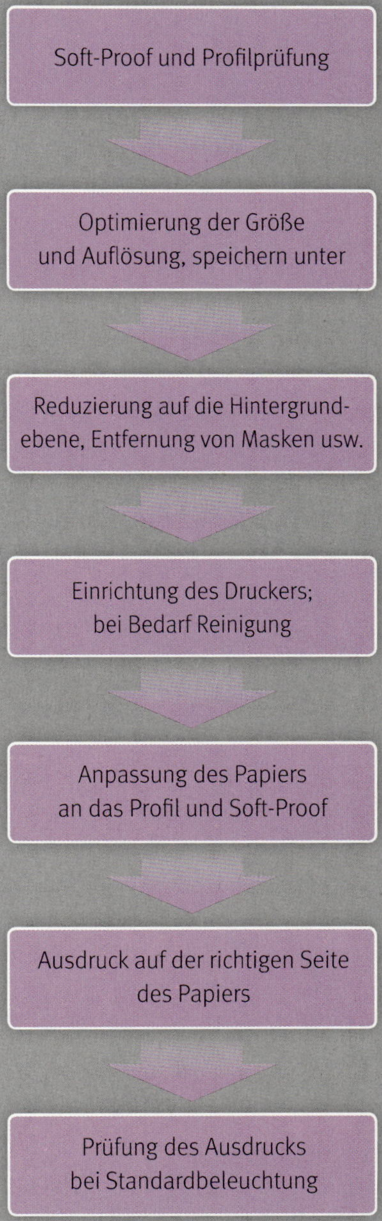

Glossar

24-Bit Maß für die Größe oder Auflösung von Daten, mit denen ein Computerprogramm arbeitet.
6500 Einstellung des Weißabgleichs, die normalem Tageslicht entspricht; wirkt wärmer als 9300.
9300 Einstellung des Weißabgleichs, die ungefähr hellem Tageslicht entspricht
Abwedeln Digitale und konventionelle Methode zur Steuerung des Kontrasts, bei der die Belichtung von bestimmten Bildpartien teilweise zurückgehalten wird, um eine zu dunkle Abbildung zu verhindern.
Additive Farbmischung Kombination oder Mischung von zwei oder mehr Lichtfarben zur Simulierung oder Erzeugung des Eindrucks einer anderen Farbe.
Additive Grundfarben Rot, Grün und Blau; die Mischung aller drei Grundfarben ergibt Weiß.
AF Abkürzung für den Begriff Autofokus.
Analog Nicht-digitale Effekte, Darstellungen oder Aufzeichnungen.
Anti-Aliasing Methode der sanften Glättung von schrägen Kanten auf einem Digitalfoto zur Vermeidung eines Treppeneffekts, der von den Kanten einzelner Pixel verursacht wird.
APS (Advanced Photo System) Perforationsloses kompaktes Filmformat für Kompaktkameras und einige SLRs.
Artefakt Unerwünschte Informationen auf einem Digitalfoto.
Aufhellen Indirekte Beleuchtung der vom Hauptlicht erzeugten Schatten mit einer weiteren Lichtquelle oder einer Reflexfläche.
Auflösung Maß für die Anzahl der Details, die ein optisches System unterscheiden kann.
Ausgabe Ausdruck einer digitalen Datei auf Papier.
Auswahlrechteck/Auswahlellipse Auswahlwerkzeug in Bildbearbeitungsprogrammen.
Back-up Kopie einer digitalen Datei zur Sicherung im Falle von Beschädigung oder Verlust des Originals.
Belichtung Lichtmenge, die auf den lichtempfindlichen Film oder Sensor in der Kamera trifft. Sie kann durch eine Änderung der Objektivblende oder der Verschlusszeit variiert werden.
Belichtungsmesser Instrument zur Berechnung der Zeit-/Blendenkombination, die der Beleuchtungssituation entspricht.
Belichtungsreihe Reihe von absichtlich unter- und überbelichteten Bildern zur Ermittlung der besten Belichtung.
Betriebssystem Basissoftware, die den Computer koordiniert und angeschlossene Geräte verknüpft.
Bikubische Interpolation Interpolationstyp, bei dem der Wert eines neuen Bildpunkts aus den Werten von acht angrenzenden Pixeln berechnet wird.
Bildkorrekturen Veränderung einer oder mehrerer Eigenschaften eines Fotos, z. B. die Erhöhung der Farbsättigung oder Schärfe.
Bilineare Interpolation Interpolationstyp, bei dem der Wert eines neuen Bildpunkts aus den Werten der vier angrenzenden Pixel links und rechts oben und unten berechnet wird.
Blende Vorrichtung des Objektivs, mit der sich die wirksame Objektivöffnung verändern lässt.
Blendenautomatik Betriebsart der Belichtungsautomatik, bei der der Benutzer die Verschlusszeit einregelt und die Blende automatisch eingestellt wird.
Blendenreflexe Von Reflexionen im Inneren des Objektivs verursachte Abbildung des Blendenbilds auf dem Film.
Blendenstufe Wert, dessen Erhöhung oder Verringerung einer Verdoppelung bzw. Halbierung der einfallenden Lichtmenge entspricht.
Blendenwert Am Blendenring ablesbarer Wert der eingestellten Blende.
Blitz Beleuchtung mit einer künstlichen Lichtquelle, die Licht von sehr kurzer Dauer und hoher Intensität erzeugt, z. B. ein Blitzgerät.
Bluetooth Standard für eine kabellose, funkbasierte Hochgeschwindigkeitsverbindung zwischen elektronischen Geräten wie Mobiltelefonen, Tastaturen und Laptops.
Brennweite Abstand des Brennpunkts von der Hauptebene bei Einstellung auf Unendlich; wird normalerweise in mm angegeben.
Byte Standardmaß für die Speicherkapazität eines digitalen Speichermediums.
CCD (Charge-Coupled Device) Bildsensortyp in Digitalkameras.
CD-R (Compact Disc-Recordable) CD-Typ für die Speicherung von Daten wie z. B. Bildern.
CD-ROM (Compact Disc-Read Only Memory) Nur lesbarer CD-Typ zur Bereitstellung von Software oder Sammlungen von Fotos.
CD-RW (Compact Disc-ReWritable) Mehrmals beschreibbarer CD-Typ; die zuvor gespeicherten Daten auf der CD werden vor dem Wiederbeschreiben gelöscht.
CMYK (Cyan, Magenta, Yellow (Gelb), Key black (Schwarz)) Farbmodell mit den Primärfarben für den kommerziellen und Desktop-Farbdruck zur Simulierung einer Palette von Farben.
ColorSync Patentiertes Farbmanagementsystem, das die Übereinstimmung der auf dem Bildschirm angezeigten Farben mit den ausgedruckten Farben sicherstellt.
Compositing Bildbearbeitungstechnik, bei der ein oder mehrere Bilder mit einem Ausgangsbild kombiniert werden.
D-SLR (Digital Single Lens Reflex) Digitale Spiegelreflexkamera.
Dateiformat Standardisierter Algorithmus, der definiert, wie Dateien intern strukturiert werden.
Deckkraft Maßstab für die »Sichtbarkeit« der Abbildung durch eine oder mehrere Ebenen.
Digitale Bildbearbeitung Änderung eines Digitalfotos am Computer durch Software.
Display Computer-Monitor, LCD-Projektor oder LCD-Bildschirm an einer Kamera zur visuellen Darstellung von Daten.

dpi (dots per inch) Anzahl der Punkte, die von einem Ausgabegerät angesteuert oder gedruckt werden kann; Angabe für die Auflösung des Geräts.

Duplex (1) Fotomechanisches Druckverfahren mit zwei Farben zur Verbesserung des Tonwertumfangs. (2) Option der Bildbearbeitungssoftware zur Simulierung eines Zweifarbdrucks.

Durchlichtaufsatz Als Zubehör erhältlicher Aufsatz zum Scannen von Dias.

Durchsichtssucher Suchertyp, bei dem das Motiv z.B. durch ein Loch oder eine optische Vorrichtung direkt betrachtet werden kann.

Durchsuchen Durchsicht einer Anzahl von digitalen Dateien wie Bildern oder Webseiten.

DVD (Digital Versatile Disc) Elektronisches Speichermedium mit hoher Speicherkapazität.

DX-Kodierung System der Kennzeichnung von KB-Filmpatronen mit den Informationen über die Filmempfindlichkeit, die von der Kamera verarbeitet werden können.

Ebene Teil eines Digitalfotos, der über einem anderen Teil des Fotos liegt.

Elektronischer Sucher LCD-Bildschirm im Okular, der die Sicht durch das Kameraobjektiv darstellt.

Entfernungsvoreinstellung Eine Methode der Scharfeinstellung vor der endgültigen Festlegung des Ausschnitts.

EPS (Encapsulated PostScript) Dateiformat für Grafiken.

EVF Electronic Viewfinder, siehe elektronischer Sucher.

Farbbalance Intensität der Farben einer Aufnahme in Relation zueinander.

Färben Hinzufügung von Farben zu einem Graustufenbild ohne Änderung der ursprünglichen Helligkeitswerte.

Farbmanagement System zur Überwachung der Farbausgabe von Geräten.

Farbraum Farbpalette, die von einem Gerät oder Vervielfältigungssystem wiedergegeben werden kann.

Farbstich Gleichmäßige Einfärbung der Gesamtaufnahme mit einer Farbe.

Farbtemperatur Maß für die Lichtfarbe.

Farbton Bezeichnung für die Eigenschaften einer Farbe, die als Rot, Grün, Blau Gelb usw. wahrgenommen wird.

Filmempfindlichkeit In ISO angegebene Lichtempfindlichkeit eines Films.

Filter Software zur Konvertierung eines Dateiformats in ein anderes oder zur Anwendung von Effekten.

FireWire Geschützte Bezeichnung für IEEE 1394, den Schnittstellen-Standard für die Hochgeschwindigkeitskabelverbindung zwischen Peripherie-Geräten und Computer.

Flash Speichermedium z. B. in Digitalkameras.

Fokussieren Erzeugung einer scharfen Abbildung durch Einstellen der Entfernung am Objektiv.

Fotomontage Zusammengesetztes Foto aus unterschiedlichen Bildern.

Freistellen Beseitigung von Bildpartien zur Verbesserung der Komposition; Herstellung des gewünschten Formats oder korrekten Ausrichtung der Aufnahme.

Füllmethode Bildbearbeitungsmethode, die über die Art und Weise der Kombination oder der Interaktion einer Ebene mit den darunter liegenden Ebenen entscheidet.

Füllwerkzeug Auch Farbeimer genanntes Werkzeug der Bildbearbeitungssoftware, das Farbe in einen bestimmten Bereich der Abbildung »schüttet«.

Gamma Bei Monitoren Maß für die Korrektur des Farbsignals vor seiner Projektion auf den Bildschirm. Ein hoher Gamma-Wert erzeugt eine insgesamt dunklere Abbildung auf dem Bildschirm.

Gegenlicht Beleuchtung des Motivs von hinten; Anordnung der Kamera gegenüber einer Lichtquelle.

Gepixelt Beschreibung einer digitalen Datei, deren Bildpunkte klar erkennbar sind.

GIF (Graphic Interchange Format) Hochkomprimiertes Dateiformat für das Internet.

Grauskala Maßstab für die verschiedenen Grautöne zwischen Schwarz und Weiß.

Helligkeit (1) Qualität der visuellen Wahrnehmung, die je nach Lichtintensität schwankt. (2) Farbbrillanz in Bezug auf Farbton oder -sättigung.

Hochladen Übertragung von Daten zwischen Computern oder vom Netzwerk zum Computer.

Hot-pluggable Kabel oder Schnittstellen wie USB und FireWire können bei eingeschaltetem Computer und Gerät angeschlossen und getrennt werden.

IEEE 1394 siehe FireWire.

ILink Geschützter Name für IEEE 1394, den Standard für Hochgeschwindigkeitskabelverbindungen zwischen einzelnen Geräten.

Interpolation Methode des Einfügens von Pixeln in ein bestehendes Digitalfoto mithilfe von existierenden Daten.

Irisblende Von der Objektivblende erzeugte Öffnung, durch die Licht in die Kamera fällt.

IS-Objektiv Objektiv mit Bildstabilisator, d.h. eingebauten Sensoren zur Korrektur von Erschütterungen, sodass die Bildschärfe bei der Arbeit ohne Stativ verbessert wird.

ISO (International Organization for Standardization) Normungsinstitut zur Festlegung von Maßeinheiten, z.B. Filmempfindlichkeit.

IX240 Bezeichnung für die Normen, die das APS-Filmformat definieren.

JPEG (Joint Photographic Expert Group) Verlustbehaftete Methode der Datenkomprimierung zur Reduzierung der Dateigröße.

K (1) Kennbuchstabe für 1024 Byte. (2) Grad Kelvin zur Angabe der Farbtemperatur.

Kanal Ein von der Bildbearbeitungssoftware verwendeter Datensatz zur Definition der Farbe oder Maske.

Komprimierung Reduzierung der Größe einer digitalen Datei durch die Veränderung der Datenkodierung.

Kontrast Maß für den Unterschied zwischen den hellsten und dunkelsten Bildpartien.
Kopierstempelwerkzeug Werkzeug zum Kopieren eines Teils eines Bildes und zum Einfügen an anderer Stelle des gleichen oder eines anderen Bilder.
Korn Kleine Silber- oder Farbpartikel, aus denen sich ein Bild zusammensetzt.
LCD (Liquid Crystal Display) Flüssigkristallanzeige.
Lichter Die hellsten Bereiche einer Abbildung.
Löschen Beseitigung eines Bildteils oder einer elektronischen Datei aus einem Verzeichnis.
lpi (lines per inch) Maß für die Auflösung bei der fotomechanischen Reproduktion.
Makro Naheinstellung ohne Vergrößerung des Motivs.
Malwerkzeug Werkzeug der Bildbearbeitungssoftware zum Auftragen von Farben, z. B. Pinsel.
Manuelle Belichtung Belichtungseinstellung von Hand.
Maske Auswahl von Teilen einer Abbildung zur Eingrenzung der von der digitalen Bearbeitung betroffenen Bereiche.
Megabyte Maßeinheit für Computerdaten. Ein Megabyte entspricht einer Million Byte an Informationen.
Megapixel Eine Million Pixel. Begriff zur Angabe der Leistungsfähigkeit von Digitalkameras in Abhängigkeit von der Auflösung des Sensors.
Mehrfeldmessung Belichtungsmesssystem, das die Szene in verschiedene Zonen unterteilt und zur Ermittlung der letztendlichen Belichtung die Helligkeit in den einzelnen Zonen misst.
Memory Stick USB-kompatibles tragbares Speicherlaufwerk.
Messsucher Einstellsystem, bei dem zwei Bilder derselben Szene aus leicht unterschiedlichem Blickwinkel im Sucher zu sehen sind. Mit dem Einstellring des Objektivs werden die beiden Bilder übereinandergeschoben. Wenn sie sich überlappen, ist die Scharfeinstellung korrekt.
Mittenbetonte Integralmessung Belichtungsmessung, bei der vorwiegend die Bildmitte berücksichtigt wird.
Mitziehen Horizontale Bewegung der Kamera parallel zur Objektbewegung.
Moiré Durch die Überlagerung zweier Sensoren oder Muster verursachte Interferenzmuster aus abwechselnden hellen und dunklen Streifen oder Farben mit unterschiedlichen Phasen, Richtungen oder Häufigkeiten.
Monochrom Bezeichnung für ein einfarbiges bzw. schwarzweißes Bild, das gefärbt werden kann.
Motordrive Zubehör oder Leistungsmerkmal einer Kamera zum automatischen Filmtransport nach jeder Aufnahme.
Nachbelichten Digitale Nachbearbeitungsmethode, die den Effekt der gleichnamigen Dunkelkammertechnik nachahmt. Ein ausgewählter Bildbereich wird stärker belichtet und damit dunkler abgebildet.
Nahlinse Vorsatzlinse für Nahaufnahmen mit normalen Objektiven.
ND (Neutraldichte)-Filter Filter zur Reduzierung der ins Objektiv einfallenden Lichtmenge.
Normalobjektiv Ein Objektiv mit einer Brennweite, die in etwa der Formatdiagonale entspricht.
Objektmessung Belichtungsmessmethode, bei der das vom Motiv reflektierte Licht gemessen wird.
Offenblitz Blitztechnik, bei der sich der Kameraverschluss vor der Blitzauslösung öffnet.
Optischer Sucher Suchertyp, der das Motiv durch ein optisches System und nicht auf einem Monitor zeigt.
Out-of-gamut Außerhalb der darstellbaren oder druckbaren Farben liegend.
Palette (1) Eine Reihe von Werkzeugen, Farben oder Formen. (2) Bandbreite oder Auswahl von Farben auf einer Abbildung.
Panorama Breite Ansicht einer Szene durch das Verschwenken des Objektivs.
Passiver Autofokus Autofokustyp, der die Schärfe der Abbildung analysiert.
Peripheriegerät Mit dem Computer verbundenes Gerät wie Drucker, Monitor, Scanner oder Modem.
PICT Graphisches Dateiformat für Mac OS.
Pixel Bildpunkt. Kleinste Einheit in der Digitalfotografie.
Pixelwiederholung Interpolationsmethode, bei der der Wert des neuen Pixels auf der Grundlage des nächstgelegenen Pixels berechnet wird.
Plug-in Anwendungssoftware, die in ein Hostprogramm eingebettet ist und wie ein Teil des Programms selbst funktioniert; auch Zusatzmodul genannt.
Polarisationsfilter Filtertyp, der das hindurchfallende Licht polarisiert. Wird überwiegend zur dunkleren Abbildung des Himmels und zur Beseitigung der Spiegelungen bei Wasser verwendet.
ppi (points per inch) Maß für die Anzahl der vom Scanner pro Zeile erfassten oder aufgelösten Punkte.
Prädiktiver Autofokus Autofokustyp, der die Geschwindigkeit eines bewegten Objekts vorausberechnet, um die Schärfe im Moment der Auslösung einzustellen.
Programmautomatik Automatische Einstellung der Kamera, bei der Verschlusszeit und Blende automatisch gewählt werden.
Pull-Entwicklung Reichlichere Belichtung des Films verbunden mit einer reduzierten Entwicklung zur Erzeugung von Negativen mit einem geringeren Kontrast als normal.
Push-Entwicklung Schwächere Belichtung des Films verbunden mit einer gesteigerten Entwicklung zur Erzeugung von Negativen mit einem höheren Kontrast als normal.

RAM (Random Access Memory) Arbeitsspeicher eines Computers, den dieser für jene Daten benötigt, mit denen zum jeweiligen Zeitpunkt gearbeitet wird.
Randlosdruck Leistungsmerkmal hochwertiger Drucker; die Abbildung wird bis zum Papierrand ausgedruckt.
Rasterung Drucktechnische Methode zur Darstellung von Halbtonvorlagen wie Fotos als Raster aus Farbpunkten unterschiedlicher Größe.
Rauschen Störstrukturen im Bild, die den Informationsgehalt verringern.
Reduzieren, auf Hintergrundebene Kombination mehrerer Ebenen und anderer Elemente zu einer einzigen Hintergrundebene.
Retusche Änderung einer Abbildung mit Bleichmitteln, Farben oder Pigmenten.
RGB (Rot, Grün, Blau) Farbmodell, das Farben nach der relativen Intensität von roten, grünen und blauen Farbanteilen definiert.
Sabattier-Effekt Dunkelkammereffekt, bei dem die Tonwerte partiell umgekehrt werden.
Scannen Vorgang der Umwandlung einer Vorlage in ein digitales Bild durch das Erstellen einer Datei mit einer bestimmten Größe.
Scanvorschau Schnellansicht einer Vorlage, die gescannt werden soll, bei niedriger Auflösung, um den Ausschnitt des Scans genau festzulegen.
Schärfentiefe Maß für den Bereich einer Aufnahme, der zwischen dem kameranächsten und dem entferntesten, scharf abgebildeten Punkt liegt und angemessen scharf erscheint.
Schlagschatten Grafischer Effekt, bei dem ein Objekt über einer Fläche zu schweben scheint und einen unscharfen Schatten wirft.
Selektive Schärfe Teile des Motivs werden scharf und andere unscharf abgebildet.
Selektivmessung Messmethode, bei der ein meist mittiger Bereich des Motivs angemessen wird.
Skalierung Änderung der Auflösung oder Dateigröße der Abbildung.
SLR (Single Lens Reflex) Spiegelreflexkamera; Kameratyp, bei der der Fotograf genau dasselbe Bild im Sucher sieht, das auch auf dem Film oder Sensor erzeugt wird.
Sonnenblende Zubehör für das Objektiv zur Verhinderung von Lichteinfall und zum Schutz vor Regen.
Streulicht Licht ohne gerichteten Strahlenverlauf.
Streuscheibe Zubehör, das für weiches Licht sorgt.
Subtraktive Grundfarben Die drei Farben (Cyan, Magenta, Gelb), die zur Erzeugung aller anderen Druckfarben verwendet werden.
Teleobjektiv Objektivtyp mit Brennweiten, die länger sind als die Baulänge des Objektivs; lässt entfernt gelegene Objekte größer erscheinen.
Thumbnail Kleines Vorschaubild einer digitalen Bilddatei mit geringer Auflösung.
TIFF Gängiges digitales Bildformat.
Tontrennung Postereffekt, bei dem die Abbildung auf wenige Graustufen reduziert wird.
Treiber Von einem Computer zur Steuerung von Peripheriegeräten wie Scannern, Druckern oder Laufwerken für Wechselspeichermedien verwendete Software.
Treppenstufeneffekt Gezahnte, grobe oder stufenartige Wiedergabe einer ursprünglich glatten Kante.
TTL (Through the Lens)-Messung Messsystem, bei dem das Licht durch das Aufnahmeobjektiv gemessen wird.
Umgebungslicht Vorhandenes Licht, das nicht vom Fotografen gesteuert werden kann.
Unendlich Einstellung am Objektiv, bei der die Lichtstrahlen parallel zueinander ins Objektiv einfallen.
Unterbrecherbad Chemische Lösung, die die Entwicklung stoppt.
USB (Universal Serial Bus) Standardport für den Anschluss von Peripheriegeräten wie Digitalkameras, Druckern oder Telekommunikationsgeräten an einen Computer.
USM (Unscharf maskieren) Bildbearbeitungstechnik, die die sichtbare Schärfe der Abbildung verbessert.
UV-Filter (Ultraviolettfilter) Objektivfiltertyp, der ultraviolette Lichtstrahlen wegfiltert.
Verlauffilter Filtertyp, dessen Farbdichte verlaufend zunimmt.
Verlustbehaftete Komprimierung Ein Verfahren wie JPEG, das die Größe einer digitalen Datei reduziert, bei der jedoch Informationen verloren gehen.
Verlustfreie Komprimierung Ein Verfahren wie die LZW-Komprimierung, das die Größe einer digitalen Datei ohne den Verlust von Informationen reduziert.
Vignettieren Technik, bei der die Bildränder mit weichem Übergang nach Schwarz oder Weiß verlaufen.
Warmtonfilter Objektivfiltertyp zur Verstärkung des Gelbanteils einer Aufnahme.
Weichzeichner Objektivvorsätze zur Erzielung einer weichgezeichneten Abbildung.
Weißabgleich Verwendung eines weißen Farbtons (warm, kalt, neutral) als Standardweiß.
Weitwinkelvorsatz Objektivvorsatz zur Vergrößerung des Bildwinkels eines Objektivs.
Werkzeugspitze Bildbearbeitungswerkzeug zum Erzeugen von verschiedenen Effekten wie Farbe, Unschärfe, Abwedeln, Nachbelichten usw.
Zeichnung Deutlichkeit und Qualität der auf der Aufnahme sichtbaren Details.
Zeitautomatik Betriebsart der Belichtungsautomatik, bei der die Verschlusszeit automatisch eingestellt wird.
Zip Methode der Dateikomprimierung.
Zonensystem Methode, bei der Belichtungsmessung und Entwicklung so kombiniert werden, dass das Ergebnis optimal an das Motiv angepasst werden kann.
Zoomobjektiv Objektivtyp, bei dem die Brennweite stufenlos variiert werden kann.

Register

Register

Register

Bildnachweis und Dank

Legende: o=oben; u=unten; M= Mitte; l=links; r= rechts

S. 2 © Tamao Funahashi (l), © Robert Eaves (Mr); **S. 10–11** (l–r) 3+9+10 © Andy Mitchell, 6+8 © Wendy Gray; **S. 14** © Andy Mitchell; **S. 15** © Tim Keweritsch (u); **S. 16–17** Getty Images © Martin Ruegner; **S. 27** © Gerard Brown, außer (ul) © Andy Mitchell; **S. 28** © Adrienne Babin; **S. 29** © Chris Hopkins (o), © Kathrin Long (u); **S. 34–35** © Tim Keweritsch; **S. 36** © Wendy Gray; **S. 37** © Wendy Gray (o), **S. 40–41** © Wendy Gray; **S. 42** © Gerard Brown (o), © Andy Mitchell (M, u); **S. 43** © Gerard Brown (ol, or, ml), © Andy Mitchell (ul, ur); **S. 44** © Erling Steen; **S. 45** © Tara McMullen (o), © Sandro e Patrizia (u); **S. 54** Alamy © Michele Falzone (o), Alamy © Karsten Wrobel (M), Alamy © Imagebroker (u); **S. 55** Axiom Photographic Agency © Peter Rayner (M), Alamy © Andrew Wheeler (Mr), Still Pictures © Gordon Wiltsie (uM); **S. 56** © Florence Fairweather; **S. 57** © Tim Keweritsch (u); **S. 70–71** Alamy © Tim Gainey; **S. 72** Getty Images © David Sacks (o), © Andy Mitchell (u); **S. 73** Getty Images © Justin Pumfrey (ol), © Michael Orton (or), naturepl.com © Laurent Geslin (Mr), Getty Images © Matt Carr (ur); **S. 74** © Nikolaus Christian Madzar; **S. 75** © Milo Baumgartner (o), © Nicolas Bonnet (u); **S. 84–85** Photolibrary © Vaughn Greg; **S. 86** © Wendy Gray (o), © Gerard Brown (M, u); **S. 87** © Gerard Brown außer (ur) © Wendy Gray; **S. 90–91** (l–r) 1 PunchStock © Zen Shui, 8–10 © Andy Mitchell; **S. 97** © Wendy Gray (ol, or, Mr); **S. 110–111** © Tim Keweritsch; **S. 112–113** © Wendy Gray; **S. 114** © Gaston Laurent; **S. 115** © Amy Bell (o), © David Summers (u); **S. 126–127** © Andy Mitchell; **S. 128** © Sandro e Patrizia; **S. 129** © Dennis Low (o), © Victoria Fevre (u); **S. 134** © Wendy Gray; **S. 142** Axiom Photographic Agency © Chris Caldicott (M), © Andy Mitchell (u); **S. 143** © Andy Mitchell außer (or) PunchStock © Zen Shui; **S. 144** © Michael McCauslin; **S. 145** © Nick Jones (o), © Bogdan Grosu (u); **S. 147** © Wendy Gray (Ml, Mr); **S. 154–155** © Gerard Brown; **S. 156** © Annabel House; **S. 157** © Tim Keweritsch (o), © Monica Madej (u); **S. 158–159** (l–r) 2 © Andy Mitchell, 5 © Paul Self, 9 © Dan Powell; **S. 163** © Andy Mitchell; **S. 174–175** © Andy Mitchell; **S. 190** © Max Ackermann; **S. 191** © Janet Baker (o), © Annabel House (o); **S. 198–201** © Andy Mitchell; **S. 203** © Andy Mitchell; **S. 208–211** © Andy Mitchell; **S. 214** © Erling Steen; **S. 215** © Paul Self (o), © Dan Powell (u); **S. 221** © Wendy Gray; **S. 222–223** © Tony Worobiec; **S. 234–235** © Gerard Brown; **S. 236–237** © Gerard Brown; **S. 238–239** © Gerard Brown; **S. 242** © Harvey Roberts; **S. 243** © Sandro e Patrizia (o), © Ayush Bhandari (u); **S. 244–245** (l–r) 1+7+10 © Gerard Brown, 6 © David Summers, 8 © Vania Cunha; **S. 248–253** © Clay Enos; **S. 254** © Andy Mitchell (M), © Vania Cunha (u), **S. 255** © Vania Cunha (ol) © Andy Mitchell (ul, ur); **S. 256** © Napoji; **S. 257** © Rahul Kumar (o), © Dmitry Dudin (u); **S. 258–263** © Eolo Perfido; **S. 266–267** © Gerard Brown; **S. 268** © David Rossi; **S. 269** © Thom Small (o), © Florence Fairweather (u); **S. 272–277** © Altaf Qadri; **S. 280** © Erling Steen; **S. 281** © Napoji (o), © Lizelle Lotter (u); **S. 284–289** © Tamao Funahashi; **S. 292** © Paul Self; **S. 293** © Sara Beckett (o), © Sergei Andreev (u); **S. 296–301** © Duane Hart; **S. 302–303** © Gerard Brown; **S. 304** © Paulo Perez; **S. 305** © David Coldrey (o), © Jeffery Shay (u); **S. 308–313** © Inigo Bujedo Aguirre; **S. 314–315** © Andy Mitchell; **S. 316** © Lee Oyama; **S. 317** © Barbara McKay (o), © Ramon Rico (u); **S. 320–325** © Marion Hogl; **S. 326** Alamy © Steve Bloom Images (or), Alamy © David Tipling (ur); **S. 327** stevebloom.com © Steve Bloom (or), Corbis © Winfred Wisniewski – Frank Lane Picture Agency (ul), Alamy © imagebroker (ur); **S. 328** © Chris Hopkins; **S. 329** © David Summers (o); © Thorsteinn Egilson (u); **S. 332–337** © Emily Allchurch; **S. 340** © Sandro e Patrizia; **S. 341** Monika Madej (o), © Robert Eaves (u).

Umschlagfotos *Vorne:* Andy Mitchell (oMr), Paul Self (our), Gerard Brown (M), Photolibrary: Tony Worobiec/Archangel Images Ltd (ol).

Alle anderen Fotos © Tom Ang.

Mehr als andere Bücher, an denen ich gearbeitet habe, ist dieses Buch das Ergebnis einer sehr engen Zusammenarbeit vieler Fotografen. Daraus resultiert eine Vielfalt von Ausdrucksformen, die ein einzelner Fotograf niemals erreichen könnte. Ich möchte mich bei allen beteiligten Fotografen – bei den Amateuren wie auch bei den Profis – herzlich bedanken.

Allen Mitgliedern des Teams bei Dorling Kindersley, die dieses komplexe Projekt betreut haben, gebührt mein besonderer Dank. Geleitet hat das Projekt die Lektorin Nicky Munro, unterstützt von der Designerin Sarah-Anne Arnold. Andere wichtige Mitglieder des Teams waren Diana Vowles, Gillian Andrews, Charlotte Seymour, Richard Gilbert, Sharon Spencer, Bob Bridle und Su St. Louis – ich bedanke mich bei allen für die hervorragende und professionelle Arbeit; es war eine Freude, mit diesem Team zusammenzuarbeiten. Mein Dank gebührt auch Adam Brackenbury für seine sachkundige Unterstützung beim Thema Bildbearbeitung und Andy Mitchell und Gerard Brown für die Ergänzung der Bildersammlung mit ihren Fotos.

Und schließlich danke ich, wie immer, Wendy. Sie hat mich nicht nur stets zuverlässig unterstützt und ermutigt (nein, sie hat dieses Danksagung nicht geschrieben), sondern auch einige hervorragende Fotos zu diesem Buch beigetragen.

Tom Ang
London

Dorling Kindersley möchte den folgenden Personen für ihre wertvolle redaktionelle Unterstützung danken: Chris Stone, Tarda Davison-Aitkins und Becky Alexander, Vicki Smith, Katie Eke und Simon Murell für das Design und John Goldsmid für die kreative Unterstützung.